中央苏区
政治动员研究
（1927—1937）

邓美英 著

中国社会科学出版社

图书在版编目（CIP）数据

中央苏区政治动员研究：1927—1937 / 邓美英著．—北京：中国社会科学出版社，2021.5（2023.1重印）

ISBN 978-7-5203-8295-3

Ⅰ.①中… Ⅱ.①邓… Ⅲ.①中央苏区—政治动员—研究—1927-1937　Ⅳ.①K269.407②D64

中国版本图书馆 CIP 数据核字（2021）第 067996 号

出 版 人	赵剑英
责任编辑	刘　艳
责任校对	陈　晨
责任印制	戴　宽

出　　版	中国社会科学出版社
社　　址	北京鼓楼西大街甲158号
邮　　编	100720
网　　址	http://www.csspw.cn
发 行 部	010-84083685
门 市 部	010-84029450
经　　销	新华书店及其他书店
印　　刷	北京明恒达印务有限公司
装　　订	廊坊市广阳区广增装订厂
版　　次	2021年5月第1版
印　　次	2023年1月第2次印刷
开　　本	710×1000　1/16
印　　张	21.25
插　　页	2
字　　数	328千字
定　　价	118.00元

凡购买中国社会科学出版社图书，如有质量问题请与本社营销中心联系调换
电话：010-84083683
版权所有　侵权必究

目 录

绪 论 ……………………………………………………………（1）
    一　研究缘起和意义 ……………………………………………（3）
    二　研究现状综述 ………………………………………………（9）
    三　研究思路、范围与架构 ……………………………………（20）
    四　研究方法、创新点与不足 …………………………………（27）

第一章　中国苏维埃创建与政治动员开展 ………………………（30）
  第一节　苏维埃移植中国 …………………………………………（32）
    一　从苏维埃口号到苏维埃政权建立（1927年前后） ………（32）
    二　从苏维埃政权建立到苏维埃运动失败（1928—1934）……（36）
    三　从"苏维埃化"到抗日民族统一战线政策转变
       （1935—1937） ……………………………………………（41）
  第二节　土地革命与中央苏区的成长 ……………………………（45）
    一　中央苏区土地策略考察 ……………………………………（46）
    二　中央苏区的成长 ……………………………………………（53）
  第三节　革命发展的不平衡性与政治动员的曲折发展 …………（56）
    一　引兵井冈与政治动员的初起 ………………………………（57）
    二　五次反"围剿"斗争与政治动员的深入 …………………（62）
    三　南方三年游击战争与政治动员的坚守 ……………………（66）

第二章　中央苏区政治动员的分群分层策略 ……………………（72）

第一节　中央苏区农民政治动员 ………………………………… (72)
　　一　"十万工农下吉安"中的农民政治动员 ……………… (74)
　　二　日常生活中的农民政治动员 ………………………… (83)
第二节　中央苏区工商阶层政治动员 …………………………… (90)
　　一　工商阶层：亦敌？亦友？ …………………………… (91)
　　二　从"毫不妥协"到"有条件妥协"的政治动员转变 …… (95)
　　三　中央苏区工商阶层政治动员策略的具体表现 ……… (100)
第三节　中央苏区妇女政治动员 ………………………………… (110)
　　一　健康身体：劳动妇女成为政治动员的自然资源 …… (110)
　　二　革命角色：妇女政治动员的地域差异 ……………… (115)
　　三　自由声音：妇女政治动员从口号到行动的统一 …… (129)

第三章　中央苏区政治动员与其他工作的协调配合 ………… (132)
第一节　军事成为红军政治动员的晴雨表 ……………………… (132)
　　一　集中以应对敌人 ……………………………………… (133)
　　二　分兵以发动群众 ……………………………………… (144)
第二节　以动员推进中央苏区政府工作的落实与改进 ………… (157)
　　一　动员落实各项紧急任务 ……………………………… (157)
　　二　动员促进苏维埃经济持续发展 ……………………… (164)
　　三　动员推动中央苏区各级政府机构完善和工作改善 … (168)

第四章　中央苏区政治动员中的课（教）本创编应用 ……… (171)
第一节　革命与战争话语下各类课（教）本的创编应用 ……… (172)
　　一　出版文字课（教）本 ………………………………… (172)
　　二　展示实物模型 ………………………………………… (174)
第二节　革命课本与政治动员特色 ……………………………… (176)
　　一　理论与能力提升：干部教育课本特色 ……………… (177)
　　二　军事技能训练：红军战士课本特色 ………………… (182)
　　三　宣传普及教育：普通工农群众课本特色 …………… (185)
　　四　革命启蒙与生活教育：儿童课本特色 ……………… (192)

第三节　战斗中的动员学习 …………………………………… (196)
　　　一　流动的课（教）本：《怎样去办流动训练班?》………… (197)
　　　二　课（教）本的流动：战斗中的学习 ……………………… (199)
　　第四节　革命课（教）本动员价值旨归 ……………………… (202)
　　　一　凸显中国共产党追求革命自由目标 …………………… (203)
　　　二　提供克服方言障碍的教育传播载体 …………………… (206)
　　　三　普及文化知识并倡导文明生活方式 …………………… (208)

第五章　中央苏区政治动员的效能分析 ………………………… (212)
　　第一节　榜样与力量：政治动员中的模范群体 ……………… (212)
　　　一　模范兴国：中央苏区的一面旗帜 ………………………… (213)
　　　二　模范战士：陕北政治课中的革命觉悟升华 ……………… (220)
　　第二节　偏差与失效：针对"落后"群众的教育 ……………… (224)
　　　一　开小差逃跑群众 ………………………………………… (224)
　　　二　归队运动：心理倦怠下的再动员 ………………………… (228)
　　第三节　积极效果：政治动员的历史高度 …………………… (233)
　　　一　生活水平：起伏中总体提高 …………………………… (234)
　　　二　观念变革：重视教育并积极参与文化娱乐生活 ………… (237)
　　　三　行为转变：主动给党和政府分忧 ………………………… (239)
　　　四　道德提升：劳动妇女和儿童尤为突出 …………………… (244)

第六章　中央苏区政治动员的历史辩证 ………………………… (248)
　　第一节　中央苏区政治动员的主要优势 ……………………… (249)
　　　一　先进理论：中央苏区政治动员的行动指南 ……………… (249)
　　　二　组织网络：中央苏区政治动员的资源优势 ……………… (255)
　　　三　群众利益：中央苏区政治动员的力量驱动 ……………… (268)
　　　四　多样方式：中央苏区政治动员的深入渗透 ……………… (272)
　　第二节　苏维埃革命模式下的政治动员策略反思 …………… (276)
　　　一　命令式手段反思：强制动员与被动吸纳的矛盾 ………… (277)
　　　二　表面化效果反思：过度动员与缓慢回应的矛盾 ………… (285)

三 目标负荷反思：整体设计与局部灵活处理的矛盾 ……… (291)

结语 作为一种社会推动力量的政治动员 …………………… (296)
  一 发挥强大组织力量 ………………………………………… (296)
  二 树立前行价值目标 ………………………………………… (297)
  三 协调矛盾，掌握动员艺术 ………………………………… (298)
  四 广泛吸纳，调动参与热情 ………………………………… (298)
  五 凝聚力量，形成共识 ……………………………………… (299)

参考文献 ……………………………………………………………… (301)

附　录 ………………………………………………………………… (315)

后　记 ………………………………………………………………… (332)

绪　　论

列宁曾言:"全部历史,特别是历次革命的历史,总是比最优秀的政党、最先进阶级的最觉悟的先锋队所想象的更富有内容,更形式多样,更范围广阔,更生动活泼,'更难以捉摸'……因为最优秀的先锋队也只能体现几万人的意识、意志、热情和想象;而革命却是在人的一切才能高度和集中地调动起来的时刻,由千百万被最尖锐的阶级斗争所激发的人们的意识、意志、热情和想象来实现的。"① 革命赋予人能动性,因而人在革命中创造了自己的历史。

政治动员在中国共产党的历史上具有特殊的意义。它是中国共产党的政治优势和前进动力。事实上,政治动员已经成为目前中共日常工作的重要组成部分,甚至被视为一种政治文化"符号"。这种"符号"承载了中共组织、宣传、教育、鼓动的历史实践和文化价值。因此,政治动员成为中国共产党的政治优势,是历史的产物。正如法国思想家勒庞所言:"任何一个社会都不是由一个哲学上的立法者根据一定的原则来建立的,而是由人们多样而多变的需要经年累月不断进化而成的。它不是逻辑的产物,而是历史的产物。"② 20世纪二三十年代的中央苏区,在中国共产党的历史上留下浓重的一笔。政治动员成为中国共产党的传统和优势,在此阶段可以找到实践的源泉。

1932年11月14日,《红色中华》发表题为"政治动员工作"的社

---

① 《列宁选集》第4卷,人民出版社1995年版,第203页。
② [法]古斯塔夫·勒庞:《革命心理学》,佟德志、刘训练译,吉林人民出版社2011年版,代译序第9页。

论,其明确指出:"什么叫'政治动员'?就是要动员群众在政治上了解目前斗争——粉碎敌人大举进攻——的意义,这一战争与他本身的关系,然后使他在这个斗争中认识自己应该做些什么工作,尽些什么责任。"①该篇社论赋予政治动员三个要素:一是定期召开团体的动员大会;二是讲清道理,使群众能够明白自己工作的意义;三是深入实际,反对官僚主义。②1933年苏区中央局发出《宣传教育与干部问题》指示:"党对群众的宣传鼓动工作,是党争取广大工农群众、组织群众革命斗争的一种重要的武器。党如果不把革命的理论和党的具体斗争的策略,对群众宣传鼓动,使群众澈(彻)底了解,那么党就不能动员广大的工农群众进行坚决的澈(彻)底的革命斗争,党就不能澈(彻)底完成自己的任务。"③中共政治动员工作在中央苏区的发展经历了由"静"变"动"、自"上"到"下"、从"中心"到"周边"的拓展延伸,为中央苏区的创建、发展和巩固提供了前行的基础和前进的动力。中央苏区由此成为中华苏维埃共和国的堡垒,是粉碎敌人大举军事进攻的中枢神经。中央苏区时期中国共产党以极大的热情投入到战争与革命中,充分发挥自身组织资源优势,利用既有的各种资源,从军事、政权、组织、教育、文化等方面全面展开政治动员,凸显战争环境和战争话语下的底层革命吸纳特征,并为现代国家构建提供直接经验。因而有学者认为,"中国的现代国家构建历经挫折,唯在社会革命的背景下方才获得成功,一个关键的原因在于,中国共产党在社会革命中运用了一种特殊的权力技术即政治动员,其对现代国家构建起到了极其重要的促动作用"④。革命是动员理论的现实土壤,土地革命孕育出中国共产党政治动员的特殊能力和思想智慧。中央苏区政治动员是在没有完备的政治体制、政治规范情况下开展的,是一种处于特殊时期、特定区域的"战时状态"政治动员。

---

① 《社论——政治动员工作》,《红色中华》1932年11月14日第1版。
② 关海庭:《中国共产党的政治动员述论》,《中共党史资料》2009年第2期。
③ 转引自王美芝:《"红校训育部翻印"的〈宣传教育与干部问题〉考证》,《党的文献》2016年第2期。
④ 李斌:《政治动员与社会革命背景下的现代国家构建——基于中国经验的研究》,《浙江社会科学》2010年第4期。

一 研究缘起和意义

(一) 研究缘起

1. 缘于中央苏区革命历史的特殊地位

中央苏区在中国共产党领导的革命史上占有特殊的历史地位。中央苏区即中央革命根据地。在土地革命战争时期,它是以赣南、闽西革命根据地为基础发展起来的全国最大的革命根据地,成为"中华苏维埃共和国党、政、军首脑机关所在地,是全国苏维埃运动的中心区域"①。

有学者指出:"在中国革命史上,江西是'三个摇篮'的发祥地。南昌是人民军队的摇篮,井冈山是中国革命的摇篮,瑞金是人民共和国的摇篮。"② 由此可见,江西、中央苏区、土地革命在中国共产党历史上占有重要地位。1934年1月,毛泽东在第二次全国苏维埃代表大会上指出:"中央苏区,这里是苏维埃中央政府的所在地,是全国苏维埃运动的大本营。"③ 新中国成立后,中共中央《关于建国以来党的若干历史问题的决议》进一步指出:"在土地革命战争中,毛泽东、朱德同志直接领导的红军第一方面军和中央革命根据地起了最重要的作用。"④ 作为中华人民共和国缔造的摇篮,历史在这里留下了重彩。

中国共产党建立起自己的苏维埃政权,号召百万工农举起了自己的旗帜,开始了"农村包围城市,武装夺取政权"的中国革命道路的艰难探索。伟大的预演从这里开始,中央革命政权在军事、政治、经济、文化、教育、国家管理等方面进行了创新实践,积累了丰富的治党、治军、治国经验。在土地革命战争阶段,正如毛泽东所言:"党的组织不但重新发展了,而且得到了巩固。……大批干部重新在党内涌出,而且变成了

---

① 中共江西省委党史研究室等编:《中央革命根据地历史资料文库·党的系统》第1卷,中央文献出版社、江西人民出版社2011年版,综述第1页。

② "中国苏区史"学科组:《"中国苏区史"重点学科的创设与学科建设——江西省社会科学院重点学科"中国苏区史"述略》,《江西社会科学》2005年第5期。

③ 江西省档案馆等编:《中央革命根据地史料选编》下册,江西人民出版社1982年版,第297页。

④ 中国共产党中央委员会:《〈关于若干历史问题的决议〉和〈关于建国以来党的若干历史问题的决议〉》,中共党史出版社2010年版,第41页。

党的中心骨干。党开辟了人民政权的道路,因此也就学会了治国安民的艺术。党创造了坚强的武装部队,因此也就学会了战争的艺术。"① 土地革命战争中积累起来的治国、治党、治军经验,没有因革命环境的变化而消逝,反而在新的条件下逐步推动着中国共产党的进一步成长与发展。

因此,学习和总结中央苏区时期的历史经验,一直成为中国共产党领导政权并长期执政的重要历史使命。2001年10月25日,胡锦涛指出:"中华苏维埃政府的建立是我们党建立人民政权的探索和尝试,它在一定程度上加强了对各根据地、各部分红军的中枢指挥作用,扩大了党的影响,也为抗日战争、解放战争时期根据地建设,以及后来新中国政权建设,提供了丰富的历史经验,培养了大批领导骨干和组织、管理人才。"② 2011年11月5日,习近平进一步指出:"中央革命根据地和中华苏维埃共和国的历史,已经成为我们党的历史和近代中国革命斗争历史非常重要的一页,是一部丰富生动的教科书。"③ 革命的历史教科书锻造出伟大的革命精神。中央苏区汇聚了中国革命精神之源,从井冈山精神开始,历经苏区精神、长征精神、延安精神……凝练出中国共产党人的优秀品格,逐步升华为中华民族精神之魂。

习近平指出:"历史是最好的教科书。对我们共产党人来说,中国革命历史是最好的营养剂。"④ 有幸生长在这片火红的土地上,让我更感兴趣去探寻这段不寻常的历史。读着一本本厚重的书籍、看着一篇篇饱含深情的回忆录、遥想一个个鲜活生命在通往自由之路上的不懈奋斗……在教与学的史料探寻中,希望历史中的人和事能够在自己的笔下再现。当然,历史中的人和事是不可能完全再现的,但我仍然希望回望这段历史时,可以启迪自己并思索当下。

---

① 《毛泽东选集》第2卷,人民出版社1991年版,第611页。
② 胡锦涛:《在纪念中央革命根据地创建暨中华苏维埃共和国临时中央政府成立七十周年座谈会上的讲话》,《新华每日电讯》2001年10月25日第04版。
③ 习近平:《在纪念中央革命根据地创建暨中华苏维埃共和国成立80周年座谈会上的讲话》,《人民日报》2011年11月5日第03版。
④ 李斌:《党面临的"赶考"远未结束——习近平总书记再访西柏坡侧记》,《人民日报》2013年7月14日第01版。

2. 缘于中国共产党的思想政治教育史研究

思想政治教育具有明显的意识形态性。在中国共产党思想政治教育史发展过程中，革命与政治话语尤为突出，且密切相连。"政治"一词，对于千千万万的中国人而言，不是一种抽象的概念，而是和那些重大的历史事件产生的记忆密不可分。有学者从政治史角度指出："它既是'地方的'，也是'整体的'，既是上层的实践，也是下层的感受。"① 就实践而言，"'意识形态'更像是一种鲜活的'文化实践'。'意识形态'并不是观念和精神的，它是一系列社会实践、表象和仪式"②。20世纪二三十年代的苏区社会，革命成为政治的核心行为。革命作为政治意识形态的表现机制，在20世纪二三十年代的闽粤赣苏区社会尤为彰显。

政治动员成为苏区群众日常生活的主导和支配性要素，完全是战争环境下中国共产党发挥组织资源的一种独特本土表现。毛泽东明确指出："政治动员是反'围剿'斗争中第一个重要问题。……除开军事秘密外，政治动员是必须公开的，而且力求普及于每一个可能拥护革命利益的人员。"③ 记得曾听过一个对政治定义的通俗解释：政治就是把我们的人弄得多多的，把敌人弄得少少的。无疑，在中央苏区时期的斗争中，中国共产党只能这样做。江西作为共和国的摇篮，不仅孕育出革命，也把革命的星星之火，逐步形成了燎原之势。中共最大的政治优势之一就是政治动员。当政治动员逐步成为中国共产党的一种政治符号时，探究中央苏区政治动员，就是要把这种优势挖掘出来，以资时代借鉴。缺乏政治规范约束开展的政治动员，当然只能从特殊时期、特定区域去认识。

正如任何特殊都能体现出一般，中央苏区时期的政治动员作为一种探索，一种前行力量，承上启下的作用不容忽视。它承接中国共产党在大革命时期开创出的政治动员传统，并继续为随后的抗日战争及其之后的革命与战争怎样发动和号召群众，壮大自己的力量提供了深

---

① 于沛等：《理论与方法：历史学与社会科学的关系及其他》，《历史研究》2004年第4期。
② 同上。
③ 《毛泽东选集》第1卷，人民出版社1991年版，第202页。

刻的历史经验及现实启示。有学者也认为:"从延安和之后的历史来看,许多出现在这时期的统治技艺,也确实成为共产党人后来传承和学习的对象。这个治理能力的建立和学习,本身就是一个值得被探讨的课题。"① 中国苏维埃革命的历史地位不容忽视。因此,中央苏区作为中国南方农村的一片特殊区域、一段特殊历程,从中国共产党的思想政治教育史发展的较长阶段而言,革命语境下的政治动员应该具有它的经验分享意义。

3. 缘于新时代实现中国共产党伟大奋斗目标的现实需要

2012年11月29日,习近平在参观《复兴之路》展览时指出:"我们比历史上任何时期都更接近中华民族伟大复兴的目标,比历史上任何时期都更有信心、有能力实现这个目标。"② 实现中华民族伟大复兴的中国梦,仅仅依靠中国共产党的力量是不够的。在实现中国梦的新时代号召下,中国共产党领导各方力量,凝聚多种智慧,形成政治共识,才能有信心、有能力实现这个目标。新时代仍需发挥中国共产党的政治动员优势。

党的十八大报告明确指出:"中国特色社会主义事业需要全体中华儿女万众一心、团结奋斗。团结就是大局,团结就是力量。"③ 党的十九大报告又进一步指出:"全党一定要自觉维护党的团结统一,保持党同人民群众的血肉联系,巩固全国各族人民大团结,加强海内外中华儿女大团结,团结一切可以团结的力量,齐心协力走向中华民族伟大复兴的光明前景。"④ 当前,中国社会组织与结构复杂,利益诉求多样,社会思潮多元,但在实现中国梦伟大目标下,中国共产党始终牢牢抓住培育和践行社会主义核心价值观主流意识形态建设不放松,自上而下进行顶层制度

---

① 黄金麟:《政体与身体:苏维埃的革命与身体(1928—1937)》,台北:联经出版事业股份有限公司2005年版,第26页。
② 习近平:《习近平谈治国理政》,外文出版社2014年版,第35—36页。
③ 中共中央文献研究室:《十八大以来重要文献选编》(上),中央文献出版社2014年版,第44页。
④ 习近平:《决胜全面建成小康社会 夺取新时代中国特色社会主义伟大胜利——在中国共产党第十九次全国代表大会上的报告》,《党的十九大报告辅导读本》,人民出版社2017年版,第68—69页。

设计，为凝聚全国力量提供领导方向和前行目标。如何调动起全社会力量，凝聚全党力量，从认识自觉走向行动自觉，就成为解决问题的关键。继续发扬中国共产党的政治动员优势，形成最大多数的政治共识，实现中国梦才有更强大的动力来源。

基于地缘、业缘及现实因素考虑，本书以"中央苏区政治动员"作为研究对象，通过对特殊地域中的政治动员进行历史考察和理论剖析，详细阐述中央苏区政治动员的主要对象、主要手段方法、政治动员面临的矛盾与困境，分析论证中央苏区政治动员效能，最后对中央苏区政治动员进行辩证分析，期望为新的历史条件下发挥中国共产党政治动员优势，凝聚政治共识提供现实借鉴。

（二）研究意义

1. 从理论意义上来看，中央苏区政治动员对进一步理解政治社会学和政治心理学中的资源动员理论和政治过程理论提供特定时空下的理论和实践支撑

政治动员是政党、社会组织或杰出人物等政治领导主体以自身的价值观、信仰为目标，通过内心情感引导的策略，去诱导和说服政治领导客体，赢得被领导者的认同和支持，取得被领导者的自愿服从和主动配合，以实现政治决策规定的目标和任务，从而逐步树立权威的过程。政治动员是中国共产党进行革命的一种方式、一种动力。先进的理论是中共政治动员的行动指南。中共要把相关群体利益转化为一个社会运动的动员能力，组织力量起了关键作用。中央苏区时期，中共自身政权力量极为薄弱，又面临着国民党残酷的军事"围剿"和严密的经济封锁，在多种态势交织状态下，中共是如何在艰苦复杂局面下依靠自身组织力量，有效进行土地革命、反军事"围剿"、反经济封锁，进而巩固和发展农村根据地的呢？面对来自广大农民、妇女、游民、士兵和工商阶层等苏区社会成员，在各种复杂斗争中，中共初步发挥政治动员的组织资源优势和现实资源优势，对各种政治力量进行了动员，逐步吸纳为革命力量。这种政治动员能力对壮大中共组织力量、凝聚组织力量、发挥组织资源过程提供了一种历史视角，突出了时代特色。资源过程理论和动员过程理论更微观地反映在中共借助课（教）本等一种或多种物质载体来传递

或传播苏维埃政权需要实现的价值目标。

2. 从实践意义上来看，中央苏区政治动员是凝练群众利益观并在实践中诠释群众路线工作方法的生动体现

政治动员成为中共日常工作的重要组成，甚至被视作一种"政治符号"，是革命和建设年代的实践结果。挖掘20世纪20—30年代的史料，收集相关档案和回忆录等文献资料，对中央苏区政治动员实践"深描"，可以梳理出在没有完备政治体制、政治规范情况下开展的政治动员过程，论证这种处于特殊时期、特定区域的"战时状态"政治动员特色，体现课题的实践意义。中国共产党是中国最广大人民根本利益的代表。研究中央苏区政治动员，可进一步深入了解中共如何将相关利益群体转化为一个社会运动的动员能力，为新形势下克服"脱离群众"的危险、保持和发扬密切联系群众的优良传统提供借鉴与指导。因为这个过程不仅展示出中共组织力量的关键作用，而且逐步把驾驭干群关系体现了出来。中央苏区政治动员强大张力在遇到群众心里缓慢接受的矛盾过程中出现的偏差与失误，也时刻警醒着党和政府在政治动员策略和具体方法上必须创新，与时俱进。

此外，政治动员作为中国共产党的前进动力和历史传统，是当今可以运用的政治资源。研究中央苏区政治动员，总结其经验与教训，能对当今中共政治动员的开展提供有益启发与借鉴，尤其能够驳斥政治动员制约中共自身发展的文化心理偏见，以促进中共优秀政治资源的继承与发展。

3. 从现实意义上来看，探索中央苏区政治动员，能够对新的历史时期发挥中共政治动员优良传统、形成政治共识提供时代借鉴

近年来，随着国家对原中央苏区的高度重视（可参见《江西省人民政府办公厅转发国务院办公厅关于印发支持赣南等原中央苏区振兴发展重点工作部门分工方案的通知》，赣府厅字〔2012〕176号，2012年10月26日），支持赣南等原中央苏区振兴发展重点工作部门分工方案公布后，江西、福建、广东三省和国务院有关部门制定出《赣闽粤原中央苏区振兴发展规划》（以下简称《规划》）。2014年3月，国务院下发《关于赣闽粤原中央苏区振兴发展规划的批复》（国函〔2014〕32号），原则

上同意《规划》。在《规划》中,明确提出要大力支持中央苏区历史博物馆建设、打造红色文化传承创新区等任务。

这些任务首先涉及对中央苏区历史的进一步深入研究,然后才能提出振兴发展的对策。比如厘清中央苏区范围界定,不仅能获得上级巨额财政支持,还能在情感上照顾到老区人民。在《规划》的实施过程中,争取中央财政巨大倾斜,加上地方配套财政,让老区人民看到了落后地区发展的希望。对赣粤闽老区人民曾经作出的历史牺牲,现在如何进行大额财政补偿运作和进一步发展,需要相关研究部门从历史与现实角度统一综合考虑。又如,进一步探索中央苏区政治动员研究,总结政治动员的地方组织应对、群众参与和国家投入的内在机制,为新时代振兴乡村战略提供基层视角。尤其是在赣南闽西的贫困山区,精准扶贫需要坚持群众路线、密切联系群众,想群众之所需,谋群众之所利,为精准脱贫、消灭贫困提供江西智慧、江西方案。2015年,习近平在中央扶贫开发工作会议上的讲话中就明确指出:"要重视发挥广大基层干部群众的首创精神,让他们的心热起来、行动起来,靠辛勤劳动改变贫困落后面貌。要动员全社会力量广泛参与扶贫事业。"① 集中力量才能攻关,万众一心才能克难。只有包括革命老区的深度贫困地区和贫困群众脱离贫困,全面建成小康社会才能顺利实现。

二 研究现状综述

动员是一个与革命及战争相关的术语,是指为"战时"热情所激发,寻求促进社会变革和发展的有计划的大规模运动,旨在发动群众支援战争。因而革命是被动员的。② 虽然革命动员、政治动员、社会动员、国家动员等概念在一定范围和程度上有所区别,但是国内外学者一般都把这些概念等同起来研究。中国一部分学者认为,政治动员是政治领导主体以自身的价值观、信仰去诱导和说服政治领导客体,赢得被领导者的认同和支持,取得他们的自愿服从和主动配合,以实现政治决策规定的目

---

① 习近平:《习近平谈治国理政》第2卷,外文出版社2017年版,第86页。
② 王才友:《50年来的江西苏区史研究》,《近代史研究》2010年第6期。

标和任务。① 国内外学者对中国共产党领导革命、建设和改革不同时期的政治动员进行了较为深入的研究。

(一) 国内关于政治动员研究现状述评

1. 关于中国共产党不同历史时期政治动员研究现状

中国共产党不同历史时期政治动员研究可以划分为三个时期：新民主主义革命各历史时期、新中国成立初期至"文革"前、改革开放以来。

涉及三个历史时期的代表性论著主要有：

徐彬在《前进中的动力——中国共产党政治动员研究（1921—1966）》专著中，以中国共产党成立到"文化大革命"此段时间为界，结合不同时期中国共产党的政治动员要素变化，描述了政治动员的历史发展，提炼总结了政治动员的历史经验，探索了新形势下政治动员的方式。② 他的另一专著《抗日战争时期中国共产党政治动员研究》，以抗日战争为历史背景，详细论述了中国共产党领导的自上而下的政治动员和基于抗日民族统一战线的自下而上的政治动员两种方式，并比较了与国民党政治动员的差异。③ 两部专著分别从宏观视角和微观视角进行研究。

刘一皋在《20世纪中国社会动员的变换——以华北农村动员组织为例》一文中，借鉴社会运动理论成果，论述华北农村组织在社会动员中的历史作用，对理解中国共产党的革命动员产生新的启发。④

张孝芳在《革命与动员：建构"共意"的视角》一书中，针对陕甘宁边区的时空特点，引入建构"共意"（即农民群众对中共政治动员的认同和接受）概念，主要通过边区民众社会文化结构和社会心理方面来建构"共意"，对中共意识形态在农民中的传播展开结构性动态分析。这是

---

① 涉及的主要成果有：赵鼎新：《社会与政治运动讲义》，社会科学文献出版社2006年版；刘健清、李振亚主编：《中国近现代政治思想史》，南开大学出版社1993年版；孔德元：《政治社会学导论》，人民出版社2001年版；关海庭主编：《20世纪中国政治发展史论》，北京大学出版社2002年版。
② 徐彬：《前进中的动力——中国共产党政治动员研究（1921—1966）》，新华出版社2007年版。
③ 徐彬：《抗日战争时期中国共产党政治动员研究》，中国社会科学出版社2013年版。
④ 牛大勇、臧运祜主编：《中外学者纵论20世纪的中国——新观点与新材料》，江西人民出版社2003年版，第275—313页。

一部研究抗日战争时期民众政治动员的学术专著。①

刘力锐在专著《基于网络政治动员态势的政府回应机制研究》中论述了当代中国抗争政治中的网络政治动员。专著详细分析了当前网络政治动员与政府回应的现实形态，提出构建目标定位、约束条件、问诊系统、支撑系统、回应路径、操作措施等多因素一体的政府回应机制，具有相应的现实针对性和理论价值。②

此外，还有大量期刊论文和学位论文涉及这三个历史时期中国共产党政治动员研究。

新民主主义革命时期中共政治动员研究成果，例如：李军全的《民俗节日与革命动员：华北根据地、解放区乡村社会中的春节（1937—1949）》（《党史研究与教学》2014年第1期）；张红春的《〈群众〉周刊的抗战政治动员研究》（湘潭大学博士学位论文，2013年）；张丽梅的《抗战时期国共两党社会动员研究》（东北师范大学博士学位论文，2008年）；林伟京的《建国前毛泽东的政治动员思想探析》（《毛泽东思想研究》2006年第1期）；朱润生的《抗战时期中国共产党的政治动员分析》（南京大学硕士学位论文，2013年）；等等。这些论文中，尤其是博士学位论文，挖掘翔实的史料作为支撑，或从微观载体切入，或进行对比分析，或以人物思想探析，体现出较强的视角创新性。

新中国成立初期中共政治动员研究，主要有：黄兢的《建国初期中国共产党的政治动员研究》（华南师范大学硕士学位论文，2003年）、黎见春的《新中国成立初期农村基层普选运动中政治动员的意义阐释》（《当代中国史研究》2009年第3期）、杨丽萍的《新中国成立初期的政治动员及其效力——以上海为中心的考察》（《上海大学学报》（社会科学版）2008年第2期）、彭正德的《新中国成立初期合作化中的政治动员与农民认同——以湖南省醴陵县为例》（《中共党史研究》2010年第5期）等。比起民主革命时期的政治动员研究，成果显然较为薄弱。

改革开放以来中共政治动员研究，涉及的成果主要有：彭红波的

---

① 张孝芳：《革命与动员：建构"共意"的视角》，社会科学文献出版社2011年版。
② 刘力锐：《基于网络政治动员态势的政府回应机制研究》，东北大学出版社2012年版。

《中国转型期的国家动员研究》(中共中央党校博士学位论文,2013年);娄成武、刘力锐的《论网络政治动员:一种非对称态势》(《政治学研究》2010年第2期);杨小明的《改革开放以来中国共产党的政治动员方式初探》(《云南行政学院学报》2009年第1期);王有加的《论公民网络政治动员及有序引导》(《中共云南省委党校学报》2011年第2期);赵智、王兆良的《从"运动"到"活动":中国共产党政治动员研究的新范式》(《山东社会科学》2012年第6期);等等。这一时期的成果直接与社会现实接轨,研究角度和路径显然更具创新性。

总体来看,以上专著、期刊论文和学术论文主要涉及政治动员意义、背景、原因、目的、手段和政治动员效果。其中新民主主义革命时期和新中国成立初期中国共产党政治动员问题的研究,从数量上来看占据了绝对优势,从成果质量上来看对政治动员理论还缺乏较为深入和系统的学理研究,联系当下尚缺乏规律性的总结概括,因而导致研究成果在一定程度上缺乏相应的现实针对性和实践价值。

2. 关于中央苏区政治动员研究现状

近年来,国内学界加大了对中央苏区的研究,包括政治动员(有学者把社会动员与政治动员等同)在内的相关问题成为关注的热点。学者们主要从中共党史、社会史、政治学、新闻学、教育学等领域的视角进行研究。

(1) 通过对中央苏区革命的深入研究,认为政治动员体现中共的一种能力,一种控制艺术,一种政治理念,一种政治优势。

黄道炫的《张力与限界:中央苏区的革命(1933—1934)》一书,堪称研究中央苏区革命的一部力作。作者详细考证了1933—1934年苏维埃革命的历史进程,围绕第五次反"围剿"失败进行了深入剖析。该书认为中共领导的苏维埃革命,"通过对苏区的独立控制,显现出中共的政治理念、动员能力和控制艺术"[①],实现了多重境遇下的超常发展,将革命的张力推到历史应有的弹性,从而探讨了第五次反"围剿"失败的深层

---

① 黄道炫:《张力与限界:中央苏区的革命(1933—1934)》,社会科学文献出版社2011年版,第2—3页。

次原因，也为中央苏区政治动员的某些"过度行为"提供一种历史多样性阐释视角。

何友良在专著《苏区制度、社会和民众研究》中重点研究苏维埃制度、苏区社会、革命与苏区社会民众三个基本问题及其相互关系，对苏区基层政权、社会组织、各阶级阶层民众等问题详细解读，从而探究了苏维埃制度的兴替得失和价值影响。[①]

黄金麟在专著《政体与身体：苏维埃的革命与身体（1928—1937）》中，从身体史的视角关注人的主体性，关注身体与苏维埃革命的关联，"把人的存在和身体的遭遇放到更尖锐、以人为解放的境遇中试炼和考察，在坚持中国苏维埃革命的重要与善意前提下"[②]，论述苏区农民对中共组织操控表现出的冷淡与热情、抗拒与服从等身体遭遇，从而揭示苏维埃革命的多因素内在矛盾。

陈德军在专著《乡村社会中的革命——以赣东北根据地为研究中心（1924—1934）》中，以知识分子走入乡村，发动农民参加革命的类型为路径，提出革命动员要与特定村落小传统紧密相连，如果远远超出当地农民的感知范围，革命动员就无法打动农民，无法唤起他们参与组织的意愿。[③] 特定区域内的革命动员必须借助知识分子的力量打破传统文化的束缚，才能取得一定的效果。

王旭宽的《政治动员与政治参与——以井冈山斗争时期为例》是一部研究井冈山斗争时期政治动员和政治参与的专著。作者以井冈山斗争时期为时空背景，从中国共产党开展政治动员的原因、环境、主体建设和制度建设、效果等方面展开论述，强调政治动员作为党的优良传统对当前农村农民政治参与的重要启示。[④] 从时间纵向发展来看，政治动员成

---

① 何友良：《苏区制度、社会和民众研究》，社会科学文献出版社2012年版。
② 黄金麟：《政体与身体：苏维埃的革命与身体（1928—1937）》，台北：联经出版事业股份有限公司2005年版，第17页。
③ 陈德军：《乡村社会中的革命——以赣东北根据地为研究中心（1924—1934）》，上海大学出版社2004年版。
④ 王旭宽：《政治动员与政治参与——以井冈山斗争时期为例》，中央编译出版社2012年版。

为中共政治优势,中央苏区时期的历史经验和教训不但不可忽视,而且需要进一步借鉴反思。

何斌、游海华的论文《苏区农民动员的机制与策略分析——以"九打吉安"为例》实证分析了中国共产党和红军在1929年11月至1930年9月期间,领导并动员赣西数十万群众开展"九打吉安"的武装斗争,充分展示了政治动员的机制和策略。① 但因篇幅所限,对动员的历史背景和过程缺乏详细的论述。

(2)探讨或提出特定历史时空中的某种具体动员模式,如群众运动、乡村动员、情感动员、后勤动员等,以区别中国北方等地的乡村社会动员,为理解南方农村政治动员提供一种地方苏维埃革命模式或被特称为中央苏区模式。

杨会清在《中国苏维埃运动中的革命动员模式研究》一书中,从中国苏维埃运动的独特革命路径着手,对动员模式形成、发展及重构过程给予了"深描"。该书提出以群众性运动推动筹款、扩红以及肃反等工作的开展,同时又借助肃反推动其他各项工作开展的动员模式,表达出一种理想主义和现实主义相融的特点。②

王才友博士论文《"赤"、"白"之间:赣西地区的中共革命、"围剿"与地方因应》聚焦1925—1935年赣西地区革命,以打通"赤""白"界限,探讨国共两党应对地方势力的不同态度,认为中共因在政治动员中,没有正确面对地方干部阻力,外来干部以肃反的方式暂时压制内部的反抗,导致江西苏维埃革命探索失败。而国民党却成功利用乡绅等地方力量,反败为胜。③ 赣西地区"赤""白"之间动员效果对比,所获经验与需要总结的教训同样深刻。

钟日兴在专著《红旗下的乡村:中央苏区政权建设与乡村社会动员》中,主要围绕中央苏区政权建设的基本策略、建立过程、实施情况及其

---

① 何斌、游海华:《苏区农民动员的机制与策略分析——以"九打吉安"为例》,《农业考古》2011年第1期。
② 杨会清:《中国苏维埃运动中的革命动员模式研究》,江西人民出版社2008年版。
③ 王才友:《"赤"、"白"之间:赣西地区的中共革命、"围剿"与地方因应》,博士学位论文,复旦大学,2011年。

对苏区群众进行各方面革命动员，探讨革命政权深入乡村地区的过程及对乡村社会的影响。①

以上专著和博士论文选取角度或宏观或微观，对不同地域的中共政治动员分别进行了详细的历史描述，各有特点。作为一种前进力量，中央苏区政治动员仍需进行历史解读和历史辩证。

此外，涉及政治动员具体方式的论文主要有：吴晓荣的《略论中央苏区的革命标语》（《江西社会科学》2012年第1期），薛启飞的《论土地革命时期的政治动员：以情感动员的角度》（浙江大学硕士学位论文，2009年），等等。这些论文关注中央苏区时期的乡村权威力量和文化情感在政治动员中的力量。

（3）关注底层群众如农民群体、红军士兵群体、妇女等群体的政治动员。根据农民、妇女、士兵等群体的特征，强调了发挥和依靠各级党组织、苏维埃政府和群团力量在动员这些群体中的作用。

张宏卿在论著《农民性格与中共的乡村动员模式——以中央苏区为中心的考察》中重点关注底层群体——农民群众的乡村动员，着重研究中共如何"迎合"农民，农民如何通过革命来实现自身的政治诉求和物质利益。论著把这种乡村动员模式称为中央苏区模式，以区别华北等地的农民动员，为理解中国南方以农民为主体的乡村动员提供一种独特视角。②

刘笑言在《中央苏区农民政治动员中的性别与权力》一文认为，中共"以婚姻制度改革和对家庭角色进行政治赋权"为政治动员策略，应用"性别差异所内含的积极动力因素，通过意识形态和政治权力抑制并整合了对革命总体目标的破坏性因素，在权力与性别相互博弈并不断取得动态平衡的过程中，苏维埃政权获得广泛的群众认同"③。该文从性别

---

① 钟日兴：《红旗下的乡村：中央苏区政权建设与乡村社会动员》，中国社会科学出版社2009年版。
② 张宏卿：《农民性格与中共的乡村动员模式——以中央苏区为中心的考察》，中国社会科学出版社2012年版。
③ 刘笑言：《中央苏区农民政治动员中的性别与权力》，《当代世界社会主义问题》2014年第2期。

与权力的纠葛论证政治动员，视角独特，观点鲜明。

吴重庆在《革命的底层动员》一文中以田野札记方式详细分析高度的组织化和行政区域的集约化，急速有效地动员聚集起革命底层的力量，探讨了中国共产党在中央苏区才溪乡开展的底层动员的作用与不足。①

汤水清在《乡村妇女在苏维埃革命中的差异性选择——以中央苏区为中心的考察》一文中详细分析中央苏区妇女"既主动追求婚姻自由、积极参与革命，甚至送子送郎当红军；又躲避'解放'、消极应付革命，阻止亲人参加红军"②的矛盾心态，认为中共只有进行舆论宣传和改善妇女工作领导才能解决这些问题。胡军华、唐莲英在《论中央苏区的妇女政治动员》一文中论证了中央苏区以天足体健的客家妇女为主要动员对象及其贡献③。以上两篇论文的对策研究还有待进一步深入。

从整体上看，涉及中央苏区政治动员客体的研究，对农民、妇女群体的研究渐多，对工商阶层、游民等群体的研究，目前只有学者温锐的《苏维埃时期中共工商业政策的再探讨——兼论敌人、朋友、同盟者的转换与劳动者、公民、主人的定位》④等为数不多的论文有所涉及；涉及中央苏区政治动员载体的研究，重点关注标语和歌谣研究。因此，中央苏区政治动员除了关注农民、妇女等底层群体，其他群体如游民、工商阶层等也不应该忽视；并且，关注底层群体政治动员除了阶级视角，社会性别视域应该也可以考虑。

（4）以中央苏区时期最重要的报刊《红色中华》为研究视角，关注苏区社会和中共舆论宣传的工具。

主要涉及的论文有：万振凡的《〈红色中华〉与苏区社会》[《江西师范大学学报》（哲学社会科学版）2012年第6期]，付义朝的《〈红色中华〉研究（1931—1934）》（华中师范大学博士学位论文，2011年），

---

① 吴重庆：《革命的底层动员》，《读书》2001年第1期。
② 汤水清：《乡村妇女在苏维埃革命中的差异性选择——以中央苏区为中心的考察》，《中共党史研究》2012年第11期。
③ 胡军华、唐莲英：《论中央苏区的妇女政治动员》，《江西社会科学》2013年第3期。
④ 温锐：《苏维埃时期中共工商业政策的再探讨——兼论敌人、朋友、同盟者的转换与劳动者、公民、主人的定位》，《中共党史研究》2005年第4期。

等等。他们认为报刊的主要任务是大力宣传中共的主张,引导苏区民众选择正确的信仰,可以有力地进行革命动员,从而在政治、经济和军事上为推动苏维埃政权的巩固和苏维埃建设作出重要贡献。对《红色中华》等报刊的研究涉及中央苏区政治动员的主要方式,目前由于中央苏区时期的其他报刊如《红旗周报》《红星报》《斗争》《红报》《工农报》等文献资料不全,且很多都难以收集,可能限制了对这些报刊的研究。随着史学界的努力挖掘,对这些报刊的研究及其对政治动员的关系与作用,可以进一步探讨。

(5)初步介入苏区部分课本研究,开始把课本与政治宣传结合起来进行探讨。这方面没有专门的论著,只有石鸥及其研究生的几篇论文,如《小课本大宣传——根据地教科书研究之一》(《湖南师范大学教育科学学报》2010年第5期)等。论文概括性地阐述各历史时期根据地的教科书的宣传作用,涉及的时间范围较长,地域跨度较大,不仅仅局限在中央苏区。在课(教)本与政治动员研究中,多涉及对小学教材的研究,对红军教育、社会教育和干部教育等方面的教材研究比较少,且从政治动员角度深入得还不够。

(二)国外政治动员研究现状述评

国外学者对政治动员概念的研究起步早,观点也比较多,具有政治学理论的雄厚基础。其中有代表性的学者及其研究有:

美国学者卡尔·多伊奇首创"社会动员"这一学术话语。他认为社会动员是"人们所承担的绝大多数旧的社会、经济、心理义务受到侵蚀而崩溃的过程,人们获得新的社会化模式和行为模式的过程"[①]。这种动员过程显然出于一种现代化和时代化的视角。

美国学者亨廷顿在其著作《变化社会中的政治秩序》中,顺着多伊奇的思路,将"社会动员"描述为"一连串旧的社会、经济和心理信条全部受到侵蚀或被放弃,人民转而选择新的社交格局和行为方式","它意味着人们在态度、价值观和期望等方面与传统社会的人们分道扬镳,

---

① [美]卡尔·多伊奇:《社会动员与政治发展》,《美国政治科学评论》1961年9月,第55号,第3卷,第493页。

并向现代社会的人们看齐"①,延续了多伊奇的观点。

美国学者汤森、沃马克在《中国政治》一书中,从政治概念出发直接提出"政治动员"概念。他认为:"对中共精英来说,政治不只是一种平和的政治竞争或行政管理,而且是在危机形势下动员和激发人的资源的一种努力。"因而,政治动员这一术语指的是"获取资源(在这里是指人的资源)来为政治权威服务的过程"②。显然,这个概念还有进一步延展的必要。

国外学者多从政治社会学、政治心理学等理论视角探讨中国革命,从中共领导革命视角去研究中央苏区史的学者及其成果甚少,其中只有部分内容涉及中央苏区政治动员。

1. 关注农民问题,认为农民在革命中扮演了重要角色,从而对农民动员的相关问题进行了阐述

美国学者丹尼斯·朗在《权力论》中指出,"集体政治资源得以产生和保持的条件是许多不同政治思想以及不同政治行为(或'实践')的中心问题"③,提出了创造和保持集体资源作为政治动员的对象,由此那些被动员起来的人才能成为政治权力的基础。他从区分"政治上动员起来的集团"与"他们宣称代表的较大集体"④的不同,特别解释了马克思著作《路易·波拿巴的雾月十八日》中提到的为什么19世纪中叶法兰西农民不能实现政治动员的原因。美国学者J.米格代尔在《农民、政治与革命——第三世界政治与社会变革的压力》一书中,强调"当地制度"而非"文化"对个人选择所发生的根本性影响,提出"内向型力量"与"外向型力量"的冲突模式,对第三世界国家农民现代化政治生活进行了多层面分析。他指出,组织理论对动员农民持续参与和加入革命的四个

---

① [美]塞缪尔·P.亨廷顿:《变化社会中的政治秩序》,王冠华、刘为等译,上海人民出版社2008年版,第26页。

② [美]詹姆斯·R.汤森、布兰特利·沃马克:《中国政治》,顾速、董方译,江苏人民出版社2010年版,第57、77页。

③ [美]丹尼斯·朗:《权力论》,陆震纶、郑明哲译,中国社会科学出版社2001年版,第176页。

④ 同上书,第182页。

层次:"农民使自己适应于革命组织;农民试图从革命者那里获得物质利益和社会利益;农民为他们特殊的社会群体、阶层或村庄寻求集体;农民试图推翻现有政治秩序,用革命运动的成员、制度和规划取而代之。"① 美国学者韩丁的专著《翻身——中国一个村庄的革命纪实》,以其在中国生活工作多年的革命经历,以革命叙事的方式,详细描述了20世纪40年代一个北方农村革命变革的过程,揭示了包括乡村妇女在内的社会底层群众的思想、行为和心理的转变过程。②

2. 如何引导更多的民众参与和加入革命,有国外学者从案例、观察和叙事角度进行探究,甚至部分文献资料还专门论及了中央苏区的共产主义革命

美国学者裴宜理在《重访中国革命:以情感的模式》一文中提出了中共情感动员的模式:中国的案例确实可以解读为这样一个文本,它阐明了情感能量如何可能(或不可能)有助于实现革命宏图。③ 美国学者黄宗智《共产主义运动中的知识分子流氓无产者工人和农民:1927年至1934年兴国县实例》一文认为,中央苏区强有力的组织模式,使党深入到了农村并保证了某种程度的监督。④ 美国学者韦思谛《江西山区的地方精英与共产主义革命》一文认为,在江西农村以及中国其他地区,革命的发展比一般所想象的更广泛更持久地依赖于地方精英社会所提供的支持。⑤ 美国记者埃德加·斯诺在其著作《西行漫记》中,以亲历亲闻者的身份对中国共产党的苏维埃政策提供了生动而富有特色的报道,文风细腻朴实,故事生动,为了解中央苏区时期中共政治动员效果提供了一个

---

① [美] J. 米格代尔:《农民、政治与革命——第三世界政治与社会变革的压力》,李玉琪、袁宁译,中央编译出版社1996年版,第210—211页。
② [美] 韩丁:《翻身——中国一个村庄的革命纪实》,韩倞等译,北京出版社1980年版。
③ [美] 裴宜理:《重访中国革命:以情感的模式》,李寇南、何翔译,《观察与交流》2010年第60期。
④ [美] 黄宗智:《共产主义运动中的知识分子、流氓无产者、工人和农民:1927年至1934年兴国县实例》,《江西革命文物》1987年第3期。
⑤ [美] 韦思谛:《江西山区的地方精英与共产主义革命》,载孙江主编《事件·记忆·叙述》,浙江人民出版社2004年版。

非常好的窗口。①

总体来看，国外对于中央苏区政治动员研究，较多从政治学等领域以宏观视角分析中国革命，较少集中详细论述中央苏区政治动员这一专门问题，仍缺乏国内翔实史料的地方视角支撑。

三 研究思路、范围与架构

（一）研究思路

20世纪80年代前后，中共地方组织的相关文献资料大量汇编出版。这些地方史料汇编相当丰厚。其中涉及中央苏区的档案文献资料为本书的写作提供了相当细致的微观地域视角。② 进入20世纪90年代，学界出现研究中央苏区史的高峰。③ 他们的成果对中央苏区的史实厘定还是比较清晰的。近年来，大量学者对中央苏区的相关领域进行了更为深入的专题性研究。④

此外，近十余年有关联共（布）、共产国际对华政策的大型系列档案文件集《联共（布）、共产国际与中国（1920—1949）》陆续解密，国内理论界已全部出齐《共产国际、联共（布）与中国革命档案资料丛书》。

---

① ［美］埃德加·斯诺：《西行漫记》，董乐山译，解放军文艺出版社2002年版。
② 专题性研究主要涉及：《湘赣革命根据地斗争史》编写组：《湘赣革命根据地斗争史》，江西人民出版社1982年版；江西省档案馆：《湘赣革命根据地史料选编》，江西人民出版社1984年版；江西省档案馆：《湘赣革命根据地文献资料汇编》，江西人民出版社1983年版；江西省档案馆编：《闽浙赣革命根据地史料选编》，江西人民出版社1987年版；罗荣桓、谭震林等：《回忆井冈山斗争时期》，江西人民出版社1983年版；江西省档案馆等编：《中央革命根据地史料选编》，江西人民出版社1982年版；江西省妇女联合会、江西省档案馆编：《江西苏区妇女运动史料选编》，江西人民出版社1982年版；等等。
③ 主要有三套丛书：一是林多贤主编的《中央苏区研究丛书》，共8种；二是蒋伯英主编的《中央苏区历史研究》，共6种；三是舒龙、凌步机合著的《中华苏维埃共和国史》和余伯流、凌步机合著的《中央苏区史》。此外，还有一些专门史的研究论著。例如：陈荣华、何友良：《中央苏区史略》，上海社会科学院出版社1992年版；刘勉玉：《中央苏区三年游击战争史》，江西人民出版社1993年版；戴向青、罗惠兰：《AB团与富田事变始末》，河南人民出版社1994年版；余伯流：《中央苏区经济史》，江西人民出版社1995年版；等等。
④ 主要有：赣南师院中央苏区研究中心组织编写的《中央苏区研究丛书》，共10种；依托中共赣州市委宣传部成立的苏区精神研究会组织编写的《人民共和国摇篮》红色经典丛书，共9种。其中最有代表性的是苏区研究专家何友良的最新专著《苏区制度、社会和民众研究》（社会科学文献出版社2012年版）。

这套丛书对本书的研究和撰写提供了外来的理论视角。通过相关文献分析，了解中央苏区革命与中共政治动员的大历史背景，并对共产国际指导误解进行比较鉴别，具有重要的史学意义。

以上文献资料和相关论著给本书撰写提供了非常有利的基础。通过查阅有关中央苏区大量档案、文献、回忆录等资料，收集整理中央苏区政治动员相关重要文献，为本书的写作提供重要的史料支撑，使本书对中央苏区政治动员实践进行详细描述具有可行性。

中共局部执政条件下的中央苏区政治动员，体现出特殊地域和特殊环境中的动员特征。这种苏维埃革命视域中的动员本身已经隐含着一定的内聚力量与离散力量的较量。如何减少离散力量，增强内聚力量，需要政权力量和道德力量的整合。本书在翔实史料支撑下，以政治社会学、政治心理学和女性学等理论为基础，详细阐述中央苏区社会不同群体和阶层的政治动员实践策略，以说明中央苏区政治动员是如何面对现实并做到利用客观资源进行动员的，从而为本书分析探求中央苏区政治动员策略的有效性和深刻总结偏差失误提供实践和理论支撑。

在面临战争紧迫情况下实现最有效的政治动员，中共面临的矛盾与困难重重。通过高层顶层任务设计与具体措施落实的双重路径，中共协调着政治动员与军事、经济、文化和社会之间的矛盾。因而本书选取两种视角：一种是宏观层面的，着重围绕政治动员与军事斗争和经济发展的相互关系展开详细论述；另一种是相对微观具体的视角，主要围绕政治动员具体落实途径进行。本书选取课（教）本为载体，通过对干部、红军、工农群众和儿童等不同教育对象编写和运用课（教）本，从理论与能力提升、技能训练指导、教育普及宣传、革命启蒙与生活教育方面体现动员特色，以凸显中央苏区政治动员的多渠道传播和教育视角。

苏维埃是外来移植的产物。要把外来移植的苏维埃扎根中国乡村，历史考验着尚处于年幼的中国共产党。作为中共一种特殊技术策略的运用，中央苏区政治动员需要历史辩证。本书从积极经验与策略反思两部分进行了详细分析。

(二) 有关概念的厘清与界定

1. "中央苏区"时间起止的界定

关于中央苏区时期的起止时间界定有广义和狭义之分。

(1) 狭义上的时间界定。

"1929年1月初,……毛泽东、朱德、陈毅等根据柏露会议的决定,……率领红四军主力于1929年1月14日撤离井冈山向赣南进军,'转攻敌人之后',从而揭开了创建中央苏区的序幕。"① 至1934年10月,项英、陈毅等最后从江西于都上坪"分九路向外突围,开展游击战争……至此,中央革命根据地完全丧失"②。以上观点把中央苏区时期界定为1929年1月到1934年10月止,即作为根据地的中央苏区完全消失止于1934年10月。

(2) 广义上的时间界定。

1927年9月19日,中共临时中央通过《关于"左派国民党"及苏维埃口号问题决议案》,提出"现在的任务不仅宣传苏维埃的思想,并且在革命斗争新的高潮中应成立苏维埃"③,标志着中国苏维埃运动的开始,且主要在赣粤等地域陆续展开。1934年10月,第五次反"围剿"失败后,中央红军主力退出赣闽地区进行战略转移,走上长征之路。1937年9月22日,中共中央公布由周恩来起草的《中共中央为公布国共合作宣言》,提出"取消现在的苏维埃政府"④,标志着苏维埃从此告别了中国。这样以中央苏区作为中国苏维埃运动核心区域来界定中央苏区时期宣告结束。"中央革命根据地斗争历史,从1927年大革命失败后赣南、闽西农民武装暴动开始,到1937年抗日战争爆发后赣粤边、闽西等地红军三年游击战争结束,前后历时10年"⑤,大致分为奠基、初创、形成、鼎

---

① 陈荣华、何友良:《中央苏区史略》,上海社会科学院出版社1992年版,第1页。
② 马齐彬、黄少群、刘文军:《中央革命根据地史》,人民出版社1986年版,第513页。
③ 中共中央文献研究室、中央档案馆编:《建党以来重要文献选编(1921—1949)》第4册,中央文献出版社2011年版,第508页。
④ 《周恩来选集》上卷,人民出版社1980年版,第77页。
⑤ 中共江西省委党史研究室等编:《中央革命根据地历史资料文库·党的系统》第1卷,中央文献出版社、江西人民出版社2011年版,综述第1页。

盛、失陷、游击六个阶段。

据此,本书对中央苏区的时间界定是从广义而言的,即从1927年到1937年为界,因叙述的方便和理论分析的需要,本书有时还会跨出这一时间范围。

2. 中央苏区地域范围的界定

中央苏区,即中央革命根据地。中央苏区由赣南、闽西两块根据地组成,主要横跨赣、闽、粤、湘四省的广大地域。

近年来,因涉及对原中央苏区振兴发展规划需要,国务院等相关部委发文对中央苏区的界定更加明确。根据国务院《关于支持赣南等原中央苏区振兴发展的若干意见》(国发〔2012〕21号,以下简称《意见》)精神,《赣闽粤原中央苏区振兴发展规划》(以下简称《规划》)以原中央苏区为核心,统筹考虑有紧密联系的周边县(市、区)发展,规划范围不等同于原中央苏区范围。规划范围包括:江西省赣州市、吉安市、新余市全境及抚州市、上饶市、宜春市、萍乡市、鹰潭市的部分地区,福建省龙岩市、三明市、南平市全境及漳州市、泉州市的部分地区,广东省梅州市全境及河源市、潮州市、韶关市的部分地区。①《规划》虽然特别说明了"规划范围不等同于原中央苏区范围",但可以明确的是规划范围是以中央苏区为核心的,也就是说以上地方都与中央苏区有紧密的联系,或多或少都曾经为中央苏区革命作出过根据地的依托贡献。

3. "苏区"与"根据地"的问题

在涉及中共党史土地革命时期的历史文献中,苏区与根据地是同一个意思。苏区即革命根据地,中央苏区即中央革命根据地。但为什么"苏区"又被称为"根据地"呢?有一种说法,认为"苏区"由"苏维

---

① 《赣闽粤原中央苏区振兴发展规划》列出的具体名单为:"江西省赣州市、吉安市、新余市全境,抚州市黎川县、广昌县、乐安县、宜黄县、崇仁县、南丰县、南城县、资溪县、金溪县,上饶市广丰县、铅山县、上饶县、横峰县、弋阳县,宜春市袁州区、樟树市,萍乡市安源区、莲花县、芦溪县,鹰潭市余江县、贵溪市;福建省龙岩市、三明市、南平市全境,漳州市芗城区、龙海市、南靖县、平和县、诏安县、华安县、云霄县、漳浦县,泉州市安溪县、南安市、永春县、德化县;广东省梅州市全境,河源市龙川县、和平县、连平县,潮州市饶平县,韶关市南雄市,共108个县(市、区)。"参见《赣南日报》2014年3月29日第001版。

埃"演绎而来,有"左"的味道。因此后来不叫"苏区",改称为"革命根据地"。① 石仲泉先生提出了自己的意见,他说:"'苏区'是十年土地革命的特指;'根据地'是泛指。'中央苏区'这个称谓,既代表了一段血与火的历史,也凝聚了一段血与火的情缘。"② 这种说法是比较符合历史事实的。

因此,本书认为,选取"苏区"一词和对"中央苏区"的界定,从中共党史的历史发生学来说,更具有原生态的政治内涵和时代意义。

4. 政治动员与思想政治教育

"动员"原为军事用词,政治学、社会学、历史学借用了这一概念,因而有了政治动员、社会动员、革命动员等概念的产生。在政治学中,"政治动员"这一概念通常认为是政治组织、集团或个人等主体为了实现自身政治目标,借助某种或多种手段,利用一定的资源,有形或无形地将自身的价值观施加给被动员者,以达到参与、控制、管理和统治等方面的目的。

从思想政治教育学的概念史角度来看,中国共产党的政治动员首先是一个历史概念,它的产生有其历史发生的背景和过程。它突出了在社会革命和政治革命统一语境下的政治文化借鉴和表达,强调动员主体对动员客体的影响与施压,主体和客体有相互影响的一面,但相互统一有时并不一致。在中国共产党思想政治教育发展历史过程中,政治动员是中共早期进行宣传鼓动教育的一种实践方法。在中共创设思想政治教育这一概念之前,政治动员无疑成为中共宣传工作、思想政治工作和思想政治教育的主要表达方式。

思想政治教育是一个教育学概念,是现代语境下中国共产党思想政治工作的文化教育实践创造。学界认为:"思想政治教育是教育者与受教育者根据社会和自身发展的需要,以正确的思想、政治、道德理论为指导,在适应与促进社会发展的过程中,不断提高思想、政治、道德素质

---

① 李根寿:《中央苏区时期马克思主义中国化研究》,博士学位论文,南昌大学,2011年,第6—7页。

② 石仲泉:《中央苏区与苏区精神》,《中共党史研究》2006年第1期。

和促进全面发展的过程。"① 思想政治教育强调教育主体和教育客体的双向统一。从概念发生学而言，政治动员是一个在外延和内涵上都比思想政治教育要广泛和丰富的概念，它本身也已经包含了思想政治教育这样一种实践过程。但从促进人的全面发展而言，思想政治教育更符合教育文化的实践要求。当前，思想政治教育已成为政治动员中的一种重要方法。

（三）研究架构

本书除绪论和结语部分外，主要框架从六个部分展开：

第一章，中国苏维埃的创建及中共政治动员开展。1927 年"苏维埃"移植中国后，中国共产党在农村寻求更大生存与发展空间的过程正是政治动员开展的过程。由于革命发展的不平衡性，中央苏区政治动员呈现曲折性，主要经历了三个阶段：引兵井冈与政治动员的初起、五次反"围剿"斗争与政治动员的深入、南方三年游击战争与政治动员的坚持。伴随土地革命和中央苏区成长的政治动员，是在没有完备的政治体制、政治规范情况下开展的，是一种处于特殊时期、特定区域的"战时状态"政治动员。

第二章，从分级分层角度详细论述中央苏区政治动员的实践策略。这部分主要涉及政治动员的主要对象。本章选取中央苏区三个比较特殊的阶级阶层：人数最多的农民阶级、身份最特殊的工商阶层和革命最积极的劳动妇女群体，分别论述"十万工农下吉安"重大历史事件和日常生活中的农民政治动员、从"毫不妥协"到"有条件妥协"的工商阶层政治动员以及"差异性成长"中的妇女政治动员。数量资源、工商资源、性别资源的获得，分别呈现中央苏区政治动员的实践策略，从而说明中共政治动员是如何做到面对现实并利用既有的客观资源进行动员的。

第三章，从政治动员与军事、政府等各项工作的协调配合进一步展开实践策略的阐述。首先，军事成为政治动员的晴雨表，从集中以应对敌人，分兵以发动群众分别论述。其次，从政治动员推进苏区中央政府

---

① 教育部思想政治工作司组编：《大学生思想政治教育理论与实践》，高等教育出版社 2009 年版，第 2 页。

各项工作的落实与展开，论述政治动员落实各项紧急任务完成、促进苏维埃经济的持续发展、推动中央苏区各级政府机构完善和工作改善。

第四章，选取中央苏区发行的各类课（教）本为具体动员物质载体，梳理出中共针对不同教育对象编写和运用教材的情况，详细论述革命课（教）本的政治动员特色与传播载体价值。从多样性的物质载体彰显中央苏区政治动员的社会价值和文化价值。

第五章，分析论证中央苏区政治动员效能。主要从两个方面展开：一方面，选取"模范兴国"和"模范战士"作为两个榜样典型，从两种视角论证中央苏区政治动员的良好效果，主要表现为生活水平的总体提高、观念的变革、道德的提升和行为的转变。另一方面，对中央苏区政治动员出现的大量"开小差""逃跑"现象，从倦怠心理等原因进行客观分析并提出教育动员对策。

第六章，中央苏区政治动员历史辩证。一方面，总结中央苏区政治动员的主要优势：创建先进理论使之成为中央苏区时期政治动员的行动指南；发挥强大组织资源在中央苏区时期政治动员中的关键作用；树立依靠群众、不断壮大群众基础的政治利益观；创造多种方式，把政治动员向深度广度延展。另一方面，反思中央苏区政治动员策略：自上而下的命令式手段、由外推内的表面化效果、宏观又单一的目标负荷，部分削减了中央苏区政治动员功效，带给中共深刻的历史教训。

最后，本书提出结论。

第一，中央苏区政治动员是在特殊战争状态下产生的，经历了连续的五次反"围剿"的过程，时间紧，任务艰巨，为了保存有生力量和一定的生存地域，自上而下的命令式动员成为主要方式。这种特殊条件下的政治动员，急切地需要中国共产党将自己的组织资源优势发挥出来，为中国共产党历练出大批基层优秀干部。

第二，中央苏区政治动员产生于20世纪二三十年代的江西、福建、广东等省界交会的山区狭小地域。特定时空地域一方面给中共政治动员提供有利的因素，但也带来非常不利的影响因素。外来知识分子在乡村进行革命动员，首先地方方言是横亘在政治动员前面的一个重大障碍。在中央苏区，隔村不同语的现象随处可见。文化教育因素被中共充分利用和重视起来。通过开展识字运动，创编各种课（教）本，开办各类学校，中国共产党普及了文化教育知识，为政治动员提供了持久性物质载体，克服了方言对政治动员带来的不利影响，更为苏区广大群众从精神上消灭赤贫提供了智慧源泉，从而把乡村道德水平提升到历史应有的高度。在这方面，苏区劳动妇女和儿童表现得尤为明显。

第三，中央苏区政治动员尚处于初创发展时期。中国共产党作为共产国际的一个支部，深受共产国际路线影响。在共产国际外来指示下，中国共产党领导的苏区革命受其支配，主要表现在部署包括政治动员在内的各项工作与之不断产生矛盾，如军事行动方向、土地革命深入、组织人员调配、革命经费筹措等。在实践中，中国共产党逐步将政治动员与各项工作协调起来，为走向政治独立提供了历史前提。因此，中央苏区政治动员推动中国共产党不仅逐步掌握军事艺术，而且也逐步掌握经济建设艺术和人民政权艺术，从共和国的伟大预演走向历史创造。

第四，中央苏区政治动员在有限的范围内争取了各种势力，逐步壮大了自身生存的空间和力量。作为一种技术策略的运用，政治动员有效利用"敌""友""我"之间的矛盾，不断化解矛盾，团结一切可以团结的力量。中央苏区有限范围内的政治动员策略，将统一战线理论初步发挥到极致，为统一战线成为中共克敌制胜三大法宝之首，增添了更多的实践和理论智慧。

四 研究方法、创新点与不足

（一）研究方法

1. 文献研究方法

本书将依据历史材料来立论，利用现有出版的文献、资料、相关报刊史料，重点查阅苏区时期中共中央、各地省委、特委、县委之间的决议案、布告、训令、指示、通告、命令、号召、宣言、告书、汇报、报告等档案材料，运用归纳与演绎、分析和综合、历史和逻辑一致的方法，系统梳理中央苏区政治动员的脉络，呈现中央苏区政治动员的历史场景。

2. 实证研究方法

本书利用中央苏区时期各类报纸、杂志、小册子，如《红色中华》

《苏维埃中国》《青年实话》《斗争》《布尔塞维克》《共产儿童读本》《工农课本》等，并通过口头采访获得第一手资料，以进行实证分析。

3. 跨学科研究方法

本书将综合运用历史学、政治学、社会学、文化学的研究方法和基本理论，对文献资料进行理论分析，形成学科交叉优势的研究结论。

(二) **本书的创新**

本书试图从研究对象和研究视角上取得一定的突破。

首先，中央苏区政治动员涉及对农民、红军、妇女等底层群体的研究。重视底层研究是大多数学者关注的重点，本书也从某种角度关注这些群体。本书尤其关注工商阶层政治动员和妇女政治动员。工商阶层政治动员虽不是中共政治动员的一个主要对象，但这个群体是不能也不应该忽视的。在关系生死存亡的特定历史时期，中共是怎样改变了原有观念，对工商阶层政治动员采取较为特殊的政策，从而达到有效利用现存经济资源为革命战争服务的？此外，从女性学视角来审视中央苏区妇女政治动员特色。中共对性别资源的挖掘和获取，正是中央苏区妇女解放的过程，从性别视角探讨中央苏区妇女政治动员实践，将是本书研究过程中的一个特别关注的地方。

其次，中央苏区时期中共对各类课本（教材）、小册子的创编、发行，是中共善于政治宣传和政治动员的进一步开创。课本首先是政治文本。小小的课本承载着崇高的革命价值。中央苏区政治动员是如何创编、利用这些课本（教材）的？这些课本（教材）的主要类型、主要内容、主要特点有哪些？使用教材的主要人群有哪些？起到了什么样的效果？等等。对这些问题展开详细论述，是本书重点突破的一个方面。

最后，中央苏区政治动员是在中共局部执政条件下开展的，是一种处于特殊时期、特定区域的"战时状态"政治动员。要把相关群体利益转化为一个社会运动的动员能力，组织力量起了关键作用。处于幼年时期的中国共产党的各级组织机构、组织人员有一个逐步成长、完善的过程，党组织与政府、红军、群团力量的结合也有一个逐步发展的过程。这种成长和完善正是中共动员能力之所在。这种在政治制度不完备的状态下进行的政治动员实践，成为中国共产党政治优势的开端。进一步发挥和完善中国共产党的组织优势，是当前中国共产党建设的重要内容之一。如何进行历史借鉴也是本书需要创新之处。

(三) **本书的不足**

中央苏区处于20世纪二三十年代，距离现在时间久远，跨度长，地域广泛，且由于战争原因，当年的许多史料没有完整地保存下来，现存的资料非常庞杂，因而本书写作过程中遇到的最大困难，首先是对现有文献资料的复杂性、全面性难以综合掌握；其次，田野调查不够，未能对有关当事人或相关事件进行详细的考察；最后，本书历史"述"得较多，"评"得较少，对现有文献资料的分析还缺乏规律性的概括和学理性的深度分析，对现实启示把握仍显不够，需要改进。

第一章

中国苏维埃创建与政治动员开展

"苏维埃"（Soviet）是一个外来词，俄文为"совет"，汉语音译，是"代表会议"或"会议"的意思。亦即"工农政府的一个特殊名字，在一九〇五年革命时，在列宁格勒①已有此组织，但不久即为失败，经过一九一七年十月革命成功后才得恢复，而苏维埃之名乃得深印于劳苦群众的胸（脑）海中"②。"苏维埃"能传播到中国，早期知识分子作出了贡献。"据著名学者高放考证，中文'苏维埃'一词是由当年北京大学教授、后来担任中国民主社会党主席的张君劢于1918年音译，1922年以后广为流行。"③ "1925年3月，早期同盟会会员、北京大学教授周鲠生在《东方杂志》发表长文，谈论俄罗斯的政治改造，对苏维埃制度和布尔什维克党作了十分客观的介绍。"④

此后，苏维埃被引入中国，成为中国共产党革命实践的追求，与20世纪二三十年代的中国革命和共产国际、联共（布）对华政策密切相关。"共产国际在中国建立苏维埃的政策是1927—1931年间在联共（布）和共产国际代表们直接参加下所通过的联共（布）、共产国际、工会国际和中共领导机关的一系列决议中制定的。……这一政策的内容在许多方面

---

① 此处为勘误，应为圣彼得堡。列宁格勒其实是圣彼得堡的别称。1924年为纪念列宁改称列宁格勒。1905年还没有列宁格勒的称谓。
② 江西省档案馆等编：《中央革命根据地史料选编》下册，江西人民出版社1982年版，第4页。
③ 张兴亮：《早期马克思主义中国化语境中的"苏维埃"：话语演变及其反思》，《毛泽东思想研究》2011年第2期。
④ 何友良：《苏区制度、社会和民众研究》，社会科学文献出版社2012年版，第56页。

是由斯大林在 1927 年的文章和讲话中提出的论点所确定的,特别是在'中国革命三阶段理论'以及布哈林在 1927—1928 年的著作和讲话中提出的论点所确定的。"① 很显然,共产国际直接指导中国共产党进行苏维埃革命。

关于共产国际与中国共产党的关系,周恩来曾总结说:"它是两头好,中间差。两头好,也有一些问题;中间差,也不是一无是处。"② 在《共产国际与中国共产党的关系》一文中,周恩来根据"两头"和"中间"的时间界定,划分出共产国际的前期(1919.3—1927.7)、共产国际的中期(1927.7—1935.7)、共产国际的后期(1935—1943)三个阶段。关于共产国际的中期阶段,周恩来还特别这样指出:"基本上是错误的,对我们中国党影响最大。"③ 周恩来的论断是有根据的。他作为中央苏区时期党内高层干部,亲身经历了中央苏区的革命与斗争,又与共产国际发生直接联系,对共产国际指导中国革命的负面影响体会极为深刻。而对于"中间差,也不是一无是处"这样的论断,也提醒着中国共产党人坚持马克思主义的方法,必须具体问题具体分析。因此,就中央苏区中共政治动员而言,共产国际对中共的影响主要表现在哪里?哪些是有用的或有益的?这些都应该仔细甄别。

苏维埃从俄国移植到中国,在中国的创建与发展过程,也是中共政治动员开展的过程。虽然最初是生搬硬套,但苏维埃运动却动员起广大民众起来斗争,尤其是吸纳了广大底层民众参与工农兵苏维埃政权,逐步认识和了解这个陌生的苏维埃。本章选取 1927—1937 年这段时间,主要阐述联共(布)、共产国际对华政策的影响,一方面揭示工农兵苏维埃在中国创建及中央苏区发展的艰难历程,另一方面呈现中央苏区政治动员开展的三个主要历史发展阶段。

---

① 中共中央党史研究室第一研究部:《联共(布)、共产国际与中国苏维埃运动(1927—1931)》第 8 卷,中央文献出版社 2002 年版,前言,第 10 页。
② 《周恩来选集》下卷,人民出版社 1984 年版,第 300 页。
③ 同上书,第 305 页。

第一节 苏维埃移植中国

一 从苏维埃口号到苏维埃政权建立（1927年前后）

1921年7月，中国共产党成立。1922年，中国共产党作为共产国际的一个支部，接受遥远的共产国际的指示，准备与国民党实行党内合作，此时不具备实行苏维埃制度的条件。从苏维埃口号宣传到苏维埃政权建立，中国共产党经历了艰难的探索过程。

1927年大革命失败后，中国共产党亟须得到共产国际的革命指示以实现革命的行动。此时，苏联国内反对派却加紧了对斯大林的攻击。为此，斯大林在理论上和策略上做了还击，对中国革命提出了一些指导性意见。7月28日，斯大林发表《时事问题简评》，指示"苏维埃的口号在中国最近的将来可能成为当前的口号"①。共产国际认为中国国内的局势虽然非常紧迫，但是在革命高潮没有到来之前，是不宜马上成立苏维埃的。而苏维埃的口号也就限于宣传，只有条件具备了才能成立苏维埃，目前革命的领导权还必须依赖国民党。因而关于中国苏维埃的策略就是这样指示的："发动国民党左派群众起来反对上层；如果不能争取国民党，而革命将走向高潮，那就必须提出苏维埃的口号并着手建立苏维埃。"②面对国民党的残暴统治和血腥镇压，来不及等待共产国际的最高指示，年幼的中国共产党毅然承担起探索独立领导武装暴动的重任。8月1日，南昌起义爆发，9月9日秋收起义爆发，12月11日广州暴动。此间，8月3日，"根据中央最近农民斗争之决议案……准备在湘粤鄂赣四省实现"秋收暴动。"土地革命将占最重要的过程……农民……正在寻找他们新的奋斗的方略，'秋收暴动'是对于这个客观情势的适当的答案。"③举行武装

---

① 转引自余伯流《共产国际与中国苏维埃运动的"移植"及演进》，《江西社会科学》2010年第7期。
② 中共中央党史研究室第一研究部：《共产国际、联共（布）与中国革命档案资料丛书（1927—1931）》第7册，中央文献出版社2002年版，第18—19页。
③ 中共江西省委党史研究室等编：《中央革命根据地历史资料文库·党的系统》第1卷，中央文献出版社、江西人民出版社2011年版，第1页。

暴动的中共急需来自上级部门的指示以获得行动支持。

在紧要关头，共产国际执委给中共中央来信，但只提出了"退出武汉政府、发表宣言、不要退出国民党、工人斗争、武装工农、党可能转入地下、反对机会主义"七条任务，但"对搞军队、搞地方政权和深入土地革命没有重视，而当时恰恰应该是搞军队、搞地方政权和深入土地革命"①。对建立苏维埃有重要意义的军队和政权问题，共产国际仍然认为还是要依赖国民党。国内的复杂局势远不是共产国际领导者所能预测并及时下达正确指示的。

斯大林在致汉口苏联领事伯纳的密电中就曾指出："只有当重建革命国民党的尝试明显无望和明显失败，而随着这种失败出现新的革命高潮时，只有在这种情况下才走上建立苏维埃的道路。……现在无论在叶挺的军队里还是在农村都不要建立苏维埃。"② 依靠自己的军队建立苏维埃政权的希望由此落空。这样，在1927年8月"只限于在共产党报刊上宣传苏维埃"就成了事实上中国共产党的行动方向。而要想将苏维埃的口号变为苏维埃的行动，必须要看中国共产党的领导是否有足够的力量。

1927年8月7日，共产国际派代表罗明纳兹参加八七会议。在他的指导意见下，提出了"怎样跟土地革命结合起来，深入群众斗争"，而对"建立军队、政权、根据地这些重要问题上没有作出正确的总结和指示，没有提出明确的任务"③。对于如何依靠军队等力量建立苏维埃等重要问题，中共急需共产国际的指导性意见，但事实上并没有获得。此间中共发布的重要文件也基本没有涉及这些问题，只是象征性地对"苏维埃"进行了解释，对许多问题自身也是不太清楚的。如1927年8月21日，《中国共产党的政治任务与策略的议决案》指出："工农兵代表苏维埃，是一种革命的政权形式"，"本党现在提出下列口号——乡村之中是'政权归农民协会'，城市之中是'革命的民选的政权万岁'（民选革命政权）"。农民协会和民选革命政权与苏维埃有什么关系并没有弄清楚，也

---

① 《周恩来选集》下卷，人民出版社1984年版，第305—306页。
② 中共中央党史研究室第一研究部：《共产国际、联共（布）与中国革命档案资料丛书（1927—1931）》第7册，中央文献出版社2002年版，第22页。
③ 《周恩来选集》下卷，人民出版社1984年版，第306页。

没有及时向地方作出指示。中央甚至还认为"只有到了组织革命的国民党之计划,完全失败,同时,革命又确不〔在〕高涨之中,那时本党才应当实行建立苏维埃"①。这样的认识完全是一种被动革命的态度,连革命的方向在农村还是城市,都还不清楚。

1927年9月19日,中央《关于"左派国民党"及苏维埃口号问题决议案》指出,"苏维埃的组织,首先应当在那些中心的地方如广州长沙等"②。这样,中共中央把攻打中心城市,首先在大城市建立苏维埃作为自己明确的目标,而不宜在小城市如县城等地组织苏维埃。

中国革命形势的迅速变化远远超出共产国际下达给中共中央的直接指示。各地风起云涌的暴动把建立苏维埃政权直接提上了联共(布)会议日程。但事实上他们并不清楚中国革命的真实情况。因而斯大林迫切要求在汉口的罗明纳兹告知"建立各省政府的计划。……这些政府将在什么旗帜下建立:是苏维埃还是国民党"③,以便再次下达指示。

到9月20日(实际上文件到中国的时间已经到了10月初),共产国际才给中国共产党发出关于必须建立苏维埃的明确指示,并说明了确定建立苏维埃的时机和扩大苏维埃地区的各种条件。作为该指示的补充,建议中共:"第一,广东的形势要求尽快着手在所有大大小小工业化城市里建立工人、手工业者和士兵代表苏维埃。第二,同意保留'一切权力归农会'的口号,……在最近一段时期里必须将农会改变成苏维埃,……采取措施准备向农村苏维埃过渡……第五,在成立广东政府时要考虑到国际上的情况作必要的伪装,因此最好称为人民代表国民政府或者诸如此类的名称,政府的构成中要共产党员占优势,实际权力集中在广州代表苏维埃手里。第六,在广州立即恢复工人纠察队……加强军事训练,使他们成为苏维埃的支柱。第七,……最主要的是在主要的司

---

① 中共江西省委党史研究室等编:《中央革命根据地历史资料文库·党的系统》第1卷,中央文献出版社、江西人民出版社2011年版,第30—32页。
② 中共中央文献研究室、中央档案馆编:《建党以来重要文献选编(1921—1949)》第4册,中央文献出版社2011年版,第508页。
③ 中共中央党史研究室第一研究部:《共产国际、联共(布)与中国革命档案资料丛书(1927—1931)》第7册,中央文献出版社2002年版,第88页。

令部内要有坚强的政治领导，要由绝对可靠的和坚定的共产党员组成。第八，把更多的工农暴动者吸收到叶挺和贺龙的军队里来，在所有部队里成立坚强的党支部，在每个党组织下面设立军事委员。"①

9月27日，斯大林在共产国际执委会和监察委员会联席会议上的讲话，驳斥了托洛茨基，他指出："谁来领导苏维埃呢？当然是共产党人。……让我们的中国同志自己去进行把苏维埃移植到中国的工作吧！"②

10月，共产国际明确指示"政权问题和苏维埃问题，我们应该绝对明确地提出来，也就是说一切权力归工农"③。

12月底，共产国际执委会建议中国共产党立即采取最强有力的行动来反对中国的反革命、白色恐怖和杀害苏联驻广东代表的暴行。"必须举行群众集会、示威游行和在英国、日本和美国领事馆前游行。口号是保卫中国革命和苏联。事件极其严重，必须唤起民众，使所有附属机构（同盟、国际革命战士救济会等）都行动起来。"④

围绕共产国际的最高指示，中国共产党立即提出党的主要任务，"南中国的几省中，在目前就应该开始这割据局面的准备。……我们要组织广大的群众于苏维埃口号下，以总暴动来实现苏维埃政权"⑤。将"苏维埃"口号运用到暴动活动中，由此分别在上海、南昌、广州等地相继举行武装暴动。中共六大以后，武装暴动思想一直贯穿于苏区建设和发展的整个过程。从时间上来看，从宣传苏维埃口号到实际行动只经历了短短的4个多月。

很短的时间内，暴动所及之地，很快掀起苏维埃革命。1927年11月，彭湃领导中国第一个县级苏维埃政权在海陆丰地区建立，随后暴动革命在各地陆续展开。特别是在湘鄂赣粤等南方省的山区地带，中国共

---

① 中共中央党史研究室第一研究部：《共产国际、联共（布）与中国革命档案资料丛书（1927—1931）》第7册，中央文献出版社2002年版，第118—119页。

② 同上书，第92—93页。

③ 同上书，第129页。

④ 同上书，第178页。

⑤ 中共中央文献研究室、中央档案馆编：《建党以来重要文献选编（1921—1949）》第5册，中央文献出版社2011年版，第327页。

产党领导工农群众武装暴动，建立工农兵代表苏维埃，逐步实现政权组织形式由农民协会向工农兵代表苏维埃的转变。很明确的是，苏维埃来到中国，成为中国共产党的重要行动方向和中心任务，首先是从大城市开始的。城市暴动失败后，苏维埃革命被迫转入乡村各地。从宏观上看，虽然暴动是以苏联利益为出发点的，但在武装反抗国民党反动派的斗争中却展示出中共独立革命的一面，为探索苏维埃在中国的建立确立了方向。

二 从苏维埃政权建立到苏维埃运动失败（1928—1934）

斯大林在指导中国革命的过程中，曾强调在中国"建立苏维埃和扩大苏维埃地区的时机由共产国际执委会执行局和中共中央决定"①。是什么样的时机和条件促成中国苏维埃政权的建立？中共六大指出："党在准备暴动中的主要任务，在于造成那维持并巩固苏维埃政权的先决条件。夺取了某地方的政权以后，党的主要困难，便在维持并巩固这个政权的问题。"②围绕地方苏维埃政权和中央苏维埃政权的建立与建设，中国共产党进行了较长一段时期的艰难探索。

首先，面临的任务是苏维埃政权从城市被迫转入农村的行动方向。南昌暴动失败后，中国共产党领导的国民革命军退出城市被迫转入乡村，但苏维埃政权此时还没有真正走进乡村。上级的指示很明确，中央致江西省委的信中就指出"南昌暴动的意义是为要彻底土地革命……革命委员会应在此事变中提出'实行土地革命''没收大地主土地''实行耕者有其田''民选革命政府''一切乡村政权归农民协会'……等等口号，并须在革命军势力所及地积极的实行"③。从南昌起义余部所到的乡村来看，他们并没有按照这个口号进行行动，部队东奔西走，疲于奔命，来

---

① 中共中央党史研究室第一研究部：《共产国际、联共（布）与中国革命档案资料丛书（1927—1931）》第7册，中央文献出版社2002年版，第88页。
② 中共中央文献研究室、中央档案馆编：《建党以来重要文献选编（1921—1949）》第5册，中央文献出版社2011年版，第451页。
③ 中共江西省委党史研究室等编：《中央革命根据地历史资料文库·党的系统》第1卷，中央文献出版社、江西人民出版社2011年版，第35页。

到潮汕地区不久又择道赣南和湘南,到处寻找生存之机。

1927年12月,广州起义失败后,革命力量无法在城市公开活动,只有退到农民暴动的区域中去。随着农民暴动的增多,在何种旗帜下领导他们,成为一个非常现实的问题。于是,按照共产国际的指示,中国共产党开始了让一切农民暴动都要在苏维埃的口号和旗帜之下进行的革命实践。

其次,将苏维埃既作为指导各地农村革命的领导机关,又作为一种政权机关。1928年1月,瞿秋白发表《中国的苏维埃政权与社会主义》一文,认为"苏维埃政府,便是革命的民众自己选举出代表,组织代表会议,做一般群众斗争的指导机关"①。苏维埃既是政权机关,又是指导暴动的机关。党内高层对苏维埃的性质在认识上仍是模糊的,仍将苏维埃作为各地领导土地暴动的领导机关。

1928年3月,《中央通告第三十七号——关于没收土地和建立苏维埃》中又指出:"苏维埃的组织在暴动前为暴动指挥机关,在暴动胜利以后为政权机关。苏维埃一经建立,所有农民协会,革命委员会等机关一概取消,一切权力归于苏维埃。"② 随着各地革命实践的发展,中共党内虽然逐步明确了苏维埃的性质,但对于如何建立一个统领各地苏维埃政权的中央一级苏维埃政权机构无法顾及。

地方苏维埃政权的实践,急需中共中央在一个较大范围内成立一个统一合法的组织作为领导机构。在江西,"土地革命潮流异常高涨的区域,如鄱阳、万安、吉安等地",尤为急需相关的组织机构来加以领导土地革命,于是作为权宜行事,"暂由省委规定一苏维埃临时组织法,交各地备参考"③。此外,江西省委还制定了《江西省苏维埃临时政纲》,初步提出了苏维埃政治、经济、教育和外交等方面的政纲,为各地苏维埃政权建设提供了临时性的指导意见。从后来成立的中华苏维埃共和国中

---

① 中共中央文献研究室、中央档案馆编:《建党以来重要文献选编(1921—1949)》第5册,中央文献出版社2011年版,第38页。
② 同上书,第140页。
③ 江西省档案馆等编:《中央革命根据地史料选编》下册,江西人民出版社1982年版,第4页。

央政府组织系统结构图来看，内容上也借鉴了这个。苏维埃首先在江西省得到了实质性的发展，表明苏维埃已不再是一个口号，而真正成为了一个领导机关。

此阶段前期，共产国际对中国苏维埃运动的指示仍然缺乏针对性的意义。1928年6月，中共六大在莫斯科召开。7月9日通过《政治决议案》提出了中国革命现阶段十大政纲，其中第五条为"建立工农兵代表会议（苏维埃）政府"，同时指出这十大政纲的目标要求是"中国共产党现在争取群众，准备武装暴动，以推翻豪绅资产阶级政权的主要口号"[1]。围绕这个口号，中国苏维埃运动至此全面展开。但是如何争取群众，到哪里发动群众，年幼的中国共产党仍然缺乏有实质性的实践指导和经验。

共产国际指导中共六大工作的人员，"一个是布哈林，一个法国同志，还有陶里亚蒂，但做实际工作的是米夫"。"在土地问题上，只提了没收地主阶级的土地交农民代表会议处理；对军事问题没有强调指出。"[2] 六大以后至1929年，共产国际陆续来了四封信，只有"第二封信的内容是反对联合富农"[3]，其他都没有涉及苏维埃等问题。直到1930年6月，共产国际向中国共产党指示："组织苏维埃中央政府，并改善这个政府的工作，对于中国工农苏维埃政府的问题，党应当注意到要在最有保障的区域里建立完全服从共产党底（的）领导和能成为政府支柱的真正红军。"[4] 这个指示明确了党、军队和政权三者的关系，要发展中国共产党领导下的苏维埃政权，必须依靠红军的力量，才能推动苏维埃政权的巩固和壮大。

此后不久，苏维埃政权在湖南、广东、江西、湖北等省的乡村普遍建立和发展起来，围绕红军的建立与壮大发展，拉开了中国共产党领导土地革命的苏维埃运动的序幕，为中央苏区政府的建立打下了实践基础。

---

[1] 中共中央文献研究室、中央档案馆编：《建党以来重要文献选编（1921—1949）》第5册，中央文献出版社2011年版，第378—379页。
[2] 《周恩来选集》下卷，人民出版社1984年版，第307—308页。
[3] 同上书，第308页。
[4] 中共中央党史研究室第一研究部：《共产国际、联共（布）与中国革命文献资料选辑（1931—1937）》第16卷，中共党史出版社2007年版，第452页。

最后是中央苏维埃政权领导机关的建立与发展。1930年，"红军占领湖南省城，占领吉安府，占领黄安、六安等地，赤化福建闽西，才开始建立省的苏维埃政权。到1931年11月7日（十月革命节日），经过全国工农兵代表会议，才正式在江西瑞金成立临时中央政府，选举毛泽东同志为主席，同时组织中央革命军事委员会选举朱德同志为主席"①。中央临时政府建立，中国苏维埃运动有了自己的大本营。中央苏维埃政权的建立，是在残酷的战争环境中进行的。面对国民党军事上的不断"围剿"，中国共产党在中央苏区有力地进行了反击，先后取得了第一、二、三、四次反"围剿"的胜利，巩固和扩大了中央苏区。

中央苏区的建立与发展与共产国际的指示密切相关，如时任中共巡视员的欧阳钦同志在《中央苏维埃区域报告》一文中提到："我曾带有几种材料到闽西（……F. 中央局扩大会接受国际来信及四中全会决议的决议）。"② 中央苏区前期各地开展的许多与暴动有关的活动，如"广暴纪念""八一纪念""三八纪念节"等活动与此直接相关。在农村落后环境中提出这样的口号，虽然有种乌托邦的理想主义色彩，但是却极好地利用了节日纪念的相关资源进行政治动员，传播了中国共产党的革命思想和革命理论。苏维埃临时中央政府以《红色中华》报刊为载体，大量刊登各种集会游行示威口号和新闻事件，并开辟专栏解释历史上的重大事件，以此体现出执行共产国际的最高指示，展示苏维埃政权的力量。

此外，在历次中共反"围剿"的军事斗争中，都留下了共产国际最高指示的身影。根据《共产国际执委会致中国共产党中央委员会电》文献资料显示，在第一、二、三次反"围剿"中，共产国际对中共军事上的指示在策略上涉及多个方面。如"在保卫苏维埃领土时，必须保持红军的机动性，不能以付出重大损失的代价把红军束缚在一个地方，这一点对于保卫中心地区尤为重要；必须预先确定和准备可以利用的退路，在人迹罕至的地方建立有粮食保障的基地，使红军可以隐蔽和等待有利

---

① 中共中央党史研究室第一研究部：《共产国际、联共（布）与中国革命文献资料选辑（1931—1937）》第16卷，中共党史出版社2007年版，第453页。
② 江西省档案馆等编：《中央革命根据地史料选编》上册，江西人民出版社1982年版，第390—391页。

时机;必须避免同敌人大股部队发生对我不利的冲突,要运用诱敌深入、各个击破、瓦解敌人和消耗敌人的战术,还要尽量利用游击斗争方法","建立新的苏区和我们同时拥有几个根据地,这会使政府军难于同我们周旋。"① 实事求是地说,这些遥远的外来指示,确实为在战争中不断成长的中国共产党取得军事上的胜利,进一步增添了筹码。

第五次反"围剿"之前,共产国际向中央苏区派出没有实际游击战争经验的军事顾问李德(又名华夫),对年幼的中国共产党来说,埋下了极大的隐患。1934年10月,第五次反"围剿"失败,中央主力红军被迫转移,进行长征。共产国际的错误指示、李德军事领导上战略战术的错误指挥,加上王明、博古等为首的中央领导在实际斗争中又教条地贯彻执行,导致了中央苏区的完全丧失。正如1935年1月中共遵义会议所总结的:"红军的英勇善战,模范的后方工作,广大群众的拥护,如果我们不能在军事领导上运用正确的战略战术,则战争的决定的胜利是不可能的。五次'围剿'不能在中央苏区粉碎的主要原因正在这里。"② 实践再次证明,没有军事上的胜利,苏维埃的巩固只能是一句空话。

中国苏维埃运动从口号提出、政权建立到政策实施的一系列过程,正是中国共产党的宣传教育与政治动员工作紧紧伴随的过程。最初苏区民众对苏维埃的认识非常模糊,甚至是错误的。有的苏区群众根本不知苏维埃为何物,以为就是一个叫苏先生的人或者就是苏兆征的别号。教条地搬用移植而来的理论,最终只能在教训中反思。毛泽东就十分中肯地批评指出:"过去我们叫苏维埃代表大会制度,苏维埃就是代表会议,我们又叫'苏维埃',又叫'代表大会','苏维埃代表大会'就成了'代表大会代表大会'。这是死搬外国名词。"③ 从外面移植而来的苏维埃,虽然最终因军事失败未能在中国南方扎根,但在经济基础、文化孕育土壤和社会心理上的巨大差异恐怕要成为苏维埃停滞发展甚至退出中国的深层次原因。

---

① 中共中央党史研究室第一研究部:《共产国际、联共(布)与中国革命文献资料选辑(1931—1937)》第16卷,中共党史出版社2007年版,第555页。
② 同上书,第661—662页。
③ 《毛泽东文集》第5卷,人民出版社1996年版,第136页。

纵观中国共产党领导革命斗争的历史，从1927年到1937年的10年苏维埃运动，时间并不长，最终结果也失败了，但对中国共产党的成长影响却是深远的。丰富的历史实践，"使得中共到30年代中期成了东方各国共产党中唯一拥有实际上执政党经验的党，拥有绝无仅有的农村工作经验以及军政骨干的党"①。有学者指出："一个政治机会使一个社会运动群体与其对手的权力力量对比能朝着有利的方向发展。当一个社会运动群体意识到这一权力力量对比的变化后，他们就有可能产生认知解放。"② 历史远比我们想象的要复杂得多，深刻得多。历史机会也是这样。所以，当抗日战争这一新的历史条件出现，伟大的实践也就留给中国共产党最好的成长空间。

三　从"苏维埃化"到抗日民族统一战线政策转变（1935—1937）

共产国际关于中国"苏维埃化"的最重要的文件主要集中在共产国际执行委员会第十二次全会和共产国际执行委员会第十三次全会讨论中国革命的会议讲话和发言记录。如《共产国际执委第十二次全会论中国》（1932年9月）、《在共产国际执委会第十二次全会第十次会议上的发言》（1932年9月2日晨）、《关于法西斯主义、战争危机和共产党的任务》（摘录）（1933年11月28日）、《共产国际执委会致中国共产党中央委员会电》（摘录）（1933年3月），等等。这些重要文件都涉及中国苏维埃革命和中国苏维埃区域建设问题。从1932年开始，中国共产党根据这些文件进行了全面苏维埃化过程。

中国"苏维埃化"主要围绕苏维埃政权的巩固、苏维埃经济的发展、红军力量的壮大、战争动员等内容展开。1933年12月，共产国际执行委员会第十三次全会《关于法西斯主义、战争危机和共产党的任务》的提纲专门论及了关于革命中国的反帝斗争。提纲指出："苏维埃及其工农红军，这是主要的、决定性的力量"，"仅仅一年的时间，中华苏维埃红军

---

① 中共中央党史研究室第一研究部：《共产国际、联共（布）与中国革命档案资料丛书（1927—1931）》第7册，中央文献出版社2002年版，前言第21页。

② 赵鼎新：《社会与政治运动讲义》，社会科学文献出版社2012年版，第192页。

就发展壮大起来：正规部队一年内由20万人增至35万人，非正规部队由40万人增至60万人"，"苏维埃国家在中国的土地上日益强大和巩固。它的巩固是由于党执行了正确的政策。中国苏维埃革命已成为世界革命的强大因素。"① 提纲充分肯定了中国苏维埃化的进展与成绩。

正是根据这个提纲，中共中央明确指示苏区各地方党的重点任务是进行"战争动员（包括扩大红军、发展游击战争、健全与加强赤少队等等）与加强苏维埃工作的计划"②。各级政治机关要"根据二次苏大会的材料……动员广大的群众拥护苏维埃与红军，反对帝国主义国民党的'围剿'，争取苏维埃道路的胜利"③。围绕战争开展军事动员以摆脱战时生死存亡的困难，成为中共苏维埃化前进道路的首要任务。

打仗就要有正规的红军，需要广大青年来参加红军。1930年1月，中共中央接青年共产国际指示函后，作出决议："要加紧武装暴动与工农武装思想的宣传，要积极宣传红军的意义，以激发广大青年群众武装斗争的热情，自觉地加入红军"，"为保证进一步策略的执行，必须有同一产业、同一职业、一农村、一军队、一学校之共同斗争纲领之宣传，在（宣传中）更须与团的基本口号发生联系，以扩大团的广大青年群众的政治影响"④。中共中央按照这个指示，在苏区各地展开了扩红工作的全面宣传鼓动。

在战争间隙，另一个非常重要的问题摆在了中共面前。这就是苏区民众的基本经济生存问题。1933年，共产国际指示中共中央，"应该把很大的注意力放到苏区的经济政策上……业已恶化的经济状况迫切要求进一步明确和修订我们的经济政策。"⑤ "苏区的政策应当为在国统区宣传苏

---

① 中共中央党史研究室第一研究部：《共产国际、联共（布）与中国革命文献资料选辑（1931—1937）》第16卷，中共党史出版社2007年版，第127—128页。
② 同上书，第225、228页。
③ 同上书，第228页。
④ 中共中央党史研究室第一研究部：《共产国际、联共（布）与中国革命文献资料选辑（1927—1931）上》第11卷，中央文献出版社2002年版，第733页。
⑤ 中共中央党史研究室第一研究部：《共产国际、联共（布）与中国革命文献资料选辑（1931—1937）》第16卷，中共党史出版社2007年版，第231页。

维埃政权思想提供素材。"① 敌人残酷的经济封锁要求中共必须改变原来僵化的经济措施，实行更为灵活的经济政策。

不久，王明代表中共中央发表《中国苏维埃政权底（的）经济政策》一文，提出苏维埃政府的经济政策需要有"很大的灵活性。苏区的经济政策应当是具体的，应当估计每一区底（的）经济情形，应当是随地而各有差别的"②。这给新苏区与旧苏区、临时路过或临时占领的不同区域提出了区别对待的要求，也为反国民党经济封锁提出不同的对策要求。

实际上与莫斯科远隔千山万水的中央苏区各地并未及时贯彻这个指示，也不可能及时反馈这个指示。但事实上，新老苏维埃区域内各级组织在对敌残酷军事斗争以保存自身生存和力量的过程中，灵活处理经济情形并对反经济封锁等各种政策进行调整，实属必要。

随着苏联国内局势的变化，反法西斯战争下的统一战线问题变得更为迫切。1935年7月，季米特洛夫在共产国际七大报告中指出："在目前国内外环境变迁的情形之下，一切殖民地半殖民地反帝统一战线问题特别重要。"③ 这一指示与中国共产党早前的主张不谋而合，中国苏维埃和红军在反帝、反国民党、反法西斯主义中与共产国际结成了统一战线。

早在1931年"九一八事变"后，中国共产党就发表宣言，号召全国工农兵劳苦民众"一致动员起来，打倒国民党，打破一切和平改良的欺骗"④。后中央专门作出决议，要求"估计到在这次事变后士兵情绪的动摇和不满……加紧士兵中的工作，各省委应该派大批的同志到白军中去发动他们的争斗，组织他们的游击战争"，"特别在满洲更应该加紧的组织群众的反帝运动，发动群众争斗"⑤。根据国内阶级矛盾向民族矛盾的逐步转变，建立抗日民族统一战线成为革命斗争主要的目标策略。1935

---

① 中共中央党史研究室第一研究部：《共产国际、联共（布）与中国革命文献资料选辑（1931—1937）》第16卷，中共党史出版社2007年版，第232页。
② 同上书，第370页。
③ 同上书，第444页。
④ 中共中央文献研究室、中央档案馆编：《建党以来重要文献选编（1921—1949）》第8册，中央文献出版社2011年版，第549页。
⑤ 同上书，第568—569页。

年11月,《中华苏维埃共和国中央政府、中国工农红军革命军事委员会抗日救国宣言》提出十大纲领,号召"全国人民有力出力,有钱出钱,有枪出枪,有知识出知识"①,团结一致,共同对付中国人民的公敌,成为最迫切的任务。

随着1936年底"西安事变"和平解决,1937年中国共产党及时停止了苏维埃政策,与国民党共同建立抗日民族统一战线。抗日民族统一战线的建立,是中国共产党在复杂斗争环境下善于驾驭矛盾的生动体现。正如《七年来的中国苏维埃》一文所总结的:"苏维埃与红军的首领,在中国共产党中央领导之下,善于把列宁斯大林共产国际的路线运用到中国的实际中去,这是能引导中国广大民众走上解放胜利的道路的最主要原因。"② 善于及时随国内外局势的变化调整政策,为中国苏维埃运动前行指明了方向。

中国苏维埃运动在中国乡村发展的过程,也正是中共政治动员开展的过程。每一个苏维埃政权的建立与发展,都离不开苏区工农民众的参与。没有乡村区域生存空间的生长,也就没有中共政治动员的进一步发展。"中国苏维埃运动,在共产国际和中国共产党正确领导之下,七年以来……已经从小的游击区域,创造成为有广大领土和人口的苏维埃区域……在苏维埃区域内,已经没有其他政权,也没有帝国主义的势力范围,也没有帝国主义来干涉政权,而走上了中国人民所迫切希望的民族独立自由的光明大道"。③ 革命的实然与革命的应然在苏维埃运动中汇集为一条通向自由光明的大道。

伟大的抗日战争为中国共产党走向成熟提供了深厚的现实土壤。重大战略和斗争策略的改变,标志着中国共产党逐步由幼年走向成熟。在向外学习的过程中,"中国的布尔什维克向苏联的布尔什维克学会了一件最困难的工作,即争取并引导千百万的广大劳动群众。千百万人的积极

---

① 《毛泽东文集》第1卷,人民出版社1993年版,第361页。
② 中共中央党史研究室第一研究部:《共产国际、联共(布)与中国革命文献资料选辑(1931—1937)》第16卷,中共党史出版社2007年版,第455页。
③ 同上书,第452—453页。

性、热情、进取精神和创造性,这是中国红军和苏维埃取之不尽的力量"①。从此,中国共产党政治动员唤起的千百万群众走向更宽阔更纵深的历史舞台。

第二节 土地革命与中央苏区的成长

土地,历来是中国农民的生存之本。但旧中国的土地主要掌控在大地主、大资产阶级的手中,农民的生存极为困难。农民破产、贫困的情况,在当时许多报刊上都有详细描述。姚莘农在文中写道:"灾难深重的中国所面临的一切迫切问题之中,以农业问题最为尖锐,不容或缓。几千年来,中国农业是整个国民经济的支柱,因此,农业的凋蔽就意味着整个国家的崩溃……中国农村已破败不堪。几百万农民死亡。几百万人流离失所,没有土地,无以谋生。几百万人挣扎于生和死之间。"② 又"根据21个省731个县的调查材料,自耕农的比例由1921年的50%,下降到1933年的45%,与此同时,无地农民的比例,则由28%上升到32%,半佃农的比例几乎没有变化(1922年占22%,1933年占23%)"③。

以湘赣边界土地状况为例,"百分之六十以上在地主手里,百分之四十以下在农民手里"④。这在江西省的遂川县、永新县以及湖南省的茶陵县尤为明显。农民占有土地少,土地大部分掌握在地主阶级手中是不争的事实。

中国共产党领导农民起来革命,直接目的就是从地主阶级手中剥夺

---

① 中共中央党史研究室第一研究部:《共产国际、联共(布)与中国革命文献资料选辑(1931—1937)》第16卷,中共党史出版社2007年版,第562页。
② 此文原载于英文报纸《北华捷报》(The North China's Herald)1934年1月24日,题为《中国农业的崩溃》(Rural China's CollaPse),作者为姚莘农。转引自中共中央党史研究室第一研究部《共产国际、联共(布)与中国革命文献资料选辑(1931—1937)》第16卷,中共党史出版社2007年版,第399页。
③ 《中华日报》1934年1月。转引自中共中央党史研究室第一研究部《共产国际、联共(布)与中国革命文献资料选辑(1931—1937)》第16卷,中共党史出版社2007年版,第399页。
④ 《毛泽东选集》第1卷,人民出版社1991年版,第68页。

土地，让农民成为土地的主人，最终带领农民走向自由。因而土地直接成为中共发动农民的利器。土地政策的实施，是中国共产党发动群众的直接表现，土地政策实施的好坏成为政治动员的风向标。"分田地"政策在苏区各地的推进，也为中国共产党逐步摆脱共产国际的支配，提供了红色政权政治动员的制度基础。

一 中央苏区土地策略考察

1927年12月广州暴动失败后，各地仍在继续着总暴策略。但是，中国南方的小部分地区却在悄悄地发生着一些改变。1928年11月中共中央政治局向共产国际报告："省委还决定夏收总暴动……但事实上暴不起来。……（五）湖南……惟朱毛在湘赣边境所影响之赣西数县土地革命确实深入了群众，再则浏阳、平江广大农民群众的斗争始终未被摧残下去。"① 湘赣边境的广大底层民众在中国共产党的领导下，开始了为争取土地利益而斗争的艰辛过程。

土地革命在湘赣闽粤等省继续深入。1928年6月，闽西第一次分田在永定县溪南里展开。此时地方党毫无土地革命经验。中央一级和省一级也没有任何指示。据邓子恢回忆，唯一的办法是靠召开农民代表会议大家来商量。"当时所提的问题和解决办法，有以下几点：（一）哪些土地应该没收？结论是所有土地都拿出来分配，只中农多一点土地的不动；（二）土地按人口平分，还是按劳力强弱分配？结论是按人口平分，地主富农和中贫农一样分田；（三）分田是以区为单位分配，还是以乡为单位分配？结论是以乡（即村）为单位分配；（四）乡与乡之间如何分配？结论是界限不好划，应该按照各乡原耕分配；（五）是按各人原耕土地抽多补少，还是全乡打乱平分？结论是按各人原耕土地，抽多补少，抽肥补瘦，不要打乱平分；（六）山林分不分？结论是山林为各乡各村公有；（七）水利灌溉如何处理？结论是照旧例，水随田走，不公平者个别调整。"② 永定

---

① 中共中央文献研究室、中央档案馆编：《建党以来重要文献选编（1921—1949）》第5册，中央文献出版社2011年版，第766—768页。

② 邓子恢：《邓子恢自述》，人民出版社2007年版，第10页。

县溪南里一万多人口的地区按这样的方案分完了田，群众都很满意，觉得自己得到了最想要的东西。

1928年12月，《井冈山土地法》规定"没收一切土地归苏维埃政府所有"①，分配给农民耕种后，"禁止买卖"，"红军及赤卫队的官兵，在政府及其他一切公共机关服务的人，均得分配土地"②。红军人员分到的耕田最初是雇人替耕，后来把农民动员起来，替他们耕了。发生在湘赣边小范围内的土地斗争，拉开了苏维埃运动土地革命的序幕。

1929年3月，借国民党混战时期，红四军"以闽西赣南二十余县一大区为范围，用游击战术从发动群众以至群众的公开割据，深入土地革命，建设工农政权"③。随着赣南闽西割据与湘赣边群众割据的扩大，红军的力量逐步在数量上增加，为推动中央苏区土地革命的发展准备了群众基础和武装力量，成为全国苏维埃运动前进的根基。

1929年3月14日，红四军到闽西又迁回赣南，继续壮大自己的组织力量。"在汀州组织了二十个秘密农协，五个秘密工会，总工会也成立了。党的组织比前发展二倍……到瑞金规定四天工作计划，把部队分散到县城、壬田市、西江、九堡四地工作，每地再分小支……瑞金民众如火如荼地起来，欢迎我们，和地主斗争非常勇敢……到于都后大约有一星期在县城及四郊工作，以后或向宁都、广昌，或向万安、泰和。"④红四军所到之处，分田分地，掀起热烈的土地革命，吸引着底层群众的参与。

1929年4月，回到赣南兴国后的红四军颁布《兴国土地法》，将《井冈山土地法》中"没收一切土地"改为"没收一切公共土地及地主阶级的土地归兴国工农兵代表会议政府所有"⑤，明确了要剥夺地主阶级土地的主张。

---

① 《毛泽东文集》第1卷，人民出版社1993年版，第49页。
② 同上书，第51页。
③ 同上书，第58页。
④ 同上书，第59页。
⑤ 江西省档案馆等编：《中央革命根据地史料选编》下册，江西人民出版社1982年版，第364页。

更为具体的土地政策，直接面对农村的现实问题，照顾着农民的情感和情绪。1930年中国革命军事委员会颁布《苏维埃土地法》，又补充规定："分田须按抽多补少、抽肥补瘦的原则，不准地主富农瞒田不报及把持肥田。""工农穷人欠豪绅地主富农之债，一律不还。"① 土地利益的天平开始直接倾向底层工农。

为使苏区各地有一个没收和分配土地的统一制度，1931年中华工农兵苏维埃第一次全国代表大会通过《中华苏维埃共和国土地法》，全面规定了苏维埃政权领导下的土地政策。该法案明确规定了要没收地主的土地及其他大私有主的土地，并且站在广大农民群众与革命发展前途利益的基础上。如条例中规定："地方苏维埃政府，应根据各个乡村当地情形，选择最有利于贫农中农利益的原则来分配土地。"② 这样，土地按家庭人口和劳动力相结合的方法分配，较好地考虑到农村的现实。

由于对土地所有性质进行了明确归属，特别是制定出详细的分配土地的具体办法，逐步照顾到中下层农民的利益。这样的结果，有力地打击了地主阶级，保护了广大农民的利益。中国共产党把这一土地政策适时地在赣南闽西各地推开，扩大了土地斗争的范围，调动起农民革命的积极性，深入推进了苏维埃运动的发展。《江西省苏维埃对于没收和分配土地的条例》(1932年4月30日)、《福建苏维埃政府检查土地条例》(1932年7月13日)都是在中央苏维埃政府统一指导下，根据各省的实际情况颁布的。这些条例都详细规定了没收和分配土地的办法。

由于各地苏区采取了正确的土地政策，广大农民逐步获得了现实利益。以江西省赣东北苏区的葛源乡③为例。"这个乡有1836家农户。分配土地以后，有1703户得到了比革命前较多的土地，只有133户（即在7%以下）分得的土地相当于或少于从前。"④ 这样的结果，在其他苏区并

---

① 江西省档案馆等编：《中央革命根据地史料选编》下册，江西人民出版社1982年版，第416—417页。
② 同上书，第461页。
③ 葛源乡位于江西省东北部的横峰县、弋阳县、德兴县三县交界的山区地带。
④ 中共中央党史研究室第一研究部：《共产国际、联共（布）与中国革命文献资料选辑(1931—1937)》第16卷，中共党史出版社2007年版，第406页。

不少见。对底层农民而言,只有苏维埃才能救中国,并不是一句空话。

土地革命中,"经过分配土地后确定了地权","农民群众的劳动热情增长了,生产便有恢复的形势了"。正如毛泽东在第二次全国工农兵代表大会上的报告中统计,"一九三三年的农产,在赣南闽西区域,比较一九三二年增加了百分之十五(一成半),而在闽浙赣边区则增加了20%"①。数据显示此时中央苏区的经济向好的方面发展。虽然在苏区建设的头一两年,地权没有明确,新的经济秩序还没有走上轨道,农民的生产情绪有些波动,但是,随着新的经济秩序的确立,农村中的阶级分化明显,红色区域的农业整体上也是在向前发展的。

但是,土地革命的斗争又是艰难而曲折的,尤其是在中国南方偏远的落后农村。实际上到1933年,中央苏区尚有80%的广大区域没有彻底解决土地问题,人口占到了200万以上,这些区域的农民群众远远没有被最广大地发动起来。1933年6月1日发布的《中央政府关于查田运动的训令》,就明确要求落后地区②向先进地区③学习,开展普遍的深入的查田运动,即向封建残余作斗争,将农村中的封建半封建势力扫荡干净,彻底清查出冒称"中农""贫农"的地主富农。同时,要求在查田运动中必须动员群众参加红军。当查田运动从经济上的身份确证转向为政治上发动群众以进行深入阶级斗争时,彻底解决土地问题也就悬置起来。

中央苏区时期中国共产党对农村土地政策的实施表现为一个发展变化的过程,尤其是对富农土地策略的转变,体现出中国共产党对苏维埃运动中的农村阶级状况和社会状况复杂性的逐步认识和探索过程。

中国复杂的阶级状况,在农村表现得特别突出。毛泽东在《中国社会各阶级的分析》一文中,从经济地位的不同,将农民分为自耕农(即

---

① 《毛泽东选集》第1卷,人民出版社1991年版,第131页。
② 落后地区主要有瑞金(除武阳区)、会昌、寻邬、安远、信丰、零(于)都(除新陂区)、乐安、宜黄、广昌、石城、建宁、黎川、宁化、长汀、武平十五个全县,博生、胜利、永丰的大部分,公略、万泰、上杭、永定、新泉的一部分,兴国也还有均村、黄塘两区。参见江西省档案馆等编《中央革命根据地史料选编》下册,江西人民出版社1982年版,第477页。
③ 先进地区主要包括兴国差不多全县,胜利、赣县、万泰、公略、永丰、上杭的一部分,博生的黄陂区、安福区,瑞金的武阳区,永定的溪南区等等。参见江西省档案馆等编《中央革命根据地史料选编》下册,江西人民出版社1982年版,第477页。

中农)、半自耕农(即自己有一部分土地,同时租种一部分土地,或出卖一部分劳动力,或兼营小商的贫农)、贫农(即佃农)。"绝大部分半自耕农和贫农虽同属半无产阶级,但其经济状况仍有上、中、下三个细别。"① 此时,对富农还缺乏认识和足够的重视。随着毛泽东在湘赣边领导农村土地革命的深入,对富农的认识因土地问题逐步浮出水面。

在井冈山斗争时期,毛泽东发现中国农村的三大阶级中,"富农往往与小地主利害联在一起。富农土地在土地总额中占少数,但与小地主土地合计,则数量颇大"②。在中国农村,富农变成地主,也是富农阶层进一步发展的心理期盼。

什么是富农?对富农阶层的革命态度如何?在土地问题上,给予他们什么样的具体态度?是彻底消灭,还是在一定程度上保留,处于实际工作中的苏区中央局和远在上海的中共中央之间的看法并不一致。这种同上级认识上的偏差,往往影响了苏区中央局在发动广大苏区群众进行土地革命的变动。土地策略的经常转变,影响着中央苏区土地革命的整体效果。

1928年,中央六大明确指出,凡是剥削一个雇农或一个雇农以上的农民,都是富农,不论他们兼不兼地主,放不放高利贷。"中国富农有许多是半地主,因为他用雇农而剥削雇佣劳动,比他出租田地而剥削佃农劳动的程度是相差不远的。"③ "富农的主要特点是剥削雇农的劳动……农村资产阶级(富农),一方面实行雇用工人(雇农),别方面仍旧要出租田地,而且还要经营商业和高利盘剥"④。而苏区中央局却认为,只有在革命前,据有较多土地,自己耕种一部分,而以一部分出租或放高利贷及经常雇用雇农的人,才叫作富农。

如何纠正土地分配中的富农问题?1933年10月毛泽东发表《怎样分析农村阶级》一文,从划分农村阶级成分标准出发,对富农的界定和土

---

① 《毛泽东选集》第1卷,人民出版社1991年版,第6页。
② 同上书,第69页。
③ 中共中央文献研究室、中央档案馆编:《建党以来重要文献选编(1921—1949)》第5册,中央文献出版社2011年版,第411页。
④ 同上书,第415—416页。

地占有情况进行了详细分析。文章指出："富农一般都占有比较优裕的生产工具和活动资本，自己参加劳动，但经常地依靠剥削为其生活来源的一部或大部。"① 富农与中农的区别在于有无剥削及剥削的轻重。中农不剥削别人，即使有，也是轻微的、非经常的和非主要的。

由于中共党内对富农的认识不同，苏区各地在实际斗争中，对富农的土地策略最早采取全部没收的方法。在井冈山时期，"边界对于土地是采取全部没收、彻底分配的政策"②。而对于土地分配标准，"自耕农中之富农，自己提出要求，欲以生产力为标准，即人工和资本（农具等）多的多分田"③，贫农希望按人口平均分配。对于土地是按劳动力和资本平均分配，还是按人口平均分配，各地在具体实践中一直存在争议。

因此，对富农分配土地的具体标准在中央和地方上就有不同意见，也没有形成最后的结论。到1931年11月10日，《中央为土地问题致中央苏区局信》仍认为苏区中央局对富农的定性是完全错误的，是在替富农做辩护。苏区中央局没有正确认识中国农民各阶层所处的经济地位和社会状况，以前苏区以"收获量的多少来判别富农、中农与贫农"是非阶级的观点，现在又照顾"不兼地主，兼放高利贷"的富农。这些主张显然是非常错误的。中共中央认为产生这种认识的根源在于没有认清土地革命的中心对象是消灭封建剥削关系与地主阶级。对待富农，必须没收一切土地。富农能不能获得土地？中央认为："当分配时，须以自己劳动力去耕种为条件而分以坏田。"④ 这样，在《中央为土地问题致中央苏区局信》的指示下，富农分坏田的政策在各地苏区持续了很长一段时间。

但是，在实际工作中的苏区中央局面对复杂的斗争环境，充分发动群众，争取革命力量，提出了很多正确而又具体的土地政策，面对上级指示在实际中出现错误也能及时做出调整。如《苏区中央局关于土地问题的决议案》认为，把土地分配给乡村中一切男女的土地分配原则是不

---

① 《毛泽东选集》第1卷，人民出版社1991年版，第128页。
② 同上书，第71页。
③ 同上。
④ 江西省档案馆等编：《中央革命根据地史料选编》下册，江西人民出版社1982年版，第452页。

正确的。又如，根据上级指示："土地革命应当是贫农中农的而不是富农的，土地革命的利益应当落在贫农中农手中而不让富农去窃取"①，否认了"消灭富农""杀尽富农"的口号。此时富农不是作为消灭的对象，而应从实际工作中来认识富农的性质并及时调整相应的土地政策，反映出苏区中央局从农村客观环境出发制定土地策略的实事求是的态度。

  但是，随着1933年6月查田运动的深入开展，富农作为农村的一个剥削阶级进一步成为苏区斗争的主要对象。由于"没收富农的土地及多余的耕牛、农具、房屋，富农分坏田"这样的政策的实施，在此后很长一段时间，中国共产党将富农排斥在革命的主要力量之外。直到1935年底，中央才逐渐改变原来的观点。1935年12月1日，毛泽东在《关于转变对富农的策略等问题给张闻天的信》中提出"富农可与贫农中农分得同等土地，过去分坏田的原则是不对的"，"在土地问题上，对富农策略同对中农应该有一点区别"，"当斗争深入时富农必然转入地主阵线，这是中国半封建富农阶层的特点"。② 1935年12月6日，为进一步扩大全国抗日讨蒋的革命战线，中华苏维埃共和国中央执行委员会作出《关于改变对富农策略的决定》，不没收"富农自耕及雇人经营之土地"和"富农之动产及牲畜耕具"，"除统一累进税外，禁止地方政府对于富农之征发及特殊税捐"，明确肯定富农有"经营工商业及雇用劳动之自由"，"与普通农民分得同样土地之权"，③ 等等政策。这些政策的提出一方面说明中央具有承认原有富农政策错误认识的勇气，另一方面也反映出中央拥有能够根据变化了的时局及时调整政策的应变能力。

  土地在谁的手中，这直接关系到谁将获得直接利益和占有社会资源。"土改是土地等重要的社会资源在乡村群体中重新分配的过程，也是一场博弈的过程，即一部分人得到利益，就意味着另一部分人就得失去利益。"④

---

① 江西省档案馆等编：《中央革命根据地史料选编》下册，江西人民出版社1982年版，第444页。
② 《毛泽东文集》第1卷，人民出版社1993年版，第372—373页。
③ 同上书，第374—375页。
④ 何朝银：《革命与血缘、地缘：由纠葛到消解——以江西石城为个案》，中国社会科学出版社2009年版，第210—211页。

中国共产党对富农阶层的认识和土地政策的及时调整，应该是适应了革命斗争的客观需要，在一定时期一定范围内，团结了一切可以团结的力量，争取了更多的社会力量。中国共产党的土地策略反映出苏维埃运动中土地革命发展的曲折过程，也隐藏着中国共产党政治动员过程的策略变化。

二 中央苏区的成长

中央苏区的成长，伴随战争变化而变化，有一个动态发展的过程。当土地革命战争取得胜利并维持稳定时，中央苏区的地域范围和人口数量呈现一种快速上升的趋势；当苏维埃斗争受到挫折或遭受失败后，苏维埃地域范围明显缩小，大片地域就此沦为白区。从时间和地域分布来看，中央苏区有一个形成与变化过程。

早在1930年10月，中共中央在《给赣东北特委并红军前委的指示信》中初步将全国主要农村根据地划分为六大块苏区，即："1. 中央区——湘鄂赣及赣西南，2. 湘西、鄂西，3. 鄂东北，4. 赣东北，5. 闽粤赣，6. 广西。"[①]

1930年10月7日，江西省苏维埃政府成立，这为中央苏区的成立创造了条件。最初零星分散在江西西南部的苏维埃政权，经过土地革命的深入，终于连片，形成星火燎原之势。特约通讯《江西的中央苏区》一文满怀希望，认为这里终将"成为中国苏维埃（中央）临时政府的胎盘"[②]。

1930年10月24日，《中共中央政治局关于苏维埃区域目前工作计划》明确提出了在全国建立六大连片苏区，即湘鄂赣、赣西南、赣东北、湘鄂边、鄂东北和闽粤赣。明确指出："我们现在确定湘鄂赣联接到赣西南为一大区域，要巩固和发展它成为苏区的中央根据地。"[③] 从中共中央

[①] 中共中央文献研究室、中央档案馆编：《建党以来重要文献选编（1921—1949）》第7册，中央文献出版社2011年版，第640页。

[②] 江西省档案馆等编：《中央革命根据地史料选编》上册，江西人民出版社1982年版，第392页。

[③] 中共中央文献研究室、中央档案馆编：《建党以来重要文献选编（1921—1949）》第7册，中央文献出版社2011年版，第583页。

指定的中央苏区范围看，应包括了湘鄂赣和赣西南的广大地区。但是，由于后来快速变化发展的形势远远超出了中央的原本计划，湘鄂赣苏区一直没有纳入中央苏区的范围。

1931年《中央苏维埃区域报告》指出："自去年十月工农红军主力一三军团退出吉安到赣江东岸……中央苏区即在这一区域，这一区域有联系的是万安、泰和、吉安、吉水、永丰、乐安、广昌、南城、南丰、石城、瑞金、宁都、雩（于）都、兴国、赣县……这一区域的范围，已经建立有苏维埃政权的，大约经常有四五百里……至于赣江西岸也有十余县有苏维埃政权。"① 由于敌人在赣江一带封锁严密，赣东和赣西联系甚少，没有连成一片。到了1931年9月，"中央苏区包有吉安、吉水、泰和、万安、永新、遂川、宁冈、安福、宜春、分宜、新喻（余）、清江、峡江、永丰、乐安、安丰、广昌、宁都、瑞金、石城、兴国、赣县、雩（于）都、安远、寻邬、会昌、信丰、南康、上犹、崇义等卅一县，除去时常受敌人攻击而缩小或恢复没有一定的外围数县以外，经常能够有连（联）系的受苏维埃政权统治的纵约四百里，自赣县至永丰，横约三百里，由万安至瑞金"②。中央苏区的地域范围急速增大。

随着"赣西南斗争……得着了极大的发展，主要是使赣南（包括兴国、赣县、雩（于）都、安远、寻邬、会昌、信丰、南康、三南、瑞金等县）赣西（吉安、泰和、万安、永丰、宁都、乐安、永新、莲花、安福、宜春、分宜、新喻（余）、峡江、吉水）苏区由零碎的部分的发展到整个的有联系的，曾同时夺取过十九县城，相当的建立了与闽西、湘东南的联系，一般的实行平分土地，普遍的建立苏维埃政府，武装了工农，扩大了红军，（现在的三军，廿二军）党的组织亦得着新的发展"③。赣西和赣南连成一片，中央苏区区域逐步向东扩展到闽西地区，地域范围进一步扩大。

1931年10月，随着第三次反"围剿"的结束，江西苏区版图进一步

---

① 江西省档案馆等编：《中央革命根据地史料选编》上册，江西人民出版社1982年版，第363—364页。
② 同上书，第392—393页。文中的"卅一县"实际只有30个县。
③ 同上书，第404页。

扩大，"跨有旧有的十八个县的范围（赣西南则包含：赣县、兴国、雩（于）都、吉安、泰和、吉水、永丰、乐安，赣南则包括：会昌、寻邬、安远、瑞金，赣东南则包括石城、宁都、广昌、南丰、宜黄等县），占有七个全县，七个县城（兴国、雩（于）都、寻邬、会昌、瑞金、石城、宁都、广昌），面积纵约七百五十里以上，横约五百四十里以上，居民有二百四十五万以上，东南边与闽西苏区完成（全）联系起来，打成一片，西则以赣江为界与河西白区对峙，南则界广东及三南"①。随着版图的扩大和斗争的深入，江西苏区成为整个苏维埃运动的核心区域。

1932年2月19日，中共苏区中央局在决议案中指出，"中央苏区的党自去年十一月党大会以后，……中央苏区已有了贯通闽赣二十五县的疆土，在这疆土上普遍的成立了苏维埃政权"②。各地方苏维埃政权的相继建立与巩固，为中央苏区的发展和政权巩固提供了坚实的物质基础和权力支撑。

1934年1月，第二次全国苏维埃代表大会在江西瑞金召开。此时中央苏区已经有江西、福建、闽赣、粤赣、赣南5个省级苏维埃和瑞金直辖县苏维埃，进入鼎盛时期。毛泽东以中央苏维埃政府主席的身份在大会上骄傲地宣布："这里是苏维埃中央政府的所在地，是全国苏维埃运动的大本营。"③ 中央苏区迎来了它的全盛时期。

关于中国苏维埃运动和苏维埃区域的发展，在当时国外的一些报刊上也有相应的介绍。根据有关史料记载，美国自由资产阶级的《新共和》周报，在1933年9月第27期上登载了一篇题为《红色中国》的论文，文中写道："苏维埃区域是处在比邻近军阀统治区域兴旺底（的）状况，苏区的米粮收成要好些，捐税要少些，而沿江沿河的堤防要高些……苏维埃政权存在以后，实行了自己的货币制度，并且在人民教育方面得到

---

① 江西省档案馆等编：《中央革命根据地史料选编》上册，江西人民出版社1982年版，第425页。文中的"十八县"实际只有17个县，"七县"实际却有8个县。
② 江西省档案馆等编：《中央革命根据地史料选编》中册，江西人民出版社1982年版，第337页。
③ 江西省档案馆等编：《中央革命根据地史料选编》下册，江西人民出版社1982年版，第297页。

了很大的成绩。在六年不断战争中，苏维埃证明了他是唯一的真正的中国人民政府。"① 此外，日本帝国主义的报纸《大阪每日新闻》在 1933 年 10 月 14 日登载了一篇关于江西九江的特约通讯，文中写道："中国苏维埃区域人民底（的）生活条件，比红色势力没有到那些地方以前要好些。"② 来自外媒的报道基本肯定了中国苏维埃政权。

随着中央苏区范围的逐步扩大和进一步发展，中央苏区内的人口也有一个逐步发展变化的过程。1930 年 10 月，赣西南特委在写给中央的综合报告中指出此时当地苏区"有四百万有组织的群众，武装一百万左右"③。到 1932 年秋，江西苏区人口总数共约 240 万，福建苏区人口 100 万—120 万，两地合计约 340 万以上。1933 年中央苏区进入鼎盛时期，"疆域最大的人口，当在 440 万左右。加上当时中央苏区红军部队 13 万人，故全中央苏区人口（含红军）实际为 453 万余人。1933 年 10 月出版《红色中华》报刊登的一篇文章中称，当时中央苏区有人口 500 万，这比较符合事实。"④ 虽然战争不断，但相对稳定的地域范围和土地革命政策实施后民众的基本物质生活得到满足，保障了中央苏区人口在数量上的逐步增加。

第三节　革命发展的不平衡性与政治动员的曲折发展

列宁曾言："革命战争如果真正吸引被压迫劳动群众参加并同他们的利益息息相关，使这些群众意识到自己是在同剥削者作斗争，那么，这种革命战争就会唤起创造奇迹的毅力和才能。"⑤ 苏维埃革命把广大底层

---

① 中共中央党史研究室第一研究部：《共产国际、联共（布）与中国革命文献资料选辑（1931—1937）》第 16 卷，中共党史出版社 2007 年版，第 144 页。

② 同上书，第 145 页。

③ 江西省档案馆等编：《中央革命根据地史料选编》上册，江西人民出版社 1982 年版，第 351 页。

④ 中共江西省委党史研究室等编：《中央革命根据地历史资料文库·党的系统》第 1 卷，中央文献出版社、江西人民出版社 2011 年版，第 12 页。

⑤ 《列宁选集》第 4 卷，人民出版社 1995 年版，第 72 页。

劳动群众吸引过来，不是因为它的暴力，而是因为暴力产生的结果。

革命，多由知识分子发动。革命，多由知识分子带入乡村。苏维埃革命从敌人统治力量薄弱的乡村开始，正是知识分子发动并带入乡村的。朱德的回忆也证实了这一点。"到了东固，……发现当地共产党领导人中间有个很特别的现象。这些人乃是地主的儿子，有的甚至本身就是地主，但大部分都年轻，受过教育，在大革命时期担负过重要工作，而且就在那时参加了共产党。有几个还是黄埔军校毕业生，其中有一个是该校的教官。他们全都参加过南昌起义，起义后便回到东固家乡，开展土地革命。"① 地方革命的火种是地方知识分子点燃的，他们在当地有影响，号召起来后在狭小的乡村很快能形成燎原之势。

南方各地农村土地革命爆发后，先后建立根据地作为战略依托。革命的星星之火，逐步燎原起来。"朱德毛泽东式、方志敏式之有根据地的……无疑义地是正确的。"② 这是土地革命走向高潮的开始，但是，形成革命高潮往往要从革命低谷聚集力量。

一　引兵井冈与政治动员的初起

大革命失败后，中国共产党人开始逐步自己探索中国革命的道路。1927年9月，毛泽东带领秋收起义部队来到井冈山地区，逐步建立井冈山根据地和九陇山根据地。在边界根据地的建设过程中，红军部队发动广大群众，建立工农兵政权，围绕军事上反"会剿"的任务，拉开了中国共产党政治动员的初创时期。政治教育与宣传鼓动工作结合，口号、布告、标语、歌谣等成为此时最主要的政治动员形式。

湘赣边界的斗争完全是军事的斗争，因而中国共产党和地方群众共同进行了军事化。

由于红军来源复杂，政治训练成为中国共产党领导红军进行政治动员的最主要方法。以红四军为例，部队成分中有潮汕叶贺旧部、前武昌

---

① ［美］艾格妮丝·史沫特莱：《伟大的道路——朱德的生平和时代》，梅念译，东方出版社2005年版，第286页。
② 《毛泽东选集》第1卷，人民出版社1991年版，第98页。

国民政府警卫团、平浏的农民、湘南的农民和水口山的工人以及许克祥、唐生智、熊式辉等部的俘虏兵，还包括边界各县的农民，成分非常复杂，但"经过政治教育，红军士兵都有了阶级觉悟，都有了分配土地、建立政权和武装工农等项常识，都知道是为了自己和工农阶级而战。……连、营、团都有了士兵会，代表士兵利益，并做政治工作和民众工作"①。围绕军事展开的政治动员成为红军最重要的任务。

井冈山斗争时期，党的宣传工作在革命中逐步成为红军政治工作的一项特色。毛泽东、朱德、何长工等红军将领作为专业的宣传员，在发动群众、争取群众方面成为杰出代表。何长工成功地改造了井冈山上王佐、袁文才的两支绿林军，使之成为红四军部队的主力，为井冈山根据地的发展作出了重要贡献。成立士兵委员会，士兵自己管理自己，在伙食、财务分配等非常具体的生活方面突出士兵的权利，增强了红军士兵的政治参与积极性与部队的吸引力和凝聚力。

加强政治宣传，有效瓦解敌军，成为红军政治动员的一种好方法，打破了敌人"所谓共匪见人就杀""剥皮抽筋"的谎言。瓦解敌军历来为兵家所重视。杨至成在《一个俘虏兵的故事》的回忆录中，详细地讲述了一个叫曹福海的士兵三次成为红军俘虏，又三次被释放的经过：第一次与红军正面硬拼成为俘虏；第二次朝天放两次空枪；第三次拖枪带着十四五个白军士兵投奔红军。"从白军过来的士兵真正感到像进入了一个崭新的世界。同是一个人，在白军里是懦夫，到红军里就变成了勇士。"②正如毛泽东所言："对敌军的宣传，最有效的方法是释放俘虏和医治伤兵……杨池生的《九师旬刊》，对于我们的这种办法有'毒矣哉'的惊叹。"③甚至敌方也学红军这一套，但是效果远不如红军，"我们的人还是有拖枪回来的，这样的事已有过两回。此外，文字宣传，如写标语等，也尽力在做。每到一处，壁上写满了口号"④。红军的政治宣传工作在军事斗争中取得效果。激烈的军事斗争环境下，中国共产党领导"边界的红

---

① 《毛泽东选集》第1卷，人民出版社1991年版，第64页。
② 朱德等：《星火燎原全集》第1卷，解放军出版社2009年版，第241—242页。
③ 《毛泽东选集》第1卷，人民出版社1991年版，第67页。
④ 同上书，第67—68页。

旗子……渐渐引起了附近省份工农士兵群众的希望"①。

红军不仅仅是单纯打仗的工具，更主要的作用是发动群众。经常性的政治训练，红军对群众工作的技术逐渐娴熟。1929年1月，红四军从井冈山向赣南闽西进军途中发布《红军第四军司令部布告》（以下简称《布告》）和部队自己编印的《共产党宣言》（以下简称《宣言》）。《布告》以简练的四字语言，概述了红军的宗旨、任务、计划和当前的军事形势，对农民、商人、士兵等各阶级实行的具体政策。从文字表达上来看，《布告》读起来朗朗上口，容易记忆。如"红军宗旨，民权革命，赣西一军，声威远震"。"土豪劣绅，横行乡镇，重息重租，人人怨愤。""地主田地，农民收种，债不要还，租不要送。""平买平卖，事实为证，乱烧乱杀，在所必禁。""军队待遇，亟须改订，发给田地，士兵有份。"②《宣言》提出中国共产党要承担"打倒帝国主义、推翻封建剥削，解决土地问题、建设工农兵代表会议（苏维埃）政府"③的三大任务，并依照中共六大的指示发布了红军的十大政纲。红四军在不断的行军途中发布《布告》《宣言》，扩大宣传范围，易为各地群众所见，很好地宣传了红军部队。

1929年2—3月间，在向赣南游击时，红四军就用"盘旋式的游击"，走很宽的地方，发动很宽的群众。"每到一处少则顿住半天，多则顿住五天，先之以广大的宣传（政治部统属的文字宣传队和口头宣传队，均以连为单位，每连二队，每队三人，路上行军及每到一处，宣传就立刻普及），继之以散发财物（大地主及反动分子的谷子、衣服、器具），然后进行组织（党的支部、秘密工会、秘密农会）。"红军"打仗的时间、分做群众工作的时间乃是一与十之比"④。红军部队一路走，一路就把宣传工作开展起来。

1929年12月，红四军在福建上杭县古田村召开会议，通过了《中国

---

① 《毛泽东选集》第1卷，人民出版社1991年版，第81页。
② 《毛泽东文集》第1卷，人民出版社1993年版，第52页。
③ 江西省档案馆等编：《中央革命根据地史料选编》中册，江西人民出版社1982年版，第44页。
④ 《毛泽东文集》第1卷，人民出版社1993年版，第56—57页。

共产党红军第四军第九次代表大会决议案》①。该决议案针对红四军中存在的单纯军事观点、极端民主化、非组织观点和绝对平均主义等错误思想，明确提出加强党对红军的领导，加强红军思想政治工作的必要性。古田会议决议从理论和实践结合上进一步完善了红军的政治工作制度。

红军摒弃了单纯军事化的思想，以军事化和政治化相结合的独特方式，在赣西南、闽西建立起革命政权，逐步连成一片，为后来中央苏区的建立奠定了良好的群众基础。"至1930年3月，闽西各县建立了69个区苏维埃政权，597个乡苏维埃政权。""赣西南方面，至1930年1月，已在14个县成立了红色政权，组建了主力红军第六军，在东固、兴国等地分配了土地。"②

红军游击区域广泛，发动群众的空间范围灵活，可在许多地方建立党和群众的秘密组织，保存和壮大自己的力量。被陈毅誉为"东井冈"的江西东固革命根据地③，与井冈山革命根据地最大的不同之处是把公开的武装斗争和秘密的割据结合起来。在东固，党的活动是秘密的，群众组织（农协）也处于秘密状态。农协实质上就成了地方党领导的秘密红色政权机关。毛泽东就非常赞同这种形式，他指出："在接近总暴动之前这种形式是最好的。"④ 因为在发动群众方面，秘密的党组织在平时可以通过农协行使权力，管理农村一切行政事务，训练革命骨干；在暴动时可以迅速地通过地方革命骨干号召群众起来进行武装斗争，取得胜利。

东固革命根据地在发动群众方面，采用争取教育、改造绿林武装相结合的方式创建了革命武装，因而东固成为以后中央苏区的奠基石。"东固的革命武装是在赖经邦领导的工农革命军基础上争取教育、改造了段

---

① 中共中央文献研究室、中央档案馆编：《建党以来重要文献选编（1921—1949）》第6册，中央文献出版社2011年版，第726页。
② 刘勉玉：《中央苏区三年游击战争史》，江西人民出版社1993年版，第3页。
③ 东固革命根据地位于江西省中部的吉安、吉水、永丰、泰和、兴国五县交界的山区地带。周围崇山峻岭，地势险要，是隐蔽和积蓄力量的好地方。陈毅有诗云："东固山势高，峰峦如屏障。此是东井冈，会师天下壮。"《红四军次葛坳突围赴东固口占》（1929年2月），转引自东固革命根据地博物馆。
④ 中共江西省委党史资料征集委员会、中共江西省委党史研究室编：《江西党史资料·东固革命根据地专辑》第10辑，内部刊印1989年版，第20页。

月泉（又名段起凤）的'三点会'及曾金山、孙道发、梁仁杰等人的绿林武装发展壮大起来的。"① 段月泉后成长为赣南红军新编第四团团长。在赣西地区，段月泉领导的红四团和李文林领导的红二团成为东固地区对敌斗争的"钢军"（毛泽东语）。

著名的"东固会师"，帮助红四军在艰苦的游击斗争后得到休整，改善了红军战士的生活，消除了疲劳，安置了伤病员。东固地方党组织又在毛泽覃、谢维俊、陈东日等红四军干部的帮助下，把经济、政治、文化、社会等工作做得有声有色，相比过去，有了很大进步。比如：在当地创办了当时规模较好的红军医院，能够收治伤病员；成立红军教导队，帮助地方干部进行军事训练，学习政治文化；帮助地方发展教育。据汪安国回忆，东固原有一所平民小学，有学生30—40人，教材先是选用旧式课本中的课文，后用的是自编油印教材，毛泽东来东固后，把这所平民小学改为列宁小学，文化教育的指导思想更具革命性。红四军还帮助东固地方党组织开展土地革命，分配土地。"第一次按劳力分配……第二次……按人口平均分配，但参加了红军的可多分，分好田，并由政府代耕。"② 这些具体政策的实施，鼓舞了当地群众，他们踊跃参加红军，扩大了革命力量。

1936年毛泽东在同美国记者斯诺的谈话中指出，"由李文林和李韶九领导的游击队，开始在江西的兴国和东固活跃起来……后来成为第三军的核心，而这个地区本身则成为中央苏维埃政府的根据地"③。这个谈话进一步肯定了以江西省吉安县东固为中心的东井冈的历史地位和作用。

初创时期的红军，在军事政治训练、宣传教育、制度初建等方面逐步积累经验，为中央苏区政治动员的进一步深入发展提供了地方军事斗争的经验准备、组织干部上的人事储备及地方经济、政治、文化等方面的政策准备。

---

① 中共江西省委党史资料征集委员会、中共江西省委党史研究室编：《江西党史资料·东固革命根据地专辑》第10辑，内部刊印1989年版，第20—21页。
② 同上书，第114页。
③ 同上书，第99页。

二 五次反"围剿"斗争与政治动员的深入

1930年10月,红一方面军占领江西吉安,赣西、赣南两大苏区连成一片。1931年11月,中华苏维埃共和国临时中央政府在江西瑞金成立,这里成为苏维埃运动的大本营。

中央苏区成立后,国民党一刻也没有停止对苏区的军事"围剿",中央苏区的兴衰与反"围剿"斗争的胜败密切相关。1932年底,蒋介石调集30多个师的兵力,对中央苏区发动第四次大规模"围剿"。在周恩来、朱德领导下,运用前三次反"围剿"斗争的经验,取得第四次反"围剿"胜利。此后,中央苏区进入全盛时期,中央苏区与闽浙赣苏区连成一片。"中央苏区先后建立了江西、福建、闽赣、粤赣和赣南五个省级苏维埃政权,范围最大时包括50多个县。"① 随着苏维埃革命地域范围的扩大,兴奋起来的苏区广大群众急需中共组织力量在农村基层的革命引导,以进一步鼓舞他们的革命热忱。中共政治动员伴随严酷的反"围剿"斗争进一步展开。

在四次反"围剿"斗争中,中共政治动员注重从解决现实问题出发,针对群众的特点,宣传与发动工作做得细致、耐心,得到了苏区腹地群众的积极拥护和响应,为粉碎敌人的"围剿"做了很好的群众基础和物资准备。

此外,由于"共产国际对中央苏区的第一、二次反'围剿'战争,提出过较为符合实际的指导意见;对于第三、四次反'围剿'战争则基本没有干预"②。1930年底至1931年9月,第一、二、三次反"围剿"斗争接连胜利,赣西南和闽西连成一片,由此形成全国最大的苏维埃区域——中央苏区。中央苏区斗争范围逐步扩大,极大振奋了苏区广大群众的情绪,鼓舞着苏区群众的革命热忱。

宣传鼓动、召开群众大会、进行思想教育及发布命令、训令、布告、

---

① 刘勉玉:《中央苏区三年游击战争史》,江西人民出版社1993年版,第5页。
② 凌步机:《共产国际与中央苏区五次反"围剿"》,《中国井冈山干部学院学报》2014年第1期。

指示等成为中央苏区政治动员的主要方法和形式。就宣传工作而言，中央苏区政治动员从宣传队伍上来说，逐步做到专业宣传队伍与群众性宣传活动紧密结合，有了较为广泛的群众性；从宣传手段上来说，积极创办专业报刊与创编通俗小册子相结合，有了更为具体而充实的宣传载体；从宣传导向上而言，更加突出了上级指示、命令在下一级机构的贯彻落实。中央苏区政治动员突出革命性和政治性，时常使用强制与灌输手段，但也渗透着现实性、明确性、通俗性的特点。

根据《中央革命根据地史料选编》的不完全统计，中央苏区时期，以中央和苏区中央局名义发布的指示、命令、决议、布告、训令等总计50多件，省一级的就更多，主要涉及政治问题、军事问题、组织问题、肃反问题、政权建设、土地革命、经济与文化建设、群众运动等各方面的内容。

据对中央苏区创办的报刊不完全统计，"中央一级和江西、福建、闽赣、粤赣、赣南等5省一级党政军群领导机关先后创办各种报刊85种；特委一级有27种，县一级27种，总计139种。既有《红色中华》《斗争》《青年实话》《红星》《党的建设》《苏区工人》等这样正规、大型、发行量大的刊物，也有油印、传单式的小报"[①]。这些刊物对中共政治动员发挥了重大作用。

1933年10月，蒋介石调集100万军队、200多架飞机，采用"三分军事，七分政治"的方针，向中央苏区发动了第五次"围剿"。此时，王明"左"倾冒险主义已在中央苏区全面贯彻。1933年1月，以博古为首的中共临时中央由上海迁到中央苏区的瑞金。他们在福建、江西开展了反对"罗明路线"的斗争，使苏区广大领导干部受到重大打击。这为军事斗争下的反"围剿"和苏区政权建设埋下极大祸患。

第四次反"围剿"后，"共产国际执委会政治书记处和共产国际远东局在指导中央苏区红军反'围剿'时，存在不同的原则意见，加上中共'左'倾领导者无视中央苏区红军在以往历次反'围剿'战争中的成功经验，教条地贯彻执行共产国际指示，最终导致中央苏区第五次反'围剿'

---

① 余伯流、何友良：《中国苏区史》下册，江西人民出版社2011年版，第727页。

失败。"① 尤其是国民党第十九路军发动反蒋抗日的"福建事变",没有抓住有利战机与十九路军联合起来,丧失了反"围剿"的主动权。

1934年以后特别是在第五次反"围剿"后期,战争形势的紧迫性更加剧了政治动员的艰巨性。为完成日益紧迫的扩红任务,从中央到地方几乎人人都要千方百计想办法增加战备人员。

1934年4月21日,中央苏区南方重要门户会昌筠门岭失守。战事紧迫,中共粤赣省委、省苏维埃政府立即发出《为坚决进攻敌人恢复门岭保卫会昌保卫全省告工农群众与红色战士书》②,向军民说明形势的严峻性和紧迫性,希望人人参战,扭转困局。

1934年5月24日,中共中央为加强对扩红工作的领导,决定将于都、登贤、赣县、杨殷4县划为赣南扩红动员区。6月下旬,赣南战地委员会成立,项英兼任主任,负责这4县扩红支前、筹粮筹款等项工作。据统计,到1934年6月底,中央苏区共扩大红军62269名,其中苏区江西省扩大红军22185名。为了表彰扩红中的优秀典型,中共中央和中革军委授予瑞金县扩红模范县奖旗。③ 1934年9月4日,周恩来、朱德、王稼祥等签署发布《中央革命军事委员会为扩大红军的紧急动员号令》④,号召中央苏区革命青年踊跃参加红军。

中央苏区广大群众随着一波一波的扩红运动,在一次又一次的战事任务中,被调动和发动起来。由于这种政治动员发动的密集性及在方法上的简单和粗暴,超出了当地群众的实际生活水平,与群众在观念上有相当差距,动员起来的革命热情随着更加艰辛环境的到来逐步消减,效果很不理想。中央苏区政治动员在军事斗争中遇到前所未有的困难。

民以食为天。在领导大规模军事斗争的同时,中央苏区各级政府发动开展扩红、查田、选举、检举、粮食筹集、捐款运动,动员广大苏区

---

① 凌步机:《共产国际与中央苏区五次反"围剿"》,《中国井冈山干部学院学报》2014年第1期。
② 中共江西省委党史资料征集委员会编:《中国共产党江西历史大事记》,新华出版社1999年版,第134页。
③ 同上。
④ 同上书,第137页。

群众，立即开展经济战线上的运动，以此打破敌人的经济封锁。在整个中央苏区，中央政府首先在思想上进行了统一部署，召集群众，进行思想动员成为军事准备工作的第一步。

1933年8月，在第五次反"围剿"之前，毛泽东在中央苏区南部十七县经济建设大会上的讲话中指出，革命战争环境下不应该进行经济建设的意见，是极端错误的。他说："经济建设必须是环绕着革命战争这个中心任务的"①，红军给养和供给有了保障，群众生活改善后才有更大的参战积极性，从而为战争注入新鲜力量。在中央苏区各地，中央苏维埃政府管理下的合作社、粮食局、贸易局、采办处等机构相继成立并运营，成为经济战线上动员群众的重要机构。

1934年1月，毛泽东在中华苏维埃第二次全国代表大会上所作的结论指出，"兴国的同志们创造了第一等的工作，值得我们称赞他们为模范工作者。同样，赣东北的同志们也有很好的创造，他们同样是模范工作者"②，以此号召在全国各苏区形成几千个"长冈乡"、几十个"兴国县"。毛泽东还亲自给兴国县授"模范兴国"红旗。江西省兴国县由此也成为整个中央苏区政治动员的模范区，一面旗帜！

随着扩红任务的逐步完成，粮食供给作为重要的物质保障，在苏区成为重要的战备物资。粮食供给动员成为具体的动员任务。1934年6月和7月，中共中央、中央苏区政府人民委员会先后致信各级苏维埃政府，要求紧急动员24万担粮食和60万担粮食供给红军。到7月底，对于紧急动员的24万担粮食任务，兴国县超额完成分配数的一倍以上；瑞金、于都、博生、胜利、太雷、石城、西江、长胜、会昌、赣县、杨殷等县都超额完成任务。到9月5日止，全苏区共动员粮食66万余担，其中已收集粮食47万余担。③

总体来看，中央苏区五次反"围剿"斗争中的政治动员，涉及地域较广，参与人员众多，有比较系统的动员组织机构和专业人员队伍，这

---

① 《毛泽东选集》第1卷，人民出版社1991年版，第123页。
② 中共江西省委党史资料征集委员会编：《中国共产党江西历史大事记》，新华出版社1999年版，第130页。
③ 同上书，第135—136页。

些组织机构和人员在军事斗争中逐步得到历练和成熟;但是在后期,受战争紧迫性和时间短暂性的客观环境影响,政治动员命令在向下层基层贯彻中,实际工作做得粗糙简单,多用强迫性方法动员群众,由此出现群众逃跑、开小差在各地多有发生的现象。

三 南方三年游击战争与政治动员的坚守

第五次反"围剿"失败后,中央苏区逐步衰败。南方三年游击战争,最早始于中央苏区的边境地区,后逐步退缩到赣粤边地区、闽西南地区、汀瑞边地区,后再向湘赣、湘鄂赣、闽浙赣、闽浙皖赣等中央分局所辖区域扩展。1934年10月,中央红军主力撤离后,中共中央分局、中央政府办事处和中央军区成立,作为领导继续留在南方各根据地红军和游击队的最高组织和指挥机构。他们坚持了艰苦的斗争,历时三年之久,直至1937年抗日民族统一战线建立。

在南方三年游击战争期间,随着正规战向游击战的转变,中央分局、中央政府办事处在项英、陈毅等人的领导下,对广大红军游击队员进行了艰苦细致的思想教育,利用布告、宣言、标语等作为政治动员的主要形式,为保存实力,迎接新的革命任务做了准备。

游击区的政治动员,首先面临的是来自突围中的伤病员疏散和安置动员。

红军各部队分路突围后,动员伤病员疏散,是当时一个紧急而又艰难的问题。中央政府办事处主任陈毅同志亲自到伤员住地做说服伤员疏散的工作,教育伤员要经得起失败的考验,并动员当地群众把伤员当亲人接待,择地埋伏。由于陈毅善于做思想工作,加上他本人也是伤员,所以工作很有成效,"苏区广大群众把红军伤员当作自己的亲人,抬的抬,背的背,仅半天功夫,2000多名重伤员就疏散完了"[①]。

1935年1月22日,中共瑞西县委就安置伤病员问题给各乡发出指示信,要求从生活上尽可能地做到:"每个伤病员都要有一个笼;每个人要有一床棉被;每五天洗衣一次;每三天洗汤(澡)一次;经常热茶热饭

---

① 刘勉玉:《中央苏区三年游击战争史》,江西人民出版社1993年版,第40页。

招待……"① 指示信对伤病员安置的工作布置得非常细致,以便群众能从细微处全面照顾他们。

其次是开展艰苦的反军事"清剿"中的政治思想动员。

1934年10月3日,中共中央、中华苏维埃共和国中央政府发出《为发展群众的游击战争告全苏区民众》,号召广大苏区群众武装起来,开展游击战争,保卫苏区。对此,中央分局在江西于都宽田举办了一个游击战术训练班,组织各县游击司令部的负责人学习中革军委《关于游击队动作的指示》,为培养各地游击战争骨干做准备。11月7日,中央政府办事处发出《中华苏维埃中央政府办事处布告》(第一号),号召苏区群众广泛开展游击战争,反对国民党反动派的屠杀政策……同国民党反动派斗争到底。②

1935年是南方三年游击战争中最艰苦的一年。1月,主力红军到达湘西黔东后,蒋介石调集大量军队回头对付中央苏区。2月,广东军阀余汉谋的兵力回到大庾、信丰、南雄地区,对游击区大举进攻。赣南省委书记阮啸仙和军区政治部主任刘伯坚相继牺牲。无数群众倒在了血泊中。

面对严酷的环境,1935年4月,赣粤边特委召开长岭会议。项英和陈毅在会上做动员讲话,从思想上统一干部的认识,并制定"依靠群众,坚持斗争,积蓄力量,创造条件,迎接新的革命高潮"③的方针,确立了以油山④、北山为主要根据地,长期坚持游击战争的任务。会后,立即把会议形成的决议印发到基层组织,进行工作布置。

在艰苦的游击战中,南方游击区先后进行了著名的反"封坑"和反"搜山"中的军事和政治斗争。在反"封坑"和反"搜山"中,思想统一和行动方案制定动员成为策略先导。

---

① 瑞金中央革命根据地纪念馆保存件,转引自梅黎明主编《伟大的预演:中华苏维埃共和国历史》,中国发展出版社2014年版,第306页。
② 中共江西省委党史资料征集委员会编:《中国共产党江西历史大事记》,新华出版社1999年版,第141页。
③ 刘勉玉:《中央苏区三年游击战争史》,江西人民出版社1993年版,第49页。
④ 油山位于赣粤两省的信丰和南雄交界处,海拔1073米,山路崎岖,地势险要,方圆几十公里。油山成为南方三年游击战的中心区域。

1935年11月初,针对粤军余汉谋部的"封坑",项英、陈毅领导游击区军民提出了"巩固老区,发展新区"的口号,并制定了7条对付"封坑"的办法。其中包括"动员群众离山之前把粮食埋藏起来,留给游击队使用;组织群众性的游击小组积极配合游击队行动(如砍电线等),牵制敌人的行动"① 等。

1936年2月初,针对粤军余汉谋部向游击区发动了"万人大搜山",赣粤边特委在项英、陈毅的领导下,组织游击区军民采用"敌进我退,攻其不备"战术,动员开展反搜山斗争。如信丰游击队白天隐蔽在密林里,晚上出来放冷枪,贴标语,打乡公所,抓土豪,后来一直游击到南康龙回、赣县大龙,闹得粤军晕头转向。对被迫进山"搜剿"的群众,发动他们故意拖延时间,使敌人不能按计划进行;在搜山时,由党员发动群众大声吆喝,或者用山歌声,暗示游击队迅速转移或者隐蔽。当敌人用枪刺逼着群众砍树时,群众就砍几下,等敌人一走开,就用刀背砍,结果到处是砍树声,却砍不倒几棵树。组织游击小组在山外砍电线,放冷枪,在洋油桶里放鞭炮,迷惑敌人,吸引敌人出山,并开展宣传攻势,向国民党的保甲长发出警告,扰乱其后方,造成红军游击队已出山的错觉,使其首尾难顾,只好被迫收兵。粤军原计划搜山7天,最后只在山上转了3天就收兵了。1936年春,赣粤边特委利用群众迫切要求回山春耕的机会,广泛发动被强迫出山的群众进行回山斗争,并取得了胜利。②

游击部队"分为三个大队,一队在信丰、一队在北山,一队在三南(定南、全南、龙南)。大队下面就是分队,十几人、二十几人一个分队,到处活动。以军事工作与政治工作、军事工作与群众工作、军事工作与教育工作相结合,打击敌人,宣传政策,组织群众"③。艰苦的游击环境中,共产党人运用此前中央苏区的动员策略,始终不忘做群众工作、教育工作。

1935年,闽西红军游击队,在闽西南军政委员会的领导下,依靠群

---

① 项英:《三年来坚持的游击斗争》,转引自刘勉玉《中央苏区三年游击战争史》,江西人民出版社1993年版,第67页。
② 刘勉玉:《中央苏区三年游击战争史》,江西人民出版社1993年版,第70—71页。
③ 杨尚奎:《艰难的岁月——杨尚奎革命回忆录》,江西人民出版社1987年版,第3页。

众，采取分化瓦解的策略，动员群众进行了"保田斗争"和反"保甲制"的斗争。"保甲制"是国民党在农村建立的基层政权组织和武装组织。一开始，红军游击队提出"当保甲长杀"的口号，并在龙岩杀了二三十个保长，迟滞了国民党保甲制的推行。后来，当敌人采用逼迫红军亲属当保甲长时，闽西党组织改变了策略，将计就计，允许群众"白皮红心"应付敌人，争取保甲长，这样为掩护游击队活动和群众斗争创造了条件。①

"龙岩后田的地下党支部书记张溪兜组织群众用各种形式和办法，拖延国民党军修筑炮楼的工程，并在后田建立了秘密联络点和被服厂，使后田村实际成为了红军游击队的后勤补给站。"②

反"清剿"中，还针对个别特殊人物采取特殊办法。上杭区古蛟区的傅柏翠，原参加红军，后在自己的家乡拥兵自卫，听从国民党指挥，但与国民党又有矛盾。红军游击队就主动争取傅柏翠，与他"达成口头协议，形成一种微妙关系：双方互不侵犯，红军不到古蛟区公开活动；傅柏翠对红军不禁粮，国民党进攻红军时也不积极配合"③。他这样做的结果，有利于红军的生存。

再次是抓住时局转变之有利时机，择机进行政治动员。

1935年12月，中共粤赣边特委、红军游击队遵照项英、陈毅的指示，发表《为日本侵占华北告群众书》《告士兵书》等宣言，提出"抗日救华北""全国联合一致抗日"④等口号。

1936年1月5日，闽西南军政委员会在获得中共中央《关于开展抗日反蒋统一战线》的指示后，及时分析了闽西南的局势，号召民众起来"武装保卫福建""武装保卫漳州厦门"，及时提出建立对日作战根据地，扩大和培养闽西南民众抗日讨蒋武装力量的具体战斗任务。"他们到处贴布告，贴标语，在乡村召开群众大会，到学校去讲演，在圩镇中举行飞

---

① 刘勉玉：《中央苏区三年游击战争史》，江西人民出版社1993年版，第125—126页。
② 同上书，第128页。
③ 同上书，第127页。
④ 中共江西省委党史资料征集委员会编：《中国共产党江西历史大事记》，新华出版社1999年版，第151页。

行集会,向碉堡民团喊话,甚至在拦到的汽车、渡船上做宣传。"① 动员策略的转变,唤起了民众,顺应了历史发展的潮流,在一定程度上缓和了闽西南地区的阶级矛盾,对日后抗日民族统一战线的建立打下了基础。

1936年6月上旬"两广事变"②发生后,项英、陈毅以游击队的名义发表《为"两广事变"告群众书》,提出"变军阀混战为抗日的革命战争"的口号,并发动游击队员在赣县、南康、信丰、大余、南雄和三南等县城、墟镇广泛张贴标语、散发传单,向群众宣传党的政治主张,鼓舞、指导赣粤边革命群众的斗争。6、7月间,湘鄂赣省苏维埃政府主席曾国旗、军区司令员严图阁和政治委员傅秋涛先后颁发湘鄂赣省苏政府、军区《对两广出师抗日讨蒋宣言》,提出一致对外,共同抗日。③

闽西南军政委员会作出《关于西南事变与目前党的紧急任务的决定》和《为西南事变宣言》,"号召闽西南一切武装及各界民众起来,援助这一战争",全党紧急动员起来,在军事、土地、扩红、恢复苏维埃等方面布置具体的工作。

最后,为了配合军事上的反"清剿"任务,在极端困难条件下,赣粤边特委对广大游击队进行了细致的思想教育,帮助战士增强坚持开展游击战争的信心。

项英亲自编写政治教材和文化识字课本,甚至手把手教游击队战士识字、写字、写信。对那些为革命奋不顾身、英勇牺牲的人,给予高度赞扬;对那些错误缺点较多、思想动摇的人,则尽量避免简单粗暴的批评,进行耐心说服,以增强其革命信念。即使出现讲怪话、开小差的现象,也不足为奇。④ 项英、陈毅还根据游击战争的实践经验,制定出红军游击队的《秘密原则》和《行军规则》。游击队员学习了这些知识和战

---

① 刘勉玉:《中央苏区三年游击战争史》,江西人民出版社1993年版,第131页。
② 广西桂系李宗仁、白崇禧的部队,广东陈济棠、余汉谋的部队等,利用全国人民抗日的要求,联合反蒋,于6月2日发动了"两广事变"。事后,蒋介石用分化利诱手段,迫使陈济棠下野,余汉谋被蒋介石收买。
③ 中共江西省委党史资料征集委员会编:《中国共产党江西历史大事记》,新华出版社1999年版,第155页。
④ 刘勉玉:《中央苏区三年游击战争史》,江西人民出版社1993年版,第65页。

术,形成了共识,在山中与敌人兜圈子,捉迷藏,分散了敌人,打击了敌人,保存了实力。"北山事件"① 能够化险为夷,就是由于按照秘密工作原则,在游击队各个单位之间进行动员,让彼此不发生横向联系的结果。

闽西南游击区与赣粤边游击区相比,在组织上获得了巩固和发展。"至1937年3、4月,闽西南游击武装(包括群众性游击小组)约3000人,党的组织有8个县委,即上杭、永定、龙岩、永和靖、永埔、岩永靖、岩南漳、岩连宁。并建立了56个区委、400多个支部,拥有党员3000余人。"② 南方三年艰苦游击战争,红旗始终不倒,党的组织发挥了坚强的战斗堡垒力量,帮助游击区军民树立了革命必胜的信念,发挥出利用现有资源在政治动员中的作用。

苏维埃来到中国,经历从陌生到相识,再到逐步为苏区群众所熟悉的认识发展过程。中国苏维埃作为外来移植的产物,一直深受共产国际的影响。伴随中共开展的土地革命和苏维埃政权建设,中央苏区政治动员逐步展开,大致经历井冈山时的初起、反"围剿"时的深入和南方游击的坚持三个主要阶段。曲折的历史发展过程表明,中央苏区政治动员是在没有完备的政治体制、政治规范情况下开展的,是一种处于特殊时期、特定区域的"战时状态"政治动员。

---

① 1935年10月,粤军余汉谋利用叛徒龚楚(原中央军区参谋长)破坏特委领导机关的一个大阴谋。他们设下圈套,杀害北山游击队60多人,逮捕30多人,项英、陈毅也险遭不测。
② 刘勉玉:《中央苏区三年游击战争史》,江西人民出版社1993年版,第140—141页。

第二章

中央苏区政治动员的分群分层策略

政治动员是社会组织获取资源来为政治权威服务的过程。政治动员的资源获取过程受到历史文化传统、社会环境、特定现实条件等因素的影响和制约。"资源的'重要'程度取决于两个因素：资源的集中和不足。有些资源至关重要，但并不缺乏……而另一些资源不足，且不集中……这两类资源的重要程度都不及那种既至关重要同时又不足的资源。"① 中国共产党能够依靠的最重要的资源就是广大底层群众。赢得他们，就树立起一个有政治权威的形象。

中央苏区政治动员创造的群众工作方法，体现了中国共产党对既有现实资源的高度重视。这显然涉及众多底层群体，如农民、妇女、士兵、工商阶层、游民甚至流氓等无业群体。本章选取中央苏区最有代表性的三个群体阐述政治动员策略：人数最多的农民、革命最积极的劳动妇女、身份最特殊的工商阶层。数量资源、工商资源、性别资源的重视与获取，分别呈现出中央苏区政治动员的实践策略和时代特色。

第一节 中央苏区农民政治动员

漫天皆白，

---

① ［美］罗德里克·马丁:《权力社会学》，陈金岚、陶远华译，河北人民出版社1992年版，第83页。

雪里行军情更迫。

头上高山，

风卷红旗过大关。

此行何去？

赣江风雪迷漫处。

命令昨颁，

十万工农下吉安①。

——毛泽东《减字木兰花·广昌路上》（1930.02）②

纵观中国历史发生的各种重大反压迫运动，总有农民参与的身影。"在现代化政治中，农村扮演着关键性的'钟摆'角色"③，20世纪二三十年代，"农民问题乃国民革命的中心问题"④。"谁能解决农民问题，谁即可以得天下。"⑤ "十万工农下吉安"是中央苏区初创时期的重大历史事件，广大农民被发动起来，积极投身革命，在重大历史事件中留下了他们的身影。

---

① 吉安是赣西地区的中心城市，位于赣江中游西岸，上接赣州，下达南昌、九江。城西郊从北到南环绕着骡子山、真君山、天华山和雄踞禾水出口处的神岗山，城东是开阔的赣江。由于扼南北交通要道，国民党派重兵牢牢占据吉安，使之成为控制整个赣西南的军事要塞。

毛泽东同志《减字木兰花·广昌路上》中一句"十万工农下吉安"，以充满激情的艺术语言，高度评价了这一重大历史事件的意义。"九打吉安"是江西苏区时期的一个重大历史事件。"打吉安"直接发动了广大工农群众起来参加革命，促成了赣江两岸根据地的发展；革命中苏区广大群众打土豪，分田地，在精神上获得了极大欣慰，有力地推动了整个中央苏区的发展。

后来，朱德在离开吉安33年之后，不胜今昔之感，写诗云："八打吉安未收功，四面包围群众中。红军速到声威震，一克名城赣水红。"《忆攻克吉安》（1962年3月4日），资料转引自江西省东固革命根据地博物馆。

② 胡为雄编著：《毛泽东诗词鉴赏》，红旗出版社2002年版，第51页。

③ [美]塞缪尔·P. 亨廷顿：《变化社会中的政治秩序》，王冠华、刘为译，上海人民出版社2008年版，第241页。

④ 《毛泽东文集》第1卷，人民出版社1993年版，第37页。

⑤ 蔡和森，1927。转引自王奇生主编《新史学（第7卷）：20世纪中国革命的再阐释》，中华书局2013年版，第61页。

一 "十万工农下吉安"中的农民政治动员

(一)"九打吉安"前的革命基础

中央苏区初创时期,吉安周围各县成为江西全省革命运动最发达的区域之一,完全不属于意识形态的真空领域。早在大革命时期就有很好的革命斗争经验。据史料记载:赣西吉安"南区农民自动要求解决镇压农民斗争的五市联防的反动武装组织,北区农民也愿意自动手的杀土劣,西区东区的情形亦大概相似……至于永丰、吉水、东安等县在吉安的七、九二纵队——吉安的工农——启发后,县城中虽有反动军队的镇压,但乡村中时常发生小的斗争"①。

此后,吉安一带的群众继续坚持斗争直至第九次攻打吉安。"八一暴动以前,吉安的革命群众,已在积极准备响应八一工作……广州暴动之爆发引起极英勇的万安暴动,吉安革命空气,乃为之一状"②。在东固、延福两地,抗粮抗捐抗税,在客观上已经实现,部分的群众,已经相当认识土地革命之意义。1928年7月,赤色区域政权,全由农民协会主持。1929年7月,东固、延福两地成立了工农革命委员会,农民分配了土地。1929年10月前后,"东固北区之延福始正式成立苏维埃政权,在区苏维埃及各县各区革命委员会之上,更成立赣西革命委员会之组织,以统一指挥上述各区之工作。现筹备赣西总的苏维埃政权之建立,在革命委员会指挥下的红军,已是二、三、四三团了,武装在两千以上"③。革命组织逐级扩大,革命影响范围也扩大。

红四军离开井冈山转战赣南后给中央的信也反映出此地群众斗争的基础较好,"江西福建二省党及群众的基础都比湖南好些……赣西宁冈、永新、莲花、遂川等县党及赤卫队的势力是依然存在的,赣南的希望更

---

① 中共江西省委党史资料征集委员会、中共江西省委党史研究室编:《江西党史资料·东固革命根据地专辑》第10辑,内部刊印1989年版,第37页。
② 中共江西省委党史资料征集委员会、中共江西省委党史研究室编:《江西党史资料·十万工农下吉安专辑》第7辑,内部刊印1988年版,第64页。
③ 同上书,第65页。

是很大的"①。

(二)"九打吉安"前的群众斗争基础

战争把农民卷入,农民在战争中受到历练,直接参与到乡村生活中与现实的"敌人"进行斗争。

《泰和农民及靖卫团的斗争》②详细记载了江西泰和县农民的政治动员与革命斗争过程。农民是这样被动员起来的:首先是由公愤引发的自发斗争,然后逐步把农民鼓动组织起来,最后到农民主动起来抗争,积极参加武装斗争。吉安、泰和、东固等地区,民风彪悍,土客籍矛盾尖锐,地方势力间因各种矛盾发生争斗是常有的事情。所以,农民们也就常常被卷入到与现实的"敌人"的斗争中。

在消灭吉安红枪会斗争中进行动员。在吉安的义富、冠田两个村庄,有反动群众组织如红枪会,成员多数为河南人,他们在"过去和四军及第四团、二团屡次作战",党"历年向他们宣传、组织,不但没有成绩,而且吃亏甚大。被捉来的俘虏,待以酒食,给以路费,但他们走的时候,却说:你们不能打开南昌,我们不能归顺你们的,最近他替地主阶级作先锋侵入赤区,见人即杀,见屋即烧,见物件即抢,两日之内,死者无算"③。经党的会议详细讨论,一致决议消灭红枪会。结果,"吉安东南属群众情绪如火一般爆燃,即将红枪会扑灭了"④。地方武装斗争的胜利积累起进一步攻打城市的战斗经验,也为攻吉打下了情感基础。

在济难工作中展开动员。"济难会工作对于被难群众的救济,除酌发救济费,指定难民居住地主屋宇及借东西与(予)以使用外,每次群众被难后,即出席群众中讲演,散发传单宣言等件。故群众对济难亦有相当认识,尤以吉安南路之陂头张家渡、吉水之中鹄、泰和之仁善仁千各区为好。"⑤

---

① 《毛泽东文集》第1卷,人民出版社1993年版,第58页。
② 具体内容详见中共江西省委党史资料征集委员会、中共江西省委党史研究室编《江西党史资料·东固革命根据地专辑》第10辑,内部刊印1989年版,第68—69页。
③ 江西省档案馆等编:《中央革命根据地史料选编》上册,江西人民出版社1982年版,第194页。
④ 同上。
⑤ 同上书,第195页。

互帮互助是中国文化的传统。通过在济难中互帮互助,加强了农民之间的联系和情感联络。

在祝捷大会中感受革命氛围。赣西苏维埃成立时,赣西各县群众,同时举行盛大的庆祝大会,时间有的三天,有的一星期,最少的也有两天。他们到处游行、演讲、游艺,革命气氛空前高涨。群众高兴地说:"这才是我们自己的政府呢,他要把国民政府打倒。""农村各处,布遍了苏维埃的政纲布告,宣言,传单和标语。"① 在革命气氛的渲染下,农民"在共同的激情的鼓舞下……变得易于冲动,情绪激昂,而这是仅凭个人的力量所难以维系的"②。外界的力量鼓舞着他们。他们在很大程度上超越了个人力量难以达到的界限,有限地域空间的凝聚把农民暂时地紧密团结在一起。

(三)"九打吉安"的宣传与行动口号

利用标语口号对农民进行宣传教育,是中国共产党政治动员的常用之法,也是经验之策。

毛泽东一直重视对农民的宣传教育,还就此提出了具体要求。他在《湖南农民运动考察报告》一文中总结:"政治宣传的普及乡村,全是共产党和农民协会的功绩","今后值得注意的,就是要利用各种机会,把上述那些简单的口号,内容渐渐充实,意义渐渐明了起来"。③ 刘少奇也特别重视对领导群众斗争的宣言口号。他认为,有些重要的口号,总是要"在实际争斗中对于群众的宣传与训练,才能变成行动的口号"④。注重理论与现实结合的行动口号可以很快锻炼人的能力,迅速投入战斗中。刘少奇的这种观点是有针对性的。过去,中国共产党有些口号标语过大过空,远离农民的生活实际,实际效果并不好。从一般宣传口号到行动

---

① 中共江西省委党史资料征集委员会、中共江西省委党史研究室编:《江西党史资料·十万工农下吉安专辑》第7辑,内部刊印1988年版,第72页。
② [法]爱弥儿·涂尔干:《宗教生活的基本形式》,渠东、汲喆译,上海人民出版社1999年版,第280页。
③ 《毛泽东选集》第1卷,人民出版社1991年版,第35页。
④ 中共中央文献研究室、中央档案馆编:《建党以来重要文献选编(1921—1949)》第5册,中央文献出版社2011年版,第641页。

口号的转变,是中共发动农民进入实战阶段的开始。"'攻取吉安'——赣西南特委提出这个行动口号,的确挽救了党内冷落的危机,消灭党内外群众的失败情绪,且号召了党的干部,发动了广大的群众。"① "攻吉"之前,中国共产党对吉安附近的农民宣传动员确实有一个从宣传口号到行动口号的转变,逐步贴近农民的过程。

1. 宣传口号的现实针对性

早在1928年,江西省吉安附近的永丰区境内,永丰区执行委员会就印发了许多革命口号。这些革命口号分门别类,涉及7个方面,有反军阀混战的、反国民党的、反反动军队中士兵运动的;有解释工农革命军和苏维埃政府的;还有专门针对土地革命以及党的自身性质和任务的。

例如,围绕土地革命提出的宣传口号就非常有现实针对性,如:

"没收土豪劣绅的土地分给贫苦农民"
"没收一切地主的土地分给贫苦农民"
"没收祠产会产分给贫苦农民"
"农民耕了地主的田不要还租"
"废除一切债除(务)关系"
"执行抗租抗税抗捐抗债"
"杀尽贫(贪)苦(官)污吏土豪劣绅"
"杀尽永丰反动派造成赤色恐怖"②

当生活难以为继,口号的力量会燃起贫苦农民的生存希望。永丰区提出的口号就地取材,贴近贫苦农民实际,确实容易引起思想共鸣,利于调动农民的革命积极性。这种地方经验后来被中央以通告方式推广到各地农村,要求各地组织"在农民中要特别注意提出部分的

---

① 江西省档案馆等编:《中央革命根据地史料选编》中册,江西人民出版社1982年版,第176页。
② 中共江西省委党史资料征集委员会、中共江西省委党史研究室编:《江西党史资料·东固革命根据地专辑》第10辑,内部刊印1989年版,第33页。

口号,……领导着走向扩大,深入,实行游击战争,以至创立苏维埃区域"①。

九打吉安,地方党组织实现了从宣传口号逐步走向行动口号的过程。1930年9月,在第九次"攻吉"之时,吉安儒行区苏维埃政府翻印了夺取吉安的宣传鼓动口号,并适时地提出了新的行动口号,如:

"夺取吉安保障分田胜利!"
"夺取吉安解决食物恐慌!"
"夺取吉安消灭各地逃跑的豪绅地主!"
"夺取吉安市民才有便宜米吃!"
"夺取吉安市民才能解除派夫派饷的痛苦!"②

群众的情绪被充分激发起来,在行动中释放。"在这次攻取吉安的口号下,……有战斗组织的赤卫军九个总队,每队有五千左右的武装群众……每人准备的干粮(米果)有五六次之多。……赣河两岸的更能为红军架设浮桥。征集渡河船只,救护红军伤兵,侦探敌情,协同军队作战。在新起或组织尚不坚强之区域中,都能早点捕杀豪绅,焚烧契约,在土地问题上,尚未解决之区,农民都向革委会或农协要求迅速分配土地。"③ 仇恨"敌人"的情绪一旦被点燃,农民表现出的行为与过去逆来顺受的形象就截然不同。

法国思想家勒庞指出:"从感情及其激起的行动这个角度看,群体可以比个人表现得更好或更差,这全看环境如何。"④ 一切取决于群体所接受的暗示具有什么性质。在九次"攻吉"中,"攻吉"前后的宣传口号和行动口号相互配合,组织有序,贴近农民实际。"夺取吉安市民才有便宜

---

① 中共江西省委党史资料征集委员会、中共江西省委党史研究室编:《江西党史资料·十万工农下吉安专辑》第7辑,内部刊印1988年版,第24页。
② 同上书,第157—158页。
③ 同上书,第66—67页。
④ [法]古斯塔夫·勒庞:《乌合之众——大众心理研究》,冯克利译,中央编译出版社2005年版,第19页。

米吃!""夺取吉安解决食物恐慌!",农民看到了自己真实需要的东西,参与斗争中当然劲头十足。这远不是农民作为个体就能做到的。

2. 宣传手段的地方特色

九次"攻吉"行动中充分利用农村中的各种资源,如宣传阶段运用了"空中气球",在战斗过程中发动农民使用了"火牛阵""竹筏子"等形式。

"反动派很害怕共党的教育方法及主张。那边有两种特别的宣传方法,(1)河流宣传(木板上写口号在河中飘(漂)流),[和](2)空中宣传(利用风筝写上我们的标语向敌军去宣传)影响颇大。"① 农民政治动员,在物资有限的条件下把农村中的各种素材都用上了,充分体现农村的地方特色。如攻击敌人的战壕,有效利用农村中的黄牛、水牛冲击电网。在第九次攻打吉安时,泰和县独立营接到任务,立刻和二连曾放过牛的几个战士,还同十多个赤、少队员精心挑选眼似铜铃、脾气暴躁、身体壮实的黄牛、水牛大公牛,分配给二、四连及13个赤、少队员和营部的女英雄、文书、士兵委员主席曼玉主管。在攻击前,为了保证黄牛、水牛到了战场不乱叫,细心喂养,摸索黄牛、水牛的脾气。战斗命令一到,他们立刻"将三十头黄牛、水牛赶到了天华岭南侧电网,在曼玉负责下,每三个人率一头牛在三四百米南北壕沟里分散配置,准备了油桶和爆竹、稻草、桥板……将黄、水牛尾巴上点上火,那些受惊的黄、水牛两眼盯着西边闪光的电灯,如同猛兽般,一支庞大的队伍,黑乎乎地向东直冲敌人的电网,一下子就把电网冲塌了……前进的道路被打开了"②。"火牛阵"富有地方特色,群众斗争的策略变为了最直接的行动。

宣传内容的地方特色真正体现了农民参加革命的思想智慧,那些行动中"扩大宣传鼓动……要包含敌人之弱点及其长官的姓名和罪恶,最好用他们士兵自己的口气"③,这就是最伟大的群众创造。在革命口号的

---

① 中共江西省委党史资料征集委员会、中共江西省委党史研究室编:《江西党史资料·十万工农下吉安专辑》第7辑,内部刊印1988年版,第173页。
② 同上书,第245页。
③ 江西省档案馆等编:《中央革命根据地史料选编》中册,江西人民出版社1982年版,第497页。

激励下,"不善推理,却急于采取行动"①的农民,在群体间的相互感染和暗示下,他们表现出的行动"其程度足以使个人随时准备为集体利益牺牲他的个人利益"②。把农民组织起来,一团散沙的局面被改变。

(四)"九打吉安"的组织协调与动员机制

组织协调首先表现在党的领导和号召下,实现红军行动和地方武装斗争的相互配合,苏区政府发动地方群众为攻打吉安做各种应对准备。

1. 思想统一

第九次攻打吉安前,赣西南第一次代表大会召开,大会与"二七会议"在思想认识上进行了统一,从组织上完善了干部队伍。在政治动员部署上,把"彻底分配土地"作为地方党的重要任务。这在很大程度上满足了农民参加革命的愿望,使他们看到革命的眼前利益。根据彻底平分田地原则,地方党组织向农民宣传解释借口发展生产以劳动力为标准分田是地主富农的主张,明确提出"苏维埃留公田是违背争取群众的主要任务,同样的犯了富农的倾向"③等政策,没收一切土地以平均分配。赣西南党组织提出这些政策暂时满足了现实需要。

赣西南第一次代表大会是在"二七会议"之后召开的。会议讨论了很多具体问题,如斗争目标、经济问题、城市工作、军事问题、士兵运动、农运、职运、土地、政权、济难、妇女、青运与CY、党的组织等问题。④从讨论的问题来看,虽涉及面广且领域又多,但对军事进攻目标和如何具体行动,在思想上、组织上得到统一。这为以后的斗争胜利奠定了前提基础。

2. 地方协助

重视正规红军与地方武装之间的相互配合是中国共产党领导斗争取

---

① [法]古斯塔夫·勒庞:《乌合之众——大众心理研究》,冯克利译,中央编译出版社2005年版,第4页。
② 同上书,第17页。
③ 江西省档案馆等编:《中央革命根据地史料选编》中册,江西人民出版社1982年版,第189页。
④ 江西省档案馆等编:《中央革命根据地史料选编》上册,江西人民出版社1982年版,第345页。

得胜利的一个经验。在"攻吉"任务布置中,党组织明确要求红四军三纵队与地方党部合力把于都全县地方群众发动起来,避免出现过去"与兴宁零(于)北接不起气,三纵队一走,热的群众又会冷下来"①的局面。正规红军和地方苏维埃要分工有序,各司其职。正规红军除了做好攻打吉安的准备,还要去发动群众。而地方苏维埃政府必须负责好前方侦探工作、担架队、后方伤病队、冲锋队、响导队、粮食、交通工作及扩大宣传等进行"攻吉"动员的组织协调。

如何进行组织协调呢?如,规定担架队,要配备"队长和政治委员各一人,每三人为一副,每副为一班,五班为一排,五排为一队,每队要负责人切实负责"。规定冲锋队,"应带长柄柴刀(准备斫铁丝网的木杆子)、锄头(掘壕)、马刀、挖深锄(挖壕),帮助红军破坏铁丝网等项工作"。规定响导队,"组织四队,每队五十人至一百人,须找在吉安附近五十里内大小路途非常熟悉的可靠工农"。规定交通队,"每人带干竹竿(长一丈五尺)一根,以作电杆"②。组织协调后,尽可能进行扩大"攻吉"的宣传并做好人员分配动员。任务全部布置完备后,急需更多地方武装积极配合。于是指派"少数人员以收割晚稻侦察情况,捕捉赣江顺水北流的竹、木筏子。夺取敌人'枪弹粮'"③。

在赣西南苏维埃政府指示下,各地方苏维埃政府还进行了比较充分的战勤物资准备,有效缓解了红军的经济补给。在第六次攻打吉安之前,赣西南特委发出通告,特别注意了争取士兵群众,注意士兵运动的政治动员部署。"各级党部(接近白军士兵区域的)必须成立士兵运动委员会,讨论和计划兵运工作报告特委。"④除了人员储备,打仗还需钱款来进行物资补给。因而火速筹集巨款供给前敌战士成为当务之急。"东路办事处壹万贰仟元,南路办事处贰万元,西路办事处壹万元,北路办事处

---

① 中共江西省委党史资料征集委员会、中共江西省委党史研究室编:《江西党史资料·十万工农下吉安专辑》第 7 辑,内部刊印 1988 年版,第 67—68 页。
② 同上书,第 148—149 页。
③ 同上书,第 243 页。
④ 江西省档案馆等编:《中央革命根据地史料选编》中册,江西人民出版社 1982 年版,第 206 页。

壹万元,太和县政府壹仟五百元,万安县政府壹仟元,兴国县政府贰仟元(指定城区壹仟元),中鹄区政府五百元,零北区政府五仟元,水东区政府壹仟元,纯化区政府五百元,白沙区政府五百元。"① 各地方政府接受任务后,及时筹款,并将汇集起来的钱款按时送达,有力地支持了前线斗争。

3. 群团支持

开群众大会是中共集中农村散居力量的一种常用方式。农民也乐于这种集体参与。梁必业将军的回忆录记载了地方组织及召开群众大会的情况:"陂头市渼陂村②一带广大农村在党的领导下发动农民暴动,推翻当地反动政府,打土豪,分田地,分地主财物,废除田契债约,成立苏维埃,组织农民协会、妇女协会、赤卫队、少年先锋队、儿童团等群众组织。""当时中共纯化区委书记是毛泽潭(覃),区委机关设在渼陂村求志堂附近的一所小楼里,区委举办训练班,训练培养农村骨干。中共赣西南特委书记刘士奇在离陂头十多里的一个村召开群众大会,讲革命形势和任务,号召群众开展革命斗争。"③ "1930年初,朱德、毛泽东率领红四军来到陂头,在义仓阁北的黄土岗上召开了一次群众大会。陂头及其周围的群众踊跃参加。我们到会的赤少队手持梭标,臂带红袖章,儿童团身背木枪,脖子上系红领带,其他群众都手执彩色小旗,旗上写着革命口号,真是威武雄壮,浩浩荡荡。"④ 攻克吉安,赣水那边一片红。组织和动员激发出的革命热情,使农民们涌向田间地头,不再仅仅为年复一年的劳作奔命。革命行动显然带来了他们生活方式的变化。

---

① 中共江西省委党史资料征集委员会、中共江西省委党史研究室编:《江西党史资料·十万工农下吉安专辑》第7辑,内部刊印1988年版,第146—147页。
② 陂头市渼陂村位于江西省吉安县境内,梁必业是渼陂村人,1930年朱德、毛泽东率领红军来到渼陂村时,他参加了红军。
③ 中共江西省委党史资料征集委员会、中共江西省委党史研究室编:《江西党史资料·十万工农下吉安专辑》第7辑,内部刊印1988年版,第240页。
④ 同上书,第240—241页。

二 日常生活中的农民政治动员

日常生活中的农民政治动员是指在没有"重大历史事件"① 发生之时，在平日生活中对农民进行宣传、教育、组织与训练，帮助其逐步克服懒惰、自私、保守之思想；克服轻敌、厌战的悲观思想；克服无组织、无纪律的流氓思想。日常教育和军事训练成为主要动员手段。

正如皮肤比衬衣更贴身一样，日常生活中的农民更重视眼前的东西，一时的环境稳定会把农民追求安逸的惰性凸显出来。对农民进行革命的政治理论宣传、教育、组织动员，有许多方法，而通俗的讲解更能打动他们。在特定环境下进行的"情境界定"，使他们树立某种世界观，能从更高层面提升他们的精神境界，从而随时为战争做好准备。

（一）日常教育

中国共产党领导的武装，本身就来自农村，非常善于传承农村文化传统对农民进行教育，以此发动农民。"坐上席"故事②，就是一个典型的农民政治动员。中国共产党早期政治动员经常采取这种教育方式，以

---

① 文中在农村中涉及的重大历史事件，主要涉及五次反"围剿"斗争，每年红五月、广暴纪念、十月革命纪念活动、三八纪念活动等。

② 2013年12月22—24日，笔者参加江西省哲学社会科学骨干研修班第三、四期，在井冈山现场教学的过程中，主动提问王佐之孙王生茂老师，他给我们讲了这个故事。口述人：王佐之孙王生茂（65岁，井冈山革命博物馆工作，现已退休）；口述地点：江西省井冈山红盛宾馆；口述时间：2013年12月23日上午。口述内容如下：1927年10月24日，我爷爷王佐邀请毛泽东到井冈山大井荆竹山住了三天。爷爷说大井这个地方太小了，要毛泽东去茨坪。茨坪是爷爷司令部所在地，有三间祠堂，住房比较大。27号爷爷带着毛泽东来到了茨坪。祠堂的主人是爷爷手下的一位副官，叫李先开。这天，李先开跟爷爷说，27号刚好是他弟弟结婚的日子，希望王头领（他叫我爷爷王头领）去喝喜酒坐上席，我爷爷说，我姓王的怎么可以坐上席，这个不行的。我爷爷说今天刚好毛委员来了，他是外人，让他坐上席。李先开很奇怪，就问我爷爷你这个朋友是什么人，怎么可以坐上席。我爷爷说，这个人过去是皇帝，现在不叫皇帝了，叫党中央。他是党中央的委员，他这个外人这个官大不大？很大。让他坐上席。我爷爷做了工作后，主动要毛泽东坐上席。毛泽东知道湖南的规矩，不去肯定会扫兴，去了说明王佐对我的感情不一般，来了三天就坐上席。毛泽东马上给部队写了条子不能惊动百姓。27号这天，我爷爷就陪毛泽东一个人去了。这天，村村寨寨的人都被邀请来吃喜酒。在酒席上，毛泽东就利用这个机会给井冈山的老百姓讲：我们现在不要做牛马，要推翻反动势力，要掌权了。毛泽东做了大量的工作。从那个时候起，来吃酒的人都知道了这个人就是毛委员，是党中央的委员。毛委员的称呼就是在井冈山坐上席吃酒中传开的。许多农民知道了毛委员领导的工农革命军部队是穷人的部队。

此逐步引导农民走上革命之路。

1. 贴近生活的宣传教育

农民文化水平低,一般大道理是说不通的。因此,在政治宣传上,党内就注意到这个问题。如,1925 年,恽代英在《农民中的宣传组织工作》一文提出,"政治方面的宣传若是用描述故事的态度为农民解说各种世界以及中国的大事,他们是很愿意听的"①。讲故事当然是要讲苏区农民身边的事,而且要选最精彩动人的情节说给他们听,他们一定喜欢听。这是贴近他们的第一步。

农民还有现世性特点,对遥远的未来打算不想更多。这种现世性在革命中主要表现为很实际地要解决现实利益的文化传统。他们会逐步提出"土地要平分"、攻打城市去获得"城市中的工业品"等之类现实利益的要求。农民迫切要求打城市,主要原因是"进城去杀反动派;城市有工业品;农民欢喜毁城墙"②。所以,地方党在教育农民时就要从阶级意识和物质利益出发,抓住农民这个特点进行动员。这就更进一步贴近了农民。

早在 1927 年,方志敏在吉安一带通过调查农民耕种土地的用费和纳租额,领导群众开展减租运动,并用通俗易懂的话,揭示农民痛苦生活的根源。"如何不亏本的故事"就是一例。"农民租耕地主的一亩田,若将人工、牛工、谷种、肥料各项费用,总算起来……从收获物中,缴去对成或六成的地租,则农民所得到的,一律少于他所用去的。""有的地方每亩田要亏本七八角钱,有的亏本一块多钱,有的更亏本一块半钱至两块钱的。"③ 也就是说,农民租耕地主的田,一概都是要亏本的。方志敏纠正了农民认为穷苦的原因是"八字坏,命根苦"的错误根源,激起了他们深刻的仇恨。就此,领导农民从"不亏本"的现实要求开始斗争,逐步举起旗子,带着武装,走向要求土地,要去消灭豪绅地主的封建剥

---

① 中共中央宣传部办公厅、中央档案馆编研部编:《中国共产党宣传工作文献选编:1915—1992》第 1 册,学习出版社 1996 年版,第 675 页。
② 中共江西省委党史资料征集委员会、中共江西省委党史研究室编:《江西党史资料·十万工农下吉安专辑》第 7 辑,内部刊印 1988 年版,第 173 页。
③ 方志敏:《方志敏全集》,人民出版社 2012 年版,第 31 页。

削制度，最后提出："站起来伸一伸腰儿，做个自由的人！"① 农民和共产党人贴到了一块儿。

当然，只有那些接受过教育的农民，才会慢慢形成更理性的认识。他会在他的学习笔记里写出"既然要鼓动组织群众，那自己非懂得革命理论不可，如果自己不懂的，哪能向别人宣传呢？"② 这样的话语。农民思想的变化总是从自身开始的，外力再大，也要农民自己去弄懂才行。

当革命的暂时胜利没有带来天下之太平，反而引起敌人更大的进攻之时，如何才能抵挡住更加凶狠的"敌人"，让农民不至于动摇革命呢？显然，苏区广大群众是没有先见之明的。因此，战后紧急动员和各项工作及时部署应成为当务之急，必须走在战争的前面。不然，就会在党内出现九打吉安后，以为吉安打下后，天下太平了的错误观念。事实上，由于轻敌，在红四军第九次打下吉安后，赣西各地就出现如"分宜县委县政府之全部都覆灭；新余县委县政府曾受重大损失；峡江紧急会议被敌人冲散；吉安无盐，并以洋油和万多斤盐资送敌人等等严重的教训"。为了改变不利局面的再次出现，毛泽东作为前委负责人，特写信向江西省行委报告了各地好坏情况，进行了深刻批评："水南的应敌工作，比儒坊区之一点没有做，吉安洋油大部未搬，盐没有搬完，宣传工作不力，要好得多。"③ 做与不做，前后对比的结果，让宣传动员与否的结果一目了然。

战前宣传教育成为克服农民弱点的重中之重的任务。"农民想的是打土豪分田地……只愿意在本地活动，不愿远出，也不大愿当大红军。"④怎么办？又如，"在攻打城市时即自动地起来无组织的参加想进城市去发洋财，是不是准他们进城？"该怎么处理这种突发事情？在进城之前没有对士兵进行宣传教育，如果仅仅是允许的话，结果便是一片狼藉："进城

---

① 方志敏：《方志敏全集》，人民出版社2012年版，第32页。
② 《学习笔记二则》，《中共上饶县党史资料》，第197页。转引自陈德军《乡村社会中的革命——以赣东北根据地为研究中心（1924—1934）》，上海大学出版社2004年版，第107页。
③ 中共江西省委党史资料征集委员会、中共江西省委党史研究室编：《江西党史资料·十万工农下吉安专辑》第7辑，内部刊印1988年版，第209页。
④ 萧克：《朱毛红军侧记》，中共中央党校出版社1993年版，第45页。

后则把全不问贫富先抢劫一空，有时还乱杀乱烧。"① 进城之前缺乏动员教育，没有给农民讲明道理，以农民为主的红军入城只会出现哄抢的混乱场面，造成的影响极坏。

日常宣传鼓动工作还要纠正悲观与乐观的两种态度。乐观的群众认为，"看见工农红军的雄厚，军阀混战的继续不断，吉安胜利，认为现在可以安居乐业，永久太平"；悲观的群众认为，"军阀混战停止了。统治阶级内部没有矛盾了，现在又来进攻我们，认为不得了"②。召集群众大会，详细报告正确的敌我政治形势及我们的战略与战术，提高广大苏区群众和党内的战斗热情和决心，成为宣传鼓动工作的必要内容。

2. 遵从农村习俗的日常解释

在攻打吉安的口号下，动员了很多群众来参战，但一时并没有立刻攻下吉安城，怎么办？这时应该向广大农民讲清原因，进行耐心细致的解释和工作部署。解释要特别针对农村的日常习俗。例如，赣西南特委发布《积极布置攻取吉安的通告》是这样向农民说明的："（1）这次攻吉的主力本来是六军一三纵队及西所两路群众，因那边没有河便于前进，但是那边因部队距离很远，短时内不能集中，我们全部在此地多（呆）久了有二个困难，一是粮食缺乏，一是现在值莳田，因此要调一部分比较年老不能耐学的回去耕田。（2）大家不要以为不打吉安，现在已派大批得力人过河去调集群众，所以我们必须留大部在此地攻击敌人。（3）回家的同志要替在前线的同志去莳田。"③ 当革命与吃饭问题出现矛盾时，尤其是革命胜利没有把握时，必须以保障群众的日常生活与生产劳动为首要任务。务实是最好的也是最现实的革命选择。

（二）军事训练

军事训练是对农民身份的文化矫正。在日常生活和战时动员中，逐

---

① 江西省档案馆等编：《中央革命根据地史料选编》上册，江西人民出版社1982年版，第263页。
② 中共江西省委党史资料征集委员会、中共江西省委党史研究室编：《江西党史资料·十万工农下吉安专辑》第7辑，内部刊印1988年版，第213页。
③ 江西省档案馆等编：《中央革命根据地史料选编》中册，江西人民出版社1982年版，第508页。

步改造农民的散漫习气,以革命战士的身份要求自己,对待自己,饱含着中共政治动员对农民群体的兄弟情感和阶级身份再认同的文化意蕴。

1. 地方武装正规化

地方武装平时是如何教育和进行日常训练的呢?我们以江西工农革命军第三师第七纵队①为例。梁人杰是第七纵队第一区队的队长。第七纵队是怎样从农军变为红军主力军的呢?一则"江西工农革命军第三师第七纵队第一周学术计划对照表"(参见本书附录:图六),为我们提供了这支地方武装逐步发展壮大的学习写照。

从一周学术计划表可以看出,即使是一支地方武装,也非常重视军事训练和政治学习。军事训练的科目有"跑步""步法""枪法""站射姿势""跑射姿势""交换队形又交换方向"等。这些科目应该是从《步兵操典》中学来的。从学习安排来看,军事训练占三分之二,政治学习占三分之一。这样的安排,使地方武装的成员既获得了军事训练素质,又懂得政治知识的学习,提高了综合素质。

此外,地方史料《江西工农革命军第三师第七纵队名册》也进一步反映了即使是一般的地方武装,对宣传工作也是高度重视的。

江西工农革命军第三师第七纵队名册②

队　部

党代表　詹天龙

---

① 江西工农革命军第三师第七纵队是1928年2月间由东龙(东固和南龙)和永吉(永丰和吉水)两支小游击队为基本力量,加上吉安、吉水、永丰等县部分工农青年扩编而成。这支地方革命武装,以东固为中心,活动于吉安、吉水、永丰、兴国、泰和等县边界地区,于1928年9月与第九纵队合编为江西红军独立第二团。陈立明:《介绍新发现的有关第七纵队的几份文件》,载中共江西省委党史资料征集委员会、中共江西省委党史研究室编《江西党史资料·东固革命根据地专辑》第10辑,内部刊印1989年版,第224页。

② 这份名册被国民党缴获,后在档案中发现。1928年5月22日《江西省政府令——文字第5439号》记载了获得的经过。名册具体内容见中共江西省委党史资料征集委员会、中共江西省委党史研究室编《江西党史资料·东固革命根据地专辑》第10辑,内部刊印1989年版,第27—28页。

队　　长　段起凤
秘书长　曾炳春　柏金吾
　　参谋课
参谋长　赖经邦
　　军需课
军需长　邓浩春　钟昌艾
　　副官处
副官长　钟定明　邓继美　罗日新
　　军械课
　　　　李　仕
交通队　邱汉七　周裕清　廖明河　罗炳峰　萧万元　萧龙孙
侦探队　侦探长　蓝位铭
宣传队　张崇德　张　忠　萧三杰　廖名清　蔡恭贤　张洁光
　　　　李良固　胡圣轩　朱振武　刘松芸　曾招元
　　输送队
输送长　钟其祥
差　遣　姚中桂
教　练　孔宪章
　　特务组
勤务兵　勤务长　裴云贵　段盛辉　李国甫　李洪治　张经标
厨　房　刘烈球　曾报芳
伙　伕　张美贵　张文香　张文生　萧炳元　刘振云　朱谟根
马　伕　萧定生　管开庆

从名册内容来看，第七纵队的宣传队共有11人，与交通队、侦探队、输送队平行。在这支156人的地方武装中，宣传队的人数占总数的7.7%，说明红军和地方党在平时就对宣传工作高度重视，宣传工作在动员群众的过程中是作为一项重要的政治任务来执行的。

地方军队正规化后，遇上军事斗争按部队要求马上参战；没有军事任务，在环境相对稳定之时，就动员农民参军、筹粮、参加赤卫队，随时为革命做好准备。

2. 农民军事化

农协，是最贴近农民的群众自治组织。在苏维埃区域内的农民，除老弱及部分富农外，都是会员。农协在平时一般无所事，但在组织军事训练上担负重要职责。农协组织农民军事训练，要求成年男性都要参加赤卫队。"赤卫队的组织方式，系以区为单位，成立纵队部。""全区设快枪队、土炮队、土枪队。另设给养队、交通队、侦探队、救护队（男女各若干）。再下以乡为单位成立大队部。大队之下，设土枪队（全乡土枪）、给养队、交通队。大队部再分若干中队（人数一百至二百）概用旧式兵器（刀戈等）。""少先队在平时概用木枪操练，战时即与赤卫队合编，儿童团亦用木枪……每日黎明时即在野外演习。"① 军事化的生活方式逐步克服着农民极为散漫的习惯，慢慢改变着他们原有的生活方式。

3. 群众高度组织化

除了发挥农协的作用，还必须尽可能多地组织其他群众，包括儿童和妇女等，动员他们参加群众大会，振奋他们的情绪。"群众大会在赣西成了经常的工作，每月中至少有四五次大的示威游行，如攻吉、反帝、分土地，成立各级苏维埃、庆祝新年（阴阳历都举行）、欢迎红军、祝捷、慰劳红军、追悼死难者、追悼阵亡战士、成立各军或团、出征等。"② 梁必业在《回忆打吉安》中写道："1930年10月4日，红军攻占了吉安县城，把赣南、赣西、赣江东西两岸的苏区衔接起来了，大大鼓舞了群众的革命热情，掀起了拥军和参军的热潮，参加红军的人成千上万。我和父亲就是在那时参加红军的。参军前，我是陂头共青团支部书记，父亲梁兴教是中共党员（因为党、团组织是秘密的，在此之前，我不知道父亲是党员）……我父亲由红四军特务营第一连副政治委员梁兴芬（陂头人，中共党员）举荐分配在特务营第一连当文书。我和梁仁盺（共青团员）由红四军政治部分配在红四军政治委员办公

---

① 中共江西省委党史资料征集委员会、中共江西省委党史研究室编：《江西党史资料·十万工农下吉安专辑》第7辑，内部刊印1988年版，第66页。

② 江西省档案馆等编：《中央革命根据地史料选编》上册，江西人民出版社1982年版，第189页。

厅政治训练队当学员。"① 群众大会把底层民众首先吸引过来，他们加入各种组织后，改造了思想，经受了革命锻炼。

此外，在吉安周边地区，还有"峡江群众，他们一组织，即时要求公开，分土地的政策，尤其影响了白色区域广大群众的起来"②。赣西那边带动起来的群众情绪在革命中高涨，这为后来发生的四次反"围剿"斗争取得胜利提供了相当的群众基础。

"十万工农下吉安，赣江两岸红一片。"③ 农民是中国革命的主力军。农民不发动，革命起不来；农民不武装，革命无效果。农民能够跟着中国共产党走，对苏维埃产生信仰，中国共产党做了极大的努力。从政治动员角度来说，是宣传教育的结果。这种宣传教育可以体现在农民们面对"凶恶的敌人"时的军事斗争，也可以在"相安无事"的日常生活中缓慢渗透。无论在哪一种环境，最关键的是如何组织，如何引导，有效调动农民的积极性。散漫的力量一旦聚集，"其势如暴风骤雨，迅猛异常，无论什么大的力量都将压抑不住"④。随着苏区革命的深入，广大农民在中国共产党领导动员下参加红军、参加苏维埃政权，参加经济社会管理，参加文化教育，在中国苏维埃运动中成为绝对的主力。

第二节 中央苏区工商阶层政治动员

工商阶层⑤由于"亦敌亦友"的特殊身份，成为中央苏区政治动员对

---

① 中共江西省委党史资料征集委员会、中共江西省委党史研究室编：《江西党史资料·十万工农下吉安专辑》第7辑，内部刊印1988年版，第242页。

② 江西省档案馆等编：《中央革命根据地史料选编》上册，江西人民出版社1982年版，第193页。

③ 此为萧克同志1987年11月的题词。

④ 《毛泽东选集》第1卷，人民出版社1991年版，第13页。

⑤ 本文工商阶层指的是经营规模较小的工厂主和银行家（或传统钱庄）、以生产和交换本土产品为主的资本家、商人等。如毛泽东在《寻乌调查》一文中指出：商人是指从事"盐行、杂货布匹店、油行、豆行、水货店、药材店、火店等"的人。参见《毛泽东文集》第1卷，人民出版社1993年版，第170页。

象之一。由于中共对工商阶层有一个逐步清醒的认识过程，加上各地苏区在具体斗争中的思维惯性使然，工商阶层政治动员呈现从"毫不妥协"到"有条件让步妥协"并将斗争贯穿始终的曲折发展过程。在历经思想认识转变、具体政策调整和实际贯彻变化的过程中，中共逐步学会利用现有工商资源为苏维埃政权服务。这既加强了战争条件下的苏区经济工作，又在面对"剪刀差"情况下努力提高工农生活水平，充分展示中央苏区工商阶层政治动员的地域和时代特色。

一 工商阶层：亦敌？亦友？

分清敌友是中国革命的首要问题。毛泽东早就指出："我们的革命要有不领错路和一定成功的把握，不可不注意团结我们的真正的朋友，以攻击我们的真正的敌人。"[①] 可是，要认清谁是我们真正的朋友，谁是我们真正的敌人这个问题，并不容易。

历史上，受小农传统意识和价值观影响，工商阶层被认为是社会最底层的成员。土地革命时期，对商人唯利是图本性的认识也反映到中共党内高层来。1928年，中共六大《政治决议案》明确指出，目前中国革命是"力争建立工农兵代表会议（苏维埃）的政权……实行工农民权独裁制的最好的方式"，"革命动力只是工农"[②]。同时又明确要求："保存商业的货物交易，战胜均产主义的倾向——均分小资产阶级财产的倾向（如均分小商人小手工业主等等的财产）"[③] 是苏维埃区域党的任务之一。中共六大的最高指示，在政治上已将带有剥削性质和私有财产所有者的工商阶层排除在外，但在经济上又保持着与之商业货物交易的政策。这种政治经济之间的不平衡处理方式势必影响到现实斗争环境下的策略选择。

（一）政治上的"敌人"

1927年12月，《广州苏维埃宣言》提出"没收一切大资本家的公馆、

---

① 《毛泽东选集》第1卷，人民出版社1991年版，第3页。
② 中共中央文献研究室、中央档案馆编：《建党以来重要文献选编（1921—1949）》第5册，中央文献出版社2011年版，第378页。
③ 同上书，第397页。

洋楼做工人的寄宿舍"①。1929年7月，中共闽西第一次代表大会政治决议案指出，商业资产阶级"是一个反动的主力"，"他们和着潮汕漳厦南洋等处的闽西籍商人是剿共声中奔走呼号攀兵请将最努力的"②。1930年9月，闽西苏区政治任务决议案进一步指出，"规定小商人得派代表参加政权等，是小资产阶级意识的反映，同时也是机会主义的残余"，必须采取"防止商人的怠工，镇压商人的动摇"③ 暴力政策。

1931年，苏区中央局在接到共产国际来信及六届四中全会决议后，明确规定"商人……不能分得土地"④。1933年，中央在总结苏维埃政权下的阶级斗争时仍指出，"为得要顺利的进行革命战争，必须无情的镇压苏维埃区域内一切地主残余与资本家的反革命活动，并且没收他们的一切土地、企业与财产，从经济上给他们以致命的打击"⑤。在总结苏维埃经济发展前途时，中央明确指出，在苏区内"资本家与富农的加入合作社是完全禁止的"⑥。这种政治上"毫不妥协"的态度与做法，造成的后果就如欧阳钦同志在《中央苏维埃区域报告》中所指出的："在我们红色腹地的商业过去因为策略的错误，以及AB团的故意破坏以至（致）市场不堪了。"⑦ 作为政治上的"敌人"，工商阶层几乎要成为革命的一个被遗弃者，甚至有时还成为被重点打击斗争的对象。

（二）经济上的"朋友"

随着战争的加剧和经济物资的匮乏，工商阶层的地位开始逐步"上

---

① 中共中央文献研究室、中央档案馆编：《建党以来重要文献选编（1921—1949）》第4册，中央文献出版社2011年版，第768页。
② 江西省档案馆等编：《中央革命根据地史料选编》中册，江西人民出版社1982年版，第110—111页。
③ 江西省档案馆等编：《中央革命根据地史料选编》下册，江西人民出版社1982年版，第102页。
④ 中共中央文献研究室、中央档案馆编：《建党以来重要文献选编（1921—1949）》第8册，中央文献出版社2011年版，第372页。
⑤ 中共中央文献研究室、中央档案馆编：《建党以来重要文献选编（1921—1949）》第10册，中央文献出版社2011年版，第217页。
⑥ 同上书，第174页。
⑦ 江西省档案馆等编：《中央革命根据地史料选编》上册，江西人民出版社1982年版，第380页。

升"。迫于生存环境的压力,中国共产党对工商阶层足够重视起来。因为苏区社会存在的严重"剪刀差"问题,对群众生活产生了极为不利的影响。以赣西南地区1930年为例,革命前后商品和农产品价格形成鲜明对比(见表一至表四)①。

表一　　　　　　　　　　未革命前的商品价格表

货名	数目	价钱	备考
盐	每斤	铜元五百余文	
洋油	每瓶	银洋二元以上	
海带	每斤	铜元一千以下	
碱	每斤	铜元四百余	广东运来,西南用得很普遍
竹布	每尺	银洋二毛	
洋火	每合(盒)	十文至廿文	

表二　　　　　　　　　　革命以后的商品价格表

货名	数量	价钱	其他
盐	每斤	一串二百	
洋油	每瓶	五元—六元	
海带	每斤	一串六百文	
萝卜	每斤	七八百(文)	
竹布	每尺	四毛	
洋火	每合(盒)	廿文—×十	
其他	例推		

表三　　　　　　　　　　未革命前的农产品价格表

物名	数量	价钱	其他
谷	每担	银洋二元半	
茶油	每斤	铜元八百至一千	

① 江西省档案馆等编:《中央革命根据地史料选编》下册,江西人民出版社1982年版,第556、557、559页。

续表

物名	数量	价钱	其他
木	一两码	十四五贯	银十四五元
竹	每斤	每码五钱	
米	每担	银洋五元多	
毛边纸	每刀	银洋一元	有光明的自己造不出,外来的较多。现因革命需要大涨
猪肉	每斤	铜元六百	

表四　　　　　　　革命以后的农产品价格表

货名	数目	价钱	其他
谷	每担	一串八百	
米	每担	一元半至二元	
猪肉	每斤	三百六十至×百	
木	每一两码	十贯以下	甚至六七元
茶油	每斤	五百文	
竹	每斤	与以前	相差不远（因为要做纸）
纸价	与以前	相差（不远）	

苏区生产的农产品价格越来越低,而外来的工业品价格却越来越高。工业品与农产品之间的差距拉大,形成了严重的"剪刀差"现象。"剪刀差"造成苏区群众生活水平急剧下降。以农村中最普通的谷米为例,谷的价格革命前是一担二元半,革命后跌为一担一串八百,跌了近70%;米的价格,革命前为每担五元多,革命后反而只有一元半至二元的价格,跌了60%—70%。这种情况在闽西地区也大量存在。

在闽西,外来货物价格昂贵,严重影响了苏区群众的生活。1930年《中共闽西党第二次代表大会日刊》对洋油、火柴、盐等群众日常生活品进行了详细比较。表五反映了1930年闽西群众的基本生活状况。

表五　　　　　闽西群众生活程度表（1930年与1929年之比较）①

物别 \ 县名	龙岩	上杭	永定	长汀	连城	总数
布	贵一成	贵一成	平	贵二成	贵二成	贵一成
盐	便宜三成	平	贵三成	贵二成	贵一成	贵一成
洋油	贵二成	贵二成	贵五成	贵三成	贵二成	贵三成
火柴	平	平	贵一成	平	贵三成	贵二成
药材	贵三成	贵二成	贵半成	贵三成	贵三成	贵三成
糖	贵二成	贵二成	贵三成	贵二成	贵二成	贵二成

面对苏区经济出现的极大困难，苏区中央局开始逐渐认识到，苏维埃政权"它还不能不利用私人资本来发展苏维埃的经济"，"苏维埃政权在目前并不反对资本主义的发展，并且还容许资本主义的发展，使用许多办法来吸引与鼓励资本家的投资"②。解决困难的权宜之计是学会利用私人资本主义。

二　从"毫不妥协"到"有条件妥协"的政治动员转变

由于党内对工商阶层传统剥削本质的认识没有改变，中央苏区时期各地革命实践中发生对工商阶层过火的行为就不可避免。"占领一些县城以后"出现流氓无产者的做法，"什么都烧掉杀光，右派左派统统处决，故意把商人搞得破产，使他们变成无产者"③。暴力剥夺就是这种"毫不动摇"的最直接表现。

（一）"毫不动摇"地对工商阶层进行暴力斗争表现

1927年11月，中国第一个海陆丰苏维埃提出"一切土地归农民，工

---

① 根据《中共闽西党第二次代表大会日刊》（1930年7月8日至20日）相关资料整理。参见江西省档案馆等编：《中央革命根据地史料选编》上册，江西人民出版社1982年版，第300页。
② 中共中央文献研究室、中央档案馆编：《建党以来重要文献选编（1921—1949）》第10册，中央文献出版社2011年版，第171、173页。
③ 中共中央党史研究室第一研究部：《共产国际、联共（布）与中国革命档案资料丛书（1927—1931）》第9册，中央文献出版社2002年版，第117页。

厂归工人"宣传口号,导致"大商人的财产为工农没收不见踪迹"[①]。1929 年在闽西苏区,为了减少经济恐慌,甚至发生了直接"没收小商人财产""平分财产"[②]的策略错误和"过早的消灭资本家的错误倾向(如汀市职工运动中'左'的策略)"[③]。1930 年在广东省惠来苏区工人提出"打倒资本家"的口号甚至把它理解为"没收一切私有财产"[④]之意。在1931 年中央苏区颁布《工商业投资暂行条例》,由于不知道如何利用资本家为苏维埃政权工作,一直到 1933 年都没有一个资本家在苏区投资。这固然有资本家反对苏维埃政权,不愿投资的一面,但更为重要的是由于党在经济斗争中执行过"左"政策的错误,一些地方出现了较为极端的做法:"对于经过赣江商人的船只,除了用枪去射击,或没收他们的财产外,从没有想到用另外一种方法去对付这些只知图利的商人。"[⑤] 甚至有些地方还出现"封锁我们自己的口岸(如江口),经常不必要的没收商人输出或输入的商品,禁止商人的来往与自由贸易","在查田运动的名义之下,任意没收了地主富农兼商人的店铺与商品"[⑥] 等。这样的政策和行为结果,除了只会完全把自己封锁起来,深陷困境,没有别的出路。

(二)"有条件妥协"转变的思想认识表现

1. 从不劳而获的剥削方式到正常贸易剥削获利的观念转变

以财富多寡作为阶级分野的界限,包括了工商阶层这样的有钱者、发财人。他们的剥削是显而易见的。毛泽东在中央苏区最为关注这个问题。他以中央苏区大宗出口物品——粮食为例,认为商人在粮食贸易中

---

① 罗浮:《中国第一个苏维埃(广东通信)》(1927 年 11 月 25 日),《布尔塞维克》第 1 卷第8 期。
② 中共中央文献研究室、中央档案馆编:《建党以来重要文献选编(1921—1949)》第 6 册,中央文献出版社 2011 年版,第 29 页。
③ 江西省档案馆等编:《中央革命根据地史料选编》下册,江西人民出版社 1982 年版,第 589 页。
④ 中共中央文献研究室、中央档案馆编:《建党以来重要文献选编(1921—1949)》第 7 册,中央文献出版社 2011 年版,第 91 页。
⑤ 中共中央文献研究室、中央档案馆编:《建党以来重要文献选编(1921—1949)》第 10 册,中央文献出版社 2011 年版,第 225 页。
⑥ 中共中央文献研究室、中央档案馆编:《建党以来重要文献选编(1921—1949)》第 11 册,中央文献出版社 2011 年版,第 446 页。

进行了残酷剥削。"去年万安、泰和两县的农民五角钱一担谷卖给商人,而商人运到赣州卖四块钱一担,赚去了七倍。"① 又以食盐、布匹为例,认为商人的剥削也很大,"比如商人到梅县买盐,一块钱七斤,运到我区,一块钱卖十二两"②。巨大的货物差价,引起了中央苏区高层的高度重视,必须注意经济工作。

比起以前对商人剥削的许多感性认识,商人在苏区和白区之间获得的巨大贸易剥削,让毛泽东等领导人吃惊,也极为愤慨。但比起地主豪绅不劳而获的剥削,商人的这种劳动剥削,也许更值得中国共产党去模仿,去实践。因而加强战争下的经济工作,以改变赤白贸易的不利状况,消除严重的"剪刀差",成为当务之急。1933年4月,中央苏区政府迅速成立国民经济部,下设对外贸易局,主要任务是:"设法打破封锁","消灭农业生产品与工业生产品价格的剪刀现象"。③ 此后,中央苏区政府逐步开辟了以瑞金为中心,通往吉安、抚州、汀州、赣州、筠门岭至广东福建等不同方向的水陆贸易通道,为货物运输提供方便。一部分中共干部在与商人打交道中还逐步学会怎样做生意。环境逼迫和实践体验,在一定程度上改变了党内对商人贸易剥削的认识。

2. 来自富农阶层的现实比照,对工商阶层有了更深入的认识

中国工商业者身上有富农剥削的身影。富农也是生意人,富农有钱后很多都到城里经商,转为工商阶层。1930年,闽西地方党针对农村中的现实经济问题,专门讨论过富农的性质,认为它的剥削关系性质有三种:

第一种是半地主性质,包括地租、高利贷和商业资本;第二种是资本主义性质,表现为剥削雇佣劳动,如长工、月工、短工、牧工、童工等;第三种是由中农转变,如高价出卖剩粮食、养家畜等获得剥削。④

---

① 《毛泽东选集》第1卷,人民出版社1991年版,第121页。
② 同上书,第122页。
③ 《中华苏维埃共和国各级国民经济部暂行组织纲要》,《红色中华》1933年5月8日第5版。
④ 江西省档案馆等编:《中央革命根据地史料选编》上册,江西人民出版社1982年版,第309页。

从富农剥削的手段来看，富农在乡村和城市至少连接了两个阶层，即中贫农和工商阶层。富农就是中农和贫农期盼的明天。在闽西，党必须要面对这样的现实："贫农中农都可想做富农的企图，如果把富农当做土豪，就会使社会恐慌。"① 不能消灭富农，其实要表达的另一层含义就是不能消灭工商业者，不能消灭底层农民对美好生活的心理目标期盼。

1933年10月，中央苏区政府颁布《关于土地革命斗争中一些问题的决定》，连同毛泽东同年发表的《怎样分析农村阶级》，构成一套关于如何较为全面认识富农及富农如何剥削的理论。② 借助富农，中共对剥削问题的认识逐步深入，"以革命前是否'劳动'与形成'剥削关系'来区别阶级剥削"转向"将创造财富中的'劳动'及其'剥削关系'计量化"③。中央苏区时期对工商阶层动员，正是借助了这种全新的认识，才具有了实现"有条件让步妥协"的政策与行动转变。

(三)"有条件让步妥协"的政策转变

思想认识的变化和现实环境的残酷，尤其是面对国民党持续的军事"围剿"，使得中共在苏区各地不得不采取利用工商阶层的经济资源为苏维埃政权服务的办法，并在政策上对一些地方上早前出现的动员过火行为提出严厉批评。这种根据实际环境及时调整工商阶层政策的灵活做法，也说明中共对工商阶层政治动员实践明显不同于其他阶级。

如对于征收商人营业累进税税率过轻的问题，提出"应当改正"；又提出要"将捐税的重担加在最有财产的阶级的身上"，"在十分必要时，更可举行对富农、商人的临时征发，以供给红军，使革命战争能在更有利的条件下进行"④，如果商人"不进行反革命活动，也可以自由进行他

---

① 江西省档案馆等编：《中央革命根据地史料选编》上册，江西人民出版社1982年版，第311页。

② 这两个文件的具体内容可参阅中共中央文献研究室、中央档案馆编《建党以来重要文献选编（1921—1949）》第10册，中央文献出版社2011年版，第547、576页。

③ 杨丽琼：《财富与剥削在苏维埃革命划分阶级中的演变及启示——以中央苏区为例》，《中共党史研究》2011年第11期。

④ 中共中央文献研究室、中央档案馆编：《建党以来重要文献选编（1921—1949）》第9册，中央文献出版社2011年版，第307页。

们的买卖"①。灵活的政策调整，在一定条件下促进了苏维埃经济的发展，有了希望。

如何对商人资本家采取正确又灵活的动员策略，张闻天指出，"除了武装的威吓、压迫、没收与征发之外，还应该利用'利诱'与'让步'的办法"，"应该学习如何根据不同的环境同时并进的，互相为用的利用这两种对付资本家的不同的方法来达到我们的目的"②。迫于生存环境的压力，党内高层对商人资本家的剥削问题在思想上发生明显改变。

从1931年到1936年，中共在中央苏区对商人及商业政策就呈现出一种逐步清醒的自觉过程：在不放弃苏区经济建设的任务中"广泛的开展反任何经济建设机会主义的动摇的斗争"③；对一部分愿意与苏维埃政权妥协的资本家，开始善于利用他们来达到自己的目的，对于这些资本家采取了"一定限度的业务上的让步与妥协"④。"给某些商人以特别权利与利益，使他们大批输出苏区的生产品，输入白区的日用品"，"同某些资本家可以订立协定，甚至给他们以特别的权利，使他们发展他们的企业，扩大他们的生产，这对于苏维埃政权的巩固是有利的"⑤。这样通过促进各地苏区对外贸易发展和征收通过税，将限制资本剥削、商业自由与革命发展的前途结合起来。

为了限制资本家、雇主的残酷剥削，1934年初中共中央给第二次全国苏维埃代表大会党团发出指示，要求各地苏维埃政府对待私人资本主义的政策首先是必须"在他们遵守苏维埃法律与工人监督生产的条件下"进行，并指出了"一切消灭资本主义以及实现'军事共产主义'的企图，都是有害的"⑥。中共对工商阶层的政治态度由"毫不妥协"开始转变为

---

① 中共中央文献研究室、中央档案馆编：《建党以来重要文献选编（1921—1949）》第10册，中央文献出版社2011年版，第173页。

② 同上书，第175页。

③ 江西省档案馆等编：《中央革命根据地史料选编》下册，江西人民出版社1982年版，第619页。

④ 同上书，第590页。

⑤ 中共中央文献研究室、中央档案馆编：《建党以来重要文献选编（1921—1949）》第10册，中央文献出版社2011年版，第224、226页。

⑥ 中共中央文献研究室、中央档案馆编：《建党以来重要文献选编（1921—1949）》第11册，中央文献出版社2011年版，第74页。

有条件的"劳资妥协",为各地苏区保护商人和执行贸易自由政策以及正确开展对工商阶层的宣传教育指明了方向。

1935年,中共中央在长征途中发布的告康藏民众书指出,即使革命胜利也并没有消灭剥削,也没有取消资本主义发展的可能,所以应该"允许商业自由,但是必须采取限制剥削,征收累进税"①。1935年,红军总政治部到达贵州后,也发布布告:"对于城市乡镇商人,其安分守己者,亦准予自由营业","买卖按照市价"。②1936年初,根据国内形势的急剧变化,党的策略路线从阶级对立的土地革命转为抗日民族革命统一战线,认为"打发财人"等已经不能适用了,宣传品和报纸上表现出的极其"清高"、极其"革命"的口吻与内容,也不能有广泛的动员和团结群众的作用。于是,提出"要在群众中解释苏维埃工农共和国改为苏维埃人民共和国","优待民族工商业资本家及土地劳动经济选举法等"③宣传策略的改变,为扩大抗日的苏维埃区域和及时调整对工商阶层政治动员政策均指明了方向。

三 中央苏区工商阶层政治动员策略的具体表现

(一) 法律条规成为工商阶层政治动员的实践指针

中央和各地苏区政府先后发布布告、颁布工商业投资条例、商人条例、税则、登记规则等,成为中共对工商阶层政治动员的实践指针。

1931年12月,苏维埃临时中央政府颁布《工商业投资暂行条例》,鼓励私人资本投资。条例规定,私人资本"凡遵苏维埃一切法令实行劳动法并依照苏维埃政府所颁布之税则完纳关税的"④,可以自由投资经营工商业。

---

① 中共中央文献研究室、中央档案馆编:《建党以来重要文献选编(1921—1949)》第12册,中央文献出版社2011年版,第239页。
② 同上书,第43页。
③ 中共中央文献研究室、中央档案馆编:《建党以来重要文献选编(1921—1949)》第13册,中央文献出版社2011年版,第17页。
④ 江西省档案馆等编:《中央革命根据地史料选编》下册,江西人民出版社1982年版,第572页。

1932年,中央政府为了全面掌握和规范苏区内的工商业状况,颁布《工商业登记规则》,较为详细地制定了从事工商业活动应遵守的各种规则。其中完善工商业登记(见表六、表七)反映出这种具体的要求。

表六　　　　　　　　中华苏维埃共和国工业登记表①

(主人)字号	地址	工厂还是作坊	何种方法生产	资本多少	每月平均生产多少	开办年月	雇用几个职员和工人	股东几多	经理姓名籍贯	备考

表七　　　　　　　　中华苏维埃共和国商业登记表②

商店字号	商店地址	股东姓名	经理姓名及籍贯	做何生意[批发或另(零)售]	兼营何种工业(有无兼刨烟染布做酱园等)	开张年月	资本多少	雇用几人	上半年每月平均做多少生意	备考
	省市区县街号									

赣闽各地苏区也发布决议,动员和鼓励私人资本在苏区积极投资。1932年5月,江西省第一次工农兵代表大会通过《财政与经济问题的决议案》,规定:"鼓动私人经营工商业,来发达商业","对于许多特产(如纸木料夏布等)要尽可能的鼓动私人投资,对于这些特产的出口,政府须加以奖励"。③ 1933年12月,江西省第二次工农兵代表大会通过《经济建设决议案》继续鼓励并"发动群众创立各种公司承办各种生产事业,在博生设立纸业股份有限公司,在兴国设立樟脑股份有限公司,这

---

① 中共江西省委党史研究室等编:《中央革命根据地历史资料文库·政权系统》第6册,中央文献出版社、江西人民出版社2013年版,第575页。
② 同上书,第576页。
③ 江西省档案馆等编:《中央革命根据地史料选编》下册,江西人民出版社1982年版,第578页。

些公司应吸收私人投资"①。从恢复生产和提升苏区群众生活水平的角度而言，江西省苏区确定的吸收私人资本经济投资政策具有相对稳定性，确立的经济目标比较现实，顺应了中央苏区群众和中央苏区社会发展的基本要求。

闽西苏区也因地制宜，制定出非常详细的投资条例、商业税则、经济决议等，成为对工商阶层进行政治动员较好的地区。早在1930年，闽西第一次工农兵代表大会通过《经济政策决议案》，保护外来客商，不准向他筹款；各级政府经常召集纸、木、烟商人开会，讨论输出办法并叫他们去招来外商；各级政府对于非本乡之纸木商人，不得借口土豪，自由筹款。② 1930年3月，闽西苏维埃政府专门针对商人群体，规定遵法纳税的商人受政府保护，商人有自由贸易和账目来往的权利，政府不可随意侵害和取消。③ 执行特殊的工商业政治动员策略，无论是在红色腹地的商业，还是在新发展的红色区，政策得当，"商业没有多大的破坏，市场情形比较好"④，于己于商，都是一件好事。

1931年11月，中华苏维埃共和国执委一次会议颁布《暂行税则》，详细规定商业税⑤。中央苏区商业税率如表八所示。

表八　　　　　　　　中央苏区商业税率表

第等	资本	税率
第1等	200—300元	2%
第2等	301—500元	2.5%
第3等	501—700元	3%
第4等	701—1000元	3.5%

---

① 江西省档案馆等编：《中央革命根据地史料选编》下册，江西人民出版社1982年版，第616页。
② 同上书，第48页。
③ 同上书，第80页。
④ 江西省档案馆等编：《中央革命根据地史料选编》上册，江西人民出版社1982年版，第381页。
⑤ 江西省档案馆等编：《中央革命根据地史料选编》下册，江西人民出版社1982年版，第568页。

续表

第等	资本	税率
第 5 等	1001—1500 元	4.5%
第 6 等	1501—3000 元	5.5%
第 7 等	3001—5000 元	6.5%
第 8 等	5001—10000 元	8%
第 9 等	10001—20000 元	9.5%
第 10 等	20001—30000 元	11.5%
第 11 等	30001—50000 元	13.5%
第 12 等	50001—80000 元	16%
第 13 等	80001—100000 元	18.5%

从商业税率表来看，税率是暂将商业资本税从 200 元至 10 万元部分分为 13 个第等，按照第等规定税率，征收其资本营利的所得税（即全部营利收入非征收资本）。200 元以下的一律免税。资本在 10 万以上的税率另定。此外，肩挑小贩及农民直接出卖其剩余生产品者，一律免收商业税。对于某种必需的日用商品和军用品，得随时由政府随时命令公布免税。①

8 个月后的 1932 年 7 月 13 日，为了完全保障革命战争有充足的经费和红军的给养，临时中央政府执委又废除了先前所颁布的商业税税则，发布命令规定"征收商业税的期限由 1932 年 7 月起由每年征收两次，改为每月征收一次，季节生意也改变为按次征收"，甚至连"肩挑商的资本在一百元以上者，也同样要收税"②，一改过去肩挑小贩和商业资本二百元以下的一律免税的做法。残酷的经济封锁迫使工商阶层不得不与中国共产党共同承担起生死存亡的责任和应尽的义务。

长期的战争，使得群众生活和战备物资无时不需。1930 年 3 月，闽西苏区对极缺的物品，实行"维持外来必需品（盐、布、糖、洋油、药

---

① 江西省档案馆等编：《中央革命根据地史料选编》下册，江西人民出版社 1982 年版，第 567—569 页。

② 同上书，第 587 页。

材)之输入",并详细制定了各种办法,如"各地政府要切实保护商店,维持自由买卖,政府不予规定物价,或自由没收商品等。各级政府经常召集商民会议,鼓动商人办货,并为商人解决困难问题","各级政府经常召集米商米贩开会,讨论采米办法,并帮助其进行,予以保护。设法使土产出口,使商人买货不须运出现金"①。1933年4月,《福建省苏主席团对内务部目前工作的决议》明确指出,"电话材料要充分准备,要经常有计划的去发动商人到白区采办材料,以利战争需要"②。及时的商业政策调整,一方面缓解了苏区群众生活之必需品,另一方面也提供了战争之需的大量物资。

(二) 正确的白区贸易政策成为对工商阶层政治动员的重要突破口

虽然各地苏区对工商阶层政治动员遵照了中央苏区政府指示,但是受"会剿"影响,各地"商人不敢尽量采办货品(固然有些商家,尤其是行栈,会用怠工方法以扰乱我们,然总算绝少)"③的情况还是普遍存在。"赤色区域虽然保护商店、保护市场,但因统治的封锁,商人不能到大城市购货,故市面各货很多不齐,因之有很多关门的。"④严重的"剪刀差"问题没有缓解,群众生活还是困难。如何利用白区商人的资源,解决苏区群众生活困难问题,促进苏区经济发展,成为考验革命者政治智慧所在。

根据中央苏区政府的要求,各地苏区采取建立贸易分局和设立采办处,开辟出多条商人的贸易路线并进行"活泼的利用"⑤,到1933年取得了一定的效果,苏区经济建设有所发展。据曾在江西省赣县对外贸易江

---

① 江西省档案馆等编:《中央革命根据地史料选编》下册,江西人民出版社1982年版,第48—49页。
② 古田会议纪念馆编:《闽西革命史文献资料(1933年1月—1934年12月)》第8辑,内部刊物2006年版,第117页。
③ 江西省档案馆等编:《中央革命根据地史料选编》下册,江西人民出版社1982年版,第541页。
④ 江西省档案馆等编:《中央革命根据地史料选编》上册,江西人民出版社1982年版,第195页。
⑤ 江西省档案馆等编:《中央革命根据地史料选编》下册,江西人民出版社1982年版,第610页。

口分局工作的姚名琨回忆："来到茅店（茅店是苏区最前沿，离赣州城只有三十华里，那里有一个苏维埃政府的关税处，凡是来江口做生意的商人，都要经过关税处的许可，发给商人一个许可证，或盖一个印章，才可进来）时，看到从赣州来的商船有几十条，还有许多肩挑的小商，在离茅店不远的地方做买卖，我们便找了几个从赣州来的商人谈话。这才了解到，原来白区商人不了解我们的对外贸易政策，因此不敢来苏区做生意。怕红军会没收他们的资本，怕说成是探子关起来坐牢。"[1] 了解情况后，江口苏维埃政府和关税处马上在苏区边界张贴标语，对白区商人开展对外贸易政策做宣传。就是要白区商人明白苏区对外贸易是自由的，只要不违反苏维埃政府的法律，白区商人是允许来红区做生意的。果然，半月后便有一部分肩挑小商开始与对外贸易局做买卖。

只要正确贯彻对外贸易政策，争取白区商人，保护商人，就一定能够把商人动员起来。姚名琨回忆："一天，逢江口圩……我带领一位采购员……召开白区商人座谈……我们了解到国民党反动派南昌行营命令赣州城里组织了食盐火油公卖处，规定每人每月食盐四钱，半月凭票购买一次，过期者不补购，多购者依法处理……下午，我们组织了过去和我们有交易的二十多个商人开会，我宣布每个商人要完成两万元的西药采购任务。由钱局长[2]进行动员……可是到会的白区商人，一声不吭，过了很久，有一位叫王东金的商人带头报了两万五千元的计划，我当场表扬了他，并宣布：超额者，奖银洋二十元。于是其他的商人也纷纷承担了采购任务。会议结束时，王东金跑来对我说：'我有个办法，建议你们改变运输方向，由原来运货的上水船，改为下水船。'我认为这个办法好。""三十多天后，二十个商人从赣州采来了一批布匹、食盐和西药都陆续在储潭、大湖江、良口、五索四个采购站交了货。"[3]

贯彻执行正确的白区贸易政策，有力地争取到了白区商人的经济支持，为解决中央苏区革命战争所需的各类物资打开了方便之门。

---

[1] 陈毅、肖华等：《回忆中央苏区》，江西人民出版社1981年版，第381—382页。
[2] 即钱之光同志，时任中华苏维埃共和国国民经济部对外贸易总局局长。
[3] 陈毅、肖华等：《回忆中央苏区》，江西人民出版社1981年版，第385—386页。

(三) 反封锁斗争的领导成为工商阶层政治动员的组织保障

当出现革命与反革命的战争已进到生死决战的时候,"党必须要首先领导工人群众向资本家与老板作斗争,反对资本家阴谋怠工","尽量的利用苏区内外的商人来流通赤白贸易。政府对于那些故意破坏商品流通的奸商,应予以行政上的干涉"。① 1933年闽粤赣党省委《在经济战线上的任务决议》要求各地苏区党和苏维埃政府立即行动,发挥权威性的领导作用。群众能否动员起来,各级组织成为关键。

红四军主力入闽后,毛泽东在《关于今后工作任务和新区、白区工作的意见给周恩来的电报》中建议新区白区的不同重点:"以龙溪圩为中心,向南、平、云、浦、龙五县扩大游击战争,创造小红军,建立小苏区。其他白区的工作纲领是:(1)公开宣传。(2)秘密组织……"② 白区工作需要公开和秘密相结合。打破白区的封锁,必须在宣传和组织上下功夫。在赣西南,由于"中小商人亦设法与红色区域暗通消息。徒以处于严重屠杀之下,无领导无组织不能动作"③。根据这种情况,各地苏区党的应对政策应该是:"执行党对保护小商人,使市场得以维持,但要严办奸商故意抬高物价。苏维埃要设法使与白色区域的交通灵便,一面鼓励小商人向外买卖。"④ "为了保障群众、小商、小贩和物资的安全"⑤,严密的地方组织就要在物资运输安全上下功夫,防止商业捣乱分子和敌人暗探破坏。地方党领导有方法、有智慧,为工商阶层政治动员提供坚实的组织保障。

中共领导工商阶层政治动员,除了采取鼓励商人合法经营,对那些诸如暗藏食盐不卖的奸商富农采取了揭发、坚决镇压和警戒的办法。在中央苏区有几件事,由于组织处理得当,影响颇大,对商人及

---

① 江西省档案馆等编:《中央革命根据地史料选编》下册,江西人民出版社1982年版,第592页。
② 中共中央文献研究室、中央档案馆编:《建党以来重要文献选编(1921—1949)》第9册,中央文献出版社2011年版,第261页。
③ 江西省档案馆等编:《中央革命根据地史料选编》上册,江西人民出版社1982年版,第193页。
④ 同上书,第150页。
⑤ 陈毅、肖华等:《回忆中央苏区》,江西人民出版社1981年版,第394页。

在白区工作的同志教育很深，更是有效地对商人进行了公开的政治动员。

> 有一次，刘友玉（又名刘哑子）因为从唐江采购的食盐掺了石膏粉，经江口对外贸易局查获，决定第二天当圩枪决。王贤选同志正好在江口巡视工作，了解到上述情况，即到江口对外贸易局提出意见，请求改变决定。因为食盐中掺的是石膏粉，并非毒药；是谁掺的还没查明。全国贸易总局局长钱之光认为意见提得合理。在第二天的大会上，刘友玉当众做了检讨，承认了工作疏忽，宁愿赔偿损失，会后即释放了。①

1931年8月，闽西苏维埃政府严肃处理了杭武县第六区的拘商抄货事件。从处理的迅速来看，其意义不仅在于对该区随意拘捕4名商人、没收7船货物的"严重错误"的纠正（释放商人、完全发还货物）②，尤其在于从政治动员政策上产生了良好的社会影响：各级政府"绝对不要"像对待豪绅地主一样打击苏区内外商人，商人到苏区营业是受到保护的。

善于利用工商阶层的技术为政府服务，努力将工商阶层中的专业技术人才争取和动员过来，为反经济封锁也起到不小作用。据谢里仁回忆，"一九二九年，兴国东村圩有一位三十来岁的银匠，叫陈志美，他看见市面上银币流通困难，为解决自己的就业问题，就想了一个办法，开始私铸银洋，铸成了一种英光银洋，拿到于都城的圩场上兑换，想进一步铸银洋，请来了他的师傅陈奕珍帮忙。不久就造了三十多块银洋，被东村乡苏维埃政府负责人发现了，找到他们进行思想动员，说要归公由乡政府公办。陈志美同意了。八月，在东村石角背，建立了东村造币厂"③。有了中央造币厂，各地苏区货币流通得到保障，为贸易提供了

---

① 陈毅、肖华等：《回忆中央苏区》，江西人民出版社1981年版，第394页。
② 何友良：《中国苏维埃区域社会变动史》，当代中国出版社1996年版，第110页。
③ 陈毅、肖华等：《回忆中央苏区》，江西人民出版社1981年版，第401页。

方便。

(四) 利用矛盾、化解矛盾成为工商阶层政治动员的有效实践

利用矛盾,各地苏区政府"应避免与商人冲突"①,要想办法让"愿意与苏区交易的商人来打通赤白交通"②;化解矛盾,"我们的工作要做到敌人内部去,要想办法让敌人给我们护送货物"③,让白色区域的商人了解赤色区域的情况,打消其顾虑。利用每一个商人的线索来输出苏区的生产品与输入苏区的必需品,从而发动商人为苏区服务。一般而言,因赤色区域没有所谓的捐税和剥削,故小商人有同情革命的态度。在白区商人也因党的保护商店与赤区商店赚钱的影响而同情革命。然而一旦在严重压迫之下,他们没有力量斗争。各地红军进城后,"不烧杀","对商店不没收,亦无罚款,而是捐款",让商人感觉"红军的确是好,不似反军的需索无度"④。"在连州……作了一点群众工作,因为敌人放火烧街,我们救火给了城市民众甚至于商人以很好的影响。"⑤ "在红军未来之前,反动派说红军怎样杀人放火、抢东西,使城市贫民及商人是非常恐慌的。可是在红军到了[梅]城后,行动上完全和反革命派的宣传相反,红军到后……商人也开了门做生意。"⑥ 矛盾一旦化解,红军与商人的关系也就处于较为平和之中。

赚钱是商人的本性,在各地苏区,商人的政治态度也反映在此。抓住商人的获利心态,择机进行政治动员,效果突出。"苏维埃政府要尽量利用苏区内外的商人,给他们以特别的好处去输出苏区的生产品,与输

---

① 江西省档案馆等编:《中央革命根据地史料选编》下册,江西人民出版社1982年版,第542页。

② 同上书,第618页。

③ 陈毅、肖华等:《回忆中央苏区》,江西人民出版社1981年版,第394页。

④ 江西省档案馆等编:《中央革命根据地史料选编》上册,江西人民出版社1982年版,第194页。

⑤ 中共中央文献研究室、中央档案馆编:《建党以来重要文献选编(1921—1949)》第8册,中央文献出版社2011年版,第353页。

⑥ 中央档案馆、广东省档案馆编:《广东革命历史文件汇集(中共东江特委文件)1929(2)》,内部刊物1983年版,第104页。

入白区的日常必需品。"① 据曾在苏区赣江办事处工作过的王贤选、何三苟回忆:"我们和广益昌交换货物都比较安全。我们出售钨砂,交换一次就几十吨,换回布二百多统(一统二十匹,一匹合五丈),盐几十吨,几千元的西药材。""我们和赣州胜记大布庄,也进行了一次交易。……有三百匹统子布正从清江运来,要我们去接货。双方协定好交货时间、地点、办法。正当胜记大布庄的船走到新庙前等滩师(水路向导)的时候,我们派去的武装一打枪,船上的撑船工人就把船撑过河东。商家回去就说布被红军抢掉了。当时在赣州价钱更便宜,卖给我们更贵。赣州有许多布商都乐意和我们做交易。"②

白区商人在贸易中获利尝到了甜头,苏区政府也获得了生存之必需品。"妥协合作"的结果是双方获利。

长期的战争环境,求生是所有人的本能,共存则成为社会前行的目标。"为打破敌人封锁而对苏区外部工商业采取不同的优惠政策,就苏区而言,则应将其置于对外贸易问题中的特殊政策来认识。"③ 就工商业者而言,也是他们的生存之道。中央苏区工商阶层政治动员,虽不是中共的主要对象,但在思想认识和政治态度上,党内呈现出一种逐步清醒的状态。对工商阶层政治动员采取一种非常态的特殊政策,是中共将政治原则性和策略灵活性有效结合的一个范例。有限地域范围内的政治动员策略,为中共统一战线理论形成提供了直接现实经验。

中央苏区工商阶层政治动员,使中国共产党逐步学会从经济现象认识社会问题、政治问题。从特定历史环境中了解工商阶层并制定出相关策略,才能有做好工商阶层政治动员的前提并取得预期的效果。正如毛泽东在《寻乌调查》中指出的:"对于商业的内幕始终是门外汉的人,要决定对待商业资产阶级和争取城市贫民群众的策略,是非错不可的。"④

---

① 中共中央文献研究室、中央档案馆编:《建党以来重要文献选编(1921—1949)》第10册,中央文献出版社2011年版,第172页。
② 陈毅、肖华等:《回忆中央苏区》,江西人民出版社1981年版,第392—393页。
③ 温锐:《苏维埃时期中共工商业政策的再探讨——兼论敌人、朋友、同盟者的转换与劳动者、公民、主人的定位》,《中共党史研究》2005年第4期。
④ 《毛泽东文集》第1卷,人民出版社1993年版,第131页。

面对"剪刀差"问题,不是回避而是尽可能提出解决方案。虽然没有完全解决到位,但"一步实际运动比一打纲领更重要"①。"剪刀差"不仅仅是经济问题。中央苏区工商阶层政治动员,达到有效利用现存经济资源为革命战争服务的政治目的,使中共逐步学会从经济现象认识社会问题、政治问题。

第三节　中央苏区妇女政治动员

劳动妇女是中央苏区政治动员的天然资源。她们作为母亲、妻子和女人的身份资源被积极挖掘利用,"在现实的社会性别制度的体系内"②展现出劳动特色、革命特色、地方特色和性别特色,创造性地为自己开辟出一个给予自己获得尊严和成长的生存空间。尤其在政治上,劳动妇女在党和苏维埃政府的政治动员下,走出家门,参与到苏维埃各项建设中。模范妇女在苏区腹地涌现。劳动妇女的革命行动感染和带动着非劳动妇女的进步,虽然她们在政治动员中表现各异。作为一个群体,她们集体发出自由与解放之声。当苏维埃政府赋予劳动妇女正当权利和履行公民义务之时,来自国家层面的制度保障显然为苏区妇女阻挡住来自性别差异的矛盾与冲突。

一　健康身体:劳动妇女成为政治动员的自然资源

在中央苏区的赣西南和赣南偏僻地区,妇女大多未缠足。她们同男子一样,是生产劳动的主力,耕田、种植及家务劳动等无所不担。当革命触及苏区妇女,"性别作为革命引擎在第一时间被人们体验为某种生活方式以及身体自由"③。劳动妇女在经济上和身体上获得的相对自由,成为中央苏区妇女政治动员主体作用发挥的重要前提。

(一)劳动妇女的生活现状

在赣西南,"有生产能力多系大足妇女,她们除了在家里洗衣服煮饭

---

① 《马克思恩格斯选集》第3卷,人民出版社2012年版,第355页。
② 王宏维主编:《女性学导论》,广东人民出版社2012年版,第50页。
③ 张念:《性别政治与国家:论中国妇女解放》,商务印书馆2014年版,第18页。

养儿纺织，饲牲畜缝纫等事外，还有参加耕种，不能生产的关〈多〉系小足，只能作些家里煮饭纺织等事宜"①。在赣南，"妇女都是和男人一样的大脚，耕田做工都是和男子一样的担负"②。毛泽东在寻乌的调查也有详细描述："寻乌的女子与男子同为劳动的主力。……加以养育儿女是女子的专职……她们的工作不成片段，这件未歇，那件又到。"③ 福建闽西的情形与赣南相差无几。"耕种主要依靠于女子。"④ 妇女参加各种劳动需要健康的身体作为物质生产前提，正是在各种劳动中，无论大足还是小足苏区妇女都赋予自身劳动的自然之美。

苏区妇女虽是生产劳动和家务劳动的主力，但仍是"男子经济（封建经济以至初期资本主义经济）的附属品"⑤，经济上没有过问权和决定权。劳动妇女在社会上和家庭中的地位非常低。她们不能与男子同一张桌子吃饭，甚至衣服都不能与男子用同一条竹竿高挑晾晒。她们没有人身自由，更没有政治地位，痛苦比谁都大。但是常年辛苦劳作，造就出妇女健康的身体和吃苦隐忍的坚毅品格。这样的品格和身体，一旦获得外部条件的支持，她们在家庭和社会中发挥的作用便无人能替代。

(二) 劳动妇女的身体成为政治动员自然资源的主要特色

中央苏区劳动妇女在社会、家庭中承担的角色，被中共积极挖掘出来，在政治动员中充分体现出她们的劳动特色、革命特色、地方特色、性别特色。她们已经作为一股天然政治力量，在政治动员中与男子们一样并肩革命。

1. 劳动特色

健康的身体，使苏区劳动妇女承担着繁重的家务劳动和生产劳动的双重任务。由于日常的辛勤劳作，她们对各种农时工作从准备到完成都

---

① 江西省妇女联合会、江西省档案馆编：《江西苏区妇女运动史料选编》，江西人民出版社1982年版，第14页。
② 同上书，第32页。
③ 《毛泽东文集》第1卷，人民出版社1993年版，第239—240页。
④ 同上书，第331页。
⑤ 同上书，第240页。

显得得心应手，熟络于心。春种秋收之时，她们忙碌的身影在田间地头随处可见。

以江西兴国县长冈乡为例，"十六岁至四十五岁的全部青年壮年七百三十三人，出外当红军做工作去了三百二十人，在乡四百一十三人。其中男子只八十七人，女子竟占三百二十六人（一与四之比）"①，女性成为劳动的主力。还有兴国县城冈区的妇女，"想起秋收快到，必须预先准备，乃根据着夏耕运动的经验和成绩，有系统的召集妇女干事会主席团会议以及妇女群众大会，提出讨论计划"②。在"妇女学习犁耙"的动员口号下，女子成群地进入生产战线，增加了生产，顺利完成政府规定任务。劳动妇女能掌握犁耙这样高难度和高强度的生产技能，劳动潜能开发出来，劳动之美特色充分展示出来。对她们而言，健康的身体成为她们获得自身解放的物质前提。

虽然有学者指出，"当年苏区乃至后来解放战争中的妇女解放运动，事实上是为了应付战时乡村大量缺乏男性劳动力而给生产带来的困难，希望女性因此挺身于生产及乡村社会生活舞台的前沿"③，但这种希望或者说是美好愿望如果不是建立在苏区妇女原本就有的健康身体和一定的劳动技能基础之上，恐怕妇女解放早已成为历史的泡沫。恰恰是劳动技能和劳动潜能的进一步释放，苏区妇女生存能力和社会发展的空间才获得进一步提升。通过劳动重新认识自己的经济地位进而在政治上发展成为一个具有主体意识的社会主人，为妇女走入公共领域获得社会认可提供历史前提。

2. 革命特色

处于社会底层的劳动妇女，很少被人重视。就社会习俗和传统惯例而言，她们向来被认为是愚笨的。但对女子的这种社会轻视，却被中国共产党在苏区革命中巧妙地利用起来，改变了社会偏见和她们自己的思想偏见。

---

① 《毛泽东文集》第1卷，人民出版社1993年版，第301页。
② 《兴国城冈区劳动妇女对秋收工作的准备》，《红色中华》1933年8月1日第3版。
③ 吴重庆：《革命的底层动员》，《读书》2001年第1期。

女子身份在战争区域较男子更容易进入战斗状态，比如她们充当秘密交通和侦探时，不容易被敌人发现。党史文献详细记载了中共对妇女身份重视的情况。"我们过去的经验女子充当交通是非常之好，因为女子是敌人不注意的，同时侦探敌兵消息，女子亦是适宜。因此，各级政府应督促妇女工作委员会去有计划的去组织妇女群众充当秘密交通员和侦探队。"① 革命就是要突破原有的旧俗，当女子的身份进入革命视野，乡村社会固有的旧俗随之被打破。

当然，这种革命身体的利用也是相互的，首先妇女本身要有非常愿意为革命工作的主观愿望。事实证明，她们有强烈参加革命的勇气、决心和行动。如"自动和帮助红军游击部队运输，到城市去买军需品，当交通带文件，在白色区他（她）们的亲友家里去讲红军的好处"②。尤其在党的号召和动员下，革命起来的妇女直接参战，在"永丰全县及龙岗之沙溪上古、龙岗等区，公略之指桂、冠山，宜黄之东黄坡，万泰各边区、赣县之大埠、长洛、茅店等区"，广大妇女积极勇敢地参加一切战争工作，"努力的修堡垒，实行坚壁清野，看护伤病员，宣传鼓励慰劳作战的战士，组织妇女的宣传队进行向白军士兵的宣传工作，进行敌人占领区域的秘密工作！"③ 她们发挥自己的身体优势，和男子一样并肩战斗，丝毫没有因为自己是女人而偏离苏维埃革命的轨道。

3. 地方特色

经年累月的磨炼，造就出劳动妇女一双粗糙却灵巧的手。她们的双手构成女性特有的身体健康之美，妇女们做布草鞋明显优于男子。后方送给红军部队的大量布草鞋就是她们的杰作。

《红色中华》报刊登《从做好草鞋中体现妇女同志对红军拥护的热忱和工作成绩》一文，在动员妇女积极做草鞋、做好草鞋的同时，对广大妇女同志提出了做草鞋的更高要求：

---

① 江西省妇女联合会、江西省档案馆编：《江西苏区妇女运动史料选编》，江西人民出版社1982年版，第21页。
② 同上书，第32页。
③ 同上书，第162页。

第一，不宜太短（短的当然也要但十双中至多一双）要取长一点（也不宜太长，二十双之中至多一双七寸半或八寸的）为求得多数红色战士的合脚。

第二，鞋底不宜厚，厚了穿起来不好走路，又穿不正常，不是歪左脚即是歪右，一歪就烂就丢了。

第三，鞋脑上的缎子要按到大脚指（趾）的初节后一点，要把缎子按长一点，尖上的与腰上的三个缎子交齐在脚背上。

第四，鞋跨要匀一点，不要直，穿带子的空要退后一点挖，才不会跌跨。

最后还有一个意见，在四月间瑞于兴信赣等县慰劳红独六师的布草鞋中，有一双小脚子穿的（根本不适合战士穿的），尖的没有一寸，跨上有三寸多，同时还缝的东一针西一针……真是可笑！①

这篇文章的意见提得非常实际而又尖锐，但也很有针对性，特别是文章最后的意见很有意思。小脚鞋的出现，或多或少是那些只待在家里，从不出门劳动的妇女做的。这个带有尖锐批评性的意见，明显让我们注意到苏区一部分非劳动妇女，她们也在政治动员中加入到做布草鞋运动中，虽然鞋子做得不是很好，也不实用，但这不能不说是一种思想行为的进步。善于做草鞋的双手，连同她们富有智慧的大脑，使苏区妇女的性别优势进一步显露出来，就体力而言，如果她们与苏区男子在革命行为中相比有那么一点点差距，那么她们灵巧的双手在革命空间中的地域分工特色刚好弥补上这种差距。她们的双手，正如她们的身体一样，与战争革命的需要随时联系在一起。

4. 性别特色

女性性别的传统优势再次被中共重视起来。红军战士在前方打仗流血，急需人员照看。在学习护理、照看伤员方面应战时之需，赣西南红色总医院，决定开办一所女看护学校来照顾和安慰负伤同志，招录"学

---

① 《对于做草鞋的意见》，《红色中华》1933年7月8日第5版。

生名额一百名,年龄在十五岁以上,二十二岁以下者,要忠实活泼可靠(稍识文字更好)……女同志前来学习"①。耐性、细致、有关爱之情,是多数女性特有的传统性格优势。女性进入看护学校后,可以学习专业技能,为伤员提供女性特有的母性关爱。她们的身影穿梭在医院,在床头,在伤员身边,展现女性身体的阴柔之美。

妇女剪发,也成为一种政治资源。因为妇女剪发可以不用戴各种银器。这些多余的银器自然就可以低价或无偿送给苏区政府,充当战争经费,支持革命。但农村妇女一般是不愿意剪发的,因为这是性别的身份象征,是作为一个女人的身体象征。所以在苏区各地,号召妇女剪发,把自己的银器售卖或捐给苏维埃国家就成为政治动员的重要内容之一。剪发动员在中央苏区腹地的瑞金等地触及最深。在九堡区,"一天中就有三十余个妇女剪发,把插在头上的银针卖给政府",在官仓区,"钟凤娇同志首先把自己的银器赠送给国家银行,因此影响到徐九秀、王检秀、钟发秀等妇女同志踊跃的把银器送给国家银行,不要公家的钱"。还有其他"几个区的区委妇女部长和干事指导员等也准备将自己的银子(或三四两的五六两的甚至有半斤的)完全捐给公家作战争经费"②。在这些妇女的带动下,许多妇女纷纷剪发,把自己的银首饰送给苏维埃充当战费。瑞金是中央苏区政府所在地,苏维埃革命较为深入,对动员剪发认识比较深刻,投入热情也较高,而其他偏远地区的妇女触及深浅不一,所以在行为上就有明显差异。当妇女的身体与苏维埃革命联系在一起,她们作为一个女人的身份自由其实才真正开始。

二 革命角色:妇女政治动员的地域差异

革命启动了中国现代性进程。革命让女性获得历史出场的机会。有学者指出:"现代中国的历史叙事不仅没有遗忘'女人',而且主动征用

---

① 江西省妇女联合会、江西省档案馆编:《江西苏区妇女运动史料选编》,江西人民出版社1982年版,第26页。
② 王德胜:《号召劳动妇女把银器售卖或捐给国家》,《红色中华》1934年7月21日第6版。

'女人',为各个历史时期的政治目标增强感召力。"① 这样的结论对中央苏区政治动员中的妇女群体也非常适用。中央苏区地域广大,革命触及深浅不一,妇女被发动、被感召后,她们在认知、行为、斗争方式等方面表现出明显的身份差异。

(一) 中央苏区妇女动员的身份差异表现

1. 地域资源差异:老苏区与新苏区妇女

广大中央苏区,老苏区革命触及深,时间长,发展快,涌现出许多模范妇女。新苏区革命时间短,发展慢,群众工作不到位,妇女观念明显滞后。

老苏区如兴国、赣县、公略、万泰等赣西地区,劳动妇女革命意识成长快,确实被动员起来,"在经济上政治上摧毁了豪绅地主统治,而封建束缚,也相当的打破了"②,她们革命的身份认同度非常高,参与革命的积极性也最大。

在新区边区妇女落后很多,"在干(赣)东(如宁都、石城、广昌)等县……女子的封建束缚更大,女子在十六岁以上的,大部分还是小脚,劳动力弱"③。在黎川县,"只有几个区建立起来(熊村、三都、城市、赤溪),妇女战争动员各种组织,普遍尚未组织。对各种群众团体还没有吸引广大的劳动妇女加入"④。落后区域妇女因缠足,自身无法劳动以至加上在生活和观念上要完全依赖男子,落后男子的阻止,加以小孩子对妇女本身的累赘以及地主富农的破坏等因素,妇女的身体明显受到更多的阻止和牵累,当然也就束缚着她们自由革命的身份发展。

在江西省第二次党代表大会上,各县妇女代表在扩红与慰劳红军中展开竞赛,主动认购数目。各地认购数目统计对比如表九所示。

---

① 张念:《性别政治与国家:论中国妇女解放》,商务印书馆2014年版,第304页。
② 江西省档案馆等编:《中央革命根据地史料选编》上册,江西人民出版社1982年版,第472页。
③ 同上书,第473页。
④ 江西省妇女联合会、江西省档案馆编:《江西苏区妇女运动史料选编》,江西人民出版社1982年版,第217页。

表九　　江西省老区新区扩大与慰劳红军竞赛的差异对比①

县别	扩大红军数目（人）	妇女扩大红军数目（人）	动员少先队加入红军数目（人）	做草鞋慰劳红军数量（双）
兴国	3000	1000	800	30000
博生	2000	1000	1000（三天完成）	15000
胜利	2000	500	300	20000
瑞金	3000	500	1000	30000，另少队1000
公略	1000	250，罗家妇女增加50	500	35000
永丰	2000	200	500	15000
万太	1000	500	500	10000
新淦	500	200	300	5000
崇仁	250			2000
宜黄	500	100		6000
乐安	800	200	300	9000
杨殷	1000	500	1000	10000
南丰	500			5000
广昌	1000	100	700	20000
石城	1500			5000
雩（于）都	2000	200	1000	20000
洛口	800	150		5000
长胜	1500	400	500	5000
赣县	1500	200	500	35000
龙冈	1000	200	500	15000
赤水	1000		1200	1000
信丰	500			1000
太雷	500			1000
统计	28850	6250	10600	301000

① 《各县扩大与慰劳红军的竞赛》，《红色中华》1933年10月6日第1版。

老苏区的兴国、瑞金、博生、胜利等县妇女发挥地域资源优势,在扩红和做草鞋方面优势明显,政治动员的深入带来革命参与的巨大热情;而新苏区的太雷、赤水等县在这方面明显处于落后状况。思想意识落后进一步强化当地妇女的落后观念,根本无法将妇女解放与革命解放联系在一起。

2. 行为表现差异:模范妇女与落后妇女

由于地域差异,苏区妇女在革命中的行为表现也非常不同。1934年,中国共产党通过《红色中华》,以瑞金红属名义,号召全苏区广大妇女努力成为一个模范苏维埃公民①,达到的主要条件是:加入组织(如赤少队、互助社等);必须劳动;有文化;不断接受教育;主动学习;为战争尽最大的力量服务等等。紧迫的战时形势将中央苏区妇女推向一个两难境地:是努力成为一名"模范的苏维埃公民",还是继续做一个"寄生虫"?明确的行为选择必然区分出妇女的革命态度。从模范苏维埃公民到模范红军家属,劳动妇女无论身在家中,还是走出家门,稳固的革命身份进一步提升。而要让落后妇女从"寄生虫"转变为模范红军家属和模范苏维埃公民,确是一种革命身份质的飞跃。

(1) 争当劳动的模范妇女

劳动本是人人之责,当然也是妇女应有之责。当劳动从私人空间扩大到公共范围,妇女的力量才能进一步延伸到苏维埃社会领域。在苏区,动员妇女参加共产党礼拜六活动,直接体现她们的力量。妇女们善于挤出琐碎的时间,在红军来去的时候烧茶、煮稀饭、唱歌、呼口号来欢送与欢迎,帮助红军找禾草门板、买油盐柴米蔬菜等,更能主动集中劳动时间完成上级分配和交代的劳动任务,比如在规定时间内完成一定数量的布草鞋等任务。虽然地处偏远地区的黎川县做布草鞋任务(见表十)远不如革命腹地的瑞金、兴国等县,但劳动妇女被动员后,也争先恐后

---

① 成为模范苏维埃公民的七大条件:第一,加入赤少队;第二,学会生产,加入耕田队;第三,参加苏维埃的各种工作,参加优待委员会,自己管理自己的生活;第四,积极参加群众团体、工会、贫农团、女工农妇代表会等,做一切动员工作;第五,写信到前方去,鼓励红色战士英勇作战;第六,参加慰劳红军的一切运动;第七,加入消灭文盲协会。具体内容参见《瑞金全县红军代表大会给全苏区红军家属的通电》,《红色中华》1934年8月8日第3版。

努力完成。

表十　　　　　　　　黎川县各地 4 月份做草鞋规定数目①

区别	城市	赤溪	三都	熊村	胡坊	资溪	石峡
数目（双）	200	250	300	300	300	200	150
区别	硝石	八都	中田	龙安镇	西城桥	横村	樟村
数目（双）	100	100	200	250	200	250	250

政治动员的强大号召力，掀起妇女积极参加生产劳动的热情。有些地方在劳动中甚至出现"开山开得女同志'争'起来，我要开，你也要开"②的竞赛场景。她们不再仅仅把自己看成是一个女人，而是一名革命者。革命的身份让她们学会了犁田等复杂而高强度的劳动技能，在大批男子上前线打仗后，成为生产劳动的绝对主力，成为革命的后方主力。

（2）成为扩红、慰劳的模范妇女

妇女在家中是母亲，是妻子，是女儿，与她们的父亲、丈夫、儿子形成亲缘关系。曾经她们在家中地位卑微，无人认可。现在在扩红和慰劳运动中，家庭身份的角色转变，使她们获得了自己的尊严。尤其在成为苏维埃的红色家属后，她们的名字第一次被历史记载。

《红色中华》等报刊做了集中报道和大力宣传。于都罗江区前村乡李冬秀同志，是一位普通劳动妇女，"十多年前就没了丈夫，这次动员模范队加入红军时，鼓动宣传自己的儿子去当红军，三天内领导了七个群众当红军"。还有上杭的三个模范妇女："才溪区同康乡的少先队大队长王大青同志，旧县新坊乡石陨村邓五妹同志，碧沙村李银秀同志"③，都鼓动自己的老公当红军。此外，长汀县大埔区东街乡余玉英同志，"丈夫由前方请假回来，她就鼓动自己的丈夫马上归队，并积极领导工农青年扩

---

① 江西省妇女联合会、江西省档案馆编：《江西苏区妇女运动史料选编》，江西人民出版社 1982 年版，第 219 页。
② 《毛泽东文集》第 1 卷，人民出版社 1993 年版，第 332 页。
③ 李中：《三个模范女性》；王世槐：《妇女扩大红军的模范》，《红色中华》1933 年 6 月 11 日第 7 版。

大红军。她自己也领导了几个妇女,鼓动［她们的］丈夫当红军;同时她邀了四五个妇女同志,结成宣传队一样,去积极做宣传鼓动工作,结果,鼓动了十八个工农青年自动报名当红军(内有团员十一人)"①,这是各地方苏区涌现的青年妇女模范。

江西省各地有名有姓的模范妇女还有很多:"夏侯招同志(兴国崇贤区上坪乡)鼓动老公当红军,宣传十五个群众当红军,买公债十五元,草鞋廿双;曾四女同志(广昌长生桥区)查出六家地主一家富农,宣传儿子及侄子当红军,归队四人。"② 此外,在博生县,扩大红军的女英雄及妇女扩大红军及慰劳品数目也相当可观:"城市的:李月英扩大红军乙百名,草鞋乙千双,丁秋仁六十名,二百双;梅江区的:陈菊香扩大红军六十名,草鞋二百双,杨玉秀六十名,乙千二百双。营秀兰扩大红军乙百名。芦玉女扩大红军乙百名。"③ 这些有名有姓的普通劳动妇女,用她们灵巧的双手和执着的行为方式改变着社会传统对她们的偏见。

(3) 努力学习的模范妇女

赣南闽西妇女多不识字。据1930年《赣西南妇女工作报告》,"只有些资产阶级的妇女亦是凤毛麟角写识文字的是百与一之比,但现在有些地〈方〉有妇女夜校,妇女少数进去读书"④。动员劳动妇女识字后,她们很快认识到教育的重要性,能主动接受文化教育,参加半日学校、夜学、俱乐部、识字班或进入列小。

特别是年轻的红军家属,除了参加生产和赤少队以外,还很积极地进行文化工作。党和苏维埃政府领导设立专门学校,在马路边竖立识字牌,建立乡村俱乐部列宁室,在家里、田间、作坊、工厂和兵营学习,"很多不识字的女孩子,参加了革命以后能写得很短的信及标语之类的东西"⑤,最

---

① 古田会议纪念馆编:《闽西革命史文献资料(1933年1月—1934年12月)》第8辑,内部刊物2006年版,第84页。
② 《江西全省女工农妇代表大会盛况》,《红色中华》1933年12月20日第2版。
③ 江西省妇女联合会、江西省档案馆编:《江西苏区妇女运动史料选编》,江西人民出版社1982年版,第115页。
④ 同上书,第15页。
⑤ 江西省档案馆等编:《中央革命根据地史料选编》上册,江西人民出版社1982年版,第355页。

差的也能看得懂路条,提高了参与革命的斗争热情。

中华苏维埃共和国的妇女文化教育落后的局面在中央苏区得到很大改变,在兴国,"夜校学生一万五千七百四十人中女子一万零七百五十二人,占了百分之六十九。识字组组员二万二千五百十九人,女子一万三千五百十九人,占了百分之六十。学龄儿童二万零九百六十九人,女童八千八百九十三人,已入到小学的三千九百八十一人"[1]。妇女受教育后,有的主持教育,有的能够带动身边姐妹主动学习,成为教育领域中的主力军。闽西苏区成年妇女学习的积极性尤其高,夜校女学员占70%左右,"仅新泉一区,就办起了18所妇女夜校,学员发展到700余人"[2]。但是,老年妇女观念落后,封建思想严重,顽固不化,不愿主动接受教育,对识字和学习有很大抵触情绪。

(4) 不做"寄生虫"式的妇女

与模范妇女比较起来,那些没能进入革命之列,或是日常行为偏离革命轨道的妇女,可能成为"寄生虫"式的妇女。在赣西和赣南地区,农村女孩缠足的少,缠足也给妇女自身带来痛苦。所以,妇女本身是讨厌裹小脚的。特别是在党和苏区政府动员下,各地缠足陋习很快终止。这样,"寄生虫"式的妇女也就不大在小脚女人之列,而是以其他种种方式表现。

这些没有主动参加当地反封建斗争的妇女,革命意识薄弱,在日常生活中很难转变观念,甚至做出"帮助家婆压迫童养媳"的事情。当苏维埃政府机关的人去调查事实真象时,她们都以"女大当婚、家婆对她好"来搪塞,甚至还有不许老公参加苏维埃工作,要"服毒自尽"[3] 的事情。"各区所提拔的妇女干部均是小姐太太式的,赤溪区的一个妇女同

---

[1] 江西省妇女联合会、江西省档案馆编:《江西苏区妇女运动史料选编》,江西人民出版社1982年版,第173页。

[2] 中共龙岩地委党史资料征集研究委员会编:《闽西革命根据地史》,华夏出版社1987年版,第191页。

[3] 江西省妇女联合会、江西省档案馆编:《江西苏区妇女运动史料选编》,江西人民出版社1982年版,第53页。

志连洗澡水都要革委会的委员打给她,公家的钱买鞋子给她穿。"① 缺乏革命意识,没有革命主动性,"寄生虫"式的妇女在思想认识上是落后的,在行为上明显缺乏劳动妇女的革命斗志,自然不属革命之列。

非劳动妇女在中央苏区能否成为政治动员的一支力量? 抑或她们常常阻碍自己的丈夫或儿子参军参战,那又如何去动员呢? 苏区政府从做力所能及的事情开始,首先,从家庭入手,动员她们加入红军家属,在送郎送子当红军、参加归队、慰劳红军、加入消灭文盲的识字运动中,去做自己力所能及的事情。这样,"郎当红军涯②光荣,后方工作涯担任"成为一种重要的政治动员口号。其次,必须从妇女身边做起。湘鄂赣省委在全省女工农妇代表会上,动员全体妇女代表一致表决:"现有老公的一律送老公上前方;老公已经上了前方的要鼓动老公在红军中更加努力工作;未结婚的结婚后应鼓动丈夫去当红军;组织妇女扩红突击队,分送到各县工作。"③ 最后,不忽略任何一位妇女。完全可以动员那些在家的妇女参加归队运动。"不让一个跑回家的战士留在后方"④,妇女作为苏维埃的公民,此时必须履行做一个母亲的责任、做一个妻子的责任,不贪图一家人团聚、拖尾巴,就是增强前方的战斗力,为保障革命的胜利尽自己的力量。

3. 斗争方式差异:集体斗争妇女与单独斗争妇女

在中央苏区政治动员前期,中国共产党并不是特别重视妇女斗争,尤其不把劳动妇女看成是革命的力量。"赣南妇女的工作能力可以与男子平等,革命工作她可以和男子一样来负担,我们却看不见赣南劳动妇女,有和男子工农一样成群结队有组织的起来参加斗争。"⑤ 没有组织的推动,妇女走入革命出现了一个艰难的试探过程。

---

① 江西省妇女联合会、江西省档案馆编:《江西苏区妇女运动史料选编》,江西人民出版社1982年版,第218页。
② "涯"为客家地方方言,意思为"我"。
③ 《湘鄂赣省的动员热》,《红色中华》1933年12月8日第2版。
④ 《瑞金全县红军代表大会给全苏区红军家属的通电》,《红色中华》1934年8月8日第3版。
⑤ 江西省妇女联合会、江西省档案馆编:《江西苏区妇女运动史料选编》,江西人民出版社1982年版,第32页。

起初，她们是不敢独自斗争的。来自乡村社会的文化传统时时阻碍着她们。她们不能与男子在同一个饭桌吃饭，没有自己的财产，更不能选择自己的婚姻。各种束缚让她们处处谨小慎微。从集体斗争到单独斗争，是妇女革命行动的一个明显特征。最初，是集体斗争。"一切群众示威游行等运动，均有女人参加，作战时妇女送饭茶慰问伤兵都极热烈……此外女子单独的斗争则没有。"① 接着，妇女从集体中走出来，有一个发展的过程。在苏区，妇女获得自己的土地，劳动热情被激发，尤其是年满16岁后有选举权和被选举权，可以同男子一样参与苏维埃政务的决策，更是充满对生活的热爱。反阶级压迫和妇女解放汇合到一条大道之上。

妇女单独斗争的情况在苏区政府实行婚姻自由政策和免费获得学习权利后尤为突出。"瑞金壬田区的妇女与丈夫离了婚，就到区政府去住和吃饭。等找到新丈夫后，由新丈夫到政府来算饭账。"② 一位普通妇女从争取自己婚姻自由的权利开始，从逃离家庭压迫和丈夫的束缚开始迈出自己单独斗争的脚步。瑞金武阳区武阳乡下角的林生娣，把自己的银器换了毛洋，准备购买五元经济建设公债票，路上遇到郭九九对她说这个公债不好叫她不要买。林生娣马上报告了乡苏，经妇女指导员召集群众大会（到会二百余人），领导全乡妇女对郭九九进行斗争，罚他戴高帽子到市场宣布自己的错误。③ 从集体中走出，又回到集体，妇女斗争方式的"循环往复"，提升着自己的革命意识和智慧。

中央苏维埃政府教育部发行的《共产儿童读本》第六册一篇课文《模范女同志》用两种斗争方式书写妇女斗争的模范：

> 福建汀东新桥区，有三个英勇的女团员，叫曾国秀、李秀莲、肖桂英。有一天到山上砍柴碰到一个土豪在山上埋伏。他三人立即将该土豪扣留起来，送到乡苏。这样的女团员，积极参加肃清反革

---

① 江西省档案馆等编：《中央革命根据地史料选编》上册，江西人民出版社1982年版，第192页。
② 《壬田区政府成为老公介绍所》，《红色中华》1932年5月25日第8版。
③ 陈家珠：《模范区乡的革命妇女》，《红色中华》1933年10月9日第3版。

命的斗争，可算是模范的女同志。

又离雩（于）都城不远的地方，有一天黎明的时候，路上行人甚少，查路条的没有到来放哨，有一个机关的工作人员从这里经过，见没有人检查。忽然有人叫喊："同志有路条没有？"那工作人员回头一看，原来是一位青年妇女，即回答道："没有！"妇女说："没有路条，不准通行！"一边说，一边开始检查。最后，工作人员把介绍信给她看，因她不识字，连忙叫一个男子来看，一个看了，还不算，再喊第二个来看，看清了才准他通行。这位女同志，她能够帮助进行赤色戒严的工作，多么有革命热忱的一位女同志啊！①

源于生活的课本，记载着生活中普通妇女的革命形象。斗争起来的妇女用革命行动感染着即将走入革命的后来者。模范妇女已经完全不是一个无足轻重的人，因为她们在革命中积极履行自己应尽的义务和责任。模范妇女已经是一个独立自主的人，因为她们在斗争与行动中学会依靠自己的力量，为自己争取应有的权利。革命妇女内心强大的过程，正是她们摆脱无名的集体，逐步变成一个名副其实"自我"的过程。

（二）政治动员中的妇女解放与自身认识之间的差异

妇女解放的阻力是来自他者，还是自身？有学者指出，"女性最大的障碍之一就在于她们普遍倾向于将任何失败和错误都归结为女性本性的一部分，是由她的性别而不是她个人的特质造成的"②。女性要站出来成为自己，必须首先"把自己看做一个有理性的人"③，改变原有的认知，展现自己的主体能力。正是中央苏区妇女组织的逐步建立，为妇女主体认知解放和身体解放提供了外来条件，由此开辟出道路。

---

① 赣南师范学院、江西省教育科学研究所编：《江西苏区教育资料汇编（1927—1937）》(7) 教材，内部刊物 1985 年版，第 35 页。
② ［澳］亨利·理查森等：《女人的声音》，郭洪涛译，广西师范大学出版社 2003 年版，第 22 页。
③ ［英］玛丽·沃斯通克拉夫特：《女权辩护——关于政治和道德问题的批评》，王瑛译，中央编译出版社 2006 年版，第 191 页。

1. 敬重妇女：党和各级政府对妇女政治动员的领导

随着苏维埃革命在中央苏区各地的深入，妇女力量和作用与日俱增。重视劳动妇女，敬重她们，中国共产党逐步把劳动妇女当作政治动员的一支重要生力军。正如邓颖超在《怎样领导各省第一次女工农妇代表大会》所肯定的："占劳动人口半数的劳动妇女，在苏维埃革命的发展中，……表现了他们的英勇和伟大力量"，"看轻这种力量（指妇女）是一个罪过"，要把动员劳动妇女"作为党的整个工作看待"，"要使每个煮饭的女工都能管理政权"。① 妇女获得的尊敬，是她们在苏区政府鼓励下，从参军参战到担任令人敬重的职位等方方面面展开，并依靠自身努力获得的。

以江西省苏为例。1933 年 8 月，省苏发出创办干部学校令，决定开办土地干部班、国民经济干部班、财政干部班、文化教育干部班、内务干部劳动干部班、工农检查干部及裁判干部 6 个班，每班招收 60 人，共计 360 人。其中，规定应有三分之一女性，但崇仁县没有女干部参加。各县人数详见表十一。

表十一　　　　　江西省苏维埃干部学校培训干部计划表②　　　　单位：人

项目 县别	男	女	共计
兴国	25	20	45
赣县	15	10	25
万泰	12	8	20
公略	20	10	30
永丰	10	5	15
乐安	11	4	15
宜黄	11	4	15
广昌	15	5	20

---

① 江西省妇女联合会、江西省档案馆编：《江西苏区妇女运动史料选编》，江西人民出版社 1982 年版，第 124 页。

② 同上书，第 106 页。

续表

项目 县别	男	女	共计
南丰	5	2	7
龙岗	15	10	25
石城	15	5	20
胜利	15	10	25
博生	20	5	25
洛口	14	6	20
长胜	15	5	20
赤水	8	2	10
杨殷	10	5	15
新淦	4	1	5
崇仁	3	0	3
总计	243	117	360

参加培训的妇女干部学习后，很快成为当地最有力的战斗员。尤其是各地乡村一级的女工农妇代表会，发动妇女参加会议，参与选举，扩大红军，慰劳红军，讨论用银器买公债，讨论婚姻等问题，把广大妇女从日常家务劳动中带入经济、政治、社会生活视野，提高了妇女的参与度，调动了妇女的积极性。毛泽东以江西省兴国县长冈乡①女工农妇代表会为例，给予了详细记录。②

"女工农妇代表会"是基层妇女视域中最直接的组织，集中讨论和解决妇女们碰到的各种问题，关心妇女群众的切身利益，成为基层苏维埃政府领导妇女政治动员的显性力量。

---

① 长冈乡属兴国县之上社区，是从本区榔木乡划出来的，下辖长冈、塘背、新溪、泗网四村。因各项苏维埃工作出色，在第等上名列第一。

② 在《长冈乡调查》一文中，毛泽东以"妇女"为题，专门讨论了妇女工作和妇女问题，高度肯定劳动妇女在革命战争中的伟大力量。具体内容可参见《毛泽东文集》第1卷，人民出版社1993年版，第312—314页。

2. 角色转变：从家庭妇女到苏维埃公民

在中共领导的各种组织中，离群众最近的地方苏维埃最贴近妇女。尤其是村乡苏维埃，在基层政权力量中对妇女帮助最大。"妇女受家庭的打骂到革委会来报告，是了解到苏维埃是为受压迫者谋解放的"① 此时，政府深入到群众中，把妇女团结起来，可以引导着她们内心情感的释放和革命力量的生成。

在面临第五次反"围剿"艰巨任务时，邓颖超曾指出："使他们认识只有苏维埃能解放他们，才能救中国。坚决的为保卫与发展苏维埃而战斗……号召他们一分钟都不要放松扩大红军与归队运动，完成中革军委决定十一月二十日到一月一日扩大两万五千人的战斗任务，号召他们参加苏维埃建设的各方面与热烈的拥护二次全苏大会，完成三十万双草鞋慰劳红军。"②

有了明确的革命方向，妇女又认识到自身力量后，在革命行动中付出情感投入也最深。动员群众"坚壁清野"是反"围剿"中的一项重要的任务。要说群众有抵触，其中妇女的抵触情绪最大。因为要离开家，各种东西可能都会损失，妇女非常舍不得。如何说服妇女，促进她们的革命自觉？贺子珍是其中杰出的宣传代表。她经常一家一家去拜访，一个一个地做工作，说服年长的老婆婆，带动全家来"坚壁清野"。③ 年长的婆婆被说服后，马上就带动家庭中其他女性行动起来。一旦有抵触的妇女思想获得改变，行动也就最坚决，从而为革命投入也就最大。最值得尊敬的女性是那些受压迫最深、反抗最坚决的女性。她们铲除了身上本不该有的卑贱，剔除思想上不正确的想法，很快成长为一名合格的苏维埃公民，担负其应有的责任。

妇女在家庭中是母亲，是妻子；在苏区社会中是公民，是战士。"红军家属"革命角色的创造，架起连接小家与大家的桥梁。黄砂区秧田乡是中央政府所在地瑞金县的一个基层乡村。政府发动红军家属，召开会

---

① 江西省妇女联合会、江西省档案馆编：《江西苏区妇女运动史料选编》，江西人民出版社1982年版，第217页。
② 同上书，第125页。
③ 王行娟：《贺子珍的路》，作家出版社内部发行1985年版，第153页。

议,通过寄一封信到前方的方式,来鼓励战士勇敢杀敌。红属代表在信中这样写道:

> 英勇的红色战士们!
>
> 自从你们出去当红军以来,已有好久了,现在家中大小都很平安,请你们放心吧!
>
> 前几天在红中报上看到你们在前方与敌人肉搏,获得了光荣伟大的胜利,缴到了敌人很多枪枝,这是表现了你们的英勇,也是我们的光荣!
>
> 现在我们家里田地有苏维埃派耕田队帮助耕种,柴水有政府工作人员供给,粮食缺乏的时候政府还募了很多米来给我们吃,各种合作社的油盐,廉价卖给我们,我们不感觉到有一点点的困难!
>
> 我们的禾快要成熟了!满田都是金黄色的禾穗。我们料定今年的收成比去年还要增加。在割禾后,我们一定借一部份(分)谷子给你们,请你们尝尝新谷的味道。
>
> 最后希望你们要自己保护身体,不要挂念家中,要努力的在前方工作,更英勇的与敌人作战,多捉几个白军师长,多缴敌人的枪砲(炮),送给我们,作为我们"八一"红属代表大会最光荣、最宝贵的礼物!
>
> 此致
> 胜利敬礼!
>
> 　　　　　　　　　　　　　黄砂区秧田乡全体红属同寄①

这封信显然不是红属们的亲笔之作,而是政府组织所为。利用红军家属这种政治上的特殊身份,信件有效沟通起前方战士与后方家属、政府组织与群众的情感联系,达到以革命情感进行政治动员的直接目的。

妇女的伟大力量在苏维埃建设各方面体现出来:"在经济战线上(长

---

① 《"八一"红属代表大会前瑞金红军家属的活跃》,《红色中华》1934年7月26日第3版。

冈乡是主要依靠她们),在文化战线上(许多女子主持乡村教育),在军事动员上(她们的扩大红军与慰劳红军运动,她们当短夫),在苏维埃的组织上(乡苏中女代表的作用),都表现她们的英雄姿态与伟大成绩。"①苏维埃国家制度赋予的革命角色使她们履行着作为一个苏维埃公民的参与责任和应有的担当义务。

三 自由声音:妇女政治动员从口号到行动的统一

恩格斯曾言:"妇女解放的第一个先决条件就是一切女性重新回到公共的事业中去。"② 中国共产党在中央苏区建立的各种妇女组织,如妇女生活改善委员会、女工农妇代表会等无疑为劳动妇女获得自由与解放提供了外在条件。1931年,永新县苏维埃政府翻印的有关实行妇女解放的革命标语:如"十六岁以上的妇女有选举权和被选举权""女子工作与男子同等的应有同等工钱""妇女产前产后应有两个月休息女工工钱照发""反对翁姑压迫媳妇""反对老公打老婆""反对虐待妇女""离婚结婚绝对自由""女子要读书识字""保护女工"③,更加具体地反映出妇女在政治、经济、社会生活、教育等各方面的迫切要求。"女工在苏区虽很少,绝不能因此放弃女工工作建立,特别是女工特别利益的斗争的领导。"④什么是妇女的特别利益?婚姻自由、获得经济利益,争取休息权等,都成为劳动女工的追求。

当口号变成一种行动,妇女作为一个群体的集体发声日益强大。她们走出家门,一旦找到了组织,就更有战斗力。有劳动妇女在妇女代表会议中喊出:"一切革命工作,女子都去做,除红军外,后方工作,女子比男子还做得多,为什么女子还得不到真正的平等咧?"⑤ 这是妇女主体

---

① 《毛泽东文集》第1卷,人民出版社1993年版,第314页。
② 《马克思恩格斯选集》第4卷,人民出版社2012年版,第85页。
③ 江西省妇女联合会、江西省档案馆编:《江西苏区妇女运动史料选编》,江西人民出版社1982年版,第221页。
④ 中共江西省委党史研究室等编:《中央革命根据地历史资料文库·党的系统》第3册,中央文献出版社、江西人民出版社2011年版,第1863页。
⑤ 江西省档案馆等编:《中央革命根据地史料选编》上册,江西人民出版社1982年版,第473页。

意识的自觉。她们学会了政治表达，也逐步学会提出各种要求。"各处乡政府设立之初，所接离婚案子日必数起，多是女子提出来的。"① 离婚结婚问题，"一经发动，就如水之就下不可制止"②。虽然这种"社会因素导致的阶级差别可能会使个人为了阶级利益采取感情冲动的非理性行为"③，但是在某些情况下，个人或群体非理性行为导致的阶级行动还是有可取之处的。

妇女长期受压抑的状况，一旦寻找到释放的闸门，就会倾泻而出。寻乌县龙图乡与河角圩乡一些劳动妇女"成群上山去砍柴火，比平素归家时间要晏④"⑤，因为她们对于自身承担的艰苦劳动显然知道去放松，以便获得更多的休息时间。所以，妇女能够起来，不仅仅要有外力的推动，更要靠内在的自觉。长期受压迫的状况最终要由劳动妇女自身来打破。妇女主体在认知解放的过程中，仍受到经济限制与文化传统压制。这种局限在苏区社会的短期时间内难以完全克服。"妇女只有参加劳动，才能在经济上、政治上、文化上获得真正平等的地位。"⑥ 劳动妇女只有接受教育后，才能作为理性之个体进行思考和选择。获得政治解放是中央苏区动员劳动妇女斗争的结果。

中央苏区劳动妇女的社会性别优势被中国共产党充分挖掘，调动妇女要求革命的意愿，提升她们参与革命的热情，利用传统女性身份照料他人、甘于奉献的性别角色特征，这些都成为政治动员的自然资源。曾经"散居在男人中间，由于家务、居住、经济及社会条件等原因，须紧紧依附男人——她们的父亲或丈夫"⑦ 的苏区劳动妇女走出家门，在生产劳动、参军参战、婚姻自主、文化学习等方面体现最积极的革命特色，

---

① 《毛泽东文集》第1卷，人民出版社1993年版，第240页。
② 同上书，第242页。
③ [美]曼瑟尔·奥尔森：《集体行动的逻辑》，陈郁、郭宇锋、李崇新译，格致出版社、上海三联书店、上海人民出版社2011年版，第130页。
④ "晏"为客家地方方言，意思是"晚"。
⑤ 《毛泽东文集》第1卷，人民出版社1993年版，第241页。
⑥ 中共中央文献研究室编：《回忆任弼时》，中央文献出版社2014年版，第65页。
⑦ 王宏维：《论他者与他者的哲学——兼评女性主义对主体与主体性哲学的批判》，《江西社会科学》2004年第4期。

从而在政治上获得最大限度的自由解放空间。有一点必须肯定，苏区妇女在真正意义上的男女平等仍漫长，但是，当苏维埃政府赋予劳动妇女正当权利和履行公民义务之时，苏维埃政权的制度保障显然为苏区妇女阻挡了来自性别差异的矛盾与冲突。

第三章

中央苏区政治动员与其他工作的协调配合

"实际实现比任何宣言重要一千倍,当然,也困难一千倍。"[①] 中央苏区时期,中国共产党领导粉碎"围剿"的军事胜利,保证了苏维埃政权和苏区军民生存的希望。军事上的胜利,使红军有了更为广阔的立足之地和根据地依托。前方打仗,必须有后方快速高效的支援。没有经济上、物资上的不断供给,红军军事斗争的胜利难以保障。

贯穿于军事斗争和经济建设整个过程的政治动员,"不只是一种和平的政治竞争或行政管理,而且是在危机形势下动员和激发人的资源的一种努力"[②]。危机条件下各种资源如何协调、如何配置?军事任务紧急,政治动员就紧迫而频繁,一波接着一波,此时,军事成为红军政治动员的晴雨表。围绕军事斗争,政治动员在群众工作、扩大红军、党员干部军事化、经济保障、人人军事化等方面集中展开。政治动员与军事、经济等其他工作虽然各有侧重,但在中国共产党和各级苏维埃政府领导管理下,有效地协调起来,推进苏维埃革命向前发展。

第一节 军事成为红军政治动员的晴雨表

"动员"一词,最早被运用于军事和国防领域。中央苏区政治动员与

[①] 《列宁全集》第10卷,人民出版社1987年版,第323页。
[②] [美]詹姆斯·R.汤森、布兰特利·沃马克:《中国政治》,顾速、董方译,江苏人民出版社2010年版,第57页。

军事斗争密切相关。毛泽东曾明确指出:"政治动员是反'围剿'斗争中第一个重要问题","政治动员是必须公开的,而且力求普及于每一个可能拥护革命利益的人员"①。除开军事秘密,公开性的政治动员,就是要达到人人皆知、人人参与的目的。军事上的每一次胜利,打击了敌人的嚣张气焰,鼓舞了苏区民众的斗争士气,为革命根据地的巩固与扩大提供了坚强保障。从总体上而言,中央苏区五次反"围剿"军事部署,成为中国共产党政治动员的风向标。

以军事和战争为中心的政治动员,以完成军事任务为目的,提供战勤人员和物资准备,并进行宣传、解释、教育。军事战争密集之时,政治动员任务也更为紧张周密。在军事任务告一段落时,政治动员又要为军事准备提供宣传、训练、物资保障等方面的再服务。因此,军事成为政治动员的晴雨表。

一 集中以应对敌人

"战争的伟力之最深厚的根源,存在于民众之中。"② 要想在艰苦条件下取得战争胜利,一刻也不能没有民众的支持。持续的战争将红军和苏区群众卷入紧张的战备中。从1930年10月红四军占领吉安城开始,直至1934年10月红军主力撤离中央苏区腹地的短短4年内,中央苏区先后发生了五次大规模的反"围剿"战争。③ 集中一切力量应对敌人,成为中央苏区首要的军事政治任务。

(一) 反"围剿"战争中的紧急动员

1930年12月第一次反"围剿",红一方面军总前委在中央苏区腹地的黄陂、小布一带召开扩大会议,会后总前委向全军和广大苏区军民印发了《八个大胜利条件》的宣传材料,及时部署战前准备的政治动员。

---

① 《毛泽东选集》第1卷,人民出版社1991年版,第202页。
② 《毛泽东选集》第2卷,人民出版社1991年版,第511页。
③ 中央苏区五次反"围剿"的大致时间为:1930年底到1931年初,中央红军进行第一次反"围剿"并取得胜利。1931年5月取得第二次反"围剿"胜利。1931年7月到9月,夺取第三次反"围剿"胜利。1932年12月粉碎了敌人的第四次"围剿"。1933年8月第五次反"围剿"开始准备,10月战斗直至1934年10月第五次反"围剿"失败。

这八个条件是：(1) 国际形势有利于阶级决战，不利于帝国主义；(2) 国内形势有利于阶级决战，不利于蒋介石、鲁涤平；(3) 我们的战略好，着着胜利，敌人的战略是着着失败；(4) 我们有群众配合，敌人没有；(5) 我们的兵力是集中的，敌人的兵力是分散的；(6) 我们的军队是团结的，敌人的军队是动摇的；(7) 我们准备充足，敌人财政恐慌；(8) 我们得地利，敌人不得地利。① 以政治宣传为战前主要形式的动员，紧密围绕军事自上而下在各地军民中全面展开。正是战前的动员充分准备，为红军取得了第一次反"围剿"的重大胜利提供了保障。

接到动员令，江西省苏维埃政府马上响应总前委号召，积极发动赤色区域广大群众投入到反"围剿"战斗中，各方力量被紧急动员起来。首先，江西省苏发布关于《动员广大工农群众坚决实行阶级决战消灭敌人》的紧急通告，要求各地群众必须做好建立兵站、交通线、担架队、给养等七项应敌工作。其次，江西省苏要求兴国、于都等县苏区各级党政机关立即进入紧急动员，迅速投入反"围剿"战斗中。同时，江西省苏军事部就扩大红军问题发出军字第二号《通告》，指出"猛烈扩大红军是准备阶级决战的主要条件"，"赣西南各级政府目前主要工作之一是号召广大工农群众参加红军"②，积极动员青壮年参加，猛烈扩大红军。各级部门相互配合，动员任务迅速落实。

在红军部队进行战前动员更是要做到鼓舞人心。1930年12月25日，红一方面军在江西省宁都县小布村河滩上，召开苏区军民歼敌誓师大会。毛泽东和朱德在大会上都做了动员讲话。毛泽东提出"敌进我退，敌驻我扰，敌疲我打，敌退我追，游击战里操胜券；大步进退，诱敌深入，集中兵力，各个击破，运动战中歼敌人"③的游击战略，分析敌败我胜的有利条件。战前动员鼓舞着苏区军民的胜利信念。第一次反"围剿"取得胜利，苏区广大军民团结一致，汇聚出同仇敌忾的精神力量。毛泽东诗词《渔家傲·反第一次大"围剿"》（1931年春）云：

---

① 余伯流、何友良：《中国苏区史》上册，江西人民出版社2011年版，第401页。
② 同上书，第402页。
③ 同上。

万木霜天红烂漫，天兵怒气冲霄汉。

雾满龙冈千嶂暗，齐声唤，前头捉了张辉瓒。

二十万军重入赣，风烟滚滚来天半。

唤起工农千百万，同心干，不周山下红旗乱。①

唤起工农千百万，同心干，反"围剿"胜利一个接着一个。1931年5月16日第二次反"围剿"斗争中，朱德和毛泽东把司令部搬到了江西省吉安市的东固山区，随时准备号召令。红军和辅助部队接到战斗命令之后，立即投入战斗。东固山区有两个后方医院，也做好了接待伤员的准备。朱德曾骄傲地回忆当时的战斗场面："群众满怀胜利信心，成千上万的人到各地集中，带着各式各样的担架准备抬运红军伤员，还带着扁担、箩筐准备挑运缴获的敌军物资。"② 战斗中，几千名农民，包括妇女和儿童，带着箩筐、扁担，如潮水般随军前进。"大路小径，到处可以看到农民运送我们的伤员和敌军的伤兵到后方去。有些担架是用门板改作的，前后系好绳索，还有许多人就把伤员背在背后。"③ 农民用自己想出的各种土办法尽心竭力地帮助红军，弥补了后勤匮乏的局面。正是周密的战前动员提高了农民跟随战争行事的效率。

中共苏区中央局作为最高领导机关，成为指挥调动的核心，周密布置反"围剿"前的政治宣传、坚壁清野、交通侦探、粮食物资、修路修桥等方面的动员准备。中央苏区政府紧随其后，发出各种训令，动员全体苏区民众主动加入到不脱离生产的赤卫军或少先队等各种组织中，加强军事训练，做好后方各项工作，从而配合了日趋紧张的军事斗争。

由于年轻男性很多都参军当红军，农村中剩下的老人妇女就成为后勤和侦探工作的主力。"利用老头子及劳妇做士兵运动，如敌到时深入去做宣传工作，但事先须加紧对老头子及劳妇的训练。""发下对白军士兵

---

① 胡为雄编著：《毛泽东诗词鉴赏》，红旗出版社2002年版，第59页。

② [美]艾格妮丝·史沫特莱：《伟大的道路——朱德的生平和时代》，梅念译，东方出版社2005年版，第349页。

③ 同上书，第353页。

运动的标语、口号，用石灰粉写于屋外屋内。""尽量制备各种对敌方宣传品，用技术散发到敌方里去（如写了标语、传单、宣言等，须用石头包在纸内丢去，或用弹弓射去，或用石灰写标语于板子上放在河中流去，或放风灯）。"① 这些土办法很管用。"红军的情报工作组织得很好，不但满布苏区，而且深入国民党区域。红军开设了特别训练班来训练情报人员，内中有不少是妇女和儿童，另有一些小贩和串村子的手艺人，他们的工作便于在国民党区域内广泛活动，可以到有钱人家或穷人家做工或卖东西，也可以混入敌军营盘内活动。"② 为了战争胜利，政治动员要尽可能地浸润到一切日常生活中，甚至发动老人和妇孺，教会他们如何做军事情报工作。

反"围剿"战争中，粮食储备非常重要。俗话说，人马未到，粮草先行。如何满足红军庞大的粮食供给？为了不动用储备粮，在开春时节，缺粮的红军一般就向农民借粮，说明归还日期，保证到时一定还给农民。农民就问红军怎么能够定出日期来。红军就反问农民，以前有没有过答应还而还不出来的事。农民说没有过这种事情。农民当然知道这里面的意思：一是红军是讲信用的，红军跟过去的军队不一样；二是红军有红军能归还的办法。这样，农民和红军之间达成的口头协议，具有高度约束性。红军部队平素严明的纪律在战时获得农民高度认同。后来，红军果真在缴获敌人仓廪充实的军需站时，兑现了他们的口头诺言。农民们"一涌而至，把箩筐和牛车装满，节俭的妇女和儿童用手扒扒拢拢，把最后几颗粮食也打扫得干干净净。老人、妇女和儿童排成整齐的队伍，走回苏区。青年人则组成几个大队，跟着红军东征，他们担着粮食和弹药。对于哗啦啦的春雨，和红军一样，毫不在乎"③。口头协议不仅没有成为空头支票，还增强了农民对红军的进一步好感。他们愿意与红军同苦共甘，共同奋斗。

---

① 中共江西省委党史研究室等编：《中央革命根据地历史资料文库·党的系统》第3册，中央文献出版社、江西人民出版社2011年版，第1556—1557页。
② [美] 艾格妮丝·史沫特莱：《伟大的道路——朱德的生平和时代》，梅念译，东方出版社2005年版，第356页。
③ 同上书，第352页。

随着战争的进一步推进，战备物资准备和人员补充越发重要。1931年10月，第三次反"围剿"结束后，红军面临的问题是"急切须休息，须训练，须补充，须筹款，须布置新战场，创造根据地"，"冬衣成严重问题，须费15万元，又买棉花不到"。① 红军人数激增至10万人后，虽根据地有所扩大，但吃穿用一时无法全面获得基本保障。大量缺乏的物资必须在战争间隙得到基本保证。

为了战争的胜利，必须想尽一切办法，集中一切经济力量支援战争。1932年2月第四次反"围剿"战争前，苏区中央局发出命令，各地苏维埃政府需"借二十万担谷子来帮助革命战争……土地税、公债票必须在规定日期内完成缴清，动员工农群众节省每日一个铜板捐助红军在三八妇女节前，必须发动妇女群众，制造五万双草鞋、五万双套鞋运往前方"②。战争消耗大量物资，苏区政府必须尽一切力量，发动一切群众，开源节流，想出种种补充战费的有效办法。唯有如此，战争经费才能获得初步保障。

持续的战争使人产生厌倦，悲观的情绪也会在心里逐步弥漫。当蒋介石集中百万兵力准备再次"围剿"中央苏区时，这种厌战的情绪在苏区军民心中弥漫开来。为了消除这种心理，中国共产党自上而下发动了更大规模的政治动员，从心理层面和物质层面做好准备。第一，树立必胜的信念；第二，充分准备战备物资和进行兵力训练；第三，坚决反对对战争的疲倦心理。这种动员准备从1933年夏秋之际就开始了。毛泽东发表讲话，从红军队伍补给、物资补给到如何消除心理厌战等方面提出新的形势与新的任务，为取得粉碎敌人第五次"围剿"胜利进一步动员。"我们的任务是要动员一切力量，集中一切力量来粉碎帝国主义国民党的五次'围剿'！"③ 面对"凶恶的敌人"，必须向广大群众清楚地说明苏区党、政府、红军面临哪些困难，有哪些优势，需要做好哪些充分的战争

---

① 中共江西省委党史研究室等编：《中央革命根据地历史资料文库·党的系统》第3册，中央文献出版社、江西人民出版社2011年版，第1791页。

② 中共中央文献研究室、中央档案馆编：《建党以来重要文献选编（1921—1949）》第9册，中央文献出版社2011年版，第87页。

③ 毛泽东：《新的形势与新的任务》，《红色中华》1933年7月29日第3版。

准备,任何坐等战争胜利或逃避战争的想法都是错误的。因战争产生的心理疲倦,只能在战争中才能消除。

1934年10月,中央主力红军撤离苏区。撤离时,首先需要集中力量在江西省于都县于都河上迅速搭建三座浮桥,以便部队能快速撤离。此外,还有大量冬服、储备粮食的先期准备工作要做。当命令下达后,接受过红军正规军事训练和政治训练的各地方部队,接到命令后,迅速完成了各种任务。在中国共产党和苏维埃政府强大的政治动员号召下,军队和地方武装显示出集中应对敌人的能力与作风。

(二) 全体党员干部军事化

全体党员干部军事化是战争条件下集中组织动员的一个方向。"过去在立三路线时代,所有党的机关特别是党的上层机关是非常庞大的,把许多能够工作的同志都放在机关里面,因此不能与群众发生亲密的联系,了解群众的实际情形,自然更谈不到与群众一块来领导群众了,对于群众一切日常的斗争,除掉暴动和示威的空喊以外,实际上是放弃了。"[①]战争虽然划分出前方和后方,但人员的组织调配尤其是党员干部必须是前方后方融为一体。他们既要能在前方指挥红军打仗,又要能在后方带领群众积极筹款筹粮。

毛泽东总结土地革命经验时指出,政治动员作为反"围剿"斗争中的第一个重要问题,"重要的关节是说服干部"[②]。面对战争,党员干部必须进行军事化,且最好的干部要到红军中去,到边区新区去。党员干部要随时做好准备到革命最艰苦的地方发挥他们的才能。

首先,党员干部走在战争的前面,是实现党员军事化从口号变为行动的直接体现。党员应比群众更懂得战争与军事。早在中共六大周恩来就指出,如果"群众都懂得军事,党员是群众的先锋反不懂得,岂不是笑话"[③]。刘伯承也认为,只有实行"党员军事化,才能夺取政权,

---

① 中共中央文献研究室、中央档案馆编:《建党以来重要文献选编(1921—1949)》第9册,中央文献出版社2011年版,第97页。
② 《毛泽东选集》第1卷,人民出版社1991年版,第202页。
③ 中共中央文献研究室、中央档案馆编:《建党以来重要文献选编(1921—1949)》第5册,中央文献出版社2011年版,第361页。

维持政权，巩固政权"。他认为党员军事化的学习任务主要有，掌握武装技术，如一定要学会打枪，开大炮，射击以至手榴弹，学习"现代技术条件下的战术……如何侦探、救护、征发以及战地宣传等……造炸弹、复装弹药、修炮等……暴动的策略非常复杂，与常备军的通常策略不同"①。党员经过军事化学习后，应敌的素质和能力可以明显提高。

其次，基层苏区党员干部带头当红军，是带动群众参加红军的榜样力量。在扩大红军运动中，动员基层苏区最好的干部到红军中去，起到立竿见影的效果。1933年12月，正处于第五次反"围剿"的准备时期，各地都在紧急动员加入红军。《省委通讯》明确提出了"关于干部当红军的问题"②。《红色中华》大量刊登各地动员情况。如"在西江县代表大会上讨论战争动员时，即有七区区主席自动报名当红军。继则又有十九名代表自动报名当红军，并且还各自承认带领一连或一连零二排的群众一同到前方，统计共有十六连零二班，尤其是梅坑区的刘连英，黄安区的顾有秀二女同志，自己报名后还各承认各带领一连群众，在二十天内完成这个数目"。在汀东县新桥区代表大会的动员中，"特别是讨论扩大红军时，每个男代表都一致的自动报名加入红军，大家都很高兴说，坚决要为苏维埃政权而奋斗到底"③。苏区干部当红军，直接解决了新战士集中时要分配干部的问题，这对于如何教育新战士，如何鼓动以造成热烈气氛等问题的解决提供了便利条件。从村乡到区县再到前线的路途中，在部队休息宿营的时候，在战士遇到生活上物质上不便利的时候，或是出现报了名不去的落后分子如何做好个别谈话等问题，基层苏区最好的干部完全有能力做好充分的解释工作和动员工作。

最后，加强边区新区的工作，亟须把最好的干部动员到边区新区去。苏维埃区域的不断扩大，需要大量的干部到新区边区工作，以开辟巩固

---

① 中共中央文献研究室、中央档案馆编：《建党以来重要文献选编（1921—1949）》第5册，中央文献出版社2011年版，第373页。

② 中共江西省委党史资料征集委员会、中共江西省委党史研究室编：《江西党史资料·中央苏区赣粤省赣南省专辑》第11辑，内部刊印1989年版，第57页。

③ 张贵招：《最好的干部到红军中去!》，《红色中华》1933年12月11日第2版。

根据地和开展对敌斗争。这样的任务非常艰巨，环境也较为险恶。江西省苏维埃为了供给全省各县，特别是边区新区干部的需要，在战争准备前期连续开办了几次训练班：土地训练班、财政训练班、裁判训练班、选举运动训练班等，造就了不少的干部，分配到各地工作。"特别是在九月间开办了较大规模的干部学校，人数约二百人。内有劳动妇女十余名……省苏即将征调三十余名优秀的干部，分配到新区边区工作，特别是南丰、崇仁、宜黄、乐安、新淦（干）等县。在未出发之先，详细讨论了目前边区新区中心工作，特别是战争的紧急动员。"① 边区新区党员干部经过培训，成为领导地方工作的核心。

除了党员干部必须走在战争的前头，进行军事化外，各地苏维埃政府下的群众，人人必须军事化，从而担负起赤卫的责任。在井冈山斗争时期，毛泽东就明确指出了这条斗争经验："边界的斗争，完全是军事的斗争，党和群众不得不一齐军事化。怎样对付敌人，怎样作战，成了日常生活的中心问题。"② "当民众闲假〔暇〕的时候，编组教受〔授〕普遍的军事常识，如打枪、藏身、散开、放哨等，以实现群众军事化的口号，尤其赤卫队队员应有严格的军事教育的训练。"③ 赤卫队的建立，成为中国共产党地方武装的重要力量，在一定程度上弥补了主力红军撤离根据地后地方军事力量的不足。

（三）全方位的后方动员

政治动员在后方推入的广度和深度，时常决定着前方战争的胜利与否。各级苏维埃政府在后方工作中的安排，成为配合前线取得胜利的重要保障。做好后方工作，必须落实到苏区每一位工农。全方位的后方动员，从中央苏区政府发布文告、训令开始，逐级下达，直至触及每一位个体。以第五次反"围剿"为例，中央通过发布紧急动员令，全面部署，任务层层下达并分解。战争动员令部署涉及方方面面的工作，其中红军人员补充、后勤物资保障、战争经费筹措、如何躲避轰炸等最为

---

① 《加强新区边区工作》，《红色中华》1933年11月23日第4版。
② 《毛泽东选集》第1卷，人民出版社1991年版，第63页。
③ 湖南省、湖北省、江西省档案馆等编：《湘鄂赣革命根据地文献资料》第1辑，人民出版社内部发行1985年版，第92页。

突出。

不断补充红军战士成为首要任务。各级苏区政府吸取前四次粉碎"围剿"的经验与教训,在第五次反"围剿"的动员中,为做到不断补充红军,要求赤少队整体加入红军;借鉴兴国县归队运动的经验,专门做开小差的工作,让其归队;各地还成立红军补充团,有组织地输送到前方。补充团,每月多则成立五连,至少亦需两连,训练时间一般是半个月。补充团干部,从红军学校、随营学校等单位挑选组成。补充团很快成为红军主力的后备军。做一名合格的苏维埃公民,"使每一苏区有选举权的公民,都能执行武装起来巩固和发展苏维埃的机构,都能到红军中去参加前线作战的义务"①,参军参战是苏维埃公民的义务。组织城乡赤卫队,形成全民皆兵的备战局面。

做好后方物资供应和交通保障。根据中央苏区政府颁布的《义务劳动法》,要求"每一个赤卫军的队员,应该各有一根扁担,一条被单,五个人共一付担架"②,听到政府号令,马上集中起来,迅速进入战争状态。各级苏维埃政府要"迅速将交通干路上之桥梁道路修理好帮助兵站进行一切工作,特别靠河道的苏区和边区,更要有计划的收集船只准备随时来供给军事运输。对于军事交通线上之邮政局应经常有准备的(地)依据军事交通线的变更,去加强该线一带之邮局工作,如调通信员和班次使军事信件能最迅速而不遗失的送到,……对于邮局工作人员增调,要予以最大帮助"③。粮食和一切军用品的补给,必须在交通上提供便利,以能顺利到达前方为目的。

筹措好大量的战争经费。一次战争要消耗大量物资,持续的战争更要不断地及时补充战费。红军战费是如何得到基本解决的呢?

发行公债。这是募集资金短时期最集中最有力的方法。红军紧张的战费补给仅仅依靠苏区税收根本无法解决问题。于是号召"在全苏区募

---

① 《中华苏维埃共和国中央执行委员会训令第十四号——关于战争动员与后方工作》,《红色中华》1932年7月14日第5版。
② 《中央政府为粉碎五次"围剿"紧急动员令》,《红色中华》1933年11月2日第2版。
③ 《中华苏维埃共和国中央执行委员会训令第十四号——关于战争动员与后方工作》,《红色中华》1932年7月14日第5版。

集'革命战争'短期公债六十万元，使广大工农群众在经济上来动员帮助红军……担负起保障红军给养与战争经费的充裕"①。依靠城市工会、雇农工会、贫农团、互济会及一切革命群众团体的帮助，聚少成多，聚沙成塔，经费逐步增加。

学会与商人合作开展"赤""白"区域贸易。这是面临生死存亡时必不可少的办法。除了"严格监督商人老板富农，一点不能放松他们对于国家税收的负担，防止他们从中取巧"②，苏维埃政府必须学会召集商人，与他们进行合作，宣布政府对他们的法令、命令与决定。商人为了自己的利益，当然也不会拒绝与苏区政府之间的合作。

大力发展苏区地方经济，促进地方贸易。苏区本地农业资源较为丰富，较早形成了地方经济特色。"苏区中许多旧的生产事业如闽西的造纸、木材，江西的茶油，宁都的夏布，瑞金的樟脑，会昌、安远的煤矿，散在许多地方的煤炭等，都应由地方政府来计划恢复，並（并）在得到中央政府的审查批准之后或租给商人投资经营或交给工人劳动合作社办理，或借款给农民自己经营，或归苏维埃政府自己管理。"③ 只有地方经济发展了，中央苏区的整个贸易才能流动起来；依靠苏区当地丰富的农业资源，发展苏区贸易，才能为战争提供充裕的经费。

1931年六届四中全会前共产国际在经济上曾给予中共大量财政援助，但是，至中央苏区时期所需巨额战争经费缺口难以获得来自莫斯科的有效帮助，反倒是苏区红军克服自身重重困难，为远隔千山万水的中共中央提供了几十万的银元。④ 显然，战争的客观现实环境逼迫苏区党和政府

---

① 《中华苏维埃共和国中央执行委员会训令第十四号——关于战争动员与后方工作》，《红色中华》1932年7月21日第5版。

② 同上。

③ 《中华苏维埃共和国中央执行委员会训令第十四号——关于战争动员与后方工作》，《红色中华》1932年7月21日第6版。

④ 1933—1934年间，中共来自共产国际的固定经费支持早已在1931—1932年间因中共中央机关迁至江西苏区而中止。现有文献资料显示，1933—1934年间共产国际除了在人员培养、输送等方面有些拨款外，其他经费一概全无。详见杨奎松《政治独立的前提——有关共产国际对中共财政援助问题的历史考察》，《读史求实：中国现代史读史札记》，浙江大学出版社2011年版，第102—103页。

必须一切依靠自身力量去解决问题。虽然第五次反"围剿"战争后,中央苏区的地域范围逐步缩小,但红军、政府和广大群众在中央苏区党的领导下,相互配合,团结一致,共同对敌,始终自力更生、艰辛探索的斗志精神没有丧失。

(四) 战斗间断瞬间中的军事技术训练动员

军事反"围剿"之间必须有一个休整、补充和练兵的时间。抓住实际战斗及间断的瞬间,把政治动员与军事技术训练结合起来,这体现出军事上的苦战和休整的有机结合。残酷的持续斗争环境下,工农红军很难获得较长的平静时间来实施军事政治教育。这些休整、补充和练兵的时间成为政治动员最可利用的间隙。

红军总司令朱德在红一方面军关于军事政治训练的训令中明确指出:"红军军事政治教育,主要是在实际战斗中,其次则利用战斗间断及配置后方的一瞬间内,来实施训练和讲评。"[①] 政治动员与军事训练的结合和协调,改变了政治鼓动只是影响军事的空谈状况。人不是机器,需要时间来休整,提供充沛的体力和精力。

在红一方面军发展的历程中,毛泽东尤其重视这种情况,提出了加强红一方面军军事政治训练的要求:"一些同志对于训练军官的本职不愿去管,却天天做些政治上的鼓动,发生什么'土豪不能打还有什么事可做'的怪话。"[②] 训练是为了完成更高的目标,任何急于求成的短视行为只会断送自己的前途。"红军的政治动员很不深入,特别是军事技能更有落后的现象,这在敌人大举进攻中是不可容有的现象。"[③] 如果在军事训练中,政治动员不结合军事斗争去解决实际遇到的问题,那么政治动员只能是空谈,而军事斗争没有政治上的领导也可能失去正确的方向,走入歧途。

---

① 中共中央文献研究室、中央档案馆编:《建党以来重要文献选编 (1921—1949)》第9册,中央文献出版社2011年版,第613页。
② 《毛泽东文集》第1卷,人民出版社1993年版,第70页。
③ 中共中央文献研究室、中央档案馆编:《建党以来重要文献选编 (1921—1949)》第9册,中央文献出版社2011年版,第613页。

二 分兵以发动群众

"分兵以发动群众,集中以应付敌人",最早是由毛泽东等人在湘赣边界领导红四军斗争时提出的一种游击战术。红四军在湘赣边界游击时,就把宣传工作作为一项重要的政治任务来对待。"每到一处……先之以广大的宣传(政治部统属的文字宣传队和口头宣传队……),继之以散发财物(大地主反动分子的谷子、衣服、器具),然后进行组织(党的支部、秘密工会、秘密农会)"①,红军"打仗的时间、分做群众的时间乃是一与十之比"②。红军与过去的旧军队不同之处,除了打仗,还要把大量的时间花在做宣传工作和群众工作上。分兵以发动群众从一种战术到一种工作方法,在山区以很短的时间、很好的方法,达到了发动和争取群众的目的。

(一) 既是战斗员又当宣传员

红军战士作为战斗员,要掌握手中的武器;红军战士是宣传员,要学会掌握口中的武器。红军战士文化普遍不高,最好的有初小毕业,有的只读过几天私塾,大多数是文盲,不识字。部队每到一地,尤其是打下城市,获得一个相对稳定和安全的环境后,一方面自身开展学习宣传教育工作,另一方面要发动群众、组织群众。对于文化程度不高的红军战士们而言,如何发动群众,如何当好宣传员呢?部队中的绝大多数战士一开始并不知道该如何做。

大多数红军部队领导认为,首先要对红军战士进行扫盲,对他们提出了每天要求学习五个字的任务,还要学会写家信。其次,教会红军战士学会一套宣传鼓动的本领。宣传、演讲要针对不同的对象。对老百姓、自己的部队、白军士兵等,区别不同对象,用不同称呼,讲不同的内容,表现不同的感情。有了初步基础,需要在实战中历练如何当好一名宣传员。

首先,当好宣传员,要学会召开群众大会,扩大红军在群众中的

---

① 《毛泽东文集》第1卷,人民出版社1993年版,第56—57页。
② 同上书,第57页。

影响。

在农村，集镇的圩场是组织群众的好地方。一般群众都喜欢去镇上赶圩看会。1929年3月12日，红四军入闽占领长汀城四都镇，正赶上当地群众"迎太公"的会期。前委首先把《红四军司令部布告》张贴在最热闹的圩场上，然后在圩场边的井坪下开会，请领导讲话，引起群众的极大兴趣。第二天，占领长汀城后，又决定在城内召开万人群众大会，宣布敌旅长郭凤鸣的罪状，以泄民愤，发动群众。

但由谁来宣布呢？谭震林主动担起了这一责任。① 他深入到群众之中，发动乡亲们申冤诉苦，调查和掌握了郭凤鸣及其所部烧杀奸淫、鱼肉百姓的大量罪证，归纳为"十大罪状"，在大会上逐条宣读，并指出红军打反动派，消灭郭凤鸣，就是为民除害，为穷人报仇，为工农伸张正义！会后，谭震林组织部队趁热打铁，大量印发毛泽东起草的《告商人及知识分子书》《告绿林弟兄书》，张贴红军布告、标语，召开演讲会，扩大红军在群众中的影响。② 谭震林的公开宣讲和红军印发的布告，激发出农民的仇恨心理，调动起农民革命的欲望。

其次，当好宣传员，要严格贯彻党的政策，执行严明纪律，在群众中树立红军威信。

1929年9月，红四军攻占上杭城后，曾经发生了一件很有影响的事情："红四军军部建立了一个由傅柏翠、谭震林等组成的班子，负责审理俘获的国民党官兵和当地土豪劣绅。其中有一个叫廖德臣的工作人员，竟无视军纪，将经过审查交他押解出城的敌旅长卢新铭的老婆私留下来，与她发生不正当关系。傅柏翠和谭震林经过认真的调查核实，为严肃军纪，报请军部批准，处决了廖德臣，使红四军广大官兵受到了很大教育。"③ 红军的严明纪律扩大了影响，也获得了群众的支持。

成立士兵委员会是发动群众自我管理的一个好办法。"部队的每一个师都有一个士兵委员会，管理军需，维持风纪，负责教育和娱乐活动。

---

① 谭震林时任工农革命运动委员会主任，这是为加强沿途政治工作和群众工作而建立的随军政治工作机关，直属红四军前委。

② 《谭震林传》编纂委员会：《谭震林传》，浙江人民出版社1992年版，第51页。

③ 同上书，第63页。

1931年整个春天,这些委员会领导节约粮食运动。他们把大家的口粮减少,改吃两顿,10点钟一顿,4点钟一顿。吃得很差,一天到晚都觉得饿。只有伤病员才能吃饱"。① 在士兵委员会的领导和自我管理中,大家对面对的困难都没有怨言。

杨得志曾是红四军十一师师部通信警卫排排长兼士兵委员会主席。1930年部队打下吉安后,他回忆:"士兵委员会主席在士兵大会上讲话是常事,说到形势报告,就是把首长们讲的敌我动态,当地的社会情况和本部队完成任务、执行纪律以及连队经济开支的情况报告大家","我那天讲了些一般情况后,还特别讲了两点:一是攻下吉安是一个不小的胜利,但不能放松警惕,要随时准备粉碎敌人新的进攻。二是希望湖南籍的同志不要想家,因为我们排湖南籍战士不少"。② 作为一名红军宣传员,杨得志会分析问题,会给出对策,有自己的独到见解,理论联系实际的水平得到提高,成长为一名优秀的宣传员。

最后,当好宣传员,要善于向他人学习,以形成人人学会做政治宣传工作的局面。

军政工作并没有明确的界限,人人都是遇到工作就做。红军的首领也是这样。红军的首领就是一种象征,一个与红军不可分割的名字。由于威望极高,农村的人极为信任他们。"红军指战员往往也没有了自己的名字,农民都管他们叫'苏维埃先生'!"③ 这个称呼,表达出的意思是民众要把苏维埃树立为一种新的精神信仰。

在部队有组织的领导下,普通红军战士做政治宣传工作的能力逐步增强。红四军入漳州时,他们用自己创造出的特有方式进行宣传,影响很大。据来自国民党的《逸经》杂志报载,"我们一条街,到大哥家里去的路上,各家门上都有白粉笔字'劳×''劳×'等"。"红军到漳州之

---

① [美]艾格妮丝·史沫特莱:《伟大的道路——朱德的生平和时代》,梅念译,东方出版社2005年版,第345页。
② 中共江西省委党史资料征集委员会、中共江西省委党史研究室编:《江西党史资料·十万工农下吉安专辑》第7辑,内部刊印1988年版,第231页。
③ [美]艾格妮丝·史沫特莱:《伟大的道路——朱德的生平和时代》,梅念译,东方出版社2005年版,第304页。

后,行动是敏捷的。第二天便派出一大半向各地方其他各县进发。在漳州的军队,第二天也出发到附近乡村搜索枪械子弹,一担一担地挑进城来。而所有政治部人员也全体出动,在各条路上贴写标语。并且,第二天还召集民众大会……宣布了他们的胜利,叫人带路去抢所有富绅的家。"① 连"敌人"报刊记载得都这么详细,说明人人学会做宣传工作与党的常年努力分不开。

又如红四军占领宁都后,毛泽东亲自负责进行宁都县政治工作,写了许多标语。宁都县城墙壁上悬挂了各种大幅标语,如:"没收和分配土地!""八小时工作!""增加工资!""男女平等!""同工同酬!""武装人民!""扫除文盲!""焚毁鸦片!""打倒帝国主义的走狗国民党!"② 而身为红军总司令的朱德常常在行军打仗的间隙给部队上军事课,他回忆道:"我时常……给部队上军事课,也时常视察驻扎在附近的部队,看看他们的组织和活动。"③ 朱德还结合每次战斗前的动员会议、战斗中的敌情,分析战斗或战役的军事和政治意义,提高了红军指战员的军事政治水平。

经过军民合力,中国共产党领导的红军战士将政治工作成功地走在部队的前面,号召农民起来。红军一边行军,一边收留要求参军的农民。农民到部队后,马上分配到各基层部队,并进行军事和学习训练。红军的政治工作始终为军事服务,成为提高军事战斗力的生命线。

当然,有了初步基础,当好一名宣传员,还是要进入流动训练班、红军学校、党校等专业机构进行深入学习,如此,才有更快提高军政素质和解决问题的能力。

---

① 资料来源于《红军入漳州经过(摘录)》。原题为《赤匪陷漳的经过》,刊于1936年4月20日出版的《逸经》杂志第1集合订本第2、4期上。作者憾卢站在敌对立场上,从文章题目到内容对中央红军进行了不少诬蔑和攻击。由于作者"亲经其事"所叙内容若干对研究"红军入漳"问题有参考价值,摘载的部分,对其咒骂之词,需予批判。福建省龙溪地区中共党史研究分会编:《中央红军攻克漳州资料选编》下册,内部重印1982年版,第142、144页。

② [美]艾格妮丝·史沫特莱:《伟大的道路——朱德的生平和时代》,梅念译,东方出版社2005年版,第306页。

③ 同上书,第343页。

(二) 善于做群众工作

残酷战争环境下,单纯的军事观点只能暂时解决红军生存问题,既不能促进红军的壮大与长远发展,也不能根本解决地方群众的困境。单纯军事观点的本质是军阀作风、军阀作派,它脱离群众,排斥群众,没有群众的基础。经历过军阀混战的红军总司令朱德在反"围剿"总体部署中就明确指出:"不应只看见军事力量的对比,'专凭红军打天下',而应深刻注意从政治上动员苏区内外千百万工农劳苦群众瓦解白军,争取白军士兵,一致来参加和发展民族革命战争;不应如以前只注意布置苏区内的工作,而应加紧布置白区的工作;尤其不应只管中央区红军的行动,而应注意全国苏区红军,特别是赣东北、湘鄂赣、湘赣等苏区红军的配合。"[①] 但是,党的各级干部对前方主力红军与后方地方武装,红军与群众工作的作用与关系缺乏深刻的认识,很容易形成只相信主力军队作用的单纯军事观点,即在思想上只依赖红军主力打仗,在行动上不愿做群众工作。

从单纯军事观点到善于做群众工作,需要在斗争实践中摸索,在实践中慢慢转变。在福建闽西地区,以农民为主要成分的地方部队就经历了从单纯军事观点到善于发动群众的转变。

红四军去漳州前,漳州游击队队长王占春领导当地二十多人,经常在漳州附近的九湖、上下南乡、石马一带活动。他们打仗很勇敢,很灵活,纪律也很好,与群众的关系也有如父子兄弟一样。一有群众报告乡间土豪恶霸反革命分子,游击队就派人把他杀掉。因为群众没有经过斗争,不是依靠自己的力量斗倒土豪恶霸,只单纯依赖游击队,就造成事过之后国民党派兵抓群众,群众就埋怨共产党,说是害了他们,不但不敢自己起来坚持斗争,而且害怕接近共产党。"单纯军事行动,不善于发动群众斗争,所以几年来游击队打了很多仗,反革命也打死不少,但始终未能建立游击根据地,游击队也没有什么大发展。"[②] 游击队不能壮大的主要原因就是没有群众基础,没有汇集群众的力量。

---

① 朱德:《朱德军事文选》,解放军出版社1997年版,第106页。
② 邓子恢:《邓子恢自述》,人民出版社2007年版,第103页。

具有丰富地方工作经验的罗明在谈到地方工作时，深刻指出，做好群众紧急动员工作是"提高地方武装和群众的斗争情绪"[①]的必要，只有地方群众工作做好了，从独立团、独立师、赤卫模范营、模范少队中扩大主力红军的任务也较容易动员和完成。他认为，做群众工作与军事工作并不矛盾，把精力放在群众工作上，也不是什么机会主义，而是为了更好地取得与主力红军的相互配合，甚至可以增强军事力量。

1931年12月14日，邓子恢受福建省委指派指导漳州游击队工作，以转变游击队单纯军事观点，使游击队活动能与群众斗争密切联系。邓子恢与漳州县委书记李金发联系后，马上在当地开展发动群众的活动，武装群众，形成了新的政治力量。最具特色的是从反"飞机捐"、反"本地捐"、减租禁粮到平粜斗争的政治动员。

1932年春节前后，国民党师长张贞部队给漳浦县城的小山城山区派"飞机捐"600元，当地群众不愿意。县委分析了小山城的民情，抓住这件事情来发动群众斗争。首先，"以退为进"，从提出抗"飞机捐"口号到采取减"飞机捐"行动。提出减少"飞机捐"税的具体数目，由600元减到300元。因为当地人都清楚，"张师长要派捐，老百姓不敢不出，但小山城地方小，人太穷，要求减少一半"。县委在秘密农会内先讨论通过，再利用祠堂召开家族会议公开进行。农会在"要求减派飞机捐"的口号下，迅速从四五个人发展到四五十人。在祠堂召开家族会议，也先由该游击队员（本乡人）出面提议，说"600元飞机捐确实交不起，但全数不交县里一定不答应，我们提议第一步先要求减少一半，顶多出300元，再多就不答应"。这个提议得到所有到会的人的一致同意，连家长也赞同。当场就由家长写呈文送给区长，由区长转给县长。结果，县里不答应减少一文钱，且要限期缴款。于是，秘密农会又借助祠堂开会。这下，连许多老头子也说："一文钱都不准减，真是岂有此理。"于是，把全部捐款都藏起来不捐。后国民党放出话来要派兵到小山城，农会又召开家族会议商讨对策。讨论的结果是：第一，不讲清楚不交捐款；第二，

[①] 古田会议纪念馆编：《闽西革命史文献资料（1933年1月—1934年12月）》第8辑，内部刊物2006年版，第12页。

白天、晚上组织武装放哨，有兵来就打枪；第三，适时请漳州游击队王占春来保护。虽然有家长不大同意，但因农会会员人多（此时有七八十人），不同意也没办法。这样，群众主动请来游击队，也不怕官兵了，小山城逐步成了共产党的天下。地主统治的小山城变成了农会统治的小山城，群众斗争起来了，纷纷要求废除本地捐税。广大的贫雇农阶层动员起来了，由对外斗争到内部斗争，由反捐税斗争转入了更深入的减租禁粮出口和办平粜斗争。

小山城斗争胜利的消息传出去后，带动附近乡村群众的革命热情，龙岭和浦美六社等几个自然村的秘密农会也先后组织起来，并且按着小山城的一套照搬：从抗捐、退租、禁粮出口一直到办平粜。[1]

闽西地方党领导的武装斗争，注重开展群众工作，为主力红军进一步取得军事斗争胜利打下了很好的群众基础。红四军来到闽西后，因"闽南剥削奇重，工农小商深恨地主军阀到绝，红军入漳，市民拥看若狂"，于是部队提出"以龙溪圩为中心，向南、平、云、浦、龙五县扩大游击战争，创造小红军，建立小苏区"[2]。初来乍到的红四军，按照军事政治工作协调发展的部署，在开展群众工作中采取了公开与秘密相结合的灵活方式。在军事力量较强的地方公开宣传，在敌方力量占优势的地方秘密组织。同时，积极与地方党组织密切联系，以扩大群众。

所以，红四军部队几乎是走到哪儿，就要把群众工作做到哪儿。据朱德回忆，"我们帮助重建老苏区，巩固新生的人民政权。我们没收地主的粮食和土地，协助分配，并建立群众组织和苏维埃，领导耕种，以增加生产"[3]。农民要做的事情，农民要干的农活，没有哪一样红军不做。各地方苏维埃带领群众，在苏区党的指导下开展各项群众工作，帮助红军主力部队为军事斗争取得胜利做各种准备。

发动群众工作，除一般的宣传教育手段之外，有时候还需要采用些

---

[1] 邓子恢：《邓子恢自述》，人民出版社2007年版，第104—106页。
[2] 中共中央文献研究室、中央档案馆编：《建党以来重要文献选编：（1921—1949）》第9册，中央文献出版社2011年版，第261页。
[3] [美]艾格妮丝·史沫特莱：《伟大的道路——朱德的生平和时代》，梅念译，东方出版社2005年版，第346页。

特别的方式。如红军所到之地,到处传唱歌谣,吸引农民注意,引发农民参与的热情,把农民的革命潜能调动起来。这种集体的合唱,声音洪亮,整齐划一,很容易吸引群众。这种传唱的特别方式融入农民的生活与环境,具有现实感染力。农民们学会了仿唱。《上杭之歌》就是闽西农民根据从红军那里学来的东西编写的一首歌,记录了上杭农民被带进革命,主动参与革命的情形。其中有两段歌词是这样写的:

> 人民大众要记清,
> 打倒军阀卢汉民,
> 俘虏敌兵要待好,
> 他们也是贫穷人。
>
> 进了上杭莫把商人扰,
> 保护穷人要记牢。
> 捉住地主狗豺狼,
> 坚决斗争不能让。①

歌词充满对穷人的同情,对地主阶级的仇恨,对商人的保护。这样的歌曲传唱,表达了对不同阶级的政治立场,具有现实教育性,能感染农民,也拉近了农民与商人之间的距离。在《上杭之歌》中,"农民表现了他们的希望,或是表现出他们体会到可以引导他们奔向自由的新事物"②。这样的新事物、新思想正是红军和苏区百姓共同需要的集体合唱。

在中央苏区广大地域,革命触及的深度和广度差别很大,那些远离中央政府所在地的区域,红军主力部队没有到过的地方,由于地方反动势力无比强大,土地革命开展得不够深入,群众工作自然也较为糟糕。江西省安远县和会昌县等边远地区就是这样。

---

① [美]艾格妮丝·史沫特莱:《伟大的道路——朱德的生平和时代》,梅念译,东方出版社2005年版,第311页。
② 同上书,第310页。

据《红色中华》记载：安远县龙布区是赣南一个较重要的地域，原本在消灭赣粤边界敌人之后可以成为一个很好的根据地，但由于群众工作糟糕，龙布区苏维埃组织散漫，干部能力存在严重问题，比如：无法调动起群众积极性，情绪异常消沉，悲观失望；苏维埃被异己分子操纵；豪绅地主富农拉拢部分中农，公开造谣欺骗群众并制止他们参加群众大会。为什么会形成这样不利的局面？主要原因是：红三军团二师五团恢复此地后，在地方工作中只做了二十天的工作，不仅时间短而且存在错误和缺点；群众工作未建立和深入；苏维埃工作不健全。为了扭转群众的悲观失望情绪，上级指示龙布区苏维埃必须转变群众工作方法，变"静"员为"动"员，实现积极转变：

> 第一，迅速没收豪绅地主富农的土地来分配与（于）贫雇中农，没收地主豪绅的房屋财产、山林，及富农田地房屋和多余的农具，与（于）群众应用和居住，坏田及房屋（按照劳动力为主）分给富农。要着重动员与领导广大群众来参加这一斗争。第二，对豪绅地主等反动派，最坚决打击，消灭他们的活动，并特别加紧群众中政治的宣传鼓动，揭穿反动派造谣欺骗的阴谋，指出过去失败的原因，打破悲观失望的情绪，在打击敌人的斗争中，来提高群众斗争情绪。第三，建立贫农团，雇农工会，少先队，儿童团等群众组织及改造和健全地方武装。去巩固苏维埃群众基础。第四，动员工农群众改造现在的区乡政府。①

会昌县是江西赣南靠近广东边界的一个山区县，在群众工作方面也存在严重问题。如疲劳行军的士兵，无法借到门板打铺；所需的物品中十样就有五六样群众不肯借或者答复没有。虽然红军战士解释了党的三大纪律和八项注意，但群众始终表示不愿意。更为严重的是，赤色半年多的会昌城还没有流通工农银行纸币。② 群众连最基本的门板都不愿借给

---

① 如凝：《怎样去转变安远龙佈（布）区的工作》，《红色中华》1932年6月16日第6版。
② 陈子球：《会昌城的群众工作》，《红色中华》1932年6月16日第8版。

红军,可见群众工作的基础之薄弱,甚至根本就没有开展过。

边远区安远和会昌出现的严重情况,警醒着中央苏区政府必须从宏观方面指示地方负责人用坚决的阶级斗争方式去做深入的群众工作。如果连小商人和贫农都缺乏对红军的认识不愿意帮助红军,那么红军的立足之地何在?只能压缩在更加狭小的空间。因此,加强边区新区苏维埃政府与群众团体的工作,成为非常迫切的任务。

开展有效的群众工作,还保存了红军相当的生存力量。由于经常打仗,红军战士在行军途中,有的受伤了,有的病了,一般脱队住在农民家里休养。红军给他们每一个人都留下步枪和几发子弹,告诉他们,只要好了,就组织和领导农民展开游击战。"生还的人果然这样做了。他们一个个串连起来,就组织了小小一团人,完全依照老红军的方式,连每一班都设有政治人员这件事都不例外。"① 这些游击队与主力红军相遇后,马上就回到正规部队行列,引导他们在山村的安全区域休整,保存了革命力量。多数活下来的人甚至成为红军骨干。

分兵以发动群众在更大的范围展开后,一旦红军离开或是返回来,都能为红军保存力量。尤其是当红军返回后,很快壮大了红军部队。朱德回忆红一军团发展历史时指出,1930年6月,红一军团在汀州成立。由汀州出师北上,"先打下樟树,再过赣江打高安、上高等地,接连攻下十余县","由于发动了广大群众,部队也有很大发展,出发时一万人左右,这时约有一万八千人",十月间,吉安果然打下,部队有一个发展,退出吉安过赣江时,红一军团约有三万人"②。边打仗边发动群众,红军部队的人数就这样壮大起来。

(三) 有效瓦解白军工作

在敌强我弱的状态下,瓦解白军工作做得好,能有效增强红军实力。中央苏区时期,著名的"宁都起义"就是一例。1931年春,国民党第二十六路军被蒋介石调到江西参加"围剿"工农红军。在第一、

---

① [美]艾格妮丝·史沫特莱:《伟大的道路——朱德的生平和时代》,梅念译,东方出版社2005年版,第315页。
② 中共江西省委党史资料征集委员会、中共江西省委党史研究室编:《江西党史资料·十万工农下吉安专辑》第7辑,内部刊印1988年版,第225—226页。

二、三次"围剿"都失败后，蒋介石命令该路军留守宁都。在中央苏区军民的包围之中，他们不满国民党的反动统治及其对日本侵略者采取不抵抗政策，经过共产党人做政治工作，1931年12月14日举行宁都起义，全军17000人，携带两万多件武器，宣布加入工农红军，改编为红一方面军第五军团。

"宁都起义"发生后，时任红军总政委和苏维埃中央政府主席的毛泽东，亲自召集李伯钊、胡底、钱壮飞三人，要他们组织宣传队去做慰问工作。李伯钊等几人紧张编排了一个话剧《为谁牺牲》。话剧"围绕一个白军士兵两次被红军俘虏的遭遇，深感只有红军才是为穷人斗争的军队，终于决心当红军，并且在瑞金和离散的妻子团聚"①。该剧引起起义士兵的强烈共鸣，获得极大成功。这种以戏剧形式进行宣传鼓动的方式在士兵中取得了显著效果，从情感上进一步把宁都兵变的战士拉入红军部队。1933年1月，赵博生同志牺牲，中华苏维埃中央政府特别将宁都县改为博生县②，并在红都瑞金县叶坪修建了博生堡以示纪念。

瓦解白军工作在新区边区宣传还不深入，有的地方根本不到位，因此遇到的困难就特别多。尤其是对红军的谣言，加剧了不信任感的产生。如在闽粤赣边等地区，粤军长官在士兵中对红军进行污蔑，说什么"红军的头是红的，被红军捉去是要挖眼睛破肚皮的，红军是最凶暴的"。这样，针对"五月三号粤军与红军在水西渡战役"的欺骗宣传，中共闽粤赣省委和团省委马上印发传单《红军究竟是怎样的呢》，详细揭破反动军官的欺骗宣传，向粤军士兵说明了红军部队的性质，以启发觉悟士兵。"红军是工农出身，同你们一样的，他们就是工农劳苦群众，为推翻豪绅地主资产阶级的统治，保障自己利益组织的武装。因此，红军和你们都是自己弟兄，不仅仅是自己兄弟不打自己兄弟，而且打土豪分田地，还要共同一起，去打帝国主义，推翻

---

① 张启安编著：《共和国的摇篮——中华苏维埃共和国》，陕西人民出版社2003年版，第567页。
② 博生县辖有宁都县属城关、梅江、安福、固厚、青圹、湛田、会同、竹笮、流南、湖背、江口等区，属江西省。1933年7月又分为博生、洛口、长胜三县。1934年10月红军长征，博生县自行取消。

国民党统治!"① 谣言一旦被打破,强大的力量就向红军这边倾斜。

瓦解白军需要宣传,需要智慧,更需要勇气。日本占领东三省以后,国民党实行不抵抗政策,中共闽粤赣省委根据形势变化的要求,在瓦解白军工作中加紧对白军士兵进行战争形势宣传教育,指出国民党阻碍红军与日本帝国主义作战,积极进攻苏维埃,无耻出卖中国的事实,提出"你们要想回家吗?""大家不要自己打自己""红军不但不打骂枪杀你们,而且热烈地欢迎你们过来当红军""拖枪过来当红军"② 等宣传口号和传单,以瓦解白军。在身陷白军时,更有英勇的战士用自己的智慧完成了瓦解白军的任务,显示了中国革命是不可战胜的。"有一次,第三军团某团的红军战士张庆荣在第四次'围剿'期间被白匪突然捉去。他留在匪军中一共只四个月,经过巧妙的工作就把整整一连士兵拉到了自己一边。第五次'围剿'开始时,张庆荣同志带着这一整连人连同武器一起回到了红军队伍中。"③ 能把敌人从对立面争取过来,如果不善于讲道理,没有善于做群众工作的智慧和勇气,是无法完成这个任务的。

瓦解白军,还表现在争取敌方专业技术人员为红军服务。"自从由国民党第十八师手里缴获了无线电报机,我们就办起电讯训练班……敌军电台台长王铮参加到我们这边,立刻就组织了电讯训练班。王铮到延安还负责我们的电讯工作。"④ "俘虏里有许多军医,我们命令他们到医院去工作,后来有一些人入了党,直到现在还在我们这里。"⑤ 从无到有,从有到好,红军有了无线电发报人员、有了飞机维修人员、有了专业医生,缺乏专业技术人员的状况逐步改变。

(四) 做好济难与抚慰工作

中国民间邻里历来有互帮互助的传统。济难会作为一种群团组织,

---

① 福建省档案馆、广东省档案馆编:《闽粤赣边区革命历史档案汇编》第 1 辑,档案出版社 1987 年版,第 200 页。

② 同上书,第 302—304 页。

③ 中共中央党史研究室第一研究部:《共产国际、联共(布)与中国革命文献资料选辑(1931—1937)》第 16 卷,中共党史出版社 2007 年版,第 559 页。

④ [美]艾格妮丝·史沫特莱:《伟大的道路——朱德的生平和时代》,梅念译,东方出版社 2005 年版,第 347 页。

⑤ 同上书,第 355 页。

是"党的辅车",不是一个慈善机关,也不是一个简单的救济机关。中国共产党领导下的济难会,传承中国文化中的这种传统,结合革命需要,开展农村群众工作。

济难会的主要任务:"给被难的革命者以精神上物质上的救济……组织广大的革命群众和其同情者,到革命互济的路上。经过'济难'的名义和实际工作,打入广大工农群众,促进其革命的觉悟和团结,并引其走到党的周围。"① 互帮互助,将更多的工农吸纳到革命阵营。上杭群众"募了许多的米去援助难民,特别是旧县区的郭永辉同志,自己一个人,捐米二石半去援助我英勇斗争的被难群众","旧县区孔满荣姑同志募得盐菜一百斤,和才溪区的黄秀英同志,募得菜干三石,最令人称赞的就是旧县区的吴振书同志,买得白米一百斤……才溪区的王碧辉同志募猪油五十斤,和官庄区的蓝利红同志也募了猪肉一百斤(上杭值大洋四十元)"。② 至于送柴给难民烧的群众就更多了。

战争带来巨大的人员伤亡和物资损失,通常需要相关机构和相当长的时间来休整。据朱德回忆:"敌人退却,将东固、崇贤、枫边、方太、龙冈、君埠、南坑、黄陂、小布、东韶、中村、石马、大九竹等处房屋烧毁殆尽。敌军所过,田禾充作军食,猪牛杀尽,器物毁坏,受害群众10余万家,赈灾济难,成大问题。"③ 几次反"围剿"胜利后,部队遭受重大伤亡,苏区群众损伤更大,部队太疲劳必须休整,苏区群众更需要生息。"除了农民被屠杀以外,红军也损失了4000人,赤卫团和其他民兵伤亡更重。可是死亡和悲痛压不下人民的革命热忱,在大捷以后举行的追悼大会上,出现了很多动人的情景。"④ 取得胜利固然喜悦,但胜利背后有太多死亡的代价。不能忘记他们,为死去的战士开追悼会,成为

---

① 中共中央文献研究室、中央档案馆编:《建党以来重要文献选编(1921—1949)》第5册,中央文献出版社2011年版,第685页。
② 李中:《上杭群众的阶级互助运动》,《红色中华》1933年8月16日第8版。
③ 中共江西省委党史研究室等编:《中央革命根据地历史资料文库·党的系统》第3册,中央文献出版社、江西人民出版社2011年版,第1790页。
④ [美]艾格妮丝·史沫特莱:《伟大的道路——朱德的生平和时代》,梅念译,东方出版社2005年版,第355页。

常有的事情，每一个普通生命得到应有的尊重，每一个活着的人更加珍惜生命和团结一致。

面对凶恶"敌人"对中央苏区的军事进攻，中共领导苏区军民作最顽强的革命斗争，同仇敌忾。围绕历次反"围剿"集中开展的政治动员，为军事斗争取得胜利提供重要保障，但接二连三，持续不断的政治动员，往往也使组织者、执行者和参与者疲惫不堪，又影响到军事斗争的胜利。因此，政治动员的好坏往往与军事胜败产生密切关联。缺乏完整政治规范背景下的政治动员，中国共产党将军事斗争取得胜利看作最大的政治。通过"集中以应对敌人，分兵以发动群众"的动员策略，既克服着单纯军事观点，又学会了做群众工作，协调着军事与政治工作之间的矛盾。

第二节 以动员推进中央苏区政府工作的落实与改进

"一定的生产方式……始终是与一定的共同活动方式或一定的社会阶段联系着的，而这种共同活动方式本身就是'生产力'。"① 物质资源的匮乏，生产力水平的低下，战争经费筹措的紧张，是中央苏区政治动员面临的直接现实条件。这种情况在边区新区尤为突出。"因为敌人掳掠的结果，上杭地方已经无米可食。"② 经济基础如此薄弱，经济发展水平如此之低，迫使中共必须围绕苏区经济建设展开政治动员。政治动员与经济社会发展的矛盾与协调，考验着刚刚建立的苏维埃政府。正是在动员落实各项任务的过程中，苏区中央政府的工作能力获得逐步改进。

一 动员落实各项紧急任务

红军经济物质保障，最早是通过打土豪进行筹款，后逐步发展为向

---

① 《马克思恩格斯选集》第1卷，人民出版社2012年版，第160页。
② 《上杭群众的阶级互助运动》，《红色中华》1933年8月16日第8版。

商人筹款再发展到加强本地农业生产，提高粮食产量，进行贸易出口，保障苏区广大军民庞大的物资供给。经济是政治的基础，政治是经济的集中表现。大力开展经济上的政治动员，成为中央苏区各级党和苏维埃政府的重大任务之一。

（一）动员筹款

打土豪是红军最早迫于生存压力不得不采取的一种暴力筹款方式。由于打土豪常受地域制约，红军的物资补给有时候必须另想办法。向工商阶层等有钱人动员筹款就成为一种常用方式。这种以布告方式向工商阶层筹款的文明方式，极大地体现出红军有别于一般的旧式军队，改变了苏区社会民众对红军部队的认识偏见，树立了红军部队的良好形象，由此扩大了部队影响力，逐步为当地民众接受。红四军和红五军都采用了布告这种较为文明的方式。

1929年2月，红四军游击到赣南宁都县，军费拮据，缺衣少人，党代表毛泽东和军长朱德以红四军名义向宁都各界民众发布《红军第四军筹饷布告》，告知民众"红军是为工农谋利益的军队，对于商人保护，纪律森严，毫无侵犯"，现需"筹军饷大洋五千元，草鞋袜子七千双，白布三百匹，夫子二百名"[①]，希望宁都商人不要与红军为敌，尽力支持红军渡过难关。红军文明筹款开始。

1929年9月，在湘赣边游击的红五军以司令部名义发布《红军第五军司令部布告》。这个布告虽不是为了专门筹款目的而为，但特别告知参加了红军的各地工农群众不要出现极端的乱烧乱杀行为，要学会"以理智克服感情"[②]的盲动。这样的布告显然是为了阻止湘赣边等地工农群众的烧杀行为，希望民众能把红军和国民党的政策区别开来。这为红军以后游击条件下的进一步生存获得商人同情而主动筹款奠定了情感倾斜的基础。

以文明方式动员筹款，使红军获得了某种外来资源的支持，从而有了更多生存环境的机会选择。在占领一些较大的城市之后，红军筹款动

---

① 江西省档案馆编：《井冈山斗争史料选编》，中央文献出版社2010年版，第107页。
② 同上书，第145页。

员也更为方便，生存境况也进一步得到改善。

（二）推销公债

如何更好地利用苏区内部现有资源以解决战备物资短缺问题，成为中央苏维埃政府成立后的重要任务之一。中央苏区政府成立，为筹措物资提供强有力的制度和组织保障。中央以命令、训令等强制手段，通过发行短期公债、征收商业税等方式来筹集大量的物资，以供军队开支，成为一种合法的手段。

1932年第四次反"围剿"之前，依靠强制性手段进行大规模群众运动解决经济问题从此开始。"目前革命战争……除加紧开发财源征收商业税，城市房租计划土地税的征收，组织游击队到白区筹款外，更要动员群众在经济上的帮助来保障革命战争的经费。"① 6月，中央苏区政府决定向全苏区群众募集"革命战争"短期公债共计60万元，其中湘赣、湘鄂赣两省10万元，江西与福建共50万元分五期发行，每期10万元。《红色中华》报配合中央苏区政府命令，全面深入地进行了宣传。以江西、福建为例，推销公债有一套非常具体详尽的发行办法，包括发行分配到各地各单位的具体数目、具体时间和集中缴款的地点等都有详细的规定。

> ①红军共四万元。（其中全军三万元；红校一千元；江西福建军区及后方办事处各三千元。）②城市商人共六万元。（其中汀州三万元；瑞金五千元；龙岩四千元；筠门岭四千元；会昌三千元；雩（于）都二千元；广昌二千元；宁都三千元；石城二千元；寻乌三千元；安远二千元；兴国一千元。）③各县共三十九万元。（其中兴国、长汀、瑞金各三万五千元；上杭三万元……连城，信康，各二千元。）④其他党团政府共一万元。② 发行日期的分配和缴款日期：第一期十万元七月一号发出十五号款项集中……第五期十万元七月二

---

① 《中华苏维埃共和国临时中央政府执行委员会训令执字第十三号——为发行革命战争短期公债券事》，《红色中华》1932年6月23日第5版。

② 同上。

十号发出八月十五号款项集中。①

处于中央苏区地域范围外围的湘赣、湘鄂赣两省苏维埃，可以根据中央下达任务在公债推销的时间、地点上灵活处理，但有一点非常明确，即绝对不能有丝毫拖延或贻误，必须百分之百完成公债推销。

为帮助各地完成推销公债任务，中央政府制定详细办法印发各地政府执行。其中特别强调区、乡、村动员要与鼓励群众结合，不能靠命令强迫。"由区市乡召集乡代表会议做报告讨论，推销和鼓励群众的办法。由城乡政府和代表召集商民大会报告政府发行公债券的意义与公民的义务，特别要从政治上参加革命战争上来鼓励，使群众自动的购买；用革命竞赛方法，县与县，区与区，乡与乡，村与村，团体与团体比赛，谁购买多缴款迅速，谁就胜利，由上一级政府，给奖旗和名誉奖。"② 特别把工农群众与富农大商人区别开来，前者用宣传鼓动方法自愿购买公债，后者则用责令方式命令其购买。

命令下达后，基层是怎样去动员群众购买公债的呢？各地为完成中央规定的任务，经常不得不采取非常手段。强迫命令，脱离群众的动员遍地开花，甚至还时时创造出一种"不买公债券是一种革命战士的耻辱"的政治道德化环境氛围。《红色中华》报刊载的一篇短文，针对各地强迫动员的不良现象，提出应对工作思路和动员方法，供各地参考。

首先，各级政府接到中央政府的训令后，立即召集会议详细地研究和了解工作内容，根据完成数目制定详细的分解方案。其次，动员群众团体，如雇农工会、贫农团、工会等讨论发行公债的重要性，并向群众做宣传鼓动，让群众明白购买革命战争公债是应尽义务；同时指导他们了解购买公债的好处，如国家还本息时，还有相当的利息获得。最后，动员以团体，或村或乡，或区或县订立革命竞赛条约，激发群众购买公

---

① 《中华苏维埃共和国临时中央政府执行委员会训令执字第十三号——为发行革命战争短期公债券事》，《红色中华》1932 年 6 月 23 日第 5—6 版。
② 《中华苏维埃共和国临时中央政府执行委员会训令执字第十三号——为发行革命战争短期公债券事》，《红色中华》1932 年 6 月 23 日第 6 版。

债的热情。①

这样的动员安排自上而下,然后又自下而上,有计划地、逐步地促进了推销公债的顺利完成。各地乡区苏维埃学习后,有了初步成效。据《红色中华》统计,1933年4月23日到4月26日四天时间统计,群众共退还公债5419元,节省经济1048.5元;4月26日到4月28日三天时间内,共退还公债7013元,节省经济165.5元,总计7178.5元。② 但是,中央在三个月后又要求刷新这一纪录,给地方苏维埃带来巨大困难和挑战。

1933年7月,中央政府决定发行300万经济建设公债③,开展经济战线上的新阵容。《红色中华》进行了大张旗鼓的集中动员,要求各地不断地进行经济建设公债发行,并为超过这个数字而努力斗争。

从中央各部门机构到每一位群众,积极参与到推销公债中。中央苏维埃政府工农检查部、土地部、运输队三个单位,自愿将伙食费节省三个月来购买公债,并写信给家里人宣传寄钱添买数量,结果很快地完成了原定数目,超过了一倍以上,成为推销公债的优胜者。上杭县"大阳区有一同志,在一个会议中,自动购买公债一百三十元,姓名未详。新泉茶溪区官连坑乡黄志祥同志,自动购买了公债一百余元,并勇敢地担任了该乡的推销公债的宣传队长。通讯材料处工友包松林同志,在一个大会上,购买公债一百元,占全体购买数百分之九十"④。聚少成多,聚沙成塔,群众以巨大热情掀起购买公债的高潮。

困难与胜利总是相伴而行。中央苏区各地干部群众克服自身困难,踊跃参与。兴国上社区举行"6·23"群众示威大会,参加者约7000人,在会场中设立了自愿退回公债及谷票处、征收党团员处。群众"一小时自动退还公债票一百五十二元,有退回谷票四千五百八十斤,争先恐

---

① 具体内容详见伯钊《怎样发动群众热烈的来购买"革命战争"公债?》,《红色中华》1932年6月23日第7版。
② 《经济动员的统计数字》,《红色中华》1933年4月29日第3版。
③ 《经济动员战线上新的阵容》,《红色中华》1933年7月26日第5版。
④ 张贵招、赖翰如、若愚:《推销公债的惊人伟绩》,《红色中华》1933年10月27日第3版。

后……征收党团员在半小时中征收了一百五十六名"。苏维埃国家技术人员对节省运动表现积极,"无线电学校的工作人员,对于节省经济帮助革命战线的工作,非常热烈,在六月中,吴光甫同志个人节省了六十一元,其他沈毅力同志节省了一十五元,周维、卢燕、汪琪等同志,各节省了四五元"①。此外,各地还有众多推销公债优胜者的涌现。中央苏区政府电台、军委无线电队等单位也表现出了惊人的成绩。

（三）解决食盐

食盐本是民众最基本的生存物资。但在中央苏区,食盐问题却成为重大的政治问题。为解决食盐问题,保障红军物资供给和解决群众生活困难,大规模贩盐运动和熬盐运动开始出现。

中华苏维埃共和国中央政府发出《为粉碎敌人五次"围剿"的紧急动员令》后,1933年10月19日,中央局白区工作委员会马上发出《关于国民党油盐公卖致各县委及白区工作部的信》,指出寻乌、安远等重要边区的党应该派积极勇敢的同志到贩盐的群众中,参加贩盐,组织贩盐的武装队伍。贩盐需要讲究灵活的动员策略,尤其需要依靠白区的组织力量进行协调。

除了想尽办法利用外部力量进行贩盐,自力更生熬盐也成为解决食盐问题的一种土方法。敌人封锁加剧后,中央提出:"把熬盐运动发展成广泛的群众运动,保障红军给养,改善群众生活,让敌人封锁政策遭受惨败吧!"② 指示各地苏区发明熬硝盐办法,较大程度地缓解了群众生活困难。

硝盐是如何熬制出来的呢？熬盐运动在基层苏区政治动员中要落实好,涉及资本、劳力、柴火、泥土、分配等一系列问题。博生县一家熬盐厂被组织起来。首先,筹集资本。在筹集资本之前,召集群众大会,讨论熬盐问题,决定熬盐厂的负责人大家自动集股,有劳动力的不凑股金,无劳动力的每股五角钱,人口更多的人家可多加入股份。七里村总共一百零几家人,几天工夫就凑到二百左右。其次,组织劳力。因厂里

---

① 《经济动员中的新纪录》，《红色中华》1933年7月26日第5版。
② 《红色中华》1934年9月26日第238期第3版标题。

有两个会熬盐的，原就在劳役队，所以村里只供他们的饭没有工钱。这样先解决技术人员的伙食问题。其他人员，如负责人回家里吃饭，对于砍柴、挖土、担水等都是凑劳动力入股的群众轮流来做。一般以一股为单位，每天约八个人一班，各人也吃自己的饭。再次，供柴火。虽然村里很多，但柴火也先是用公山上的。"前几天恰逢我们的公山上死掉一头大树，被大风吹倒一头大树，我们就把这两头树弄来当熬盐的柴火。"又次，泥土的供应。起初有个别群众带有封建思想不肯让人挖土，"怕犯死人"，后来从负责人房子里先挖，挖后他们家里的人仍很康健，这样一来大家都放心了，找到有盐的地方都兴工动土地挖了（当然还做了充分的宣传工作）。最后，如何分配。每天熬出的盐由厂内负责人保管，到了五天，按股份多少分配一次，每次每股平均分得四两盐，现在还存积到数十斤没有分。① 通过博生县七里村组织熬盐厂的微观探视，反映了基层苏区群众革命动员的组织化程度已经非常之高。

熬盐运动取得相当成绩：一是数量增加。根据江西省内七个县的统计，共有"五百八十只盐厂（合作社的二百二十四只，机关团体的四十三只，群众的三百一十四只）。最好的是兴国，已超过原定数目（二百只）一百一十二只。其次胜利，洛口，博生都得到很大的成绩"。二是质量有保证。"每天生产量全省约达一千九百斤，生产量最好的要算洛口县，八十一只厂平均每天可出四百八十斤（市价每元可卖半斤），而且质量很好"。三是完全做到自给，并能出卖部分，如"兴国的一些地方，博生之青塘区和七里村，胜利之古龙岗，洛口之黄坡等区"②。面对成绩，有群众感慨："万恶的白鬼子封锁我们吃贵盐，好得苏维埃告诉我们熬盐，解决了这个问题，真是满（蛮）好！"③ 苏区群众质朴的话语，流露出的是维持基本生存之后的成就感、满足感和自信心。

---

① 陈潇：《博生县七里村熬盐厂是怎样组织起来的?》，《红色中华》1934年9月26日第3版。
② 陈潇：《在开展着的江西省熬盐运动》，《红色中华》1934年9月26日第3版。
③ 陈潇：《博生县七里村熬盐厂是怎样组织起来的?》，《红色中华》1934年9月26日第3版。

二 动员促进苏维埃经济持续发展

中央苏区土地革命后,土地按家庭人口和劳动力分配给农民。绝大多数农民成为土地私有者。但是土地归农民私人所有自己耕种的情况并没有使苏维埃政府部门不去关心提高农业技术、扩大播种面积、改进土地耕作和提高产量等方面的工作。"为了把革命战争进行到底,为了不断改善对日益壮大的红军的供应,为了提高群众生活,苏维埃政府在共产党领导下,尽最大努力来提高生产,恢复工业和改善苏区的农业经济。"[①]一边打仗,一边生产,中国共产党一刻也没有忘记自己经济建设的使命。

(一) 加强农业生产:春耕秋收运动

农业生产对于苏维埃革命有特别重要的意义。农业本是民生之本。生产战线上的胜利,为前方战争胜利提供重要保证。苏维埃政权之下,劳苦群众第一次能够耕种自己的土地,自由地吃上自己耕种的收获果实。这成为劳苦群众勃发伟大耕种劳动热忱的物质基础。此时,党和苏维埃政权的任务,就是要组织、激发和提高这个伟大的自发的群众劳动热忱,紧急动员起来,为布尔什维克的农业生产而斗争。

加强基本农业生产,想尽一切办法保障春耕秋收,也成为中央苏区政治动员的重要任务。

政治动员首先从春耕劳动中拉开序幕。"鼓动基本农民群众以比他在地主资产阶级奴役之下,增加十倍百倍劳动热忱,来耕种从血的争斗中,得来的自己的土地。这种广大的生产宣传,必须包括着广大传佈(布)农业改良的科学智(知)识。""让我们苏区千百万劳苦农民的劳动牧歌与英勇的工农红军的凯歌合奏最后胜利的壮曲!"[②] 发动最广大范围的群众生产竞赛,给予先进乡村物质和精神上的鼓励,带动落后乡村,以实现农业生产增长。

一年之计在于春,带有浪漫色彩的革命乐观主义春耕运动在各地展

[①] 中共中央党史研究室第一研究部:《共产国际、联共(布)与中国革命文献资料选辑(1931—1937)》第16卷,中共党史出版社2007年版,第407页。

[②] 博古:《为着布尔塞维克的春耕而斗争》,《红色中华》1933年2月10日第1版。

开。一首《插秧曲》，把劳苦群众的劳动牧歌和红军英勇斗争的凯歌巧妙结合起来，形成一种"动员我们一切力量开展我们在各个战线上的全线的进攻"①的情境。歌中唱道："红军是工农自己人，帮助红军是千该万该应；那就得先耕红军公田，优待红军家庭！"②

在中央政府号召下，春耕运动在各地苏维埃政府的领导下如火如荼地开展起来。以劳动竞赛方式进行的各种生产活动很快完成，涌现出瑞金武阳区等一批模范区乡。"武阳区有八个乡，其中以第二第六乡为最好，这两个乡都是瑞金县春耕运动中的模范区的模范乡。第二乡去年有二百多担荒田，第六乡有三百多担荒田，今年统统开垦完了。妇女同志对于垦荒更是争先恐后，因之有许多富余，虽是很想开而开不到手。肥料平均比去年增加十分之七八，家家户户都准备得非常充足。比赛时原来决定每人割草皮五百斤，结果超过了二三百斤……红军公田的肥料所，也组织了，肥料更加充足，同时并组织了犁牛合作社，解决了耕牛缺乏的困难。树也种得很多，水川水坡水车完全修理好了，而且新铲了一条大坡。田地已经完全耕好，红军公田及红军家属的田，更是首先犁好耙好，现在只等插秧了"③。从垦荒、施肥、犁田到耕种，劳动生产一系列环节配合得非常完美。这就是模范区的模范乡的模范程序。

福建汀州的春耕运动也很热烈。"城内外的劳苦工农群众，都争先恐后的把荒地刓（铲）开来种什粮。特别年青的小弟兄，天天都在那三三两两的在那帮助他爸爸姊姊哥哥母亲等挖土、载〔栽〕菜、下种……计在汀州城内开辟了十分之七八的荒地，南教场已开辟了四十五亩田的荒地，这些开的荒地，都载〔栽〕了很多菜，特别是茄子载〔栽〕得多，南教场一块的沙石坪，已变为满地皆青的菜园了。"④妇女儿童在春耕劳动中表现得极为积极。她们"都很早起床来耕田……有三分之二，都像男子一样的工作着，表示他们并不落后于男子"。连儿童团也发动起来劳动，"他们都很踊跃的去捡狗粪，每星期三天为自己捡，三天为红军家属

---

① 博古：《为着布尔塞维克的春耕而斗争》，《红色中华》1933年2月10日第1版。
② 思丸：《插秧曲》，《红色中华》1933年4月29日第4版。
③ 广澜：《武阳区印象记——春耕运动的实际材料》，《红色中华》1933年5月5日第7版。
④ 化龙：《加紧开垦荒地》，《青年实话》1933年4月30日第2卷第13号。

捡,一天为红军公田捡,他们的计划是每个儿童捡一百二十斤。儿童们都非常拥护这个计划,他们每天争先恐后的去捡狗粪,为完成这个计划而斗争。"① 劳动的号角孕育收获的希望。

劳动的步伐一刻也没有停止。随着春耕运动结束,秋收季节来临,苏区各地民众陆续进入武装保卫秋收的日子。金灿灿的果实就在眼前,敌人也想疯狂占有。为了反对国民党匪军抢掠烧毁,各级党和苏维埃政府明确提出"武装保卫秋收""不让一粒谷子落到国民党白鬼子手里""把每一粒谷子收集起来,保障红军的给养"的口号,要求各地苏区"进行最广泛的通俗的宣传鼓动,吸收每一个群众不论男女老幼为了他们的谷子,参加到运动中来……为保护群众自己的谷子而战"②,为了自己的劳动成果能够得到收获,动员群众进行最坚决的斗争。

保卫秋收,必须通过武装进行全体配合。在"边区与战区以及刀匪活动的区域,各军区军分区与军事部,必须有计划的调动地方独立部队,游击队小组,保卫队在秋收区域之外积极活动,阻止敌人"。通过"调动劳动力到秋收成熟的区域去,来争取秋收的迅速的完成"。在收割谷子时还要将各家谷子分清楚,因为"帮助收割的谷子,除红军公谷外,是群众的私有财产"③。从照顾好群众的谷子开始,尊重私人财产,使他们获得私人利益,体现对群众生活的真正关心,因为这是农民全部希望的基础。

年复一年的春耕秋收运动,促进了中央苏区农业经济的稳步发展。"春耕运动,夏耕运动,秋收秋种运动无疑的是得到了不少的成绩,全苏区米谷的生产,据一般的估计,虽然没有完全增加两成,可是平均至少在一成以上,此外今年的杂粮(豆、麦、蕃薯、菜等)的种植,有了大批的增加。"④ 苏区群众生活的基本物资有了保证,农业经济建设慢慢得到发展,这样对战争的粮食支持也提供了保障。

---

① 广澜:《武阳区印象记——春耕运动的实际材料》,《红色中华》1933年5月5日第7版。
② 《关于武装保护秋收的决定》,《红色中华》1934年7月7日第2版。
③ 同上。
④ 中共中央党史研究室第一研究部编:《共产国际、联共(布)与中国革命文献资料选辑(1931—1937)》第16卷,中共党史出版社2007年版,第407页。

(二) 发展进出口贸易：学会做生意

中央苏区农业物产丰富，赣南和闽西地区盛产纸、烟、木、禾等农产品，其中粮食为苏区最大宗的出产物之一。"我们估量今年可以得到极大的丰收，中央苏区的粮食，有三百万担可以出口。"① 但是，食盐、布匹、药材等日常生活必需品在苏区极为缺乏和昂贵。日益紧迫的情境和近乎枯竭的资源迫使中央苏区政府必须想尽办法以农产品换取日常品，发展苏区贸易。

对外贸易机关作为中央苏区政府中管理贸易的负责机构，直接与白区商人打交道。想尽各种办法与白区商人建立商业关系，是发展进出口贸易的重要前提。各级党与政府及其他机构，应尽可能帮助这一工作的建立。苏维埃政府鼓励中小商人前往福建省的长汀、江西省会昌的筠门岭、吉安的值夏等地进货，允许白区商人到苏区来进行贸易。"凡是白区的小商贩，苏维埃政府给他们颁发路条，他们卖完货后将路条藏在一个赤白交界的隐蔽地方，下次来时再带上。"② 灵活的商贩保护政策，促进了更大范围内的贸易往来。

商贩贸易关系建立后，逐步打通交通运输线，又为大宗物资贸易获利创造重要条件。最初，"赣河阻碍，使赣西南的大批出产如谷米杉木，竹，茶油，桐油，纸，木器（赣州），仁风山的钨矿等不能出口，外货亦不能运来"③。丰富的农产品不能输出，极大影响苏区贸易。为顺利调剂各类物资并出口物资，"必须建立很好的运输线，主要的是水路，会寻安及瑞金一带经会昌出口，石城，胜利，博生，兴国，万泰，赣县向赣河方面出口，公略永丰向吉安方面出口，我们必需适当地分配船支，规定船价，以便迅速开运并输出"④。经过多方努力，苏区政府主要开辟出陆路和水路贸易路线。其中瑞金到赣州是最主要的赤白贸易通道。瑞金到会昌筠门岭是陆上贸易线路。水陆两条运输线打通后，"赤""白"两区

---

① 《怎样去进行粮食收集与调剂的运动》，《红色中华》1933 年 8 月 1 日第 3 版。
② 舒龙、谢一彪：《中央苏区贸易史》，中国社会科学出版社 2009 年版，第 206 页。
③ 江西省档案馆等编：《中央革命根据地史料选编》下册，江西人民出版社 1982 年版，第 558 页。
④ 《怎样去进行粮食收集与调剂的运动》，《红色中华》1933 年 8 月 1 日第 3 版。

贸易对抗局面有所好转，收集和运送粮食等物资进行外货调剂和出口，便利了苏区贸易。

三 动员推动中央苏区各级政府机构完善和工作改善

中央苏区政治动员各项任务下达后，地方苏维埃政府成为完成任务的首要执行者。但从各地实际执行效果看，情况并不乐观，各地有着极大的差距。如扩红任务进行一段时间后，在赣粤四县表现为："会昌没有紧张的动员起来。于都怎么冒（没）办法？西江有了成绩呢！门岭最落后！"在江西六县表现为："石城缺乏战斗动员！长胜开展了斗争；兴国的成绩很好；赣县没有开展斗争！博生开大差！胜利优待红军工作不好！杨殷、赤水、宜黄、太雷还没动员起来！"在福建表现为："宁化尚无好成绩！长汀没有抓住中心！兆征没有广泛群众动员！""总计各地报名共有三千九百余名，集中到县的有八百八十余名。集中到独立师的有六百多。"① 从各地反馈来的情况看，扩红突击运动远没有按期完成。除了西江、兴国等县，绝大多数县苏维埃执行情况非常糟糕。严厉的批评是中央督促地方改进工作的一种最直接最有效的方法。面对实际困难，中央除了命令以外，必须协调地方，想尽办法一起行动起来。

选举运动是中央苏区中共领导的一项重要群众运动。经过政治动员，落后地区的选举工作前后变化明显，工作经验和效率明显提高。据《红色中华》报载，福建省新汀县三洲乡苏维埃政府在领导群众选民运动中，过去召开群众大会都很困难，从早召集到晚，到会群众最多不超过百人。经过乡苏维埃政府详细调查，把有选举权和没有选举权的，全部写榜公开，说明乡苏维埃选举大会时间、地点。群众知道自己有选举权后，踊跃到会，人数达到八百左右，选举大会成功召开，阶级异己分子一个都没有混进。② 在偏远区域能把群众发动参与政治，基层政府下了一些力气。

---

① 均：《半月来各县扩大红军突击工作的检阅》，《红色中华》1933年12月17日第1版。
② 郑荣光：《进行苏维埃选举运动中一个工作经验》，《红色中华》1932年2月10日第10版。

如果扩红、选举、借谷等运动还只是阶段性政治动员，涉及政府机构只是个别，那么查田运动作为中央苏区一项涉及面更广的重大群众运动，牵涉了整套政府机构的各个部分，成为全局性政治动员整体展开的重要实践。"查田运动是一个残酷激烈的阶级斗争，是一个群众的伟大革命运动，是党和苏维埃群众团体工作改善的根本，……只有整个党整个苏维埃工会都动员他们的全力加入这个运动中去，才能动员开展与完成这个运动。"① 在苏区中央局和中央苏区政府的号召和命令下，整个党整个苏维埃和群众团体机构都被动员加入到这场运动中。

明确主要职责，分工合作，做到任务分解。在查田运动中，中央政府机构中的土地部担负主要职责，其他各部门也参与。毛泽东特别批评那种与己不关、袖手旁观的错误观点，明确指出："要反对过去把查田运动看作只是土地部的工作，不但财政部军事部国民经济部与教育部认为是与查田毫无关系的，就是工农检察部裁判部政治保卫局也认为没有多大关系，甚至主席团也不去管理查田运动，这是完全不对的。须知整个的苏维埃没有那一部分可以脱离查田运动不管的。"② 查田运动涉及各个部门。围绕查田运动，各部门积极开展工作，各部门之间的工作关系密切起来，工作往来密度也增加。这些都直接或间接地推动着政府机构工作更加完善。

转变工作态度，深入底层。在彻底粉碎敌人大举进攻之时，为争取战争胜利，筹措粮食，中央政府向工农劳苦群众发动借五升谷子运动，以充足前方红军粮食，使红军摆脱困难，更加勇敢地同敌人作战。在长汀县红坊区，借谷运动开展得很有效。群众"在一夜工夫，自动借出一百余石米，至第二天达到三百余石，交给乡政府来充足前方红军粮食"③。福建军区后方第二分院的伤病战士及工作人员热烈参加革命。许多伤病战士"自动要求每天每人减少伙食费大洋五分，并取消每月的休养费"，

---

① 毛泽东：《查田运动的第一步——组织上的大规模动员》，《红色中华》1933 年 6 月 20 日第 3 版。
② 同上。
③ 《借谷运动顶呱呱》，《青年实话》1933 年 4 月第 2 卷第 13 号。

工作人员"自愿每天每人减少伙食大洋一分"①。但军区政治部只允许伤病员每人每天减少大洋二分。明确职责,将任务分解到每一个人,工作在基层得到落实,促进了各级政府工作作风的转变和行为深入。这样,筹粮、借谷、捐款运动也渗透到最底层的每一位基层群众。

中央苏区政治动员与军事、经济等工作的协调互动,考验着中共能否有熟练地驾驭各种矛盾的能力。军事成为政治动员的晴雨表。集中主力红军狠狠打击敌人,并获取胜利,是保证苏维埃政权继续生存的前提。克服单纯军事观点,要求红军除了会打仗,还要学会动员群众,善于做群众工作。两者的有机结合,协调起军事与政治的矛盾。

发展苏区农业生产、进行贸易往来,可以更好地筹措战争经费和提高各种物质保障,使政治动员与经济社会发展进一步协调。在推动苏区经济向前发展的过程中,中央苏区政府机构逐步完善,各项工作逐步落实。"据统计,从1932年至1934年,中央苏区大规模'扩红'四次,共吸收红军267909人,占总人数的比例在6.7%—12%之间;共发动大规模'借谷'运动三次,筹集粮食100万担以上,折合谷子约为1亿斤;共大规模发行公债三期,筹集公债400余万元。"② 苏区广大群众既保障生产,发展经济,又学习军事训练和军事本领。军事工作、经济工作和政府日常工作等,在政治动员中协调起来。

---

① 《节省响应声——福建军区后方第二分院》,《红色中华》1933年4月23日第2版。
② 王连花:《中央苏区时期的革命动员及政府补偿》,《中国井冈山干部学院学报》2014年第3期。

第四章

中央苏区政治动员中的课(教)本创编应用

为了实现有效的政治动员,借助一种或多种物质载体来获得被领导者的认同和支持,传递或传播苏维埃政权需要实现的价值目标,成为中央苏区时期中共政治动员途径首选之需。政治动员的方法和途径很多,宣传鼓动、思想政治教育、群众大会等都极为常见;政治动员的物质载体多种多样,标语、口号、山歌、民谣、文本等都成为中央苏区政治动员常用的方法。其中革命课(教)本的创编利用,为中央苏区政治动员提供多渠道传播和教育视角,成为协调政治动员与文化社会发展矛盾的具体途径。

中国共产党、红军部队和各级苏区政府,根据不同动员对象,创编和发行了多种革命课本或小册子①,这些针对党员干部、红军战士、工农群众和儿童开展特色教育和政治动员提供了资料来源。课本在流动的战争环境中,供苏区群众一边战斗,一边学习。流动的课本和课本的流动,体现理论与实际结合的教育理念和教育方法,为中共政治动员提供重要的学校文化传播与支撑。课本的创编利用凸显中国共产党始终追求自由价值的革命旨趣,克服了自身因语言障碍带来的不利传播革命的影响,

---

① 中央苏区时期许多小册子、小报、宣传品、材料大纲等,如果按照严格标准来看,离课本还有差距,还不能称为真正意义上的课本,但由于苏区文化教育起点非常低,这些小册子等发挥了非常重要的教育载体作用。党的文献有这样的记载:"在上海、广东,他们有一种小报,这种小报的效果是比较好些。"中共中央文献研究室、中央档案馆编:《建党以来重要文献选编(1921—1949)》第5册,中央文献出版社2011年版,第346页。

普及了基本文化知识和倡导基本文明生活方式。从总体来看，课本的创编利用彰显文化价值启蒙的持久性意义，为中央苏区广大群众发挥出革命动员和教育启蒙的双重作用。

第一节 革命与战争话语下各类课（教）本的创编应用

课本，不仅是知识的承载，也是价值观念的承载。作为一种文本，如何从历史阶段和文化记忆维度进一步探究其文本价值，需要更具体的微观视角。中央苏区时期，各省、县、区苏维埃普遍兴办了各类学校、图书馆、列宁室、俱乐部、工农剧社等文化机构。这些机构的创办，直接推动着课（教）本的创编应用。正是在这些正规或非正规的文化机构中，因适应战争环境和政治宣传鼓动需要创编的各种课（教）本，向广大群众推广和普及，推动了苏区教育文化的发展。

一 出版文字课（教）本

中央苏区文字课（教）本虽然明显缺乏规范性，远不如现代教育理念指导下创编的课本那么系统、那么深刻，但鲜明体现现实生活就是最好的原创教本。根据收集到的资料和不完全统计，中央苏区文字课（教）本或小册子大致可以分为以下四类：

第一类，关于中央的决议、指示、命令、法令草案的汇编，或是对这些文件的解释说明。这类册子主要适用和教育的对象是红军各级干部、地方苏区政府的工作人员等。

第二类，为了及时宣传鼓动而编写的通俗小册子，通常以纪念日为契机作为政治动员的资源，主要是对广大文化程度较低的工农群众进行各种概念知识性的解释和教育鼓动，如广暴纪念、红五月纪念、八一纪念等。

第三类，各种报刊，如《工农报》《红旗周报》《红色中华》《红星报》《斗争》《红报》等，用报刊当教材进行宣传动员，面向苏区所有的党员干部、红军部队和广大群众。

第四类，各级各类学校使用的教材，如《教育学讲义》《共产儿童读本》《国语读本》《常识读本》《红孩儿读本》《少队游戏》《竞争游戏》《群众课本》《红军识字课本》《看护教科书》《苏维埃政权》《土地问题》等。相对前三类，这些教本内容编写比较完整，针对性较强。据不完全统计，江西省苏区出版的各类教材主要如表十二所示。

表十二　　　　　　中央苏区时期在江西出版的主要教材①

办学层次	教材名称	出版时间	出版单位
小学教育	《共产儿童读本》第一册	1933年7月	中央教育部编
	《共产儿童读本》第二册	1933年7月	中央教育部编
	《共产儿童读本》第三册	1933年10月	中央教育部编
	《共产儿童读本》第四册	1933年	中央教育部编
	《共产儿童读本》第五册	1933年7月	中央教育部编
	《共产儿童读本》第六册	1933年7月	中央教育部编
	《列宁初级小学校适用国语读本》第一册	不详	湘赣省苏文化委员会出版
	《列宁初级小学校适用国语读本》第二册	不详	湘赣省苏教育部出版
	《列宁初级小学校适用常识读本》第四册	1933年8月	湘赣省苏教育部出版
	《红孩儿读本》第一册	1930年5月30日	湘鄂赣边境工农兵暴动委员会出版
	《竞争游戏》	不详	中央教育部编
	《少队游戏》	1934年4月8日	中央总队部总训练部编
	《儿童游戏》	1933年10月4日	湘赣省儿童局翻印
	《儿童唱歌集》	1933年5月	中央教育部编
社会教育	《工农读本》第一册	1932年10月	赣东北省苏文化委员会编订
	《工农读本》第二册	1933年	闽浙赣省苏文化部编订
	《工农读本》第三册	1933年3月2日	闽浙赣省苏文化部编订
	《工农读本》第四册	不详	闽浙赣省苏文化部编订
	《工农兵三字经》读本	不详	不详（录自会昌县博物馆）
	夜校识字班教材和宣传材料	1934年7月26日	教育人民委员部编审局印

---

① 表格内容根据赣南师范学院、江西省教育科学研究所编的《江西苏区教育资料汇编（1927—1937）》第七册目录及石叟资料（即陈诚档案）目录（缩微胶卷）的相关资料整理。

续表

办学层次	教材名称	出版时间	出版单位
红军教育	识字课本	1931年2月	中华苏维埃中央军委出版
	《红军识字课本》第一册	1934年3月	中国工农红军总政治部编
	《红军识字课本》	1932年4月15日	闽粤赣军编
	《红军教育与管理》	1932年1月15日	中央军事政治学校编印
干部教育、专业教育	《共产党、共产青年团、儿童团讲授大纲》	1933年5月	中央教育部编
	《苏维埃政权》（全一册）	1933年11月19日	中央教育部编
	《土地问题》	1933年11月13日	中央教育部编
	《算术常识》（全一册）	不详	教育人民委员部编
	《自然常识》	不详	教育人民委员部印
	《理化常识》	1933年11月	教育人民委员部编
	《地理常识》	1933年11月	教育人民委员部编
	《生物常识》（全一册）	1934年4月	苏维埃大学编
	《农业常识》（上、下册）	1934年6月	中央教育部印
	《看护教科书》第一册	1934年6月22日	中央军委总卫生部发行
	《看护教科书》第二册	1934年6月30日	中央军委总卫生部发行
	《看护教科书》第三册	1934年7月12日	中央军委总卫生部发行

在江西中央苏区出版的各类课本，仅仅从名称来看，"共产主义""列宁""工农""苏维埃""红孩儿"等关键性词语，就已经突出地体现革命话语下的课本"首先是政治文本，其次才是教学文本"[①] 的鲜明特色。

二 展示实物模型

随着苏区教育事业的兴旺，博物馆之类的事业也因陋就简建立和兴起。从苏区各地征集来的文物和模型，分门别类，有红校模型室、农产

[①] 石鸥、刘学利：《教科书文本内容的构成》，《教育学术月刊》2013年第5期。

品展览馆、革命博物馆等。展品栩栩如生,具有鲜明的思想性和广泛的群众性,成为苏区战士和群众学习的实物课本。

红军学校为了提高教学效果,通过各种办法,利用多种途径向地方、军队甚至群众个人征集实物模型。相关资料显示,实物模型以红军学校收集最多。向各地征集的各种模型种类,主要包括军事、政治、文化方面的实物、模型、仪器、标本等。

据《红色中华》报载,红校模型室共收集到"模型及图表六百余件,其中以军事的为最多,关于政治、文化、经济各方面的次之,此外还有花园,喷水池,兵棋游戏图及泥塑的全国地图等等。兵棋游戏图又可当做活的更具体的一幅江西革命形势发展图来看,在这里面很清楚的说明着我们湘赣、湘鄂西、赣东北及中区的工农红军英勇地盛气勃勃地扛着枪擎着鲜红的苏维埃旗帜在进行着夺取抚州,会师南昌的革命战斗,更说明了敌人如何的在我们面前胆战心惊"[①]。与文字课本不同,这些模型生动、形象,将革命战争与乡村生活文化浓缩其中。

一切新奇的事物就是最好的动员宣传和教育素材。在实物模型展出期间,"只看见成群结队的绵绵不断的人群像洪流一般的涌上前来,把模型室及俱乐部前面所有的空地都站得一个水泄不通"[②]。实物展示,体现了王稼祥所说的红军教育三个原则:"1. 要从红军战士的切身问题说起,然后再说到远的问题。2. 要从现在的问题说起,然后再说到必须要知道的过去历史的问题。3. 要从具体问题说起,然后再说到抽象问题。"[③] 各类模型室、农产品展览馆、革命博物馆成为苏区群众学习的实践课堂。

当各种文化展品、农产品出现在群众和红军战士眼前,他们眼界大开,为苏区群众直接从现实中学习、宣传、教育、动员提供了活教材。苏区妇女在看到展览中出现的旋转门之类的东西时,好奇心随之起,参观的兴趣和学习的热情大大增加。

---

① 赵苏民:《红校模型室开幕记》,《红色中华》1933年5月5日第2版。
② 同上。
③ 中共中央文献研究室、中央档案馆编:《建党以来重要文献选编(1921—1949)》第11册,中央文献出版社2011年版,第215页。

第二节　革命课本与政治动员特色

革命课本承担着重要的政治宣传任务。早期中国共产党的宣传品主要有以下几种："省委宣言，宣传大纲，每周政治通讯及传单标语等。此外，还有翻印中央的反军阀战争宣言，十月革命宣传大纲，每日宣传要点等。"① 但从宣传材料的内容和形式来看，都显粗糙。六大组织报告曾特别指出，"中央的宣传工作真成问题。中央的宣传品，文字上都不能使群众明白。……支部教育工作更谈不上了"②。中央一级的宣传品内容不针对特定对象，做宣传工作又不了解工农群众的特别需要，怎么会有效果呢？

中共六大虽对宣传工作提出了严厉批评，但中共的宣传员到了乡村，仍然依照过去的习惯，将呆板的宣传方式带入乡村，产生的效果可想而知。"过去的文字宣传品（宣言传单……）文都过于冗长或陷于'老生常谈'的腐败泥坑里，……不能正确了解群众的心理，尤其切合于青年儿童性质方面，歌谣等类的宣传品，少之又少。"③ 中共在乡村的宣传工作没有大的起色，宣传品也比较粗糙。但是，这些粗糙的文字宣传品在一定程度上充当了乡村党员干部教育的早期教材。

为了改善局面，提高党的宣传工作效果，在各方努力之下，苏区党、红军和各级苏区政府在战争环境下想尽办法去编创各类课（教）本。从课本类别上来看，有针对不同教育对象的课本、小册子；从教材内容上来看，涉及军事、政治、文化等领域，深浅不一，有的通俗易懂，有的专业知识性强；从知识目标上看，普及了基本生活常识和基本文化知识；从价值目标上看，凸显革命文化的政治本色，反映了中国共产党倡导的

---

① 江西省档案馆等编：《中央革命根据地史料选编》上册，江西人民出版社1982年版，第545页。

② 中共中央文献研究室、中央档案馆编：《建党以来重要文献选编（1921—1949）》第5册，中央文献出版社2011年，第346页。

③ 湖南省、湖北省、江西省档案馆等编：《湘鄂赣革命根据地文献资料》第1辑，人民出版社1985年版，第501页。

一种文明生活方式。

一 理论与能力提升：干部教育课本特色

中央苏区时期地方党员干部缺乏且素质低是普遍的现象。中共闽西特委写给省委关于党务问题的报告中明确指出："教育工作做得很少，党员政治水平很低，同志活动能力太差，全闽西找一个能干的区委书记都不容易，支部一级更不待说了。"[①] 对于党员干部缺乏及其素质偏低的问题，中共中央曾指示苏区中央局，对干部缺乏和干部培养问题，"主要在自给，宜速办党校及苏维埃干部训练班"[②]，培养干部还是要依靠自己解决，自力更生。

培养干部需要教育，同时更需要训练。但是苏区党内教育训练工作十分缺乏，"党员对于党的各种策略的决定，只是盲目的服从，或则完全不信任……因此党内水平浅异常低落"[③]。1931 年《中央苏维埃区域报告》也认识到了这个问题的严重性："党的训练教育工作都缺乏，训练的材料很少，并且文字的材料不能深入到群众中去。"[④] 中央苏区党组织在培养干部方面做得极为缺乏，教育培养和训练党政干部就成为非常急迫的组织任务。用什么样的教材培养、谁来培养、培养谁等都成为面临要解决的具体问题。从 1931 年至 1934 年间，苏区中央局一方面通过自身实践摸索，另一方面在接受中共中央批评改进的过程中逐步改进着干部教育。

（一）理论教育

从现有资料来看，中央苏区时期针对干部教育编写的教材主要有两类：一类涉及马克思主义理论知识和专业技能知识，如《社会进化史》《共产党

---

① 江西省档案馆等编：《中央革命根据地史料选编》上册，江西人民出版社1982年版，第551页。
② 中共江西省委党史研究室等编：《中央革命根据地历史资料文库·党的系统》第3册，中央文献出版社、江西人民出版社2011年版，第1918页。
③ 江西省档案馆等编：《中央革命根据地史料选编》上册，江西人民出版社1982年版，第536页。
④ 同上书，第389页。

宣言》《苏维埃》《怎样做一个好的共产党员》《共产主义宣传提纲》《共产党、共产青年团、儿童团讲授大纲》《土地问题》《农业常识》《算术常识》《自然常识》《理化常识》《地理常识》等;另一类涉及军事斗争技术、日常训练和具体的政治动员方法,如《训练材料》《步哨手册》《红色指挥员必读》《群众工作必读》《长冈乡调查》《才溪乡调查》等。

这些还不能称为真正意义上的教本——各种最通俗的小册子,却在反帝、拥护苏联、反"围剿"斗争、土地革命、八小时劳动日等方面的宣传与鼓动中发挥出应有的作用。甚至有些地方还将各地省级机关的一些报纸也充当了干部教育的教材。"为了提高工农同志的学习……可用中央及省革委所发的训令、通令、法令、条令等及《红色中华》、《动员》等报为教材。"① 没有教材,只能就地取材,就地充当教材,当然,这也是解决问题的一个好办法。

1928年,中央湘赣边界遂川县委编写了《共产主义宣传提纲》(下文简称《提纲》)。《提纲》用浅显通俗的语言,解释了什么是无产阶级专政,如何废除资本主义制度,达到共产主义和实行"各尽所能,各取所需"的问题。提出共产主义者要积极投身阶级斗争,"绝对服从命令","执行钢铁纪律"。这个《提纲》在井冈山新(永新)遂(遂川)边陲地区广泛流传。它是对广大党员和干部进行思想政治教育和组织纪律教育的生动教材。②

随着红军队伍壮大,全体党员干部教育范围随之扩大,所需课(教)本的种类也丰富起来。1929年红四军第九次党代会具体规定了党员干部政治教育的10种材料③。除了常规政治理论方面的学习内容,这些课

---

① 赣南师范学院、江西省教育科学研究所编:《江西苏区教育资料汇编(1927—1937)》(4)教育类型和办学形式(中),内部刊物1985年版,第19页。
② 皇甫束玉等编:《中国革命根据地教育纪事(1927.8—1949.9)》,教育科学出版社1989年版,第14页。
③ 这10种材料具体为:"(1)政治分析;(2)上级指导的通告的讨论;(3)组织常识;(4)红军党内八个错误思想的纠正;(5)反机会主义及托洛斯基主义及反对派问题的讨论;(6)群众工作的策略和技术;(7)游击区域社会经济的调查和研究;(8)马克思列宁主义的研究;(9)社会经济科学的研究;(10)革命的目前阶段和他的前途问题。"参见梅黎明主编《伟大的预演:中华苏维埃共和国历史》,中国发展出版社2014年版,第127页。

(教)本当中有相当多的都是党制定的路线、方针、政策和党领导各地苏区斗争的实际反映。如《游击区域社会经济的调查和研究》《群众工作的策略和技术》等。这些教材更符合乡村斗争的客观实际需要。通过对这些教材的学习，党员干部实践斗争能力和政治素质得到提高。

1933年，中央苏区政府教育人民委员会特别编辑出版为干部教育使用的文化课教科书，包括《苏维埃公民》《地理常识》《理化常识》《农业常识》《自然常识》《算术常识》。[①] 一整套教科书的编辑出版为干部教育提供了较为系统的知识，促进了革命根据地干部教育工作的发展。

从地方初创到红军部队具体应用再到苏维埃政府全面规划，干部教育课（教）本逐步扩大了辐射范围；从政治读本到文化读本，干部教育课（教）本更加丰富了涵盖内容；从理论知识到地方实践学习结合，党员干部获得了解文化的能力，综合素质得到提升。

(二) 能力提升

政治动员要的不是千篇一律的恶劣宣传鼓动，要的是活泼具体的群众宣传鼓动。作为主管中央宣传工作的张闻天，尤其重视对群众的宣传鼓动工作。1932年11月18日，张闻天在临时中央于上海出版发行的机关报《斗争》上发表《论我们的宣传鼓动工作》，强调宣传鼓动的重要性。他指出，"怎样去接近群众，怎样开始向群众说话，怎样使群众相信我们所说的，而且能够执行我们的任务"，"宣传鼓动时，必须知道听我们讲话的是工人，农民，红色战士，或是城市贫民，而且也应该知道他们的文化水平与思想上准备的程度"，比如具体拿工人来说，"知道我们宣传鼓动的对象是工人，甚至某处的某一种工人，如韩江的木船工人，这还是不够的。我们必须进一步了解他们的生活，情绪，兴趣和要求，我们的宣传鼓动就应该从他们的切身问题开始……把这些问题紧密的同我所要达到的政治任务联系起来"[②]。有了宣传鼓动的指导原则，还需要

---

① 皇甫束玉等编：《中国革命根据地教育纪事（1927.8—1949.9）》，教育科学出版社1989年版，第89页。

② 中央党史研究室张闻天选集传记组编：《张闻天文集》（一），中共党史出版社2012年修订版，第264页。

了解清楚动员对象及明确他们的利益所在，这是干部动员必须具有的能力和水平。

1933年2月中共中央局机关刊物《斗争》（张闻天任主编、杨尚昆任助理）发表《转变我们的宣传鼓动工作》，尖锐批评了苏区中央局的政治动员："过去苏区党的宣传鼓动工作，非常不能令人满意"，"应该立刻彻底的转变"①。苏区中央局接受了上级对他们的批评，并以实际行动进行了改正。《宣传教育与干部问题》就是苏区中央局改进宣传鼓动工作而制定的措施和步骤。后来，"红校"②专门把这份《宣传教育与干部问题》作为本校《党的建设讲授提纲》中的一章来使用，为培养党的干部提供了可操作性的政策指导。

培养、教育和训练苏区政府地方基层干部也是党组织的重要任务。为了教育广大干部发动群众，中央苏区政府围绕战时做好群众工作的需要，编写出适合地方干部进行发动群众的各种教材或小册子。毛泽东的《长冈乡调查》和《才溪乡调查》堪称其中的教材典范。

1934年初，中央苏区政府筹备召开第二次苏维埃代表大会。大会召开前，中央苏区政府总务厅出版处的黄亚光等同志，将毛泽东亲自编写校对的两本小册子《乡苏工作模范（一）——长冈乡》（长达两万六千多字）、《乡苏工作模范（二）——才溪乡》（长达七千多字），用毛边纸油印了一千多份，发给每个代表。③毛泽东在这两本小册子中高度表扬长冈乡、才溪乡的工作，给各地方苏区代表找到学习具体模范的现实样本，从而为扩大红军，如何发动群众筹款筹粮又关心群众生活做了深刻的政

---

① 王美芝：《"红校训育部翻印"的〈宣传教育与干部问题〉考证》，《党的文献》2016年第2期。

② "红校"是中央苏区一所专门为红军、地方武装和各级党政组织培养军政干部的学校，也是中国共产党独立领导武装斗争以来，在中革军委直接领导下创建的第一所较为正规的综合性军事指挥学校。学校设训练教育部、政治部、校务后勤部。1933年10月，根据中革军委的命令，"红校"开始分编为红军大学、红军第一步兵学校、红军第二步兵学校、红军特科学校、游击队学校等。从此，中国工农红军学校在中央苏区结束了历史使命。参见王美芝《"红校训育部翻印"的〈宣传教育与干部问题〉考证》，《党的文献》2016年第2期。

③ 江西省文化厅革命史料征集工作委员会、福建省文化厅革命史料征集工作委员会编：《中央苏区革命文化史料汇编》，江西人民出版社1994年版，第611页。

治动员。代表认真读,认真学,回到工作岗位认真干,发挥了小册子的流动作用。

毛泽东在《长冈乡调查》一文中以"公债的推销"①为例,详细讲述了乡一级苏区组织通过建立公债发行委员会对群众反复动员的具体过程。"公债的推销"详构了乡苏怎样工作的过程:开会动员,宣传动员,个别动员,耐心说服,又宣传,又动员,反复多次,直到要达到群众完全满意的结果。

正因为工作难做,所以必须千方百计地想出办法来;正因为群众有意见,所以必须千辛万苦地克服困难,帮助群众。在《才溪乡调查》一文中,毛泽东明确指出乡苏基层组织与群众关系的重要作用:"乡苏维埃下许多委员会的组织及其领导……将使苏维埃与民众的关系更加密切,将使一切苏维埃工作的执行得着雄厚的力量。"②把群众的切身问题,同中国共产党的基本口号密切联系起来,这是动员群众的基本原则之一。中国共产党必须学会解决群众许多困难,关心群众生活,才能说服群众,动员群众,吸纳群众。

简单而又略带些粗糙的课(教)本,传递着普通干部最需要掌握的实际工作技能和知识道理。早在井冈山斗争时期,谭震林同志参加了工农革命军军官教导队的学习。据他回忆,毛泽东同志曾用湖南乡间常见的水车舂米的例子,作为教本内容来教育工农斗争。"舂米是大家熟悉的。舂米的一个方法,是拿了一根棒子,你顿一下,我顿一下,把稻子舂成米,这是一个办法。造架水车,在水车上安一个棒子,棒子上捆一个石头,水一冲,水车转起来,棒子上的石头就不停地舂米,这也是一个办法。这个办法比前一个办法算是进步了。现在还有一个办法就是用机器,机器开动起来,稻子很快就变成米,机器碾米又快又好,这就更进步了。""我们革命的目的是什么?……就是要把所有用人力的生产,变成用机器的生产。要达到这个目的靠谁呢?靠群众自己。那么,群众怎么知道革命的道理呢?那就是靠我们共产党员去给他们讲,所以你们

---

① 具体内容详见《毛泽东文集》第1卷,人民出版社1993年版,第303—304页。
② 同上书,第328页。

到哪一个地方,都要注意这个问题。"① 在教与学的过程中,相当一部分干部成长起来,成为党和军队的骨干。

在中央苏区三年游击战争时期,项英、陈毅在极为艰苦的环境下,带头编写了政治、军事和文化教材,以及各种文化课本,计十多种。如《群众工作必读》《步哨手册》《红色指挥员必读》《红色战士必读》等。《群众工作必读》是项英及时总结红军游击队的群众工作经验编写的,详尽地论述了群众工作的性质、方针和方法,指出游击战争是群众的战争,群众工作的好坏,是检验游击队工作的尺度。这本小册子,通过特委油印处印发到各个游击队和基层党支部,成为大家做群众工作的指南。② 小册子伴随党员干部走完艰苦的南方游击战争岁月。

干部教育课本内容,注重马克思主义理论知识的灌输、注重对游击战争的领导以及如何做群众工作的经验介绍。各地干部在学习理论和总结实践经验的过程中,受到了较高层次的思想锻炼,培养了基本的马克思主义理论素养,工作能力比以往有较大提升。

二 军事技能训练:红军战士课本特色

红军主要成分来源于工农,文化水平低,很多是不识字的文盲。为了帮助红军战士提高战斗力,增强组织纪律性,王稼祥同志曾提出编写红军战士读本的三条原则,"第一着重讲红军,第二是苏维埃,第三是国际主义",目的是"要把战士培养成很好的战士、苏维埃公民和国际主义者"③。从这三个原则来看,红军战士读本内容体现了由近到远,从国内到国际,有微观又有宏观的特点,考虑到红军战士的实际。

1929 年,红四军前委宣传科编辑出版《训练材料》(第 1 集),供培养训练红军干部作教材用。该书发行后,地方上也普遍用作训练教材和

---

① 《谭震林传》编纂委员会:《谭震林传》,浙江人民出版社 1992 年版,第 30—31 页。
② 刘勉玉:《中央苏区三年游击战争史》,江西人民出版社 1993 年版,第 84—85 页。
③ 中共中央文献研究室、中央档案馆编:《建党以来重要文献选编(1921—1949)》第 11 册,中央文献出版社 2011 年版,第 215 页。

干部读物。①

仅从标题看,《训练材料》包括革命形势和革命理论教育、军事技术训练、群众工作斗争方法和教育途径等;从具体内容来看,《训练材料》简单明了,通俗易懂,基本满足红军部队战士文化水平不高的客观需要。

1932年,红军更加重视部队教育中的教材建设,先后编印出版"《红军识字课本》、《红军教育与管理》、《苏维埃政权》、《红军中的政治工作》等多种教材和读物"②,以进一步供给红军各类学校和红军各部队广大红军干部、战士使用。

利用小报进行宣传曾给中国共产党的隐蔽教育带来便利。中央苏区继续这一传统,编创各种小报在红军部队中进行教育得到进一步发挥。

1932年,中华苏维埃共和国临时中央政府就要求红军总政治部与红军各级政治部应在红军与地方武装中实行政治动员,利用"在《红星报》及其他红军刊物上经常不断的揭露日本及一切帝国主义侵占中国……的事实,激励起全体红色战士对日宣战的热忱与勇气,鼓动起他们……的决心。并要编印各种小册子和画报……特别要注意于红军新发展区域尤其是接近中心城市的地方的政治工作"③。《红星》报成了流动的课本,红军战士一边打仗,一边学习,文化水平和政治觉悟有所提高。

1934年8月,"中央苏区曾出版过一本苏区军民爱不释手的战地通讯专集——《火线上的英雄》,该书就是由《红星》报'前线通讯'刊发的近百篇文章汇集成书的"④。《红星》报图文并茂,内容生动形象,对教育红军战士发挥了很大作用。报纸经常采用漫画形式,结合红军战士日常生活、战斗、群众工作等多种内容进行政治动员。(详见本书附录:图一至图五、图十至图十三)

正是通过不断的学习,红军战斗水平经历"由乡赤卫队、区赤卫大

---

① 皇甫束玉等编:《中国革命根据地教育纪事(1927.8—1949.9)》,教育科学出版社1989年版,第22页。
② 同上书,第68页。
③ 中共中央文献研究室、中央档案馆编:《建党以来重要文献选编(1921—1949)》第9册,中央文献出版社2011年版,第249页。
④ 余伯流、凌步机:《中央苏区史》,江西人民出版社2001年版,第819页。

队、县赤卫总队、地方红军直至正规红军这样一套办法"①的转变，整体实力得到显著提高。

由地方武装到正规红军的转变，必须经过日复一日的训练与教育。一则记载江西工农革命军第三师第七纵队地方武装平日训练的一周学术计划②史料，为红军向正规化发展提供了佐证。（详见本书附录：图六）

红军的正规化军事训练与政治教育很早就开始了，在井冈山斗争时期，宁冈学员蔡德华留下的笔记本记录了当时军官教导队的军事训练和政治教育内容。其中军事训练涉及"《步兵操典政纲》、《步哨一般守则和特别守则》、《野外勤务》、《尖兵命令词》、《侦察报告》等"，政治教育内容主要是讲"党的性质、任务及党的历史的教育"③。时任红四军连长的萧克回忆："我们打下龙岩，缴到国民党政府在1928年颁布的军队操典，他（指林彪）看，我也看。他对我说，这个操典好。选一部分由我刻蜡板，印发给大家。他把干部集合起来，自任连长操演。"④这些材料从侧面反映出红军在实践摸索中自创或是借用并改造敌方军事教材，使红军教育逐步走向正规化和军事化。

随着大规模红军学校的创办，有关军事技能和政治理论的规范学习得到进一步提高。过去，由于教员及负责人很多从外面来，缺乏对各军实际情形的了解，所以学习内容空洞。后来"各军自己创办教导队或随营学校，他们不脱离他们本军的实际情形生活，一经毕业，马上可以工作"⑤。部队急需有实践经验的干部和军事人才。红军学校将理论知识与实际训练形成合力，成为培养军事人才和政治干部的基地，为部队输送了人才。

1933年，红五军团出版《革命竞赛通讯猛进专刊》，以"革命竞赛

---

① 《毛泽东选集》第1卷，人民出版社1991年版，第98页。
② 中共江西省委党史资料征集委员会、中共江西省委党史研究室编：《江西党史资料·东固革命根据地专辑》第10辑，内部刊印1989年版，第35页。
③ 王旭宽：《政治动员与政治参与——以井冈山斗争时期为例》，中央编译出版社2012年版，第118页。
④ 舒云：《林彪画传》，香港：明镜出版社2009年版，第48页。
⑤ 江西省档案馆等编：《中央革命根据地史料选编》上册，江西人民出版社1982年版，第375页。

的光荣"为题,宣传各部队进行深入学习的情况:"二营四连有个炊事班长张世全同志提出向本营各连的炊事员挑战内容有四个:(一)驻军开水不断,(二)打仗送饭要快,(三)不吃生饭,(四)清洁卫生,以上第二营的炊事员同志全体同意,订了竞赛条约。团支部小组会上,订了个人竞赛,彭玉麟与王振国竞赛,在五天以内谁看的书多,并能讲出来,刘新才与吴志钧竞赛,看土地问题。一营二连周盛光同志是青年团员,他在这次青年队上课中领导一般青年热烈去进行工作,为完成七条竞赛条约,整天在外面做扩大红军,写标语,召集群众开会等工作,忙的不停,连饭都忘记了吃!"① 根据基层部队实际生活编写教材,红军学习课本充满着连队生活气息,战士们喜欢,易受教育,由此形成红军政治动员的特色。

红军战士的课本,由浅入深,围绕红军部队生活,就地取材,注重解决军事训练中的实际问题,短时期内迅速提高了部队的战斗力以及普通红军战士的思想觉悟和政治水平。

三 宣传普及教育:普通工农群众课本特色

粉碎敌人的三次"围剿"之后,苏维埃区域逐步扩大。为了使苏区教育文化工作实现彻底的转变,中共中央向各地苏区明确指出,"必须用种种方法在各乡村各城市创办当地的小报,尤其应该注意到各工厂与各乡村壁报的编辑","必须编辑各种最通俗的小册子……宣传与鼓动","必须编辑成年人及青年儿童的识字课本,绝对禁止以三民主义为苏区内学校的教科书","必须立刻开始贫民识字运动"②。斗争的胜利为中央苏区政府大规模开展群众教育提供了相对稳定的学习环境,落后的乡村急需群众性基础普及教育。

由于劳动群众观念落后,他们对苏维埃政权的性质、意义和政策都缺乏清晰而准确的了解,所以,中共中央号召"各级党部必须编印各种

---

① 《英勇的五军团红色战士在前线举行革命竞赛》,《红色中华》1933 年 7 月 11 日第 3 版。
② 中共中央文献研究室、中央档案馆编:《建党以来重要文献选编(1921—1949)》第 8 册,中央文献出版社 2011 年版,第 336、339 页。

传单，画报，小报，小册子，歌曲，标语来说明关于工农兵代表会议（苏维埃）的一切问题，大量的印发苏大会的一切劳动法，土地法，基本法，及其他一切文件的草案，在群众中组织专门的读书班，读报班来解释这个问题"①。处处体现苏维埃，人人学习苏维埃，苏维埃进课本。各类苏区课（教）本在编写内容上，一开始就试图"建立起社会成员的阶级身份识别体系，依据阶级出身划分'敌我阵营'，培养'自己人'，以此来扩大社会基础"②。提高工农群众对苏维埃政权的认识和了解成为苏区文化教育发展的重要任务。

（一）由浅入深，从抽象到具体

虽然现实中工农群众都感到不识字的痛苦，但一开始许多人对识字和加入补习夜校却不热情，参与性也不高，主要的原因是他们有心理上的畏难情绪。群众认为，学习识字是一件莫大困难的事情，是不容易学到的。尤其是有些三四十岁的人，觉得自己年纪大了，记性不好，读书没有效果，因而自暴自弃。怎么办呢？

1. 先办识字班

为了消除工农群众的心理障碍，党和各级苏维埃政府首先办起了识字班，发动群众加入识字班，从最简单的识字开始。然后逐步提出要求，要群众"到工农补习夜校去"，"每天识字五个"，③从消灭文盲入手，提高自己的文化程度和工作能力。群众性识字运动，通过以少聚多，每天不断积累，持之以恒，达到能够写字、读书、看报的目的，调动着工农参与学习的积极性。

涉及普通工农群众教育的教材最早的是成人识字课本和识字牌。识字课本自编自写，多用歌谣形式，富有鼓动性、教育性，并且识字课本的内容浅白而有趣味，非常贴近工农生活。在井冈山斗争时期，毛泽东亲改课本的故事广为流传。1928年5月，毛泽东亲自修改赵锦元等人送

---

① 中共江西省委党史研究室等编：《中央革命根据地历史资料文库·党的系统》第3册，中央文献出版社、江西人民出版社2011年版，第1800页。

② 吴小鸥、杨红波：《试论革命根据地教科书的政治动员》，《广西社会主义学院学报》2010年第6期。

③ 方志敏：《方志敏全集》，人民出版社2012年版，第365页。

来的识字课本,把其中的"土地分到家,有穿又有吃,穷人喜洋洋,工农坐天下"改成"土地回老家,合理又合法。豪绅要打倒,工农坐天下"①,突出了打倒豪绅与农民获得土地之间的联系,深刻教育了农民。1931年9月,徐特立编写《识字运动》和《识字运动的办法》两篇文章,"既供一切参加扫盲工作的人参考,又使初学文化的人不但能识字、阅读,而且懂得自学的途径"②。教本的教育目标和具体办法非常明确且详细,从识字起步,然后向自身阅读的能力目标逐级提高。

2. 再办夜校

1930年闽西苏维埃政府决定由俊昌负责编写劳动夜学课本,由松林、冰岩二人负责编绘富有阶级性而适合工农用的看图识字课本,发给各苏区,由各苏区翻印。各苏区以及部分县苏都自编了多种识字课本,如《成人课本》《工农兵三字经》《平民读本》《劳动读本》《群众课本》等。这些课本大多"以含有阶级性、革命性、鼓动性为编辑标准,并力求适合于闽西当前政治路线与群众学习的心理过程"③。1934年1月《青年实话》专门编辑出版《革命歌谣选集》,其"后记"中明确写道:"它是农民作者用自己的语句作出来的歌,它道尽农民心坎里面要说的话,它为大众所理解,为大众所传诵,它是广大农民所欣赏的艺术。"④还有夜学的课本材料,通常"采取带地方性(如某人发现贪污或浪费,即将他的名字事实……),时间性(如现在开展春耕运动,即以春耕运动的中心口号)做辅助教材"⑤。这些课本虽政治性强,但也兼具知识性、艺术性,很多以歌谣形式编写,朗朗上口,易学易记。

---

① 夏为民、谢启思、曾泳峰:《毛泽东亲改课本》,《上海教育》2006年第Z1期。
② 陈桂生:《徐特立研究:从人师到人民教育家》,华东师范大学出版社2012年版,第40页。
③ 皇甫束玉等编:《中国革命根据地教育纪事(1927.8—1949.9)》,教育科学出版社1989年版,第33页。
④ 江西省文化厅革命文化史料征集工作委员会编、福建省文化厅革命史料征集工作委员会:《中央苏区革命文化史料汇编》,江西人民出版社1994年版,第390页。
⑤ 江西省教育学会编:《苏区教育资料选编:1929—1934》,江西人民出版社内部发行1981年版,第193页。

3. 进一步深化学习

由闽浙赣省苏文化部发行的教材《工农读本》（全四册共 120 课），政治色彩极其浓厚。教材根据战时环境和斗争的实际需要，向工农群众详细地解释了许多带有革命专业色彩的术语。如对贫农团、赤色队、雇农工会、俱乐部、拥护红军、苏维埃政权、苏维埃组织、苏维埃教育、苏维埃选举、联合中农，反对富农，帝国主义、殖民地、合作社等专有名词和内容进行了详细的解释。

可是，苏区群众对很多新鲜事物是没有听过、见过的，比如对苏维埃这个词，何为苏维埃？作为一个外来词，在苏区农村，群众一开始根本不知道"苏维埃"为何物，甚至闹出笑话，说是一个姓苏名维埃的什么人物。因此，苏维埃要在群众中扎下根，不是仅仅口头说说就可以的，首先非得让群众了解。

何为苏维埃？列宁解释，"这是一种新的、更民主的国家类型……党的决议中把它叫作农民—无产阶级民主共和国，在这样的共和国里，唯一的政权属于工兵代表苏维埃"①。这样的理论，一般工农群众是无法理解的。课本《苏维埃政权》（1933 年 11 月）结合中国自己的国情和社会特点为群众作了解答，为广大劳苦群众初步了解苏维埃提供了深刻的内容参考。如课本第二章"苏维埃的政纲"第 3 条"推翻中国豪绅地主资产阶级的国民党军阀统治，在全中国建立工农兵苏维埃的工农民主专政政权"，第 6 条"无贷（代）价的没收一切封建地主豪绅军阀官僚祠堂庙宇以及其他大私有主的土地与财产，平均分配于贫农、中农、雇农、苦力和其他失地的农民，在目前准许出租买卖"，第 7 条"改善士兵生活，分给士兵土地和工作，红军士兵及其家属应取得各种的优待权"，第 8 条"建立工农自己的武装"②，等等，作出了进一步解释。这些内容与普通工农联系密切，理解起来并不困难。但是，涉及有关反帝反封建，要求民族独立平等和苏联等有关内容，对他们而言是难以理解的。

---

① 《列宁选集》第 3 卷，人民出版社 1995 年版，第 75 页。
② 赣南师范学院、江西省教育科学研究所编：《江西苏区教育资料汇编（1927—1937）》（7）教材，内部刊物 1985 年版，第 176 页。

课本《苏维埃政权》中的苏维埃十大政纲,内容多,新名词也多,对普通工农学习起来显然过于理论化和抽象化。更通俗的《工农读本》系列第二册《苏维埃教育》课文,从苏维埃教育入手,解释了什么是苏维埃教育:

> 苏维埃教育,教育工人农民。工人农民个个有书读,读了书,能识字,可以写信,可以读报,可以学习革命理论,可以学习革命工作。苏维埃教育真正好。①

从教育视角进一步详细理解"苏维埃",使群众明白了苏维埃能让工农读书,让他们接受教育和学习革命理论。为进一步加深对苏维埃教育性质的认识,《工农读本》第三册开篇又以《苏维埃教育》为题,从国共两党不同教育阶级立场的角度分析,进行鲜明对比和解释,区分苏维埃教育与国民党教育的性质的不同之处:

> 国民党教育,是地主资产阶级的教育,……是反革命的教育。苏维埃教育,是对广大工农群众施行共产主义的教育,是提高工农群众文化和政治水平,……是革命的教育。②

课文内容划分出中国共产党和国民党二者不同的教育性质和目的,对受教育者进行宣传动员,在阶级站队和革命立场上极其鲜明。

4. 榜样的力量是无穷的

工农课本内容由浅入深,依托典型人物农民"火根"编写的一系列课文,较为全面地展示出一个逐步接受外来教育与自我教育的内化过程。《工农读本》(第三册)第六十八课《火根热心读书》③是这样描述的:

---

① 赣南师范学院、江西省教育科学研究所编:《江西苏区教育资料汇编(1927—1937)》(7)教材,内部刊物1985年版,第100页。
② 同上书,第107页。
③ 同上书,第109页。

> 火根是工农补习夜校的学生，读书非常热心。他每天做完了工后，晚上就到学校去读书。他从没有请过假，也没有迟到过一次。在上课时，他很用心听讲，他对一个字，不但认识就算了，并且还要了解意义。
>
> 因为他读书热心，所以只读了两个多月，就能够看工农报，他现在学习了很多革命理论，工作能力也加强了，这真是热心读书的好处啊！

火根热心读书的效果怎样呢？另一篇课文《一等热烈慰劳红军的账》① 进行了翔实的纪录：

> 火根在工农补习夜校读书，衹（只）读了半年就会看报，写信，记账，并（并）学会了简单的笔算。
>
> 一天晚上，大家在俱乐部玩笑，忽有一人提出要火根把第六十期工农报上登载的"红军在闽北胜利回来，各县热烈慰劳红军的账"（见表十三）总算起来，火根答应了以后，用铅笔在纸上画了几下，就向大家宣布他算的总数。
>
> "1. 弋阳、横峰、葛源区共送猪一百六十只，菜二万五千八百九十八斤，鸡七百七十三只，蛋六千八百五十三个，草鞋五千一百九十三双，布鞋一百三十九双。
>
> 2. 弋阳葛源区共送豆三石四斗四升半，花生一百三十六斤。
>
> 3. 弋阳另送粉干四百〇八斤，辣椒五十一斤。
>
> 4. 横峰另送糕二百八十八斤。
>
> 5. 葛源区另送葵花籽二斗，饼十八同，柴七百十一担。"
>
> 大家又要求火根指教算法："你是用什么方法算出来的？为什么不用算盘呢？"
>
> 火根答："我刚才是用笔算算的，笔算很简便而易学，学会了只

---

① 赣南师范学院、江西省教育科学研究所编：《江西苏区教育资料汇编（1927—1937）》(7) 教材，内部刊物1985年版，第130页。

要用笔在纸上画几下,就什么数目都可算清楚了。"

表十三①　　　　　　　　　　慰劳红军物品表

物品＼县名	弋阳	横峰	葛源	共计
猪	67	70	23	160 只
鸡	677	52	44	773 只
菜	506	20100	5292	25898 斤
蛋	2619	3700	533	6853 个
草鞋	357	4300	536	5193 双
布鞋	103	23	13	139 双
豆子	311		33.5	344.5 升
花生	126		10	136 斤
另送项	粉干 408 斤 辣椒 51 斤	糕 288 斤	葵花籽 2 斗 饼 18 同 柴 711 担	

"火根热心读书"的故事,吸引着读者走进阅读的世界。火根学习取得的效果渲染着广大工农的学习热情,故事本身就起到了很好的榜样动员作用。工农课本中这种生活常识性的教育内容,拉近了教材编写者与普通工农的情感距离;课本中有关政治教育的内容,又达到了组织者提升工农思想认识和政治觉悟的目标要求。直至今日,中国共产党仍然继承着思想政治教育这一良好传统。

(二) 集中与分散相结合

从教育形式来看,识字课本解决了广大群众部分集中学习的问题。由于苏区地域广泛,群众居住分散,且因农时和战事之变,学习不可能都集中起来,这样,分散学习成为必要。

在分散学习中,群众教育课本不仅要有"正规性"的教材,而且要

---

① 表中具体数字与课文所列数字有出入,如辣椒"57"应为"51",豆子总数"3445"升应为"344.5"升,经统计修改重新汇总。

创造出各种"非正规性"教材,如各类通俗小册子读物,以便利群众学习。

《时事简报》就是红军分散开以后集中力量做群众工作创编的一种小册子,是提高群众斗争情绪的重要教育武器。毛泽东认为《时事简报》非常适合"做识字运动的材料,村中识字小组的组长给那些不识字人指点一番,既看了报又识了字,真是好得很的办法"①。

群众识了字,目的也就是为了了解时事。因而,《时事简报》一定"要完全用本地的土话",只刊登消息,主要是"群众斗争消息""苏维埃的活动""红军的活动""统治阶级情形"等。它的外在形式,"一定是要大张纸","极大黑墨字,稀松七八条,看上去明明朗朗,看完了爽爽快快,是真正群众的读物"。

识字牌在苏区腹地的通衢大道上竖立,成为工农随时随地学习的日常课本。"识字牌:每村一块,钉在路旁屋壁。牌上绘图写字,两天三天一换,一天一换或四天五天一换间或也有的。每次,少的两个字,多的三个字,没有不绘图的。"② 竖立识字牌,简化了教育程序,方便了群众,是课(教)本真正走向大众的初始。

普通工农的识字课本,多为简化字。例如,"鄉字,简写作'乡',鬥字简写'斗',衛字写作'卫',贛字和乾字写作'干',穫字写作'获',離字写作'离',衝字写作'冲',種字写作'种',頭字写作'头'"③。这更容易让工农群众学习和掌握。

教材内容简洁和形式简化产生的良好效果,直达受教育者的内心深处。简单的工农课本,教会苏区群众识字看报,更重要的是改变了在他们心目中长久以来认为的底层群众远离教育的落后观念。

四 革命启蒙与生活教育:儿童课本特色

残酷的革命战争环境使得"苏区"小学课文内容也凸显政治性的目

---

① 《毛泽东文集》第1卷,人民出版社1993年版,第263页。
② 同上书,第308页。
③ 王健民:《中国共产党史稿:第二篇江西时期》,台北:汉京文化事业有限公司1988年版,第423页。

的和斗争性的内容。时刻准备着，为革命而奋斗。

（一）革命启蒙

从赣南师范学院、江西省教育科学研究所编辑的《江西苏区教育资料汇编（1927—1937）》教材专辑看，由中央教育部编写的列宁小学课本《共产儿童读本》（共六册）编有205篇课文，涉及政治常识方面的内容大约有67篇，占了约33%。列宁小学《国语课本》（共两册）编有课文80篇，涉及政治常识方面的内容41篇，约占51%。

在小学《常识课本》20篇课文中，也涉及了11篇有关政治方面的内容。如三大纪律、八项注意的内容，什么叫土豪劣绅地主之类的内容。1930年，湘鄂赣边界工农兵暴动委员会编辑出版《红孩儿读本》第1册，编写的20篇课文全都是政治、革命、阶级斗争之类的内容。"课文由浅入深，观点鲜明。读后能使儿童识字明理，提高革命觉悟。"[①] 中央教育部编写的《竞争游戏》中的绝大部分内容都是以战争、革命和政治为主题的游戏。

此外，为缓解地方上教学缺乏课（教）本的问题，中央苏区政府教育部就要求将红军部队用的课本同时兼作小学课本用，如1934年4月少先队中央总队部先后发布第3、4号《命令》，批准发行由总训练部编写的《少队读本》（第1、2、3册）、《少队游戏》及《少队体操》几本小册子，以供儿童团、少先队与列宁小学学生做游戏和体操的基本训练教材。这些课本中介绍的少儿游戏和体操基本围绕战争展开活动设计。

中央苏区儿童局创办的第一个儿童刊物——《时刻准备着》，刊登了陈丕显创作的通俗连环画《我们的总动员》，介绍了革命导师斯大林的小故事《钢人》、游戏《捉蒋介石》等内容。中央苏区教育部创编的《共产儿童读本》，有大量关于"开会""呼口号""当红军""做归队运动""兴国儿童节省运动"等内容。课文中的革命特性就表现在它既要儿童学知识，也要学打仗，充满了革命斗争的号召和鼓动。

儿童从一开始朗读课文中的短句起，就在识字的同时吸收了其中的

---

① 皇甫束玉等编：《中国革命根据地教育纪事（1927.8—1949.9）》，教育科学出版社1989年版，第28页。

政治思想。湘赣省苏教育部出版的列宁初级小学校《常识读本》第四册课文《盐》，在编写中兼具知识与革命教育的色彩："海水有碱性，用日光来晒，或用火来熬，都可以成盐。中国有七省近海，都能产盐。所以盐是很便宜的东西，几个铜板可以买到一斤。但是经过国民党的抽盐税和商人的剥削，以及敌人的经济封锁，有时贵到一块多钱一斤。"① 盐不是普通食物，盐是革命斗争的对象和物品。强烈的政治支配意识使得"苏区"的小学课文都充满了强烈政治性的目的和斗争性的内容。

（二）乡土生活教育

儿童毕竟不同于成人。儿童应有自己的世界。苏区儿童课（教）本在编写过程中也体现出儿童生活、兴趣、性格等方面特征，强调要适合儿童成长。1933年，湘赣省苏维埃政府文化部转发永新县寒假教师讲习所的教材《教学法》时，指出《教学法》要旨：

> 1. 适合儿童的要求，坚定儿童的阶级意识；2. 彻底肃清国民党党化教育和其他一切反对派别的理论；3. 养成儿童生活团体化和行动纪律化；4. 适合某一时期的政治情形和我们的任务；5. 教师须加重自己所负担的任务。《教学法》的内容包括列宁初级小学校的国语、算术、常识、工艺、美术、音乐、体育和劳动实习等学科教学法以及单级教学法。《教学法》要求列宁小学的教师在教学活动中应做到：适合儿童的心理；利用儿童的好奇心；发挥儿童的天真烂漫；引起儿童的学习兴趣。②

儿童课本的编写内容由易到难、由浅入深，内容非常注重就地取材，具有浓郁的乡村本土特色。

中央苏区儿童局创办的第一个儿童刊物——《时刻准备着》，刊登了许多贴近儿童生活教育的课文。如陈丕显创作的识字课《狗》，分解了

---

① 赣南师范学院、江西省教育科学研究所编：《江西苏区教育资料汇编（1927—1937）》（7）教材，内部刊物1985年版，第52页。
② 皇甫束玉等编：《中国革命根据地教育纪事（1927.8—1949.9）》，教育科学出版社1989年版，第70页。

"狗"字的八个笔画,旁边画了一只狗,还配了胡耀邦同志的一首短诗。①儿童刊物《时刻准备着》把培养儿童正确的政治方向和生活教育结合起来,对儿童进行了生动形象的政治动员和文化教育实践。

中央苏区教育部编写的《共产儿童读本》第五册课文《儿童反对烟赌》和《洋溪的儿童》两篇文章,直接用乡土生活案例启发儿童。其中,《儿童反对烟赌》是这样描写的:

> 兴国鼎龙区田溪乡,有个儿童团,中间有个儿童,叫肖义法,他反对烟赌,非常热烈。有一次,他的叔叔同别人赌钱,他马上去乡政府报告,乡政府即刻派人去捉赌,不多时,把几个赌钱的捉来了。乡政府把这些赌钱的人,一个一个都处罚了,肖义法的叔父也一样处罚。肖义法回到家里,他的爸爸说他不应该把叔叔赌钱的事报告政府,就把他打了一顿。肖义法说:"难道赌钱是应该的吗?叔叔赌钱,犯了苏维埃的法律,你打人也是犯了苏维埃的法律,我也要报告政府!"肖义法后来也报告了政府。乡政府代表都说肖义法的爸爸不对,个个批评他,并将他的爸爸一同处罚。②

赌博在农村中普遍存在,儿童易受这种不良环境的影响。为教育儿童,教材用具体的人和具体的事情编写生活故事,采取典型案例法,进行反烟赌教育,很容易吸引儿童阅读进行思考。而一篇课文《洋溪的儿童》③,介绍了瑞金县洋溪村儿童在俱乐部的生活学习情况,饱含着对少年儿童追求自由生活的赞美之情。

本乡本土的地方材料介绍,容易拉近与受教育者的心理距离,使之更容易理解教材反映的内容。事实上,从政治动员的角度来说,也更容易在时间和空间上产生渲染效果,找到属于自己的文化情感位置。

《共产儿童读本》第四册课文《打儿童是不对的》,直接告诉孩子们

---

① 龙岩地区文化局等编:《闽西革命史论文资料》,内部刊物1981年版,第351页。
② 赣南师范学院、江西省教育科学研究所编:《江西苏区教育资料汇编(1927—1937)》(7)教材,内部刊物1985年版,第27页。
③ 同上书,第25页。

是与非、对与错。

> 有一个学生，认字认不得，给先生打了。还有个学生，损坏了同学的东西，也给先生打了。苏维埃政府，听了这件事，便派人到学校里对先生说："儿童只能好好的教育他，不能打他，打儿童是不对的。"以后先生也就不打学生了。①

《共产儿童读本》第六册还有一篇课文是关于"饮食"的描述：

> 第一，就是要清洁，不吃腐烂的东西，苍蝇污坏的东西，和被传染病人吃过的东西。
> 第二，吃东西要有一定的时间，随时吃零食东西，是不卫生的，因为人的消化，按照一定的时候，如果吃东西没有一定的时候，就不能完全消化。
> 第三，不宜吃得太多，如果吃得太多，不易消化，就会生肠胃病。
> 第四，食品要配合得法。米、面、豆、薯是主要的食品，瘦肉、鸡蛋、油、盐和水，也是需要的东西，要有一定的分量。②

这些课文涉及对日常生活常识的介绍，内容简单，倡导一种基本文明的生活方式，强调对儿童健康成长的教育启蒙作用，帮助儿童树立起正确的是非观，培养儿童积极向上的生活态度和生活方式。这对中国共产党培养革命继承者和后来人而言，从时间上来说，显得意义更为深远和持久。

第三节 战斗中的动员学习

战争频繁，打仗经常东奔西走，居无定所，军民学习教育也就没有

---

① 赣南师范学院、江西省教育科学研究所编：《江西苏区教育资料汇编（1927—1937）》(7) 教材，内部刊物 1985 年版，第 18 页。
② 同上书，第 33 页。

固定的场所。流动训练班就成为现有条件下提高战士和工农群众文化水平的一种好形式。在战斗中学习,在学习中战斗,贯穿中央苏区政治动员的全过程。

一 流动的课(教)本:《怎样去办流动训练班?》

办流动训练班,是在教育资源极度缺乏的客观条件下而迫不得已的一种办学形式,也是中央苏区各地在教育领域实现的一种颇有特色的动员形式。流动训练班主要为两类人员服务:一是不断加入红军队伍的新战士;二是不断加入共青团等组织的广大青年劳苦群众。流动训练班主要有两种形式:一是因办学场地流动而不定期举办;二是指因接受训练的人员流动而需要不断的举办。

针对流动训练班的完整教本保存并不多,其中相对比较详细的是《怎样去办流动训练班?——供给各级党部办流动训练班的材料》[1]。这是瑞金县下肖区办流动训练班总结经验后提炼出的培训材料。这篇文章是中央苏区组织局以指示信方式,发表在《红色中华》第120期上,内容详细,有可操作性,为各地办好流动训练班提供直接操作指导,成为流动学习和各地训练的范本。

流动训练班的组成:以小组为单位,或两个小组合办一班,人数至多不过二十人,少则七八人,不论新老同志都可以到。首先须在确定人后,选出一个班长,负责管理这一班的工作。

训练班的时间、地点:每个课务(如支部工作、党员须知、扩大红军等)最多六次教完,少则两次教完,每次最多两个钟头。上课以夜晚为适宜或按照当地工作情形安排。地点以受训练同志住地中心来确定。

准备工作:首先由县区委找政治、文化水平比较高的同志为教员,经过十几天训练,将流动训练班教员教的方法让每个教员弄懂;同时对于每个课目,先由省委或县委宣传部,按照中央苏区组织局对于教员计划指示信内所规定的课程,提出教授大纲,使教员与受训练的同志容易了解。

---

[1] 中央组织局指示信:《怎样去办流动训练班?》,《红色中华》1933年10月18日第4版。

第一次上课需要调查内容：训练班同志的年龄、党龄、成分、文化程度；训练班同志当地的环境、斗争历史、现在工作情况、斗争情绪；将所教的课与实际情形配合起来讨论。

教的方法：应该是问答的方式。如果他们错了，不要骂他；等这一同志说完了，让其他同志来批评。

组织流动训练班教育委员会：为保证流动训练班在全区一期又一期顺利举办，区委必须以宣传科长为主任，以训练班的各教员，及办训练班的支部和教员干事组成教育委员会。每期训练班必须具体讨论授课的内容、方式、时间、地点人数的规定与分配；在举办时须检查一次，纠正其错误，发扬好的经验督促其工作；在办完一期后，总结一次，并讨论第二期工作，以便流动训练班能继续举办下去。①

各地苏区因教学场地经常改变，所办流动训练班规模大小不一，具体教学要求也没有完全统一的标准。但流动训练班大都因地制宜，较为注重传达上级文件的指示和进行党内的思想教育，且不断总结实践经验并向各地推广，灵活地适应了农村战地教育的需要。

此外，随人员流动而建立的训练班，适应了短期教育目标的需要。如苏区各地不断有青年和妇女加入组织，尤其是红五月中的征收团员运动，"各级组织特别是支部对那些新团员除在实际斗争中去加紧教育外，还迫切需要专门的给以特殊的训练，使他了解团的最新的几个基本问题，来提高他们的政治水平"②。对新团员的流动训练和教育就成为非常迫切的任务。新团员的流动训练时间宜短，训练材料也不能太多。对不识字的团员，课前指定识字的团员将重要参考材料读给不识字团员听。新团员流动训练班主要采用的材料围绕以下内容："共产青年团是什么？团的纪律。支部生活是什么？怎样去健全支部生活？团怎样去领导群众？目前团的主张和任务。党与团的关系。"③ 这些内容印成材料后，以大纲形式讲给新团员听，内容凝练，教育目标明确，能在短期内使被教育者迅

---

① 中央组织局指示信：《怎样去办流动训练班？》，《红色中华》1933年10月18日第4版。
② 福建省档案馆、广东省档案馆编：《闽粤赣边区革命历史档案汇编》第1辑，内部刊物1986年版，第307页。
③ 同上书，第308页。

二 课（教）本的流动：战斗中的学习

残酷的战争催生了战争文化。战争文化的基础目标应该是教会群众学会保护自己，其次才是掌握对敌斗争的本领。因而战斗中的学习很有必要。中央苏区政府确实也关注到这个问题。

比如，了解在战争中使用的毒瓦斯是什么，无线电是什么，十月革命是什么，等等。如果不宣传，不教育，不解释，群众是一无所知的。政治动员要把上级的命令及时传达，开会是一种方式，但是在会上并没有专业人士进行详细而通俗的解释、教育，群众仍然是一无所知的。《红色中华》第127期以图文并茂的方式专题刊载了"加紧战争动员加紧防空防毒来回答白色恐怖""催泪毒瓦斯防御法"① 等内容，较为详细地向广大群众介绍了催泪毒瓦斯的毒力，如何防御、驱除，以及中毒后如何医治等内容，很好地做了防空防毒动员的宣传与解释。这些材料都成为中央苏区社会教育的最好教材。

当斗争局面稳定，苏区腹地许多地方"先后开办列宁学校，训练班，以及特委苏府办的红军学校，看护学校，干部学校"，"发行各种革命的教本《工农兵读本》《劳动读本》等"，"有些与过去安源的工人读本相仿"。② 受过一些专业训练和教育之后，红军战士水平显著提高。红军学校毕业的学生，"起码可当排长"，"供给三军干部很多"③。虽然他们的成分仍然多系农民，但因为素质和能力提高了，可以胜任部队的职务。

学习是为了更好地提高战斗能力。红军部队中的中央军事政治学校，是在粉碎国民党第三次"围剿"之后开办的。第一期学生，学习成绩好，军事技术也过硬，马上可以下部队独立工作。如"在宁都兵暴胜利红军第五军团成立时，曾先调出学生数十人到五军团充任连政治指导员"，其

---

① 陈义厚：《催泪毒瓦斯防御法》，《红色中华》1933年11月12日第1版。
② 江西省档案馆等编：《中央革命根据地史料选编》上册，江西人民出版社1982年版，第355页。
③ 中共江西省委党史资料征集委员会、中共江西省委党史研究室编：《江西党史资料·十万工农下吉安》第7辑，内部刊印1988年版，第174页。

余的"除调十余人到湘赣省外,其余都是各回原队工作,地方调来的也回各该地方去"①。第二期学生,在"政治方面,受了阶级的'国际化''苏维埃化''军事化'的政治教育,在军事方面,则学习新的战术和技术"②。第三期学生,有"两个步兵营,一个政治营,政治军事上级班和国政委训练班,学生人数是一千人以上"③。这些学生毕业后很快充实到部队。此外,中央苏区政府还专门举办了苏维埃工作人员训练班,其中第三期毕业学生"共四十七名,成份(分)大部份(分)为雇农贫农,且为县一级的主席,部长,委员","毕业后,即派回各县工作"④,成为地方苏区革命的绝对骨干。

在战斗中学会学习,善于组织,善于鼓动。瑞金各列宁小学校教员"参加突击队工作,同时各校的学生都每天调出四小时工作,到农村中做宣传鼓动,特别是各乡俱乐部每晚出发到村屋开晚会,演新戏,群众非常兴奋,该区这次扩大红军,归队运动的空气非常热烈,在此五天的工夫,就动员了新战士和归队的共六十八名"⑤。

据《红色中华》报道,1932年列宁师范学校罗秀华等五名学生到瑞金九堡区三海乡、清溪乡等五个乡进行了"创造模范红军家属"的"三步曲"宣传工作,短短五天时间就获得了不少成绩。"三步曲"主要过程如下:

一步曲:先争取红属中的积极干部。他们到达九堡区的时候,就分别下乡进行宣传工作,罗秀华同志被派遣到三海乡,他到达该乡后在乡苏召集了乡一级各机关的干部会议,先把全乡红军家属的生活情形调查清楚,第二天就召集红军家属妇女会议,用极通俗的说法,向红军家属解释目前的政治形势,说明红军家属在后方应当担负起的光荣任务,在有力的鼓动下,先后有十四名红军家属妇女自动报名加入耕田队,参加已经开始的秋收。

---

① 《中央军事政治学校第一期学生毕业》,《红色中华》1932年1月27日第7版。
② 《第二期学生毕业盛况》,《红色中华》1932年5月25日第5版。
③ 《中央红军第三期开学》,《红色中华》1932年6月9日第4版。
④ 《苏维埃工作人员第三期训练班毕业》,《红色中华》1932年6月16日第5版。
⑤ 《教育机关的突击运动》,《红色中华》1933年12月11日第2版。

二步曲：发动红属积极分子小规模宣传。这十四位首先报名的妇女，自然是红军家属中最优秀的分子。报名之后，立刻组织她们训练，训练后再派到每个红军家属中去进行个别的宣传鼓动。经过反复宣传，三海乡的红军家属，除了老少不能劳动的以外，都加入了该乡的耕田队，非常高兴地学习生产。

三步曲：鼓励红属在全乡大会上公开宣传。那些积极的红军家属妇女同志们，不但宣传所有的红军家属参加生产，而且在第三天的群众大会上，站出来向全乡群众宣传说，红军家属都加入了耕田队，其他同志都要来跟样。红军家属宣传队说过之后，罗秀华同志在大会上再加以补充，说明加入耕田队生产的重要意义。群众听了报告，非常感动地说，连红军家属也加入耕田队，那我们就更应该加入了。结果全乡群众除了不能劳动的以外，一致加入耕田队。

采用"三部曲"动员红属参加生产劳动的同时，罗秀华还动员她们听形势报告，加入赤少队，做后方警戒工作。"当时就有很多红军家属加入赤少队，并且每天早上，很高兴的到乡苏来下操，他们说：'我们还要随时准备动员去和敌人作战呢！'"① 三海乡红军家属参加活动比较踊跃。

"边学习，边战斗"，要求学习者把课本的内容建立在苏区农村的现实问题基础上。这种联系现实问题的学习，有针对性，比起单一的系统理论知识学习，更适合苏区社会现实需要。显然，效果也来得快。

在乡村俱乐部，墙报就是群众的课本，学习内容就是墙报上不定期变动的内容。"每村一个墙报，放在列宁小学。十篇文章中列小学生约占八篇，群众占两篇。"② 受过相对较长时间专业教育训练的列宁小学生整体优势明显。

家信是传递亲情的情感纽带。但是，在发行量极大的《红色中华》报上发表家信，就不仅仅是传递亲情，更为重要的是宣传革命思想，在成为非常好的读书识字教材的同时，对广大苏区群众和红军战士进行着

---

① 《怎样去创造模范红军家属——列宁师范学生创造九堡区模范红属的经过》，《红色中华》1934年7月28日第4版。

② 《毛泽东文集》第1卷，人民出版社1993年版，第309页。

一种普遍的思想教育动员，拉近军民之间的认知情感和教育学习距离。有一封家信是这样写的：

朱笔仔弟：

　　我出外参加红军以来，攸忽之间已有三年了。在红军中真是快乐，真是光荣！身体康健如常，请你传告母亲及你的嫂嫂，不必挂念。目前革命正在猛烈发展，红军一天一天的扩大，在白区到处都发生着工人斗争农民暴动和兵变的革命浪潮。在这一形势之下，你在家须提早秋耕，赶快将田犁耙好；秋收以后，即行种杂粮，要和前方红军的胜利配合起来，并且家里谷子要借给红军，买的二期公债票要退还公家，不要还我们的本钱，以帮助前方战费，充足红军给养。现在我们红军已得到空前的伟大胜利快要把敌人的四次围攻完全粉碎了。大家都要更加努力呵！革命必得最后的胜利。现在我在部队工作很好，谅家中老幼平安，请把最近家中情形告诉我，使我在红军中更安心消灭敌人。完了，致以革命胜利的敬礼。

兄朱钟标六月卅日①

一封家信抵万语。这封朱家兄弟之间的家信，承载着战斗与学习的双重动员任务。经常阅览《红色中华》报的苏区群众和红军战士读到此信，体味到的是亲情的联络，在内心比照，实现思想的升华。流动的家书，成为一种动员教本之时，往往表达着更深层的革命需要和对生活的希望。

第四节　革命课（教）本动员价值旨归

苏区课本首先是政治文本，是意识形态的集中体现。苏区课（教）本，体现出"既是启蒙教育的基础文本，又是中国共产党在根据地进行

---

① 《一封红色战士的家信》，《红色中华》1933年7月11日第3版。

的一场全面深入的政治动员的宣传载体"①。从整体上来看，提升理论修养和能力水平的党员干部课本、指导正规化技能训练的红军战士课本、进行宣传教育普及的工农群众课本以及革命启蒙和生活教育的儿童课本，各具特色，承载着革命课本在贫瘠的山区所具有的社会文化功能。

一 凸显中国共产党追求革命自由目标

美国学者汉娜·阿伦特明确指出："革命的目的过去是而且一向就是自由。"② 自由绝不能贬为中下底层人的偏见，它是革命追求的价值目标。当然，自由不是任何束缚的解除，它需要在斗争中才能获得。20世纪二三十年代，中国共产党在中央苏区进行革命，成立苏维埃政权，就是要利用工农政权为促进群众追求价值自由获得制度性保障，从而提高中国共产党和苏维埃政府的威信和地位，彰显中国共产党的政治价值观。

只有获得教育的权利，才有通向自由大道的可能。闽西苏维埃政府曾尖锐地指出存在的问题："乡苏维埃政府主席不能看公文、书报、信件，乡苏维埃政权就要落在秘书之手；一般群众不能看标语、传单、布告，不能理解党的方针政策，就不能很好地完成政府布置的各项工作任务；红军指挥员和战斗员不识字，就必然影响到部队的训练，影响政治水平和战斗力的提高。"③ 没有知识获取的能力，就没有落后思想的改变；而认知的改变推动着行动自觉。追求自由伴随着知识的获取和思想的改变。中共地方领导者有对知识和教育的重视与行动自觉，成为追求革命自由的先行者。

方志敏作为闽浙赣省苏维埃主席，极其重视工农教育。1933年他在《文化导报》上发表社论《坚决与不求识字的文盲斗争！》指出："文盲，事事都要落人后做尾巴，不识字是一个人最吃亏而又最可耻的一件事"，"一个革命的工农分子，要想提高自己的政治认识，文化水平……必须读书识字才能做得到"。④ 党员不读书识字无法开展革命，群众不读书识字，

---

① 石鸥、吴驰：《中国革命根据地教科书的政治宣传效应》，《教育学报》2011年第3期。
② ［美］汉娜·阿伦特：《论革命》，陈周旺译，译林出版社2011年版，第2页。
③ 曾维才：《工农兵三字经》，《老友》2012年第3期。
④ 方志敏：《方志敏全集》，人民出版社2012年版，第363页。

吃亏又上当。

即使条件极为艰苦，群众又有畏难情绪，中国共产党也没有放弃苏区广大工农受教育的权利。尤其是在战争经费极为紧张的情况下，也一定程度地想方设法去保障教育经费的落实。闽浙赣省苏政府曾经把卖出谷子的钱，"提拨一万元来帮助工农补习夜校、列宁小学、俱乐部文化教育事业"①。在吃饭都成问题的年代，这是极不容易做到的。这也传承了中国人重视教育的文化传统。

为了消灭文盲，提高广大工农群众的文化水平，中央苏区政府和各省苏维埃尽最大能力办教育，用最好力量编写课（教）本，并大力发动地方苏维埃政府翻印学习课本、小册子，把党和苏维埃的政治目标和社会文化发展任务凸显出来。其中以中央苏维埃政府教育部编印的全六册《共产儿童读本》和闽浙赣省苏维埃文化部编印的全四册《工农读本》最为突出也最完整。②自编的教科书，使"群众的政治觉悟很快地提高了。阶级观念也很强"③。

1932年3月2日，中央人民委员会发布《政府工作人员要加紧学习》（第六号）的命令，要求："每一个在政府工作的人都应当加紧学习"，"尤其是不识字的工农同志，更要努力识字"，"程度稍高的就要成立读书班。可用中央所发的训令，通令，法令，条例等及《红色中华》为教材"。④《红色中华》等报刊发行量逐步增大，遍布中央苏区各地，成为干部了解战争情形和适应战争的重要教材。

徐特立是苏区教育的开创人。1931年，他通过调查研究提出了《识字运动办法》（简称《办法》）。《办法》说："识字运动最好的办法，就

---

① 方志敏：《方志敏全集》，人民出版社2012年版，第384页。
② 在涉及社会教育的课（教）本中，闽浙赣省苏文化部（前身是赣东北省苏文化委员会）编订的《工农读本》全四册，内容由浅入深，循序渐进，保存至今相当完整。参见赣南师范学院、江西省教育科学研究所编《江西苏区教育资料汇编（1927—1937）》（7）教材，内部刊物1985年版，第93—133页。
③ 中共江西省委党史资料征集委员会、中共江西省委党史研究室编：《江西党史资料·十万工农下吉安》第7辑，内部刊印1988年版，第173页。
④ 《人民委员会命令第六号——政府工作人员要加紧学习》，《红色中华》1932年3月2日第6版。

是同吃饭的，同睡觉的，同工作的，从2人到5人，编成一个小组。把所有识字的人和不识字的人配合，用所有识字的，教所有不识字的。就是用工作人员教工作人员，战斗员教战斗员，群众教群众，老公教老婆。"后来，毛泽东把这一教学方法改定为："老公教老婆，儿子教父亲，秘书教主席，识字的教不识字的，识字多的教识字少的。"① 据老红军林攀阶回忆说："当时很多人都是文盲，'乡苏'很重视扫盲……才溪有一所'列宁小学'，是免费读书的。另外还有读报团，读书班。路边挂着很多字牌，让人认字。凡过路的先接受识字检查，先认几个字，能认的，就让他通过。"② 简陋的条件和笨拙的方式并不妨碍知识的获取，相反，像识字牌这样原生态的课（教）本扫除着乡村教育长久以来存在的文化偏见。

即使是在条件极其艰苦的长征途中，中国共产党的领导人也想方设法找材料创编简易课本帮助不识字的红小鬼识字，学习文化。据老红军蔡日轩回忆，1935年11月，红二方面军机枪连在一个土豪家里收缴了一卷马粪色的窗户纸，任弼时知道后，当即指示把这些纸除留一部分办公外，剩下的都用来印识字本，并把自己行军途中编好的课文交给参谋去刻印。这就成了行军途中珍贵的"识字本"。课本内容有跟着共产党打土豪，分田地，穷人翻身建设新国家的儿歌、短诗，有中国地理知识，红军历史故事，还有几幅简明的插图。从此，红小鬼开始慢慢地识字了。③共产党人创造条件，随时学习文化，文化的力量生生不息。

想尽一切方法创编教本，尽一切力量扩大教育，成为中国共产党的价值追求。1931年春，闽西苏维埃筹办"闽西列宁书局"，出版了《共产主义》《共产主义ABC》《识字课本》《社会主义浅说》《看图识字课本》《列宁小学课本》《革命歌曲选集》等教科书。④ 随着中央苏区国民

---

① 皇甫束玉等编：《中国革命根据地教育纪事（1927.8—1949.9）》，教育科学出版社1989年版，第53页。
② 转引自吴重庆《革命的底层动员》，《读书》2001年第1期。
③ 中共中央文献研究室编：《回忆任弼时》，中央文献出版社2014年版，第332—333页。
④ 中共龙岩地委党史资料征集研究委员会编：《闽西革命根据地史》，华夏出版社1987年版，第193页。

教育运动的推广与深入,广大群众对中国共产党有了信仰,有了鲜明的阶级意识。"苏府范围内的农民,无论男女老幼,都能明白国际歌,少先队,十骂反革命,十骂国民党,十骂蒋介石,红军歌,及各种革命的歌曲,尤其是阶级意识的强。"① 这种教育产生出的显著效果也被国民党认同。"鲁胖子电蒋谓赣西南,……较之白色区域资产阶级的学校和一般所谓提倡义务教育平民教育的先生们喊了十几年没有半点影响,真是相差十万八千里。"②

革命最有意义的成就便是群众在政治价值观和政治态度方面的迅速变化。"就政治文化而言,没有什么比人民对政治制度认同的范围和强度更为重要了。"③ 正如中国人民的老朋友斯诺在《西行漫记》中所言:"我后来看到红色中国的教科书和遇到圣诞老人徐特立,终于知道了是谁教给他们的。"④ 斯诺进入陕北与红军随行者的一段真实经历为我们详细地再现了这个过程。⑤

中国共产党重视教育、在教育方面下的大力气终于在日后开花结果。当国共两种政治力量展开民意选择较量之时,中国共产党的教育价值就形成了有利于他们的思想观念,尤其是在乡村妇女和儿童身上发挥出的持久力,从长远来看极富价值。正是简单的小小课本说出的一个个小道理,承载着长久的大价值。

二 提供克服方言障碍的教育传播载体

众多外乡革命者来到中央苏区进行革命宣传教育鼓动,人生地不熟。首先面临着语言上的重大障碍。方言阻挡着政治动员的进一步深入。江西、福建很多地方十里不同音。以赣方言、客家方言等主要语言作为交

---

① 江西省档案馆编:《中央革命根据地史料选编》上册,江西人民出版社1982年版,第355页。
② 同上书,第355—356页。
③ [美]塞缪尔·P. 亨廷顿:《变化社会中的政治秩序》,王冠华、刘为等译,上海人民出版社2008年版,第255页。
④ [美]埃德加·斯诺:《西行漫记》,董乐山译,解放军文艺出版社2002年版,第52页。
⑤ 详见[美]埃德加·斯诺《西行漫记》,董乐山译,解放军文艺出版社2002年版,第51—52页。

流工具的中央苏区,一般都远离中心城市,地处偏远山区,每一县区之间存在着巨大的语言差距,甚至有些地方隔村都不同语。课本是语言的承载。课本政治动员,为外来干部传播革命思想,克服当地方言障碍产生的不利影响,提供了有效的物质载体。

初来乍到的同志面临很多问题,首先就碰到了不懂地方方言,无法深入工作的难题。"我们是外县人,不懂话无法进行妇女工作。"① 在新泉"配合独立三团行动时,三团的红色战士多是龙岩笈〔籍〕,与模范队员语言不通。由此,就产生一种狭隘的地方观念,形成派别观念,放松了〔对〕模范队的领导及教育训练管理"②。杨成武同志在谈到红军东征攻克漳州后也谈到了因言语交流困难带来的麻烦,因"本地话不懂"③,就把穿西装、戴眼镜的华侨当作土豪乱抓,造成了很坏的影响。"工农与红军关系……有的地方,因言语不同,红军被打死无人料理。"④ 语言障碍,极大地阻隔了革命思想的进一步渗入和传播。

克服语言障碍需要革命者的思想文化智慧。语言能面对面交流,文字可以无声地交流。只要能识字就可以交流。这样,中国共产党的组织资源同教育资源被进一步利用起来,知识分子和地方干部在教育领域的作用凸显,他们利用创编的课本或小册子对广大苏区群众展开政治动员。"为了提高工农同志的学习……可用中央及省革委所发的训令、通令、法令、条令等及《红色中华》《动员》等报为教材。"⑤ 因地方党组织和苏维埃政府的领导人在当地多为有知识的人,会讲地方方言,了解地方风俗和传统习惯,与当地群众沟通比较方便,这样通过县、乡其至村一级

---

① 江西省妇女联合会、江西省档案馆编:《江西苏区妇女运动史料选编》,江西人民出版社1982年版,第217页。
② 古田会议纪念馆编:《闽西革命史文献资料(1933年1月—1934年12月)》第8辑,内部刊物2006年版,第26页。
③ 福建省龙溪地区中共党史研究分会编:《中央红军攻克漳州资料选编》下册,内部刊印1982年版,第8页。
④ 中共中央文献研究室、中央档案馆编:《建党以来重要文献选编(1921—1949)》第5册,中央文献出版社2011年版,第360页。
⑤ 赣南师范学院、江西省教育科学研究所编:《江西苏区教育资料汇编(1927—1937)》(4)教育类型和办学形式(中),内部刊物1985年版,第19页。

的地方领导者的发动和联系，号召和带动当地群众开展识字运动也就更为容易些。需要在乡村哪里竖立识字牌，读些什么样的识字课本，接受识字运动思想上还存在什么顾虑和要求，等等问题，有针对性地解决，能更有效提高广大苏区群众的文化知识水平。

这样就有了"农村各处，布遍了苏维埃的政纲布告，宣言，传单和标语"①。对于有了初步识字能力的群众而言，简单的标语、通俗的小册子、识字课本、政府发布的文告……这些最简单的革命课本就充当起中国共产党政治动员的有效物质载体。

外来知识分子学习了地方方言，用当地人都熟知的地方语言进行宣传鼓动才成为可能，这为逐步扫除"我是工农，我也不晓"的落后思想提供了传播条件。工农认知水平的提升，也推动着地方苏维埃干部解决问题的能力提升。在人人接受识字运动的教育环境浸染中，苏区群众头脑中不再仅仅是单纯的方言。具有仪式化特征的政治语言，通过教科书承载的学校文化传播，体现政治主导下的价值观念进入苏区群众日常生活的过程。中国共产党创编的布告、标语、宣言等简单形式的课（教）本，以无声的语言和更容易被接受的话语达到了有效动员群众为革命战争服务的目的。

三　普及文化知识并倡导文明生活方式

课本是思想的物质承载。正确的思想是有力量的。课本政治动员，普及了基础文化知识，倡导了基本文明生活，逐步提高了苏区群众的道德水平，为其社会化产生深远影响，并使其获得良好的精神持久力。

一张报纸有时胜过千万军队。报刊的辐射面广，群众从中获得的信息多。到 1934 年，中央苏区"已有大小报纸三十四种"②，而且各报刊发行量也逐步增多。报刊数量的扩大，说明苏区群众已有了基本阅读能力和理解能力，文化水平得到迅速提高。

---

① 中共江西省委党史资料征集委员会、中共江西省委党史研究室编：《江西党史资料·十万工农下吉安专辑》第 7 辑，内部刊印 1988 年版，第 72 页。
② 中共中央文献研究室、中央档案馆编：《建党以来重要文献选编（1921—1949）》第 11 册，中央文献出版社 2011 年版，第 126 页。

阅读是精神的享用。底层群众从阅读中汲取精神的力量。在乡村，大部分群众衣衫褴褛，忍饥挨饿，经年劳作又因饱受欺凌而缺乏安全感。不识字的状况伴随着他们的人生。频繁的战争，缺衣少药成为家常便饭。持续战争又带来生活必需品如食盐等物资的匮乏，苏区群众正努力通过自力更生在逐步克服。可是当贫困仍然"是一种处于持续匮乏和极度苦难中的状态"，"它的卑污在于它非人化的力量；它的可鄙，是因为它把人置于肉体的绝对支配之下"①。如果将处于生活的贫困状态看成是一种常态，那将是真正的贫困——精神的贫困。从一开始，中央苏区政府就希望改变这种真正的贫困状态并付诸行动。通过群众性的识字运动初步改变了这种非人化的力量支配；通过问字所、识字小组、流动识字班、读报团、夜校等途径的扫盲，群众能够识字、读报和看懂政府文告，进行自由阅读，正是改变他们精神赤贫的所在。

革命话语下的课（教）本凸显鲜明的政治意识形态色彩，在这一点上，中国共产党从来就没有隐藏什么晦涩之意。同样，中国共产党的革命课（教）本也非常重视文明生活的普及，尤其在苏区儿童课本编创中注意了一点。《共产儿童读本》编好后，徐特立同志"指出本书的缺点，太偏重于政治，日常事项太少，且内容深浅，几册都没有什么分别"②。后来，编者根据徐特立提出的意见，修编儿童课本时，增加了包括对日常生活内容的关注。苏区课本承载着普及基础文化的思想价值。

教育在乡村的普及，逐步改变着底层文化极其落后的状态，尤其促成他们思想观念上形成新的看法而获得新的思想力量。"粗人""乡下佬""蠢家伙"这些字眼不再是工农劳苦群众的身份象征。从获取知识的过程中，他们懂得强加于身的苦难不是天经地义。这成为文明生活的开始和信仰的基础。苏区课本中大量倡导文明生活的内容，如"儿童反对烟赌""垃圾倒在哪里""打儿童是不对的"等关于儿童内容的生活化教育，为儿童健康生活成长带来有利影响。"农村吸鸦片和赌博的现象很普遍，不

---

① [美]汉娜·阿伦特：《论革命》，陈周旺译，译林出版社2011年版，第48页。
② 赣南师范学院、江西省教育科学研究所编：《江西苏区教育资料汇编（1927—1937）》(7) 教材，内部刊物1985年版，第1页。

少人深陷其中，加之落后闭塞地区的宗族势力大，关系错综复杂，成年人很难自己摘除这颗毒瘤。"① 而妇女儿童以自己获得的教育启蒙方式，与封建毒瘤展开战斗，所向披靡，战果累累。

苏区当时上演得很火的话剧《不识字的害处》②，通过错把"忙"写成"亡"引致虚惊一场的剧情，通俗地向农民们说明没有文化、不识字和不会写字的苦处与害处，动员群众不但要让子女、自己也要积极学文化。苏区在保证群众享受教育权利方面，确实是下了艰深的努力。据老红军彭富九回忆："苏维埃政府大力开办列宁学校……记得初小就开了英文基础课。另外还有'共产主义 ABC'，讲马列主义基本概念。许多无钱上学的孩子进了学堂，尤其是农村的女童，她们破天荒地享受到受教育的权利。"③ 恩格斯指出："妇女解放的程度是衡量普遍解放的天然尺度。"④ 随着苏维埃革命在中央苏区各地的深入，妇女主动接受文化教育，参加半日学校、夜学、俱乐部、识字班或进入列小。妇女起来革命，她们有了个人的自觉。劳动妇女的力量在革命中的作用与日俱增，她们被逐步重视起来，成为中央苏区政治动员的一支重要生力军。

中央苏区课（教）本，首先是作为政治文本，从党员干部教育、红军士兵教育、普通工农教育、儿童教育等不同群体的客观实际出发，成为政治动员的重要宣传载体。中国共产党以追求革命自由价值为目标，赢得苏区广大群众的认同和支持。他们的自愿服从和主动配合，为战争条件下文化教育事业发展提供了政治决策实施的具体目标和任务，同时也展示当时中国社会多种政治制度并存条件下中国共产党的教科书发展历史过程。

其次，作为沟通交流文本，课（教）本克服着地方方言横亘在中共政治动员过程中的重要障碍。中央苏区创编发行的各类课本、小册子，

---

① 李树泉主编：《中国共产党口述史料丛书》第 4 卷，中共党史出版社 2013 年版，第 71 页。

② 何友良：《中国苏维埃区域社会变动史》，当代中国出版社 1996 年版，第 121 页。

③ 李树泉主编：《中国共产党口述史料丛书》第 4 卷，中共党史出版社 2013 年版，第 63 页。

④ 《马克思恩格斯选集》第 3 卷，人民出版社 2012 年版，第 647 页。

甚至各种标语，带着具有乡土特色的白话语言，刊印着生动有趣的各种漫画，用通俗易懂的故事承载着深刻道理，与乡村社会传统文化连接起来。作为承载知识与思想的文本，课（教）本为广大群众获取多种认知和实践能力提供具体物质形态，逐步改变赤贫在群众精神上的持续状态。随着旧有的思想习惯、传统被打破，广大苏区群众被革命吸纳，逐步参与到苏维埃各方面建设中。

课（教）本犹如无声的语言在苏区群众内心长久持存。课本动员的效果不像党和政府发布命令那样具有疾风暴雨式的直接效果。课本宣扬的价值观一旦在苏区群众内心生根，日后就一定会开花结果。教育是一个长期的过程。革命年代课（教）本承载的知识、精神、价值，直至今天仍未曾改变。从一定意义上说，有什么样的课本，就有什么样的年轻人，也就有什么样的国家和未来。现代化条件下的各种课本类型多样，内容更为深刻，为提高当前国民素质提供了深入的途径，更应承载实现中华民族伟大复兴之路的教育动员之责。

第五章

中央苏区政治动员的效能分析

"苏维埃……有了广大的领土,有了广大的群众,有了坚强的红军,他已将许多散漫的力量集中起来(虽然还没有完全集中起来),他已经组织成为了一个国家,这就是我们的中华苏维埃共和国。"[①] 初具规模的苏维埃共和国最大的力量在于它吸引着底层民众。

"散漫力量的集中"主要体现为农民、妇女等底层力量的凝聚。在苏维埃政权旗帜的号召下,他们在反抗残暴统治者的压迫与剥削中,有了强烈的利益表达和参与诉求。模范群体的出现是革命吸纳达到的最高境界。模范群体集中表现在两个方面:一是模范群众的涌现;二是模范乡苏的塑造。中央苏区政治动员的有效性突出地表现为模范群体的榜样力量。

随着苏维埃国家的建立,逐渐将散漫的力量集中。但散漫力量的固有缺陷无法在频繁的政治动员中短期内彻底消除。逃跑、开小差甚至反水等行为时有发生。年幼的苏维埃国家面对政治动员中的心理倦怠和消极行为,只能选择艰难地探索前行。"十人团"组织、归队运动的再动员,是他们处理政治动员产生偏差与失误所能达到的历史最高点。

第一节 榜样与力量:政治动员中的模范群体

1934年1月22日至2月1日,中华苏维埃第二次全国代表大会在瑞

[①] 江西省档案馆等编:《中央革命根据地史料选编》下册,江西人民出版社1982年版,第300—301页。

金沙洲坝隆重召开。毛泽东以主席身份做了中华苏维埃共和国中央执行委员会两年来的工作报告，他在报告结论中高兴地指出，"兴国的同志们创造了第一等的工作，值得我们称赞他们为模范工作者"，号召在全国各苏区要"造成几千个长冈乡，几十个兴国县"。① 毛泽东亲自给兴国县授"模范兴国"红旗。

模范是特殊性和普遍性的结合。模范群众"所具有的特殊性在于它超出了一般群众的水平；它所具有的普遍性在于它是从群众中产生的，是群众的一分子，因而对群众有直接、现实、形象的说服力和吸引力"②。模范群众的涌现，是中国共产党进行政治动员，激发苏区群众积极投入革命的信心和勇气，获得政治认同的产物；模范乡苏的出场，是中央苏区政府领导各地苏维埃具体工作，努力提高苏维埃政府工作效率，促进各项工作积极落实，提升苏区干部作风与形象的创造。中国共产党非常巧妙地将道德力量融入政治动员，赋予个体和群体革命参与的道德感。

一 模范兴国：中央苏区的一面旗帜

在社会学家眼中，人数众多的底层群众大都是一群乌合之众，很难动员起来。马克思也曾认为，小农"是由一些同名数简单相加而形成的，就像一袋马铃薯是由袋中的一个个马铃薯汇集而成的那样"，"他们不能以自己的名义来保护他们的阶级利益……他们不能代表自己，一定要别人来代表他们"③。马克思从欧洲法国农民地域分布的特点认为分散的小农不能代表自己，是否必然得出农民阶级意识淡薄，对革命无动于衷呢？当然不是。事实上，通过一定的社会激励是可以把这些群众组织和动员起来的。经济学家奥尔森分析认为，"社会激励的本质就是它们能对个人加以区别对待：不服从的个人受到排斥，合作的个人被邀请参加特权小集体"④。显然，处

---

① 中共江西省委党史资料征集委员会编：《中国共产党江西历史大事记》，新华出版社1999年版，第130页。
② 关海庭主编：《中国近现代政治发展史》，北京大学出版社2005年版，第165页。
③ 《马克思恩格斯选集》第1卷，人民出版社2012年版，第762—763页。
④ ［美］曼瑟尔·奥尔森：《集体行动的逻辑》，陈郁、郭宇锋、李崇新译，格致出版社、上海三联书店、上海人民出版社2011年版，第71页。

于偏僻山村的苏区群众在革命环境中受到巨大感染，自觉或不自觉地让自己走向革命所要求的道路，以区别于那些还在原地不动或是左右摇摆的人。

中央苏区时期，底层群众是如何被动员起来的呢？先来看看苏区群众的基本革命分类。面对险恶的战争环境，苏区群众的基本动向可以大致归纳为三类：第一类是革命意志坚定，越遭烧杀越奋勇，决不回头的，这是苏维埃革命的基本力量；第二类是为减少损失、保存力量而暂时妥协观望的，这是中国共产党政治动员和争取的主要对象；第三类是反水逃亡甚至反抗革命的，这是中国共产党革命打击或是适当争取的力量。[①] 第一类以贫雇农为主。第二类以下中农、中农为主。第三类以富农、工商阶层为主。游民也是欢迎苏维埃革命的。毛泽东在兴国调查中特别详细划分出兴国县游民有九种：（一）赌钱的；（二）讨饭的；（三）卖水烟的；（四）打卦的；（五）挑观音的；（六）道士；（七）和尚；（八）戏客子；（九）算命的。"以上九种游民，共九十人，一般都是欢迎革命，不但没有一个反革命的，并且有十个参加区乡政府的指导工作，一个当了游击队的指挥员，这是很可以注意的。"[②] 包括游民在内的底层群众确实被动员起来，处于革命阶级的群众，他们的热情在革命中释放。中央苏区时期涌现了像兴国长冈、瑞金武阳、上杭才溪等一批乡苏革命模范。

（一）乡苏工作的榜样

模范兴国是实践的伟大创造。中央苏区时期，上级苏维埃政府的命令与决议繁多。对于这些命令与决议，乡苏、市苏如何贯彻？实际工作如何展开？各种任务如何完成？群众能否支持？等等。兴国各地乡苏的同志，在贯彻上级指示中，善于从实际出发，创造出许多好方法去调动群众积极性，完成各项任务的效率很高。模范兴国成为执行上级命令和认真灵活做好地方工作结合的产物。它是如何做的呢？

---

① 何友良：《苏区制度、社会和民众研究》，社会科学文献出版社2012年版，第297—298页。

② 中共中央文献研究室、中国井冈山干部学院编：《毛泽东中央革命根据地斗争时期调查文集》，中央文献出版社2010年版，第173—174页。

首先，从政府层面树立典型。"一切苏维埃工作服从革命战争的要求"，中央提出这个宏大口号后，发布了从扩大红军到修桥筑路的许多计划和方案，但各地问题层出不穷，中央怎样动员才能全面地执行这些任务与计划？异常紧张的革命战争，要求中央层面能迅速地、普遍地解决这些问题，同时也需要地方上独特而又具体的做法，总结和运用模范经验，"供给一切落后的乡苏、市苏以具体的榜样"[①]，向苏区全面推广。兴国县长冈乡之所以成为"苏维埃工作的模范"，是因为他们在执行任务时与群众关系十分密切，各种工作获得了群众认可与认同。中央苏区政府抓住典型，及时总结经验，把模范兴国的做法层层推广，发挥政治动员的积极效果。

其次，在政治动员中发挥精神激励的作用。谢名仁是中央苏区模范县兴国县委书记。作为杰出的地方领导人，他被上级选为代表，在江西省党代会上做了典型发言，总结出兴国在扩大红军运动中取得伟大成绩的主要原因：

"能够运用冲锋突击的精神以竞赛的方式，来兴奋全党对扩大红军的热情，尤其是能在政治动员中组织强有力的巡视团，突击队，经常做扩大红军的检查工作与突击工作，并且先进行的区乡实行帮助落后区的动员"，"能注意加强干部的领导，使模范赤少队的干部能团结在扩大红军的任务上"，"对拥护红军有优待红军家属工作，能成为群众运动的经常工作"，"克服'扩大太多了''没有对象了'的右倾观点，同时能纠正强迫命令收买欺骗等的错误方式"[②]。自上而下与自下而上的结合方式、有组织地领导、能针对问题纠错，成为兴国扩红的主要经验。随着兴国经验在江西省苏区腹地的推广，中共政治动员的兴国经验进一步向各地苏区基层延展。

最后，抓住乡苏维埃这一级最接近群众的政权机关，下大力气开展工作。这是最接地气的地方。中共政治动员的力量能够渗透到基

---

① 《毛泽东文集》第1卷，人民出版社1993年版，第277页。
② 江西省档案馆等编：《中央革命根据地史料选编》中册，江西人民出版社1982年版，第709—710页。

层，关键在乡苏这个基本组织。为了帮助地方苏区提高工作效率，1934年中央苏区出版毛泽东、张闻天合著的《区乡苏维埃怎样工作》一书。

毛泽东撰写《乡苏怎样工作?》①一文，提出乡苏主席团工作、代表会议工作、村的组织与工作、乡苏与群众团体的联系、区苏对乡的领导等七个问题，对上级指导乡苏怎样工作，提供了一个一般的标准。张闻天撰写《区苏维埃怎样工作》②一文，强调领导要深刻了解下面的实际情况，派到下面去的同志要倾听每一个同志发表的意见，同时指出对干部在实际工作中的培养，要有耐心，不要因为有个同志一有错误就给他一"打击"，使他以及其他的同志以后不敢再做工作。熟悉地方苏维埃工作的两位中央领导人高度重视，亲自抓基层工作，起到了引领作用。眼睛向下，思想向上，这是苏区最高领导人对做好基层苏维埃工作的一致看法。在中央苏区政府和省级苏维埃政府的领导下，像兴国这样的县苏承上启下在各项具体工作中发挥了极大热情。

兴国县成为当之无愧的模范。在扩红、支前、拥军优属、春耕秋收等重大活动中始终走在前列。据不完全统计，赣南13个县参加红军人数达33.1万余人，以兴国县苏参加红军的比例最高。③ 中共兴国县委1932年10月统计，全县16个区支前群众达24379人，占全县总人口10.5%以上。④ 模范兴国体现了基层力量在革命中的重要性。通过政治动员的革命吸纳，模范兴国也促进了中央政府各项工作的落实与改善。

---

① 具体内容参见《毛泽东文集》第1卷，人民出版社1993年版，第343—359页。
② 具体内容参见中共党史研究室张闻天选集传记组：《张闻天文集》（一），中共党史出版社2012年修订版，第335—341页。
③ 这13个县苏人口和参加红军人数分别是：瑞金（总人口240000人，参加红军49000人）、兴国（总人口231826人，参加红军55000人）、宁都（总人口273652人，参加红军56304人）、于都（总人口343330人，参加红军67709人）、赣县（总人口159164人，参加红军11107人）、会昌（总人口240000人，参加红军38600人）、石城（总人口136000人，参加红军16328人）、安远（总人口100110人，参加红军12618人）、寻乌（总人口120000人，参加红军6150人）、上犹（总人口101518人，参加红军2000人）、信丰（总人口203660人，参加红军10000人）、崇义（总人口89000人，参加红军2000人）、南康（总人口230000人，参加红军3656人）。参见余伯流、凌步机《中央苏区史》，江西人民出版社2001年版，第612—613页。
④ 余伯流、凌步机：《中央苏区史》，江西人民出版社2001年版，第614页。

(二) 模范群众的力量

典型榜样树立，逐步拉近与普通群众的情感距离，动员氛围效果明显。在兴国城岗区，通过选举大会进行有力鼓动，使许多战士重上前线。据《红色中华》载："城岗区回龙乡在选举运动中，开全乡选民大会，宣布扩大红军问题的时候，当场有曾启贤同志在人群中挤得出来，说过：'我原是五军团士兵，在杀敌胜利的时候裹伤右手，虽变成了一个半残废，红总医院介绍回家修养，到现在伤痕稍好些，有本事拈枪了，我舍不得当红军的良好生活和无上光荣，这是我亲身数年的经历，我再要到前线杀敌去！'会场鼓动十八个英勇的同志报名当红军，第二天乡苏给了介绍信，一起同道跑到红军里面去了。英勇的同志们！这个伤兵同志都有这样勇敢，我们快打紧包袱来，起脚跟儿跑到战线上去。"[①] 模范效应下的现场跟从，带动着其他个体，逐步缩小着个体与个体之间的差距。

这种营造压力环境中的动员，实质上体现社会压力迫使集体目标能够实现的责任。压力常常以社会奖励和社会制裁的方式交叉出现。因为"社会制裁和社会奖励是'选择性激励'；即他们属于可以用来动员一个潜在集团的激励"[②]。模范兴国是中央人民政府作出的选择性激励结果。这种激励不仅有效地加固了苏区范围的第一类革命群体，而且积极引导了第二类观望群众，甚至对第三类群众也起到了一种无形的威慑作用。在中央苏区政府发行三百万经济建设公债运动中，兴国县上社区召开群众大会积极响应，"群众……情绪非常高涨，一小时中自动退还公债票一百五十二元，又退回谷票四千五百八十斤，争先恐后，使写名的忙个不

---

① 萧嗣茂：《英勇的战士重上前线——城岗区选举大会有力的鼓动》，《红色中华》1933年10月18日第3版。

② ［美］曼瑟尔·奥尔森：《集体行动的逻辑》，陈郁、郭宇锋、李崇新译，格致出版社、上海三联书店、上海人民出版社2011年版，第71页。奥尔森认为，除了货币和社会激励，还有性爱激励、心理激励、道德激励等。其中任何一种激励都可以引导一个潜在集团去获取一件集体物品，这又正是因为他们或许能被用作"选择性激励"，即，它们对支持或不支持集团共同利益的人加以区别对待。即使是由道德态度决定一个个体是否采取集团导向行动的情况下，关键的因素也是要把道德反应看作是一个"选择性激励"。参见《集体行动的逻辑》，第77—78页。

了；征收党团员在半小时中征收了一百五十六名，会场空气非常热烈"①。热烈的动员环境引导了还在观望的群众，他们竭尽所能，出钱出力，加入退还公债队伍中。

模范兴国的人与事甚至被写进课本，拓宽了政治动员环境的渲染领域。模范兴国成为各地苏区群众能够学习的榜样。1933年7月，中央苏维埃政府教育人民委员部编印了全六册的《共产儿童读本》教材，涉及大量以兴国地方特色为素材的课文，其中对兴国妇女、兴国儿童、兴国耕田队等进行了特别介绍。模范兴国的榜样力量在文化教育领域进一步拓展和深化。

课文《兴国妇女对生产的积极》：

> 兴国县的妇女，都很喜欢劳动的；但能够犁田耙田的，只有一部分，在本年提早春耕时，妇女参加生产，学犁田耙田，都很热烈去学到了。当莳田的时候，每区都有二十人以上能犁田耙田；特别是上社区妇女，更有学习参加生产的精神，全区能够犁田耙田的妇女，已有八十人以上，兴国增加两成收获，完全成功。妇女艰苦学习耕种，得到了好的结果。②

课文《兴国儿童的节省运动》：

> 兴国全县的儿童，在1932年十月间，开会决定：不买果子和别的零星东西吃，把钱一个两个节省起来，帮助红军战费，有的人，积了一百到二百，最少的也积了一十到二十个铜钱。许多工人，都加入节省运动，总计十一区当中，六百七十七吊钱。此外还有一些人，每人节省一升谷子的，积少或多，也有不少的数目。同志们！这不是顶呱呱的小同志吗？全区儿童们！准备准备：时刻准备着！

---

① 《兴国上社区群众大会的响应》，《红色中华》1933年7月26日第5版。
② 赣南师范学院、江西省教育科学研究所编：《江西苏区教育资料汇编（1927—1937）》（7）教材，内部刊物1985年版，第26页。

来学习这个光荣的例子吧！①

课文《兴国耕田队的组织和工作》：

> 兴国耕田队的组织，除红军家属和脱离生产出外工作的人外，能劳动的青年成年妇女，都一律参加耕田队。十岁以上的儿童，也大部份（分）参加耕田队。每人一月耕队几天，是根据红军家属的需要，不限定。同时选举有生产委员会：下面设有班长，经常召集队员开会，执行优待红军条例，在分配给红军家属做工时，也很努力，每天都是从早到晚，不消极怠工。所以红军家属很是欢喜，不要各耕田队带饭来吃，并说，"我们有政府接济，你们辛辛苦苦帮我们一天做到晚，没有工钱罢了，难道饭都没有吃啦"。②

真人真事更具认同感。树立模范典型，目的是让更多的人获得一种社会认同。社会认同是个人的自我概念的组成部分，来自对他在一个（一些）社会群体中的成员资格的认识，以及对依附于成员资格的价值与情绪的意义的认识。社会认同需要每个个体的参与。社会心理学家一般认为，维持社会认同有着复杂的心理过程：首先，群体成员会努力获得或者保持一种肯定的社会认同感。其次，群体成员会把这种社会认同建立在一些讨人喜欢的比较之上，这些比较可以在内群成员与相关的外群成员之间做出。最后，如果群体成员的社会认同不能让他们感到满意，他们就会离开自己的群体，或者加入一个更具有肯定性的其他群体。③

中国共产党在中央苏区创造出模范的兴国模式，使绝大多数苏区群

---

① 赣南师范学院、江西省教育科学研究所编：《江西苏区教育资料汇编（1927—1937）》（7）教材，内部刊物1985年版，第28页。
② 同上书，第31页。
③ [美] 马莎·L. 科塔姆等：《政治心理学》，胡勇、陈刚译，中国人民大学出版社2013年版，第71—72页。

众在社会认同中寻找到自己的阶级位置，从而缩小自己与模范的差别。兴国创造的"模范"行动，"推动了博、胜、石、赣、公、永六县模范师团，共两万五千的勇敢新战士潮水般的踊（涌）进红军去"①，争当模范成为部分苏区群众的价值追求。

而且这种模范模式也在偏远山区的会昌县部分群众中产生积极影响。他们在一件件具体事情中发挥自己微薄的力量。会昌县踏迳区在扩大红军中，"谢坊乡支书同志领导3名，妇女彭桂英同志鼓动15名，赤卫队连长□□□同志领导9名，塆塘乡团支书肖自辉同志领导26名，妇女刘□华同志鼓动26名，赤卫军连长□□□同志领导26名，少先队大队长□□□同志领导26名，小队长□□□同志领导26名，赤卫队排长□□□同志领导8名，瓦子乡团支书□□□同志领导3名，少先队长□□□同志领导3名，水南乡妇女赖来手同志领导5名，旋龙乡党支部□□□同志领导6名，团支书□□□同志领导6名，小队长□□□同志领导6名，此外党团员妇女等领导与鼓动一个几个的，举不胜举"②。在最艰难的1934年，"洛口县小佈（布）区委军事部长李贴发，少队区队长何裁东，小佈（布）的党支书傅春荣三同志，在这次洛口六月的扩红突击中，直接领导了小佈（布）乡五十三名赤少队加入红军。在他们的影响下，全区一百二十三名赤少队员也一齐加入红军"③。显然，党员、革命妇女、共青团员、儿童队员，构成政治动员的主要模范人员。

二 模范战士：陕北政治课中的革命觉悟升华

模范，也许要在更长久的时间打磨中才具光芒的力量。1937年，美国进步记者埃德加·斯诺发表《西行漫记》一书。该书依据他在陕北革命根据地的所见所闻，是出于对中国共产党和"革命的战士、农民、牧

---

① 江西省档案馆等编：《中央革命根据地史料选编》中册，江西人民出版社1982年版，第711页。
② 中共江西省委党史研究室等编：《中央革命根据地历史资料文库·政权系统》第8册，中央文献出版社、江西人民出版社2013年版，第1184页。
③ 斯顿：《领导了一百二十三（人）当红军——洛口县小佈（布）区三个干部的光荣》，《红色中华》1934年6月28日第3版。

民、工人、共青团员、少先队员,有了真挚的热烈的感情"①的真实写照。1936年6月至10月,短短近四个月时间的亲历亲闻,斯诺为我们提供了一个真实描绘中国共产党、红军生活战斗场景的机会,也为了解中央主力红军撤离中央苏区后,中国共产党政治动员效果展示提供了一扇真实的窗口。

1936年,刚到陕北的中国共产党和红军部队,依然保持着之前在中央苏区等地的革命维度和行为惯性。中国共产党利用略显粗糙的识字课本,逐步扩大着自己在陕北的影响。虽然这些课本仍是粗糙的宣传,但是"农民和他们的子女读完这本书以后,他们不但有生以来第一次能读书识字,而且知道是谁教给他们的和为什么教他们。他们掌握了中国共产主义的基本战斗思想"②。

《西行漫记》介绍了一群特别的人——红小鬼。他们年纪轻,思想进步快,表现尤为突出。他们是革命的希望。红小鬼"精神极好"③。青年群体的精神状态表达出一个社会追寻的希望、进步和前途。红小鬼们正从无知中摆脱出来继续向前发展。

从红小鬼到红军战士的身份转变,伴随着他们思想的改变和行为的进一步成长。他们有了自己坚毅的信仰。通过中国共产党政治部的组织安排,战士们在列宁室中进行各种日常生活和学习活动。斯诺说,他们"十分忙碌而又十分健康""吸鸦片烟是禁止的"④。列宁室是红军战士生活、战斗、学习的场所,在这里党把娱乐同关于军队当前任务的实际教育结合起来。无疑这支纪律严格的红军部队是从中央苏区时期就开始奠定下来的。

红小鬼们从政治课中凝聚起的革命觉悟和革命信念,是维系斗志的主要支柱,这是别的军队无法仿效的。斯诺曾深有体会地说道:"要知道这种革命觉悟究竟是怎么一回事,最好是看一看红军的政治课——那里

---

① [美]埃德加·斯诺:《西行漫记》,董乐山译,解放军文艺出版社2002年版,中文重译本序第2页。
② 同上书,第190页。
③ 同上书,第272页。
④ 同上书,第231页。

你可以听到深印在这些青年的脑际，使他们为之战斗和牺牲的简单的信条。"①

如果说"革命觉悟""革命信念"这些词语，听起来带有个人主观判断的理论总结，那么，斯诺近距离的观察和红军战士在回答斯诺提出的种种疑惑问题时的记录，为我们解答了他们在政治课中提升革命思想境界的详细过程。在陕北一次主题为"抗日运动的发展"的政治课中，

> 战士们坐在他们自己带来的砖块上（常常可以看到士兵们上学去时，一手拿着笔记本，一手带着一块砖头），带领他们的是连长和政治委员，两人都是党员……一个身材颀长、面容瘦削的青年在讲课……他谈到日本侵略满洲……非常激动，声音有点哽咽。
>
> 战士们都用小本子吃力地记了简单的笔记，他们的诚实的农民的脸上露出了认真思索的神色……在这些年轻的没有什么训练的头脑中逐渐形成了简单而强烈的信念……我们称之为士气的那种精神。
>
> ……
>
> 一个脸上长了一条长疤的青年站了起来，讲了长征路上的经历。
>
> 一个眼光明亮的少年……站起来宣布："……我们红军就是人民。"②

政治课中的每一个青年用他们个人的经历来证明爱共产党，红军爱人民的道理，在说的过程中充满着热情。

中国共产党政治动员目标是"要震撼、唤起中国农村中的亿万人民"，要让"农民阶级……在觉醒的状态下逐渐站起来"③，这成为中国农村一种新的气象。他们开始只是作为一个普通人而活在世上，现在，他们身份变了，是一名红军战士。身份转变的同时伴随着思想的升华。这是宣传教育力量渗透和浸染到他们每一个人心中的结果。

---

① ［美］埃德加·斯诺：《西行漫记》，董乐山译，解放军文艺出版社 2002 年版，第 232 页。

② 同上书，第 234—238 页。

③ 同上书，第 88—89 页。

除了红小鬼们，苏区普通工农在心理和观念上也在发生着某种变化。他们对"苏维埃"这个新事物从一无所知到初步认识。方志敏曾总结说："开头，苏维埃三个字，有许多人不懂得，现在，苏区内的儿童团员，都懂得苏维埃政府，是工农劳苦群众自己的政府。"① 新事物掀起了波澜。"在共产主义运动中，没有比红军剧社更有力的宣传武器了，也没有更巧妙的武器了"②，正是红军剧社的演出活动消除了当地群众的种种疑虑。红军剧社的出现是苏区文化生活中的新事物。演戏的材料有许多是关于军事、政治、经济、社会上出现的新问题，农民们有很多疑问，红军剧社的编创和演员就用他们所容易理解的幽默方式加以解答。不断改换的节目，吸引了成百上千的人来结队观看。各种群众喜闻乐见的活报剧、戏剧，成了群众自愿接受宣传教育的好形式。

中国共产党通过各种宣传和具体行动，"不但要同'愚昧的大众'共享知识，而且甚至要把大众理想化"③，由此改变着几百年来统治阶级用专有知识控制乡村的武器，使亿万底层民众对于国家、社会和个人产生新的概念，逐步摆脱愚昧而获得启蒙。当然他们赢得的支持似乎也达到了令外人吃惊的程度。

是什么力量把他们联结在一起？这种力量来自何方？能够把所有的人调动起来为革命尽力，不仅仅是成年人、成年男性，还包括小脚妇女、老人和少年儿童在内的一切力量，依照各尽所能担负主要的或是辅助工作，恐怕只有中国共产党能够做到。所以，斯诺说："有一件事可以说明共产党在人民群众中有基础，那就是在所有老苏区里，警卫工作几乎全部由农民自己组织起来担任的。"④ 这是红军在农民中得到拥护的最直接表现。红军有牢固的后卫和基地后，可以放心在前方打仗。中共构建的这种保卫制度，是在极度缺乏规范政治制度条件下的伟大创造。当然也只有中国共产党才有能力进行维持，以获得进一步的人力物力方面的支

---

① 方志敏：《方志敏全集》，人民出版社2012年版，第195页。
② ［美］埃德加·斯诺：《西行漫记》，董乐山译，解放军文艺出版社2002年版，第87页。
③ 同上书，第90页。
④ 同上书，第176页。

持与巩固。

当然，农民们也不是没有怨言，他们也有许多意见和一些牢骚。但中国共产党在他们的心目中，已成了一种新生事物，与以前的所有他们见过的组织都不一样，因为中国共产党是和他们站在一起的。这就是斯诺所说的底层群众在"谈到苏维埃时用的是'我们的政府'"①。这在中国陕北偏僻的农村，完全是一种新现象。"我们的政府"这种词语称谓的表达，将农民的身份归属和心理归属与苏维埃政府紧紧联系在了一起。

第二节 偏差与失效：针对"落后"群众的教育

由于政治动员频率过多过密，加上地方苏维埃人员在工作方法上采取强迫、命令、暴力的简单形式，中央苏区大规模政治动员出现一些偏差。这在1934年较为突出。各地苏区陆续出现群众逃跑，开小差现象，甚至有少数群众反水行为。苏区党和政府尽管缺乏危机干预的能力，但仍然想尽各种办法，在一定范围内通过总结经验教训，通过开展归队运动，对部分落后群众进行了再动员，取得了一定的效果。

一 开小差逃跑群众

所谓"开小差"，是指一般群众加入红军部队后从队伍中自行溜回家。而"逃跑"是指不仅离开红军，而且离开苏维埃区域跑到白区，甚至发生投敌反水的可能。开小差和逃跑的现象，多发生在地方苏维埃政府政治动员过程中使用简单粗暴的手段，强迫群众参加扩红的地方。

战事频繁、强迫式动员导致的结果是开小差人数增多。在1933年和1934年尤为集中，开小差逃跑甚至成为经常的事情。据《红色中华》报载，为了完成上一级交代的扩红任务，一些乡、村苏维埃工作人员强行将群众拉入红军队伍，导致群众极为反感。即便加入了红军，心也不在

---

① ［美］埃德加·斯诺：《西行漫记》，董乐山译，解放军文艺出版社2002年版，第176页。

红军队伍中，于是，一有机会就开小差溜回家中。

据相关史料记载，1933年4月，江西省"胜利、博生之送去一团十二个连，而逃跑了十一个团营连长，带起少队拐公家伙食逃跑，永丰的营长政委也逃跑了，兴国的连长跑了几个，特别是那些司务长拐带公家的伙食大批的逃跑"①。1933年3月至6月，安远县龙布区"反水富农男五十三名，女四十七名"，"反水群众男十八名，女九名"，"反水中农男八名，女九名"②。

开小差现象在1934年后有增无减，有越来越严重的趋势。在万泰县，"二月份发生二千六百群众逃跑"，"三月份群众逃跑的现象不但没有减轻，却反而加重了"③。在于都，"大部分模范赤少队逃跑上山，罗凹区十分之八队员逃跑上山，罗江区有300余人逃跑，梓山、新陂、段屋区亦发生大部分逃跑，有的集中一百人或二百人在山上，有的躲在亲朋家中"④，"过去最严重的问题是群众逃跑登山"，"新陂区的密坑乡过去精壮男子完全跑光了"⑤。据李一氓回忆："四十岁以上的男人很多都陆续地跑出苏区，到国民党区投亲靠友。有时搞到一点什么东西，也偷着回来一两次接济家里。因为他在家里实在是难以生活下去。"⑥

在赣南军区，8月28日，司令部警卫连有"李指挥、李桂山、李以山、张胜彬等十名战斗员逃跑"，"均系大田日东区人"⑦；9月17日，军区政治部"卫生处指导员黄满云逃跑"⑧。开小差逃跑的人有普通群众、

---

① 中央档案馆、江西省档案馆：《江西革命历史文件汇集》（1933年—1934年及补遗部分），内部刊物1992年版，第107页。
② 同上书，第50页。
③ 张闻天：《人民委员会为万泰群众逃跑问题给万泰县苏主席团的指示信》，《红色中华》1934年4月10日第2版。
④ 转引自黄道炫《中央苏区的革命》（1933—1934），社会科学文献出版社2011年版，第325页。
⑤ 《于都在坚决执行党的指示中已经开始转变过来》，《红色中华》1934年9月26日第1版。
⑥ 《李一氓回忆录》，人民出版社2001年版，第156页。
⑦ 中央档案馆、江西省档案馆：《江西革命历史文件汇集》（1933年—1934年及补遗部分），内部刊物1992年版，第418页。
⑧ 同上书，第419页。

有红军战斗员，还有党员干部，可见问题之严重。

产生开小差逃跑的原因很多。从外在客观条件来看，战争频繁，人员缺乏急需补给，战争环境下条件艰苦，各类物资缺乏。为了逃避战争，逃避扩红任务，逃避苏维埃公民的义务，农民有时比对家里的条件，虽然简陋但基本能够维持生活就开小差，家里生存不下去了就往外面逃跑。因而有人因临时生存发生困难而开小差；有人因生病开小差，甚至装病开小差；还有因牵挂家中事情找各种借口开小差；等等。从内在主观条件来看，战争带来的死亡恐惧和厌战情绪，频繁和过度动员带来的心理疲倦，以及强迫命令带来的情绪伤害，导致了群众开小差逃跑行为。

苏区的各类资源是有限的。有限的资源在无限的战争需要中被人为放大。为了完成上级下达的指标，强迫之风盛行。开小差逃跑者对上级强迫自己参加红军产生严重的抵触情绪。在万泰县，区乡苏维埃的工作人员"在推销公债、扩大红军或收集粮食方面都采取了严重的摊派与强迫命令的办法"，"坐禁闭，罚苦工，差不多是这些工作人员对付群众的唯一办法"。[①] 以惩罚手段逼迫群众加入红军，是根本留不住他们的心的。除了手段恶劣，态度不好，地方干部的一些行为也很恶劣，如借用给红军募捐战费的名义，对群众实行敲诈，还经常要群众预备酒肉给他们吃喝。这样的政府，这样的干部，这样的行为，群众是惧怕的，哪里敢说话、敢靠近？一旦获得机会，就有逃跑的可能。连模范兴国的工作总结中也把归队运动作为一条重要的经验加以总结，可见问题的严重性和经常性。扩红动员加入红军采用竞赛的工作方式，短时期可以立竿见影，但想要持久维持确实存在很大问题。

有些地方党团负责人逃跑，损害了苏维埃干部形象，影响极坏。在闽西，"永定党和团的领导同志在敌人大举进攻中，表现最无气节的懦情和动摇"，"党和团的县委负责人完全放弃党的一切工作（甚至连给报告省委都没有），而经常随独立团出发，遇有敌人到来立刻先群众逃跑"[②]。

---

① 张闻天：《人民委员会为万泰群众逃跑问题给万泰县苏主席团的指示信》，《红色中华》1934年4月10日第2版。

② 福建省档案馆、广东省档案馆：《闽粤赣边区革命历史档案汇编》第1辑，内部刊物1986年版，第305页。

革命干部缺乏勇气，首先逃跑，怎么能领导群众？群众怎么会不逃跑？

兴国虽然是扩红的模范，也出现过开小差现象。有些逃兵还很狡猾，用各种行为欺骗组织。如兴国县杰村区九山乡的刘生有，在前方曾开小差数次，最后为了避免归队，竟然自己用刀割破脚并加搽盐水等，以致溃烂。他借脚溃烂不归队。同时，他还将这个办法告诉同样开小差的刘生顺等人。由于害怕事情暴露，他又将毒药事先放在身上，准备事发时自杀。后来群众揭发到区苏维埃政府，他被公审枪毙。① 与闽西永定相比，兴国属于苏维埃革命的先进区域，开小差逃跑行为一般出现在普通群众身上。把逃跑者送往苏维埃政府群众公审，也说明此地群众的革命觉悟是比较高的。

各地出现开小差逃跑现象，引起红军部队、苏区党和政府的高度重视，要求在苏维埃机关及群众团体中，必须开展反逃兵的斗争，无情地将一切开过小差的分子逐出机关，坚决反对向逃兵妥协包庇的分子。

新泉县队部，在中央局与中央总队部动员模范队积极地配合红军与地方武装作战，发出全线出击敌人的号召，动员一连模范队配合红军作战。"在没有出发之前，把模范队内的阶级异己分子廿余人都洗刷出去，并举行了短期的训练，派了干部加强其领导。但现在该连模范队尚发生有少数人的逃跑（廿余人）。"② 而会昌的一个独立团"因过年而开小差的有三十余名"③。1933年，江西省苏维埃明确指出，"那些开小差的回家和开二三次小差顽强不归队领导开小差的分子，必须采取行政办法向群众说明，发动群众将他们送交法庭举行公审，并要他赔偿国家损失，要严厉的惩办这种分子"④。

从各地苏区政治动员的实践来看，对待开小差逃跑现象，根据情节

---

① 才忠：《反革命份（分）子破坏扩大红军的新阴谋》，《红色中华》1934年2月12日第2版。

② 古田会议纪念馆：《闽西革命史文献资料（1933年1月—1934年12月）》第8辑，内部刊物2006年版，第26页。

③ 《自我批评——硬化的千篇一律的工作报告》，《斗争》1933年3月5日第4期第16版。

④ 江西省档案馆等编：《中央革命根据地史料选编》中册，江西人民出版社1982年版，第714—715页。

轻重、不同对象、不同场合采取了不同的处理办法。对严重者，采取了诸如公审大会，剥夺其生命，做最严厉的法律制裁；对初犯情节轻者，宣传鼓动，进行归队运动。为了扩大教育动员范围，召开群众性大检阅和训话，塑造环境压力；同时对逃跑中的主要领导者进行教育或惩戒。中央苏区各地的归队运动，成为纠正开小差行为的再动员的最主要、最有效的动员方式。

二 归队运动：心理倦怠下的再动员

倦怠表现为心理对外界刺激产生疲乏，缺乏兴奋感。政治动员中出现的倦怠，是因为政治动员主体对被动员者过于频繁的行为刺激，使被动员者难以应对，情绪焦虑，产生心理厌烦，甚至发生抗拒行为。

（一）群众倦怠及其产生的心理原因

群众开小差并逃跑，性质非常恶劣。群众开小差和逃跑固然有组织领导上的薄弱和其他客观原因，但从政治心理学的角度来说，未考虑群众恐惧情绪应是更为深层的原因。

恐惧和焦虑是影响政治行为的两种重要情绪。"两者发生在感知到危险的时候。但是它们是不同的，因为恐惧同一个明确的和确定的威胁联系在一起，而焦虑同对于威胁的不确定性联系在一起。典型现象是，当人们经历恐惧的时候，他们想避免或者逃脱威胁。然而，当他们经历焦虑的时候，他们真的并不知道该做什么和如何回应，他们往往为该做什么和如何做而烦恼。"[①] 对参加革命产生的风险，农民内心是有自身的心理体验的。随着体验的加深，他们可能更加害怕承担风险。

恐惧是面对正在眼前发生的危险而产生的。为了减轻恐惧，开小差回家就可以暂时回避这种危险。所以，开小差还只是一种焦虑心理的表层体现，当这种恐惧急剧上升为焦虑之时，发生更严重的逃跑行为就毫不奇怪。一方面战争带来的死亡危险正威胁着他们的生命，只有逃跑才能摆脱这种困境；另一方面战争带来的民生凋敝使农民产生严重焦虑。

---

① ［美］马莎·L. 科塔姆等：《政治心理学》，胡勇、陈刚译，中国人民大学出版社2013年版，第79页。

为了获得生存之机他们需要想尽办法找到活命的出口。开小差逃跑虽然只是短暂的摆脱困境的权宜之计，但对于只顾眼前的农民而言显然已经足够。

（二）动员主体缺乏对群众倦怠的正确认识

开小差是不对的。但是为什么会有这么多人开小差逃跑呢？对于自上而下的中共政治动员主体，又是如何认识这个问题的呢？召开群众大会、通过发号训令能真正解决问题吗？学者黄道炫认为："1933—1934年苏区出现的群众集中逃跑现象，和当时中央领导错误指导有密切关系。查田运动、肃反、发行公债、借谷及扩红运动中的一系列问题酿成了苏维埃政权与群众间的紧张关系。当时中共中央领导人缺乏在政权、集体、个人间寻求利益平衡点的意识，一味强调无条件服从，夸大思想斗争的作用。"① 进行大规模的政治动员，动员主体发动群众运动，一般来说是不太会关注更微观的个体的，更不用说照顾到他们的情绪与心理这样深层次的问题。1933年1月，《新泉的模范队为什么会逃跑呢》一文从基层视域进行了分析与解释：

（1）领导的薄弱

在未出发前虽然派了些干部来加强其领导，但这些干部［的］活动能力、领导能力还是非常不够，不能抓住一事实来教育训练与爱理（护）队员，来向队员作深入的政治宣传鼓动，克服一切不良倾向，尤其是反逃跑的斗争，所以结果仍不能消灭可耻的逃跑现象。

（2）不够吃苦耐劳，要回家过老历年

一般的队员都是不够吃苦耐劳，想回家去享乐。虽然在训练及临出发时，经过了我们严厉警惕的上政治课和讲话，没有马上逃跑，但因为前几天天气比较寒冷，及老历年快要到了，一部分的队员就动摇地发生逃跑的事情。

（3）十二军一百另（0）五团（新兵团）负责同志忽视少队

---

① 黄道炫：《张力与限界：中央苏区的革命（1933—1934）》，社会科学文献出版社2011年版，第327页。

当我们计划将×连模范少队由文坊调到朋口配合十二军行动，以加紧其政治军事的训练，达到整连整排的加入红军，派人将队伍调往前去接洽时，该一百另（〇）五团负责同志带着讥讽不屑的蔑视的口吻说，"地方武装少先队有什么用?! 快开回去配[合]独立三团（龙岩游击队改编的）行动，不要跟我来。"结果开回来了，给了队员以不好的影响，将队员的勇气打落下去! 虽经过艰苦的解释，亦无多大效果。（这里编者要问：少队部事先为什么不同军事机关和红军商量好? 可见没有很好计划和准备）。

(4) 言语不通，地方观念

配合独立三团行动时，三团的红色战士多是龙岩笈（籍），与模范队员语言不通。由此，就产生一种狭隘的地方观念，形成派别观念，放松了对模范队的领导，及教育训练管理。

(5) 团员领导不够

在模范队中虽有团支部的组织，但非常不健全，没有经常开会，检查工作，注意日常生活，讨论怎样来领导群众完成行动任务，不仅不能领导工作，反而团员领导逃跑（如千畲的几个团员）。①

文章总结新泉模范队出现逃跑的主要原因在于领导能力薄弱、队员不够吃苦、语言交流困难、忽视团员少队工作等，充分强调了外在因素的影响。所以，领导水平等外在因素出现偏差导致群众出现逃跑是当时的普遍认识。

外因只是影响事物发展的一个方面。内因才是决定事物发展的主要因素。只有将内因与外因结合起来，才能了解事物发展的根源。忽视群众内在心理因素，就不可能真正了解群众，解决问题。从当时的认识水平来看，没有结合开小差逃跑群众的主观心理因素去分析这个问题，隐藏着潜在的危险因素。后来中共政治动员开展的归队运动尽管做了多方努力，但效果仍然不理想，主要原因也在此。

---

① 古田会议纪念馆编：《闽西革命史文献资料（1933年1月—1934年12月）》第8辑，内部刊物2006年版，第26—27页。

（三）归队运动下的政治再动员

各地出现的开小差逃跑现象，引起红军各部队、苏区党和苏区政府的高度重视。因为开小差逃跑行为不仅影响到红军队伍的巩固和部队形象，也拉远了苏区政府与群众的距离，影响到红军的群众基础。于是，在军队中、在地方党内、在苏区政府内开展大范围的归队运动，成为一种政治再动员的方式。归队运动的三道防线将党、政、军三种力量与依靠群众整合起来。政治再动员体现了中国共产党的革命智慧。

归队运动的第一道防线：成立反逃跑"十人团"。

开小差逃跑首先是从红军部队中发生的，因而红军总政治部专门针对这一问题提出了最高指示。1933年，红一方面军总政治部发出《反逃跑十人团的组织与工作纲要》指示，详细制定了"十人团"在反逃跑工作中的任务、构成、职责、要求和方法，要求各级部队必须组织反逃跑斗争"十人团"，并要求这一组织作为各部队政治部开展反逃跑斗争的重要任务。在反逃跑斗争中，"十人团"的目标是实现"从政治上克服和预防逃跑现象的发生，并从组织上制止逃跑，使一切逃跑者的企图归于完全失败"①。政治要求和组织落实的结合，"十人团"成为防止士兵从红军部队中逃跑的第一道闸门。

归队运动的第二道防线：地方部门找缺点。

如果第一道闸门失效，地方党和苏区政府就成为防止群众开小差逃跑的第二道防线。针对扩大红军出现的问题，地方召开专门会议，总结各地经验和教训，提出应对之策。1933年11月江西党代会上，谢名仁同志作为地方苏区的代表，在会上总结出"模范兴国"在扩大红军中存在的缺点：扩大红军工作发展不均衡，还有个别的区乡表现落后；动员模范师加入红军时，有的区乡没有切实注意群众个别问题，只是一般地平均主义地解决问题；对检举工作没有经过在群众斗争中而进行检举；落后的区（如均村、莲塘、黄塘等区）没有注意深入群众的阶级斗争，从土地斗争中尤其在查田运动中，来发扬扩大红军的热情；扩大赤少队的

---

① 江西省档案馆等编：《中央革命根据地史料选编》中册，江西人民出版社1982年版，第690页。

组织，对扩大红军的动员还是不够，并且没有完成扩大赤少队一倍的任务；在扩大红军的工作方式上，个别区还不能很好采用先进区的办法，来克服官僚主义的强迫命令的工作方式。①

兴国在扩红中出现的缺点，在其他各地应该也是普遍存在的。面对这样的客观现实，各地苏区全面开展了归队运动，极力把偏离轨道的群众拉回到正常轨道上来。归队运动，成为解决扩红问题，进行政治再动员的一种方式。

归队运动的第三道防线：想尽各种解决办法。

兴国苏维埃政府作为优待红军家属及归队运动的模范，在归队动员运动中就想出了不少的好办法，例如：组织宣传队慰劳队；召集开小差者的老婆及母亲开茶话会；组织调查委员会和审查委员会，经常讨论归队运动工作；建立归队运动的光荣牌和可耻牌；组织儿童妇女利用文明戏活报等方式宣传鼓动；找开小差的士兵个别谈话。②

从具体的实践过程来看，兴国归队运动的组织与具体工作，采取了区（归队运动委员会）—村（反逃兵的突击队宣传队）—队（调查队）的三级组织结构方式，先利用一定的物品慰劳，然后用实际行动帮助，再进行精神施压，来做归队教育。

"首先发动群众募得大批慰劳品如花生豆子番薯干……等派得力的宣传队和活泼的慰劳队，携带慰劳品直到开小差及请短假回来的士兵家属家里去慰劳他们"，然后，"替他们挑水砍柴洗菜，假使他家里缺乏劳动便动员耕田队去帮助工作"，如仍不归队，"再派活泼的宣传队去鼓励他"，经过几次鼓动仍不肯归队的，"报告归队运动委员会发动群众会议在会议中报告他不愿意归队的可耻，并且预先组织好几个红军家属的妇女，到会议上来报告'家里平安一切困难都由同志们帮助解决了，当红军的用不着回家'。引起群众来耻笑他要他归队"③。耐心、细致的鼓动和

---

① 江西省档案馆等编：《中央革命根据地史料选编》中册，江西人民出版社1982年版，第710页。
② 同上书，第708—709页。
③ 江西省妇女联合会、江西省档案馆编：《江西苏区妇女运动史料选编》，江西人民出版社1982年版，第122页。

宣传方法，加上一定的环境压力和道德耻感教育，开小差的人一般能归队。

兴国归队方法取得很大的成绩，成为中央苏区各地和其他苏区的榜样。1933年11月25日中共湘赣省委还翻印了兴国的模范工作经验并进行推广。历史由此进一步烙印革命兴国作为模范的另一种方式。

在闽西新泉县，地方苏维埃也充分认识到："在动员模范队员配合红军作战的工作中，我们除了要进行深入的政治宣传鼓动，洗刷队员中的阶级异己分子"，"还要肃清队员的封建意识……建立列宁青年的吃苦耐劳的顽强坚决性的战斗精神"，"反对红军中个别的负责同志忽视模范少队，不接受、不愿领导模范少队的错误观念"，并且"经常注意日常生活，检查部队的工作"。[①] 在江西万泰县，地方党帮助群众克服了恐怖害怕悲观失望心理，利用"龙口游击队的编成发动了六十多名归队，扩充新兵五十多名"对独立团进行整顿，"士兵情绪相当稳定，开小差的现象相当消灭"[②]。消除了群众恐怖害怕心理，归队工作就有成效。

中央苏区各地出现的开小差逃跑现象，反映出战争紧迫环境下进行政治动员做好群众工作的复杂性和艰巨性。缺乏深入了解的政治动员，不可能取得群众整齐划一的效果。特殊时期政治动员出现的偏差和失效，带给中国共产党深刻的教训。要想改变群众，必须提升自身形象；要想依靠群众，必须了解群众，帮助群众，服务群众。努力提高乡村苏维埃政府工作人员素质和能力，做到真正从群众内心出发，切身为群众利益考虑，才能有效动员群众，解决包括开小差之类的问题。

第三节　积极效果：政治动员的历史高度

"不直接而迅速地改善劳动群众的状况，劳动群众是永远也不会同意

[①] 古田会议纪念馆编：《闽西革命史文献资料（1933年1月—1934年12月）》第8辑，内部刊物2006年版，第27页。

[②] 中央档案馆、江西省档案馆：《江西革命历史文件汇集》（1933年—1934年及补遗部分），内部刊物1992年版，第39页。

去考虑什么全国的共同'进步'的。……在争取改善生活条件的同时，在精神上、思想意识上、政治上也成长起来了，变得更具有实现自己伟大的解放目的的能力了。"① 人首先面临的是吃穿住行等基本问题，其次才有精神和意识要求。中央苏区政治动员探索了从关心群众吃饭等基本问题入手，逐步过渡到提高群众文化精神等更高层面的需求问题，从而取得了一定积极效果。这种积极效果达到了历史条件下的应有高度，主要体现在生活水平的提高、观念的变革、行为的转变和更高层次的道德提升等方面。

一 生活水平：起伏中总体提高

毛泽东指出，苏区人民"在经济上得着了解放……苏维埃政权建立了，不还租，不还债，不完粮，不纳捐税，工人增加了工资，农民分得了土地，好像解下了一种枷锁，个个喜形于色……盐亦可以买到，不过昂贵点，尤其是吃了便宜谷米，苏区两元钱可买一担，白色区要二十元一担，这样与未革命的区域比较，即相差很远了"②。革命后的地区，经济上有了保障，农民基本生活有了明显的改善。

这种改善尤其在战争胜利后非常明显。第三次反"围剿"后，苏区范围扩大，"赤区之内的'土围'消灭后，交通方便了，农民的秋收和杂粮的收获收到了，农民又能自由挑货做小买卖了"③。自由贸易后，农民还可以做些小买卖获得利益。中央苏区农民生活的相对改善，尤其是解除了苛捐杂税的痛苦，让苏区农民过上了一段相对稳定而安逸的生活。

苏区农村工人的生活也得到一定程度的改善。由于苏维埃坚决执行自己的政策，苏区工人的工资得到了很大的提高。表十四是闽西汀州市工人工资增长的一个例子：

---

① 《列宁全集》第21卷，人民出版社1990年版，第325页。
② 江西省档案馆等编：《中央革命根据地史料选编》上册，江西人民出版社1982年版，第354页。
③ 同上书，第447页。

表十四　　　　　　　汀州工人月工资增长情况①　　　　　单位：元

职业	最高工资 1930年	1934年	增加	最低工资 1930年	1934年	增加	中等工资 1930年	革命后
京果工人	10	32	22	2	22	20	没有统计	30
纸业工人	10	35	25	3	31	28	没有统计	33
油业工人	6	18	12	3	12	9	没有统计	15
药业工人	6	30	24	2	26	24	没有统计	28
刨烟工人	7	36	29	3.5	30	26.5	没有统计	28
印刷工人	15	36	21	5	28	23	没有统计	34
五金工人	6	18	12	—	14	—	没有统计	16
木匠工人	0.6	0.8	0.2	—	—	—	没有统计	—
木船工人（由汀州至上杭）	14	46	32				没有统计	
染业工人	5.5	20	14.5	2	18	16	没有统计	19
油纸工人	5	21	16	2	17	15	没有统计	19
酒业工人	6	20	14	3	18	15	没有统计	—
布业工人	10	35	25	2	31	29	没有统计	32

汀州市工人的工资比革命前最少的增加了约32%（木匠），最多的增加了1450%（布业工人），体现了惊人的增加。汀州市比起其他苏区城市的工资显然要高一些。中央苏区其他城市的工资也增加了。如瑞金"泥水木匠工人，在最近一时期，从革命前每日二角五分，增加至每日四角五分，增加了百分之八十"②。赣县田村区农村工人的工资收入在1934年

---

① 根据《中华苏维埃共和国中央执行委员会与人民委员会对第二次全国苏维埃代表大会的报告》（1934年1月24日）的相关资料整理，江西省档案馆等编：《中央革命根据地史料选编》下册，江西人民出版社1982年版，第315页。

② 江西省档案馆等编：《中央革命根据地史料选编》下册，江西人民出版社1982年版，第316页。

也一般增加。如表十五所示：

表十五　　　　　　赣县田村区农村工人零工工资比较[①]　　　　　单位：元

职业	最高工资			最低工资			中等工资		
	1930年	1933年5月1日前	1934年	1930年	1931年5月1日前	1934年	1930年	1931年5月1日前	1934年
手艺工人	0.3	0.3	0.35	0.1	0.15	0.2	0.22	0.25	0.3
纸业工人	0.4	0.4	0.45	0.14	0.11	0.25	0.22	0.24	0.3
农业工人	0.28	0.3	0.22	0.03	0.06	0.1	0.1	0.15	0.2
苦力运输工人	0.45	0.675	0.96	0.1	—	0.2	0.26	0.39	0.5

群众的生活水平可以直接反映当时苏区农村生产力水平和工农经济水准的高低。毛泽东在兴国县长冈乡对"群众生活"进行过详细调查，真实反映了这一结论。

1933年春在莳田前的饥荒情况下，长冈乡虽然有百分之八十的群众缺粮，但大都能从远地如东固等地办米解决，无饿饭的。

到1934年春，由于1933年秋冬耕好，这种饥荒情况基本就不存在。因为"秋耕好"，"冬耕又加种蔬菜、胡豆、雪豆与油菜"[②]，又规定谷子不能贱卖给商人，等等，多项措施保证了1934年不再发生春荒。

此外，"油不少，还有多余"，"吃肉，贫农增一倍，工人增二倍"，"鸡鸭多数自己吃，过去则多数卖出"，"生活好起来，柴火少出卖"，"衣增一倍"[③]。从群众的基本吃穿来看，生活水平有了显著提高。农村中最容易出现的春荒也克服了，尤其是雇农的生活改善了。从苏区的农产品来看，内货价格有起伏，但都有增长；外货因敌人的经济封锁，价格

[①] 根据《中华苏维埃共和国中央执行委员会与人民委员会对第二次全国苏维埃代表大会的报告》（1934年1月24日）的相关资料整理，江西省档案馆等编：《中央革命根据地史料选编》下册，江西人民出版社1982年版，第316页。

[②] 《毛泽东文集》第1卷，人民出版社1993年版，第294页。

[③] 同上书，第295—296页。

一般大涨。①

苏区群众还有了自己的休息时间与劳动时间，明白了自己劳动的意义。"每人每月平均约有五个整天（许多次会合计起来）的开会生活，即是他们很好的休息时间"，"群众的劳动强度还是同于暴动前，但劳动的意义不同了"。② 为自己劳动，有自己的开会时间、休息时间，即使劳动辛苦内心也是愉悦的。

中央苏区政治动员产生的积极效果，从群众日常生活中最能体现出来。正如毛泽东所言："只有苏维埃用尽它的一切努力解决了群众的问题，切切实实改良了群众的生活，取得了群众对于苏维埃的信仰，才能动员广大群众加入红军，帮助战争。"③ 物质生活水平的直接改善，推动了政治动员在内的各项工作发展。

二 观念变革：重视教育并积极参与文化娱乐生活

终日劳作的穷苦群众，基本没有什么文化娱乐生活。一切新奇的文化活动都给他们带来观念的变革。党和各级苏区政府领导群众如火如荼地开展起文化娱乐生活。晚会、游艺活动、演文明戏等，内容无所不包。1933年7月30日晚，工农剧社举行纪念"八一"晚会，吸引了无数群众观看。观众人山人海。"事先相当的准备了两个剧本，两个活剧和唱歌跳舞等，并且特别邀请毛主席讲演中国工农红军的历史。……有票的进了大门便在人山人海中挤进去，没有票的那就只有望洋兴叹了。有的甚至从花窗洞里把用后的入场券传运出去，可见观众的热情了。"④ 群众亲身体会了这样一个道理：只有吃饱了才可能去看晚会，欣赏活剧和歌舞节目，参与文化娱乐。

---

① 毛泽东对各种农产品价格起伏做了详细对比：如"谷——暴动前秋收后每担（九十斤）三元，暴动后一元，去年秋后一元，今春九元，今秋后三元，十一月四元七角。花生——暴动前秋后每担（一百斤）三元，暴动后三元，去秋三元，今秋后三元五角……"具体内容参见《毛泽东文集》第1卷，人民出版社1993年版，第297—298页。
② 《毛泽东文集》第1卷，人民出版社1993年版，第298页。
③ 同上。
④ 《工农剧社举行纪念"八一"的晚会》，《红色中华》1933年8月4日第8版。

危拱之是红军剧社创始人之一。据她回忆,农民是很喜欢看演出的。"农民们老远来看我们红军演出","临近白区边界,国民党士兵偷偷地带信来要求我们的演员到边界的集市上去"。① 红军演出在文化贫瘠的乡村掀起思想波澜。对农民或者红白两区的士兵而言,新颖的文化艺术作品带给他们的影响显然不仅仅局限在感官刺激层面,因为有些国民党士兵在观看了红军演出之后,往往收起或者丢掉枪,不再愿意去攻打红军。

教育变革也是如此。苏区教育在学校、军队、社会三者合力的共同作用之下,连年纪最小的少年儿童也知道革命是什么、为了什么。他们通过识字了解简单的革命口号,又通过简单的课本了解红军和国民党、资本家和工人、地主和农民之间的区别。从中央苏区到陕甘宁苏区,教育的力量推动革命获得自由发展的张力。贫穷落后的乡村是如何接受和浸染上教育力量的呢?一种在山区称为小"社会教育站"的机构承担了这种任务。它的办学条件极为简陋,传授的内容也常常局限于与红军、共产党、红军等相关的一些简单知识。如"什么是红旗?""红旗是红军的旗""什么是红军?""红军是穷人的军队"②,等等。社会教育站实际上不仅仅是共产党和苏维埃政府提供给农民教育的文化识字所,更成为革命思想传播的桥梁和平台。

用现代的眼光来看,这种宣传与教育明显是粗糙的、浅显的。但是,农民和他们的子女读完后,他们不但有生以来第一次能读书识字,而且知道是谁教给他们的知识,并且知道为什么要教他们。"一边战斗一边学习",这对任何军队来说都是一句新鲜的口号,但是在中国的偏僻乡村,中国共产党却可以做到。因为他们掌握了共产主义的基本战斗思想,因为他们知道谁是真正的依靠力量。

教育的力量随报纸、刊物、书籍等各种载体渗透到苏区各地。到1934年,中央苏区"《红色中华》从三千份增至四万份,《青年实话》发行二万八千份,《斗争》二万七千一百份,《红星》一万七千三百份,证

---

① [美]埃德加·斯诺:《西行漫记》,董乐山译,解放军文艺出版社2002年版,第87页。
② 同上书,第190页。

明群众的文化水平是迅速提高了"①。教育变革，将苏区带向一个通往自由的光明天地。

在政治常识普及后，苏区群众阶级立场和政治觉悟显著提高。许多不认识字的工农分子"都能作很长的演说，国民党与共产党，刮民政府与苏维埃政府，红军与白军，每个人都能分别（辩）能解释"②。教育改变了农民的旧有认识观念，他们主动接受这种新事物，从而带来行为上的转变。

三 行为转变：主动给党和政府分忧

观念一旦变革，马上会带来行为上的转变。苏区群众积极配合苏维埃政府的工作，农民们踊跃参与到为战争服务的各项工作中。

在地方，他们积极参与政府分配的工作。毛泽东在《长冈乡调查》一文中以发行公债为例，详细呈现乡村苏维埃进行政治动员后，这个村庄的广大农民在行为上发生的具体转变过程。③ 在部队，农民参军成为红军战士后，他们的精神状态明显转变。"虽然他们几乎全体都遭遇过人生的悲剧，但是他们都没有太悲伤……他们相当快活……在中国，消极的满足是普遍的现象，但是快活这种比较高一级的感情，却的确是罕见的，这意味着对于生存有着一种自信的感觉。"④ 就整体而言，广大苏区群众，从政府机关干部到普通工作人员，从农民到工人，从红军将领到普通战士，从少先队员到普通农妇，等等，都非常积极地参与到中央苏区政府提出的各种运动中。

《红色中华》第七十六期（一个整版半）、七十七期（一个整版）、七十八期（一个小版）、七十九期（三个整版多）、八十期（一个整版半）、八十一期（一个整版）、八十五期（两个整版）以"红匾"高度表

---

① 中共中央文献研究室、中央档案馆编：《建党以来重要文献选编（1921—1949）》第 11 册，中央文献出版社 2011 年版，第 126 页。
② 江西省档案馆等编：《中央革命根据地史料选编》上册，江西人民出版社 1982 年版，第 355 页。
③ 《毛泽东文集》第 1 卷，人民出版社 1993 年版，第 303—304 页。
④ ［美］埃德加·斯诺：《西行漫记》，董乐山译，解放军文艺出版社 2002 年版，第 50 页。

扬的形式，详细登载了中央苏区各地群众在"节省经济、退还公债"运动中缴纳的具体名单和具体金额。数额从五角、一元到三五十元不等，个别几十元，每个人钱数不多，但涉及的地区范围和总体人数却非常之广。据笔者初步统计，涉及地方和单位的非常多，主要有红军总政治部、各红军部队、红军学校、地方苏区各群众团体等。这次经济上的节省运动充分展示苏区群众对中央苏区政府经济节省动员的有力支持。他们主动为苏维埃政府分忧。

从《红色中华》刊载的集体名单来看主要有：福建保卫局、红色医务学校、马克思共产主义学校、江西第三分军区兵工厂、兴国城市金履支部、兴国城市店员支部、兴国城市理发支部、兴国茶元区工人、兴国均村区工人、兴国城市区泥木工人、兴国崇贤区上沔乡工人、兴国船伐工会、瑞金城市南郊七村互助会、胜利反帝拥苏代表、福建军区后方材料厂、福建军区后方残废院、福建军区后方被服厂、工农红军总医院、模范少先师三团九连十连（具体名字未写）、兴国职工会工人、右樟乡、大番乡、前江乡、赣县清溪区岩滩乡、赣县保卫分局、寻乌县国家政治保卫分局、兴国城市工人、兴国莲塘区工人、兴国永丰区工人、赣县县苏裁判部、高兴区松山乡、瑞金九堡区刨业支部、独立师第二团、中国工农红军残废院残废同志，等等。

从《红色中华》刊载的部分个人名单来看，涉及政治成分多样，主要有贫农、小商人、工人。例如：

赣县清溪区岩滩乡：刘荣秀（黄国华之妻，贫农）、刘国珍（贫农）、罗华顺（小商人）、肖恒丰（小商人）各五元。邓先葱（贫农）四元。谢德基（小商人）三元。黄升情（贫农）、黄立□（贫农）、杨源生（小商人）、黄升悦（贫农）、王明发（小商人）、刘氏（小商人）各一元。

兴国莲塘区工人：赖秀增、郭承赞、赵厚选、肖亮初、李兴本、肖生兴、李崇本、李越金、李英源、曾纪秀各五角。

兴国永丰区工人：龙坪乡五里小组六人一元五角。三坑乡上迳小组五元。曾万荣二元五角。萧以廉一元五角。曾方兰、丁上连、陈绍栋、魏玉楼、魏玉樟、魏金苔、钟声仕各一元。陈日昇、文尚泮、钟声佳、钟声扬、钟声佩、印大华、刘声勇各五角。茶干乡三元。杨宏桐二元。

在经济节省运动中以个人名义捐款和退还公债的数额看起来并不多，但这些钱都是苏区群众从牙缝中一点一点节省出来的。在自身条件仍有极大困难的前提下，为了战争的胜利，也为了自己的胜利，他们与苏区政府团结成了一个有战斗力的整体。零碎的钞票体现的是对这个新政府的热爱与关怀。历史也记载了这些普通人物的名字和事迹。

《红色中华》还特别详细地报道了兴国县城冈区在红色中华提出节省经济退还二期公债号召下的模范事例："全区工农热烈执行这一工作，只半个月的光景，小獲、石浒、白石三个乡苏的工农，自动踊跃退还公债一百七十四元，不要政府还本，闻其余四个乡苏，亦曾陆续集中二百余元，都是真正自动的。"① 还有几个比较特殊的模范者：一个是红军总医院第三所老年炊事员唐正芳同志，另两个是陈明、张文翰两同志。"唐正芳同志在节省经济中，把数年来艰苦中所积蓄的买来的二期公债五十元，自动全部退回"；"陈明同志是三期战役中在白军第九师过来的，张文翰同志是第二次打宜黄过来的，该两同志自到红军后，对工作方面非常努力，尤其是对政治问题的研究与参加列宁室的工作特别积极。此次在红色中华退回第二期公债的号召中，陈同志退回公债十六元，张同志退回公债八元。"②

通过政治动员、宣传鼓动和教育，其他边远偏僻乡苏在慰劳红军方面涌现大量模范。"博生县流南区陂头乡陈正逢同志把家中的两担谷子给了也慰劳博生这次动员的新战士。""雩（于）都县小溪区机关支部在江庆寿同志（领导下）共集中二百八十余双草鞋慰劳红军。""长汀四都区溪口乡共产青年团员李连青、李生莲二女同志做了许多草鞋、干粮袋慰劳新战士。""新泉县南阳区射山桥乡的黄招秀同志（女少队员）自己一个人做了三十二双布草鞋慰劳红军。"③

为着自己的事，他们喊着当红军去的口号。俘虏的于都士兵是尤溪

---

① 王方泗：《巨浪般的响应声——兴国城冈区》，《红色中华》1933年5月5日第6版。
② 任瑞生：《节省经济的模范者》，《红色中华》1933年5月5日第6—7版。
③ 《慰劳红军广播台》，《红色中华》1933年10月9日第2版。

的，卢兴邦用抽丁方法压迫他们当兵，几年了没有一个钱用，连草鞋都没有穿，衣衫褴褛，想开小差又怕卢兴邦捉到罚款杀头。他们见到红军，听了红军战士的谈话，在欢迎会上听了报告，还看了新剧，这些被压迫的士兵便转到红军中来，还说："我们从来没有见过红军这样快活，我们现在脱离了卢兴邦的压迫，为着自己的事，我们加入红军去为自己谋解放去。"① 当兵就要当红军，红军是自己的子弟兵。

农民积极军事化后，原有的行为习惯改变不少。"每个赤卫队（加入了苏维埃的，多半是赤卫队）少先队都能经常下操，农民的军事常识都能懂得些，没有操会散兵线的很少，扩大红军，没有新兵，农民一到红军，即会开枪及初步动作，举行群众大会时群众的队伍非常整齐，如红军一样，甚至妇女也有很多懂得，现在红军独立团，有妇女参加。"② 农民甚至懂得了军事设备的重要性，发现这种重要物资都及时交公。"当几年前军阀赖世璜在瑞金的时候，架得有电报线，因为赖贼逃走时来不及拆收，就通统被地方群众夺取来做绳索了。昨有谢桂彬老同志自动把他所收藏的十斤波覆线全数送交通信学校。这真是一个很好的模范。"③ 农民不是不接受改变，当生活环境发生变化后，他们在战争中学会了怎样帮助政府，帮助部队，从而懂得一些简单的道理。

修路与革命战争和群众生活关系密切，但修路是一项极为艰巨的工作，需要群众大力出工出力。修好路是粉碎敌人"围剿"的重要后勤保障。第五次反"围剿"前，为了提高群众认识，1933年11月中央苏区政府专门发布了修路计划及动员群众修筑苏区22条干路及各县区乡支路的训令，要求群众必须参加。这22条干路把苏区腹地的主要城市连接起来。"要使每个群众都知道修路与革命战争群众生活的关系，热烈参加修路运动。"④ 苏区群众在冬季农事不紧张的情况下，积极投入到修路运

---

① 《赤色战士通讯——东方战线的第一个胜仗》，《红色中华》1933年8月13日第5版。
② 江西省档案馆等编：《中央革命根据地史料选编》上册，江西人民出版社1982年版，第354—355页。
③ 《军用品赶快送到政府去》，《红色中华》1933年7月26日第4版。
④ 中共江西省委党史研究室等编：《中央革命根据地历史资料文库·政权系统》第8册，中央文献出版社、江西人民出版社2013年版，第1164页。

动中。

即使是在第五次反"围剿"战争的最困难时期,苏区百姓也走在战争最前沿,运送大批物资上前线,为政府分担责任。1933年11月4日,中革军委发出《关于征调夫子担任战地运输工作的训令》,决定建立从后方通往前线的3条运输线,要求各县随时准备征调夫子支前运输,分配给各县的征夫任务分别是:石城、太雷县各4000人,长胜县7000人,博生县9000人,洛口县7000人,广昌县6000人,宁化县、汀东县、兆征县每县各3000人。另外,动员随红军主力行动的长夫(随军担负运输任务时间在6个月以上)数目为:胜利、兴国、赣县、杨殷、公略、万泰、龙岗7县共4500人,兆征、长汀、汀东、宁化4县共2000人,西江、会昌、于都3县共900人,瑞金县400人,建宁、泰宁、黎川3县共600人。以上共计长短夫54400人。各县都如数完成了任务。①

"1933年5月27日,中央苏区政府在《红色中华》上公开致信瑞金、会昌、博生、石城4县工农群众,要求节约5万担谷子卖给红军。这4县在一个月内就完成了任务。在1934年二三月的征收粮食突击运动中,共收到谷子19.8万担,现款64.8万元,保证了红军几个月的粮款供给。1934年6月2日,又紧急动员24万担粮食支援红军,其中分配给江西省12.52万担,福建省1.03万担,闽赣省3.4万担,粤赣省0.9万担,赣南动员区2.58万担,中央直属的瑞金、西江、长胜、太雷4县3.77万担。到1934年7月底,兴国县超额完成任务一倍以上,其他各县也都完成了任务。1934年7月22日,又举行秋收借谷运动,仅用两个月时间,60万担谷交给了红军。"② 没有中央苏区政府强大的动员能力,就没有苏区农民为政府主动担忧的行为转变,这样接二连三的繁重任务也不可能在这么短的时间内顺利完成。这是革命的结果,达到了当时历史的高度。

---

① 梅黎明主编:《伟大的预演:中华苏维埃共和国历史》,中国发展出版社2014年版,第168页。

② 同上书,第168—169页。

四 道德提升：劳动妇女和儿童尤为突出

经济学家奥尔森指出，"社会地位和社会承认是个人的非集体物品"①。在落后的中国农村，大多数农民几乎没有相应的社会地位和社会承认，妇女们尤为如此。苏区革命波及后，广大底层民众在苏区社会的地位有了提升。这种社会地位和社会承认的获得是底层个体从未有过的一种无法言表的内在情感体验。这从一部分底层民众的道德观念转变折射出他们政治信仰的高低。而日常生活的道德行为可能更具有说服力。

毛泽东在《长冈乡调查》中发现，群众"过去（暴动前）互相打骂的事，时有发生，讲口的更不少。现在，相打绝迹，讲口也减少了"②。打骂在农村日常生活中极为普遍，但暴力其实根本也解决不了问题。农民，包括一部分妇女，通过嘴上的相互争吵来解决她们的矛盾，虽然不能解决问题，但也表达了她们内心的不快和愤恨。当农民之间有了矛盾，知道可以用调解之类的方式讲道理，进行解释和沟通，这更有利于问题的解决。不再打嘴仗，不再打架，用一种文明的方式处理农村中的各种纠纷，改变的不仅是他们的行为方式，更是他们的思维方式，一种精神和道德的提升。

反封建迷信的深入更能体现农村道德水平的变化。"去年以来，老婆太敬神（装香供饭、求神拜佛）的完全没有了。"③ 打土豪分田地之后，儿童成为快速扫除迷信的主力。如"儿童团、少年的反迷信宣传，苏维埃的节省香烛钱运动"，"儿童团（特多）、少队的直接干涉（抹掉她们的香烛）"④。所以，变化最大的是乡村孩子。他们过去"每天劳动时间总在十小时以上，同于一个大人，可说全无休息与受教育的时间。现在，每日大部分时间受教育，做游戏，只早晨约一点半钟看牛或做别事"，

---

① ［美］曼瑟尔·奥尔森：《集体行动的逻辑》，陈郁、郭宇锋、李崇新译，格致出版社、上海三联书店、上海人民出版社2011年版，第71页。
② 《毛泽东文集》第1卷，人民出版社1993年版，第313页。
③ 同上书，第314页。
④ 同上。

"过去受父母打骂，现在受打骂的很少了"①。生活方式的改变，带来了农村孩子观念的转变。他们的内心期待激起了无限的生活热情。

现在他们是作为一个个活生生的社会个体而存在，因为他们有了受教育、休息、自愿劳动和享受劳动果实的权利与自由生活的空间。《红星报》刊登的三幅漫画《广昌的今昔》，生动刻画了广昌战役②前后苏区农民日常生活的鲜明对比（详见论著附录：图七、图八、图九）。

关于中央苏区政治动员的政策实施影响后果，国民党的杂志有过详细报道。1934年《政治评论》刊载的一篇文章③说明了中国共产党政策的影响。"匪化（应读为苏维埃化）过的地方，一般民众的谈吐，多半带些赤色的意味；他们竟都知道什么叫做'敌军'，什么叫做'土劣'，什么叫做'列宁主义'，赤匪的《国际歌》是人人会唱的。""赤匪最有效的政治工作便是宣传；他的宣传，是含有充分的麻醉性的，譬如写标语，他们多半用的是这一类口吻：'亲爱的工农们，红军给你们的是抗税抗粮，大家有饭吃，国民党给了你们什么呢？'"共产党散发的声明，语言简单明白，"使一般民众看了或听了，最容易受麻醉，的确，赤匪麻醉的宣传真太可怕了"。"匪化过的地方，人心是完全变了，赤匪的毒菌，深深地侵入了民众的血液"，"所以匪是越剿越多，有形之匪未除，无形之匪又继续变匪了！"④

国民党的另一本杂志《申报月刊》⑤也发文刊载了在苏维埃政权领导

---

① 《毛泽东文集》第1卷，人民出版社1993年版，第315页。
② 第五次反"围剿"战争中非常重要的一场战役，时间为1934年4月10日至28日。广昌失守后，中央苏区一步一步缩小。
③ 此篇文章题目为：《从视察匪区说到匪区善后》，署名为武昌中华大学夏更新。该文刊载于《政治评论》1934年第84—85期合刊，第195—199页。转引自《共产国际、联共（布）与中国革命文献资料选辑（1931—1937）》第16卷，中共党史出版社2007年版，第394页。
④ 中共中央党史研究室第一研究部编：《共产国际、联共（布）与中国革命文献资料选辑（1931—1937）》第16卷，中共党史出版社2007年版，第396—397页。
⑤ 《申报月刊》1934年第2期第91—92页刊登了一篇题为《赤区教育的片断》的文章，此篇文章是一个名叫赓雅的国民党视察员于1934年2月周游鄂豫皖边区后写的。转引自《共产国际、联共（布）与中国革命文献资料选辑（1931—1937）》第16册，中共党史出版社2007年版，第397页。

下，中国共产党广泛建立不收学费的初级列宁学校的情况及教育产生的效果。"各乡村学生数，与各乡村学龄儿童数之比例，达92%。""若问他们过去的情形，他们都能简单明了地告诉你，你听了令你满意。'资本主义'、'无产阶级'、'国际路线'一类名词，语间提及，惯用如数家珍。"①

1934年红军主力撤离苏区后，国民党江西省政府教育厅"考察团"到宁都进行"考察"发现，"赤化之烈，殊令人咋舌"②。

为了自身解放而斗争，这与过去根本不同。正如张闻天同志所言："一年多保卫苏区，反对帝国主义国民党五次'围剿'的战争，大大的兴奋了与革命化了全东方民族与全中国的民众。"③ 始终贯穿于中央苏区政治动员中的反帝反封建阶级斗争，为苏区民众获得自由与解放提供前行的基础，指明前进的历史方向。

中央苏区政治动员效果，具体表现为苏区广大群众生活水平虽有起伏，但总体上有提高；群众观念上的变革引起了他们行为上的转变和道德水平的显著提升。"模范兴国"是中央苏区政治动员产生的历史结果。先进典型的出现，反映出中国共产党追求人类进步事业的方向。如果说从时间来看，中央苏区出现"模范兴国"还只是中共政治动员一时之策的短期效应，那么，随着时间的延续和空间的推移，"陕北政治课"作为中国共产党政治动员中的一种普遍方式，无论从时间上还是从空间上，政治动员产生的实践效果始终是良好的、持久的。有关国民党"新生活运动"的相关文献和资料④，也以历史的另一面镜子印证中共政治动员

---

① 中共中央党史研究室第一研究部编：《共产国际、联共（布）与中国革命文献资料选辑（1931—1937）》第16册，中共党史出版社2007年版，第397—398页。

② 陈洁：《苏区小学教材研究》，硕士学位论文，江西师范大学，2011年，第50页。

③ 张闻天：《一切为了保卫苏维埃！》，《红色中华》1934年9月29日第1版。

④ 涉及主要文献如刘文楠：《蒋介石和汪精卫在新生活运动发轫期的分歧》，《近代史研究》2011年第5期；关志钢：《新生活运动"反共论"析》，《深圳大学学报》（人文社会科学版）1999年第1期；王奇生主编：《新史学（第7卷）：20世纪中国革命的再阐释》，中华书局2013年版。其中王奇生主编一书特别指出："对于民众运动，国民党侧重由自上而下，以法令政策来推行；共产党则着重自下而上，发动党员团员下基层动员群众。"（见该书第67页）

效果。

　　"开小差逃跑"行为，是"过度"政治动员留下的客观事实。中央苏区政治动员在认识层面和具体方法上出现的某些偏差，时时警醒着党和政府必须要善于根据具体环境，从群众角度回应和处理这种负面现象，及时调整政治动员的具体策略与方法。

第六章

中央苏区政治动员的历史辩证

"判断历史的功绩,不是根据历史活动家没有提供现代所要求的东西,而是根据他们比他们的前辈提供了新的东西。"① 列宁对评判历史功过所提的方法,同样适合中央苏区政治动员。对于中央苏区政治动员,采用否定一切和肯定一切的方法无疑都是错误的。毛泽东曾在一次会议上指出:"对于四中全会至遵义会议时期中央的领导路线问题,应作两方面的分析:一方面,应指出那个时期中央领导机关所采取的政治策略、军事策略和干部政策在其主要方面都是错误的;另一方面,应指出当时犯错误的同志在反对蒋介石、主张土地革命和红军斗争这些基本问题上面,和我们之间是没有争论的。即在策略方面也要进行分析。"② 这是中国共产党党内进行策略反思的具体表现,为日后中国共产党进行政治动员实践,减少类似错误的发生,提供一种对党史问题的经验总结视角。

美国政治学家阿普特指出,"发挥最大效应时期使意识形态获得真正影响力和说服力的,是它在建立认同和团结过程中的贡献。如果意识形态能够减少人们的焦虑和提升人们的自信,如果它能够取代人们对外来团体的恐惧,如果它能够赋予人们自我价值感和自我意义感,那么意识形态在个人层面就是强有力的"③。中央苏区政治动员的目的是获得最大

---

① 《列宁全集》第2卷,人民出版社1984年版,第154页。
② 《毛泽东选集》第3卷,人民出版社1991年版,第938—939页。
③ [美]戴维·E.阿普特:《现代化的政治》,陈尧译,上海人民出版社2011年版,第244页。

多数的民众认同，以吸纳他们进入苏维埃革命阵营。当中央苏区政治动员在革命和建设历史发展过程中已变为一种政治符号时，人们似乎总是带着对立情绪持一种嗤之以鼻的态度，显然这不利于解决任何问题。所以，当下反思这种成为政治符号的政治动员时，绝不仅仅是为了寻找一种集体记忆，探寻政治动员为何能产生如此强大意识形态的认同功能和进行文化借鉴，才显得更具有理论意义和现实价值。

第一节　中央苏区政治动员的主要优势

中央苏区时期，中国共产党在赣闽粤等山区处于局部执政的政治生态环境，比起国民革命后期没有任何立足之地的境况，无疑要好得多。但是，苏区局部执政的政治生态环境也并不稳定，需要红军部队军事上取得对敌斗争胜利以巩固稳定的环境，需要广大群众建设根据地以形成战略依托。为了巩固这种来之不易的局面，从军事上进行顽强的斗争并确保胜利，在经济上努力提高苏区经济水平，在文化上加强意识形态教育就成为中国共产党当时面对的重大政治任务。党在实践中艰难探索和总结经验，努力发挥出国民革命时期积累出的组织优势，依靠并壮大群众的政治利益和多种动员方式，逐步赢得群众精神信仰上的政治认同，从而体现出苏区局部执政条件下的政治动员优势。

一　先进理论：中央苏区政治动员的行动指南

源于实践的理论具有鲜活的经验。20世纪30年代的"苏维埃运动是中共革命过程中逼不得已也是不可或缺的阶段，中共革命本身就是一个从不可能到可能的创造奇迹的过程，……作为中共首次独立领导的革命运动，苏维埃革命基本奠定了中共武装革命的思想和逻辑基础"[①]。战争的实践历练，为中国共产党提供了最好的革命理论素材。

革命战争话语体系中的政治动员，与军事斗争密切相关。在战争中，

[①] 黄道炫：《革命的张力与历史的弹性：苏区史研究的再解读》，《赣南师范学院学报》2012年第2期。

政治动员的主体和对象都经受了生与死的考验。"战争所造成的大灭绝，威胁着以革命来解放全人类的希望。革命只剩下一个最为古老的理由，那就是'以自由对付暴政'。实际上，从我们的历史一开始，它就决定了政治的存在。"① 中国共产党进行革命的价值旨归是获得自由。在为了广大群众的自由而斗争的革命中，中国共产党开始为完成伟大的土地革命而实践，深深地触动了几千年来的封建制度。虽然此时革命没有结束，但通向自由的道路仍然还在前进中。正如1938年毛泽东在《战争和战略问题》总结："中国共产党在十七年的斗争中，不但锻炼出来了一条坚强的马克思主义的政治路线，而且锻炼出来了一条坚强的马克思主义的军事路线。"② 治党治国治军经验的不断总结，推动着中国共产党不断向前发展。

中央苏区政治动员是在缺乏完备政治制度和政治规范条件下进行的。中国共产党从成立之初，作为共产国际领导下的一个支部，并没有完全受制于外来力量的束缚。对于如何革命，革命的道路如何走，依靠什么人等问题，进行了自己的独立探索和思考。以毛泽东同志为代表的中国共产党人，逐步摆脱共产国际和党内教条主义的束缚，从而开创出中国特色的革命政治发展道路。

（一）初步改造农民文化传统

社会心理学理论告诉我们，"当一个行动的基础是情感而不是理性时，做出该行动的人往往会依自己最为熟悉的方式来行事，而一个人最为熟悉的行事方式往往是一个社会中的文化沉淀"③。这一结论完全适用于农民。中共从革命一开始就重视农民问题，遵从以农民文化传统为基础的革命文化，首先把农民看成是一个实用主义者，然后才把他改造为一个革命者。

中国共产党独立领导革命之时，面对的是一个以农民文化传统为主要特征的社会。"过去党内保守观念农民意识极浓厚，放弃城市工作，党

---

① [美]汉娜·阿伦特：《论革命》，陈周旺译，译林出版社2011年版，第1页。
② 《毛泽东选集》第2卷，人民出版社1991年版，第548页。
③ 赵鼎新：《社会与政治运动讲义》，社会科学文献出版社2012年版，第72页。

内尚通行一种惩办制度"。① 最初,农民为主要成分的红军部队,也明显带有中国传统文化的弱点,保守、狭隘、自私的固有观念,往往左右革命。在井冈山斗争时期,因"湘赣边界宁冈各县的农民只愿在本县赤卫队当兵,不愿入红军"②,红军人数发展缓慢。农民当了红军也不太愿意离开本地随军行动,甚至出现擅自逃离部队回家的逃兵现象。

农民旧有思想未改造,他们参加了红军后,在部队中闹出过很多事情。赖毅同志曾回忆:"在安仁县城打土豪时,没收了许多资财","可是谁也不知道该怎么办……研究了几次,还是采取绝对平均的办法分配……吃吃喝喝地把大堆资财分掉了"。③ 杨成武同志回忆部队在漳州打土豪的情形也有同感:"在打土豪问题上,我们出了纰漏,从山区来,本地话不懂,特别是头一次打下了漳州这样的城市,谁是土豪?开始,看见戴礼帽的、穿西服的、穿大褂的,戴眼镜、拿文明棍、穿皮鞋的,都把他当土豪。我那个团就抓了一百多个。"④ 红军闹出这样的笑话,说明部队整体文化素质低,农民小生产特点固有的习惯带来的文化缺陷,在一定程度上损害了中国共产党及其领导部队在群众中的良好形象。

如何才能改造好这支队伍,动员他们的革命积极性?中国共产党没有采取否定一切的方法,反倒是用遵从以农民文化传统为基础的革命文化回答了这个问题:首先应该把农民看成是一个实用主义者,然后才把他作为一个革命者。

照顾到农民的现实利益。底层广大工农最初在思想认识和革命觉悟上都很低,因为他们不知道地主资本家"最害怕工农组织起来,最怕他们齐心一致,所以他们要用尽一切办法来破坏与阻挠工农组织,使他们行动不一致,涣散无力,无法与地主们斗争,一切秘诀就在于此"⑤。消

---

① 中共江西省委党史资料征集委员会、中共江西省委党史研究室编:《江西党史资料·十万工农下吉安》第7辑,内部刊印1988年版,第170页。
② 《毛泽东文集》第1卷,人民出版社1993年版,第55页。
③ 谭政等:《星火燎原》第2册,解放军出版社1997年第2版,第8页。
④ 福建省龙溪地区中共党史研究分会:《中央红军攻克漳州资料选编》下册,内部刊印1982年版,第8页。
⑤ 邓子恢:《邓子恢文集》,人民出版社1996年版,第144页。

除农民思想上的固有偏见，需要从照顾他们的利益出发，因为这些利益与农民文化传统密切相关。比如红军在打土豪时分给农民的地主豪绅的财物，一开始许多农民并不敢接受，因为来自乡村社会的熟人网络，往往使农民害怕地主卷土而来的报复。

在农民文化传统无法彻底改变的情况下，中国共产党通过政治宣传、思想政治教育等多种方式，总结提炼出一套有效的政治动员方法，逐步改造农民文化传统。"穷人一般不敢要地主的东西，我们就要在晚上把东西秘密地送到穷人家里去，或者把这个地方土豪的资财，带到另一个地方分给穷人。"① 随着熟人网络格局的打破，农民在中国共产党的发动和组织下，逐步与现实的敌人斗争起来，学会为争取自己的利益而革命。

通过推广识字运动，营造边战斗边学习的氛围，逐步打破了底层农民狭隘的固有地方观念。大量关于教育文化的法规和文件的颁布，以及各类学校的创办，加深了对农民的知识启蒙。通过宣传教育等方式对底层工农进行政治动员的过程，超越和改造了农民文化传统，体现出中国共产党将宣传工作和文化教育工作看成是政治上思想上启发和动员农民的重要手段。中国共产党选择恰当的文化教育载体，又体现出文化教育过程和思想政治教育过程的衔接，使苏区广大底层工农在满足文化精神需求的过程中提高了政治觉悟和精神道德境界。

"农民成为革命的主力军"，进一步提升了中国共产党领导革命对农民传统文化的超越。这种超越也将中国共产党政治动员艺术在更高层面展现出来。农民不仅仅要为自己的利益而斗争，更要同所有被压迫者一起并肩而战。正如法国思想家托克维尔指出，"一个人一旦把他自己同某一地区或某个社会集团的利益紧紧地联系在一起，以致在那个范围以外他的生活就失去任何真正的意义，那末，他就已经准备在必要时不惜牺牲自己的生命来维护那些利益"②。当革命需要农民，革命为农民带来利益，他们马上迎接革命，为自己的利益而战。

---

① 谭政等：《星火燎原》第 2 册，解放军出版社 1997 年第 2 版，第 10 页。
② ［英］维尔：《美国政治》，王合、陈国清、杨铁钧译，商务印书馆 1981 年版，第 17 页。

（二）有限区域范围内的政治动员策略将统一战线理论初步发挥到极致

中央苏区政治动员涉及地域范围广，涉及人数众多，各方利益诉求多样，形成政治共识就成为中国共产党政治动员要达到的目标之一。要使各方认识和看法统一，要把政治动员对象的利益诉求充分表达出来，而政治动员主体的积极作为，只有表现为在政治动员中通过周到的计划安排和耐心的说服教育，层层传达下去，才能够凝聚政治共识。政治动员是形成政治共识的一种行为过程。

在政治社会学中，政治认同的获得途径主要有四种。第一种是强力途径，也就是靠权威的地位而获得。第二种是利益途径。这是基于生存的本能而获得的。在政治利益的强大诱惑驱动下，人们一般会根据得失，做出自己的选择。第三种是价值途径。一定社会内总是存在公有的规范、准则、信念、秩序及价值观。求得政治共识体现了这样的过程：当"政治系统及运作符合他们所选择的价值标准时，则对其具有认同感，就会支持和维护政治系统及其运作过程；反之，……采取不利于政治系统的行为"[①]。第四种是政治文化途径。这是一种类的思想观念，政治认同是以文化形式传递的。即在观念的自身复制中，文化以其特有方式传播扩大着政治认同。

中央苏区政治动员是在苏维埃制度的框架体系内进行的。在这种权威制度框架下，中共政治动员借助利益途径，吸引众多组织成员参与和支持，使他们产生对这种政治制度的普遍信任情感而获得利益、价值和文化层面的认同。虽然苏维埃制度不尽完善并缺乏政治规范，但它的权威性却难以撼动。多年的斗争经历表明，苏区绝大多数群众的革命行动也表达出对这种制度认同的一种政治情感或归属感。因此，在政治动员中行动可以被强迫，但情感上的强迫是无法获得的，即使有，也是短暂的，不会长久持续下去。

政治动员的有效策略，可以调动起一切可以依靠的力量。邓子恢回忆在闽西的工作时指出，"要注意统一战线，既善于中立富农，又善于

---

① 梁丽萍：《政治认同的理论发展》，《浙江学刊》2012年第1期。

分化地主，要善于利用流氓和一切可以利用的力量，而又不去依靠他们，不为他们所利用"①。中央苏区时期党的统一战线阶级基础，比之前的国民革命时期和之后的抗日战争时期的范围都要小得多，但在有限的范围内，政治动员灵活的策略，还是将统一战线理论发挥到了极致。在1940年，毛泽东进一步总结提出，统一战线工作的基本政策就是"发展进步势力，争取中间势力，孤立反共顽固势力"②。这一认识是在党内指示中进一步深入批判了江西苏区时期（即土地革命后期）"一切斗争，否认联合"的极端错误政策时提出的。党的基层地方工作者因熟悉地方工作，他们不拘泥于中央教条主义指示的动员实践，为后来抗日民族统一战线提供了许多直接的实践经验和教训总结。中共在有限区域范围内的政治动员策略，将统一战线理论初步发挥到极致。

在历次反"围剿"的军事斗争中，中国共产党领导的武装力量，依靠灵活的游击战术，先后取得四次反"围剿"战争胜利，在广大苏区群众心中树立起极大的威信。占中央苏区人口绝大多数的农民等底层阶级，他们已经把自己的利益和前途命运与苏维埃的革命事业紧密联系起来。即使是革命意志不够坚定，仍带有摇摆性质的工商阶层，在面对国民党残酷的经济封锁、处于严重的敌我生死斗争之中，他们也会与中国共产党进行暂时的合作，认同中国共产党的斗争策略。对包括工商阶层在内的革命力量的统一战线策略的实施，利用矛盾，在一定程度上有效化解了中央苏区时期的经济困难和社会矛盾，团结了一切可以团结的力量。

在中央苏区政治动员过程中，中国共产党争取了各种势力，努力团结一切可以团结的力量，逐步巩固着自己的力量。正如毛泽东指出："统一战线问题，武装斗争问题，党的建设问题，是我们党在中国革命中的三个基本问题。正确地理解了这三个问题及其相互关系，就等于正确地

---

① 邓子恢：《邓子恢自述》，人民出版社2007年版，第16页。
② 《毛泽东选集》第2卷，人民出版社1991年版，第763页。

领导了全部中国革命。"① 统一战线是中国共产党克敌制胜三大法宝之首，是实现从政治动员到政治认同的有效策略。

二 组织网络：中央苏区政治动员的资源优势

要把相关群体利益转化为一个社会运动的动员能力，中国共产党的组织力量起了关键作用。"一个动员体系变得铁板一块的程度（不管强或弱），将取决于许多因素，其中包括其成员的斗志以及他们对内部团结的信念。"② 中国共产党领导人民革命的过程，也是自身历练和成长壮大的过程。"共产党如果没有正确的布尔塞维克的组织，决不会成为群众的力量，决不能尽他在工农革命里的领袖及领导者的历史使命。"③ 党始终处于各种组织的核心地位，领导军队，创建各级苏维埃政府，并紧密团结各种群团组织，自上而下建立了牢固的组织结构网络。

（一）凝聚政府、军队、群团三种机构的组织合力

中央苏区时期，中国共产党政治动员的组织力量得到极大加强。在中国共产党的领导下，逐步凝聚政府、军队、群团三种机构的组织合力形成一张强大的政治动员网。"苏区内一切领导群众斗争的经验告诉我们，只有共产党苏维埃与革命群众团体三者在党的领导之下协同一致的行动起来，才能达到每个斗争任务的完满成功。"④ 苏区研究的著名学者余伯流甚至认为，"妥善处理党政关系是党在苏区成功执政的枢纽所在"⑤。

党、苏维埃、群众团体三种组织机构的合力，在实践中有一个逐步凝聚的过程。

---

① 《毛泽东选集》第 2 卷，人民出版社 1991 年版，第 605—606 页。
② [美] 戴维·E. 阿普特：《现代化的政治》，陈尧译，上海人民出版社 2011 年版，第 267 页。
③ 中共中央文献研究室、中央档案馆编：《建党以来重要文献选编（1921—1949）》第 4 册，中央文献出版社 2011 年版，第 724 页。
④ 毛泽东：《查田运动的第一步——组织上的大规模动员》，《红色中华》1933 年 6 月 20 日第 3 版。
⑤ 余伯流：《中国共产党苏区局部执政的历史经验与启示》，《江西社会科学》2011 年第 6 期。

在中央苏区政府未成立之前,红军的领导是"超地方的性质"①。早在红四军离开井冈山向赣南闽西进行游击时,毛泽东就曾向中央建议:"红军无论在什么时候,党及军事的统一指挥机关是不可少的,否则限于无政府,定是失败。"②此时的红军党的指导机关是中央任命的前委。前委不受地方的指挥,而直接在中央领导之下。

为了发动群众和巩固根据地,红军部队从组织上、思想上加强了政治领导工作。政治部是主要机构,"军设军政治部,每纵队设纵队政治部。政治部内设秘书处、宣传科、组织科(分职工、农民、特务三股)、政治保卫科。支部大队两级设党代表。纵队以上废除党代表,只有政治部主任"③。

仅有红军部队在政治工作中唱独角戏还很不够。随着红色苏区区域的逐步扩大,尤其是省、县、区、乡、村各级苏维埃政府的建立,巩固红色区域成为地方上政治工作的当务之急。从实践发展来看,各级苏维埃组织是从地方逐步实践再到建立中央一级组织来领导。

1930年10月7日,江西省苏维埃政府成立,"成为中国苏维埃(中央)临时政府的胎盘"④。为加强对各地苏区的政治领导和工作指导,1931年1月15日,中央决定设立全国苏维埃区域党的中央局(简称苏区中央局),于是,苏区中央局在江西省宁都县宣布成立,担任委员的有:周恩来、项英、毛泽东、朱德、任弼时、余飞、曾山,以及湘赣边特委1人、共青团中央1人。1931年11月,中华苏维埃共和国中央临时政府成立,这是最高的政权机构。

---

① 毛泽东在《红军第四军前委给中央的信》一文中认为中央明确组织领导十分必要——"所有管辖的范围,依据环境来决定,所有管辖区域内工作,完全为前委指挥。前委在江西时,受江西省委指导,在湖南受湖南省委指导。主管的省委,接到前委的报告须立即回答,并将前委的报告及省委的回答立送中央。我们对中央这样的组织指示,视为十分适当,合于斗争的需要……因五军在平、浏,四军在湘南及湘赣边界,多次地失败在地方主义指挥之下。超地方的红军必须在中央直接指挥之下,才能适合革命环境的需要"。《毛泽东文集》第1卷,人民出版社1993年版,第61页。

② 《毛泽东文集》第1卷,人民出版社1993年版,第57页。

③ 同上书,第59—60页。

④ 江西省档案馆等编:《中央革命根据地史料选编》上册,江西人民出版社1982年版,第392页。

中共六届四中全会作出决议要求对红军部队进行系统教育,在军队、苏维埃和群众组织之间要有清楚的分工。分工明确后,工作就逐步顺利了。"苏维埃和群众组织从此与军队分开。苏维埃里的私人关系——不少地方有这种现象——也都取消了,这种人民代表会议,或称苏维埃,成了有效率的行政机构,处理财政、土地、交通、民兵、保健、教育、生产和妇幼等问题。苏维埃的组织呈金字塔形,从村到区,由区到省。"① 从中央到地方的苏维埃组织结构一级一级建立起来。

《中央苏维埃区域报告》指出,"苏维埃政府组织的系统是省—县—区—乡—村"②。1931年11月,中华苏维埃工农兵第一次全国代表大会召开,对中央、省县区及乡村级别的组织系统构成作出明确的详细规定。(详见论著附录:图十四至图十七)

从苏维埃政权系统可见,"省县区各级苏维埃都有土地,财政,国民经济,社会保险,交通赤卫,诸部或委员",机构设置得很齐全,分工也比较明确。如规定"土地部应特别注意红军家属的土地分配和其他土地生产的提高;教育部则须加紧对扩大红军的宣传教育工作,造成扩大红军的热烈空气;国民经济部,要使合作社给红军家属和红军战士以廉价并优先购买之权,并用种种方法来解决红军家属的日常用品的困难;劳动部,应在实行劳动法中间鼓动工人和失业工人大批加入红军,加紧红军中的工人的骨干;内务部应该充分执行优待红军家属工作;工农检察部应该检查优待红军家属的工作及其困难……等;粮食部要经常调剂解决红军家属粮食困难,要使各部门的工作一致配合动员,不容许有脱离战争现象存在"③。各部委之间各有其责,各负其责,形成紧密配合,为中央苏区时期政治动员各项任务的完成提供了组织保障。

幼弱的苏维埃要能够充分发挥出这些机构的真正职能,在短期内还

---

① [美]艾格妮丝·史沫特莱:《伟大的道路——朱德的生平和时代》,梅念译,东方出版社2005年版,第347页。
② 江西省档案馆等编:《中央革命根据地史料选编》上册,江西人民出版社1982年版,第376页。
③ 江西省档案馆等编:《中央革命根据地史料选编》中册,江西人民出版社1982年版,第713页。

显得非常困难。各地出现的情形,常常是"实际政权的经常工作没有(去做),各级政府的经常工作只有帮助红军找夫子,买粮食招待过路红军或政府人员,放哨打路票等工作,其余如财政的预算决算,土地分配的调查土地税,商业税的征收,农田水利的设备,文化教育等工作都没有,各级政府的经费仍是过去所谓打土豪来的"①。这些存在的现实问题急需大量的各类专业干部在实践中解决和完善。

因此,中央苏区中国共产党领导下的各组织力量经历了一个艰难的成长过程。这可以从中国共产党与红军、苏维埃及群众团体的具体关系以及它们在群众心目中的地位上看出。

过去,由于党政不分,苏维埃的作用基本上没有发挥出来,出现"党代替群众机关直接管理一切的问题"②。即使是在党的干部基础较好的赣西地区,由于"党的组织不健全,支部没有工作"③,有时就会出现党组织代理苏维埃的现象。"群众对苏维埃虽有信仰,但不及对党的信仰强"。④ 这样,在没有苏维埃政权的落后山区,群众一开始并不了解苏维埃,也就出现"红军与群众关系比较上算是好的。群众对于红军是拥护的"⑤情形,对苏维埃组织比较缺乏信任感。

省一级的苏维埃组织建立后,苏维埃政府与群众之间的关系也不密切,有时甚至还很糟糕。这在较早建立的江西省苏维埃政府就有所体现。因为在政权代表中,工农代表缺乏,群众普遍对苏维埃缺乏信任感。"红军初到来时,一切情形不熟悉,最初起来的大部分是些富农流氓分子,真正下层的工农群众最初不敢起来,所以在过去的政权机关完全是被富农流氓把持……"一些地方苏维埃政府工作人员的形象也很糟糕,"政府

---

① 江西省档案馆等编:《中央革命根据地史料选编》上册,江西人民出版社1982年版,第377页。

② 中共中央文献研究室编:《朱德年谱(新编本)》(1886—1976)上册,中央文献出版社2006年版,第150页。

③ 中共江西省委党史资料征集委员会、中共江西省委党史研究室编:《江西党史资料·十万工农下吉安》第7辑,内部刊印1988年版,第169—170页。

④ 同上书,第172页。

⑤ 江西省档案馆等编:《中央革命根据地史料选编》上册,江西人民出版社1982年版,第374页。

中吃饭的人很多,每月用的经费很大,工作人员腐化"。由此造成"苏维埃政权与群众的关系不好……群众不认识苏维埃是自己的政权,不敢批评政府监督政府,所以这个政权还是脱离群众,真正的雇农贫农工人还很少参加这一政权"①。以江西省广昌、乐安两县被洗刷出党的党员干部表为例(见表十六、表十七),地方苏维埃政府组织中,有相当一部分的政权主要掌握在富农、地主甚至流氓等为代表的手中。

表十六　　　广昌县被洗刷出党的党员表(1933年5月至8月)②

职务	成分	被洗刷原因及后果
县苏主席	老板	因反水逃跑
尧山区委书记	富农	因贪污禁闭
尧山区委宣传科	中农	贪污
尧山区某乡支书	富农	因贪污禁闭
新安区苏主席	富农	因贪污禁闭
水南区苏军科长	中农	企图反水逃跑
于善区苏军科长	富农	企图反水禁闭
长桥区苏军科长	不详	贪污开小差
白水区苏主席	富农	因有打埋伏等非阶级行为
白水区苏财长	中农	乱打土豪并打死工农逃跑
陂头区苏裁长	富农	因反水禁闭
甘竹区苏军科长	不详	因反水开小差禁闭
白水区苏军科长	富农	因反水逃跑
城市区门警厅长	富农	投降豪绅地主禁闭
城市区特派员	富农	因查田投降地主
长桥某乡支书	贫农	因查田动摇怠工禁闭
尖峰某乡支书	流氓	贪污

---

① 江西省档案馆等编:《中央革命根据地史料选编》上册,江西人民出版社1982年版,第377页。

② 根据《党的组织状况——全省代表大会参考材料之四》(1933年9月22日)相关资料整理,江西省档案馆等编:《中央革命根据地史料选编》上册,江西人民出版社1982年版,第695页。

表十七　乐安县被洗刷出党的党员表（1932年11月至1933年8月）①

职务	成分	被洗刷原因及后果
县委油印者	富农	洗刷回家后逃跑
县委总务科长	地主	自杀
团县委组织部长	不详	参加勇敢队被杀
县苏正主席	不详	勇敢队领袖禁闭
县苏副主席	地主	因地主成分被杀
县苏土地部干事	富农	在查田中查出是富农禁闭
县苏检查部干事	地主	在查田中查出是地主禁闭
县苏军事部干事	富农	因成分是富农被洗刷
县副主席	不详	因扯布告送省苏，后被释放
保卫局	地主	因反革命禁闭
团县委组干	地主	因地主成分禁闭
县裁部长	不详	因参加勇敢队送省裁判部
县财政部长	不详	因贪污被杀
县少队长	地主	因地主成分送省局
招携区书记	贫农	勾结勇敢队送省苏
善和区组科长	地主	查田查出是地主成分禁闭
望仙团区书记	富农	查田查出是富农禁闭

中央苏区各县级苏维埃政权系统中出现富农专政现象，一方面反映出中国共产党的组织力量没有渗透到苏区的最底层，导致苏区地方组织缺乏有效动员广大贫雇农起来斗争的力量，另一方面也反映出底层工农群众还没有正确认识到苏维埃政权对自身的意义，缺乏参与的热情和积极斗争的决心。

在福建省闽西地区，这种情况也是存在的。闽西特委曾向上级报告："党与团及群众组织是混在一起的，关系极不正确，工作没有分化清楚，有少数同志包办一切……闽西自从脱离白色恐怖到割据时代，因党的组

---

① 根据《党的组织状况——全省代表大会参考材料之四》（1933年9月22日）相关资料整理，江西省档案馆等编：《中央革命根据地史料选编》上册，江西人民出版社1982年版，第696页。

织不严密的缘故，许多同志趋于腐化怠工，这种现象以龙岩最为厉害。"①组织不严密，分工不明确，加上腐化怠工的出现，工农群众怎么可能真正了解苏维埃政权？他们还没有把到手的政权真正看成是代表自己利益的政权。

在中央苏维埃政府还没有成立之前，地方苏维埃发挥出的作用，突出表现在对红军部队的后勤支持上。赣西南特委向中央的报告中有反映："红军对苏维埃的关系，大体是好的，红军一到，苏维埃很热烈的招待，伤病兵在苏维埃留住有招待，有了假条无论何地招待膳宿，不过有少数不明了的，把苏维埃看作招待所，大多数还是拥护苏维埃，新成立的红军，对苏府更好。"② 底层群众知道对红军好，因为他们看到的事实是红军帮助他们打跑了敌人。苏维埃政府对红军战士而言，还是一个新事物，需要了解，融洽的关系才能建立起来。

随着中国共产党领导各地苏维埃政权建设的深入，以前出现的以党代政现象，逐步好转起来。特别是在赣西地区，苏维埃与党对立的情况很少。"党在苏维埃，赣西方面能起领导作用，但以党替政府的形势的现象，在初发动斗争时是不更（普遍）的，到了苏维埃成立较久的地方，就没有了，苏维埃与党对立的亦有，如兴国县苏维埃……不过现在没有这些现象了。"③ 关系处理顺了，工作开展得也顺利。特别是苏区干部树立的良好作风，赢得了广大群众的高度认同。在中央苏区有一首脍炙人口、至今广为流传的兴国山歌《苏区干部好作风》："哎呀嘞！苏区干部好作风，自带干粮去办公，日着草鞋干革命，同志哥！夜打灯笼访贫农。"山歌传唱的苏区干部不仅包括了党员身份的政府干部，也包括了一般的地方苏维埃政府干部。他们树立的廉洁、务实、模范优良形象，在苏区腹地赢得了群众的真心信任。中共组织合力在基层发挥作用，群众之根牢固树立。

（二）强调"外来干部地方化"和"地方干部革命化"的组织培养力

"外来干部地方化"和"地方干部革命化"是中央苏区时期为了解决

---

① 江西省档案馆等编：《中央革命根据地史料选编》上册，江西人民出版社1982年版，第551页。

② 同上书，第357页。

③ 同上。

党员干部缺乏而自创的一种组织培养模式。这两种方式的结合，体现中央苏区时期中国共产党政治动员能充分利用现有组织资源的优势。

中央苏区初创时期，党的各级干部极其缺乏。1929年在闽西，"党员政治水平很低，同志活动能力太差，全闽西找一个能干的区委书记都不容易，支部一级更不待说了"①。到1931年，"福建党的现状还是很严重；党不能发动群众的日常斗争，从群众斗争中动员反对军阀对闽西苏区红军的进攻。党员600多人……党员和支部散漫、流动，成为支离破碎的状态，地方党部一般的不健全，而且还没有很好的重新建立起来"②。有实践经验和理论水平的党员干部在农村仍然奇缺。就中央苏区整体而言，党员干部无论从数量上还是就工作能力而言，都成问题。"党的决议案通告等多只能达到区一级，每个支部中能识字的不过几人。"③ 文件传达通常是上级组织动员下级组织的重要方式。基层党员没有文化，看不懂文件，无法理解上级精神，更不可能分解上级任务，做到认认真真落实工作。地方组织急需中央派出得力干部指导工作。

就如何在实践中培养和历练党的基层干部，1931年12月中共中央曾指示苏区中央局，"干部续有派去，但主要在自给，宜速办党校及苏维埃干部训练班"④。依靠中央派出的干部毕竟有限，干部缺乏的问题主要还是要自己解决。1933年时任湘赣省委书记的任弼时高度重视干部培养工作，提出培养党员干部的三种途径：（1）用巡视的办法来创造与培养干部；（2）给以特别的教育与训练，从工作中来培养他们；（3）用短期的训练班来大批培养与创造新的干部。⑤ 任弼时勤于思考，会想办法，善于

---

① 江西省档案馆等编：《中央革命根据地史料选编》上册，江西人民出版社1982年版，第551页。
② 中共江西省委党史研究室等编：《中央革命根据地历史资料文库·党的系统》第3册，中央文献出版社、江西人民出版社2011年版，第1558页。
③ 江西省档案馆等编：《中央革命根据地史料选编》上册，江西人民出版社1982年版，第389页。
④ 中共江西省委党史研究室等编：《中央革命根据地历史资料文库·党的系统》第3册，中央文献出版社、江西人民出版社2011年版，第1918页。
⑤ 江西省档案馆等编：《中央革命根据地史料选编》上册，江西人民出版社1982年版，第670页。

用好地方干部，体现了作为主政一方的地方高级领导干部高效率办事的作风和从工作中创造新思想的务实态度。加强基层干部在地方苏维埃政府、群众团体组织中的培养以及直接进入斗争中历练，迅速提高了地方基层干部办事能力和动员水平，促成了"地方干部革命化"。

党支部是战斗的堡垒。针对农村支部建设薄弱，党组织特别提出了要加强支部建设的建议。"支部是党的基本组织，是党与群众的连环。……过去支部不能起应有的作用，是党不能广泛的组织动员武装领导群众来参加当前的战争的主要原因。"① 各级支部组织基本建立后，更为关键的还是党员素质能力的问题。党员数量少，现有党员政治素质和文化水平低是中央苏区时期党员队伍存在的普遍现象。又因经常打仗时有党员干部牺牲，支部成员不能及时到位，制约了基层党支部战斗堡垒作用的发挥。及时补充党支部成员，常常需要从地方苏维埃政府部门挑选，重点培养和训练，以适应党领导斗争的需要。因此，重视基层党支部工作的建立健全，为理顺地方党、苏维埃政府与群众关系发挥了战斗堡垒作用。

"九打吉安"从多方面历练了党的各级干部。1930 年，赣西南苏维埃政府在"九次吉暴"工作布置中明确提出：七日内"调工作人员三百名送第一方面军分配工作"。"泰和十名。万安十五名。兴国十名。红军学校四十名。西路六十名。北路三十名。南路三十名。东路十名。水南五名。水东五名。纯化八名。"② 组织上对地方干部的培养和训练，目的就是使他们在关键时期能发挥出作用。短期内集中调动大量的地方干部，如果没有平日良好的训练，他们是难以完成这些任务的。在地方党组织有意识的培养下，党员数量明显增加，能力快速提高。以赣西南地区为例，党员人数达到"30000 以上，其中赣西占有 28000 人，赣南只有 2000 人……党员成分农民占 80%，其中贫农占 65%，工人占 5%，其他为智〔知〕识分子商人等"③。在"九打吉安"期间，参与的各级组织序列非常明确，党组织、

---

① 江西省档案馆等编：《中央革命根据地史料选编》上册，江西人民出版社 1982 年版，第 664 页。
② 中共江西省委党史资料征集委员会、中共江西省委党史研究室编：《江西党史资料·十万工农下吉安》第 7 辑，内部刊印 1988 年版，第 151 页。
③ 同上书，第 169 页。

政权组织、参战红军和地方武装共同参与①，各负其责，相互配合，取得了攻取吉安的重大胜利。基层干部在战斗中迅速成长，又成为发动群众革命的中坚力量。

"用一切力量来发展与巩固苏区。"② 频繁的战争和艰苦的斗争环境，需要动员干部走出机关，需要他们到新区边区工作、领导劳动妇女开展斗争、去从事专业技能工作和领导城市工人斗争。这几类干部的专门培养，是要尽可能地去填补中国共产党在这些领域的真空地带。

城市连接着农民粜谷、商人买卖货物；城市也是苏区外运物资，进行贸易，获得重要经济物资和敌方情报的重要场所。加紧城市工作，扩大和发展白色区域，必须对从事白区工作的干部进行培养和锻炼。中共闽西特委指出："加紧城市工作……派很得力同志到最重要的城市去负责工作……建立城市重要机关、充实城市党员……特别注意帮助岩杭汀之城市工作。"③ 城市工作的复杂性要求中国共产党在派得力的干部去展开和进行时，必须更加谨慎。因此，"对于白区工作，必须有计划有组织的开始"④。中国共产党在实践中总结了许多好办法："利用亲戚朋友来往机会进行宣传组织的工作"；"保存白色区域的干部"；"尽量优待白色区域出来做生理（意）的人及逃亡的人，并向他们宣传"⑤；等等。重视加强党组织在新区边区的力量，凝聚起政治动员的核心领导，将红色区域的成果巩固下来。大范围边区新区的开辟，又为巩固苏区腹地创造了坚强的前沿阵地。

中国共产党组织力量在各级政府、红军部队、群团机构中深入渗透，

---

① 各组织序列详见中共江西省委党史资料征集委员会、中共江西省委党史研究室编《江西党史资料·十万工农下吉安》第7辑，内部刊印1988年版，第253—265页。

② 中共中央文献研究室、中央档案馆编：《建党以来重要文献选编（1921—1949）》第9册，中央文献出版社2011年版，第87页。

③ 江西省档案馆等编：《中央革命根据地史料选编》上册，江西人民出版社1982年版，第586页。

④ 中共中央文献研究室、中央档案馆编：《建党以来重要文献选编（1921—1949）》第9册，中央文献出版社2011年版，第87页。

⑤ 《中共闽西特委关于组织问题决议案（1930年2月28日）》，江西省档案馆等编：《中央革命根据地史料选编》上册，江西人民出版社1982年版，第586—587页。

全程贯穿于对农民、妇女、工商阶层等群体的政治动员中，在政治动员与其他工作的矛盾与协调中展开。正如毛泽东在第二次全国苏维埃大会上指出的："使全村民众像网一样组织于苏维埃之下，去执行苏维埃的一切工作任务。"① 实现苏维埃工作的群众化，"必须与工会、贫农团、女工农妇代表会、合作社及其他一切民众团体发生密切的联系"②，实现党的组织力量在乡村一级的真正效果。这也决定乡苏在整个苏维埃组织体系中的基础作用。它把苏维埃组织力量渗透到苏区社会内部。乡苏这一级组织是怎样工作的呢？毛泽东同志在他的《才溪乡调查》③ 以选举委员会为例提供了详细回答。才溪乡选举妇女代表逐年上升，正是苏维埃基层组织的发动与引导。正如老红军林攀阶回忆道："当时白天搞生产，每天晚上都有活动，经常是扩大会议，大家都感到忙得很。因为大家都有组织，没有闲散的人，基本上所有的人都被发动起来了。"④ 只有依托基层组织的力量，才能真正把群众发动起来。

"外来干部地方化"和"地方干部革命化"相互结合，产生大量"地方领导群体"⑤。曾山、古柏是赣西南、赣南本地干部的杰出代表。曾山是土生土长的江西省吉安县人，在赣西南一直从事地方斗争的领导工作。古柏是江西省寻乌县的杰出代表，在条件极为艰苦的三南地区一直从事地方斗争。谭震林是福建闽西外来干部的典范，他是湖南省攸县人，在闽西斗争和工作了近10年，与闽西地方群众领袖张鼎丞、邓子恢一

---

① 《毛泽东文集》第1卷，人民出版社1993年版，第325页。
② 中共中央文献研究室、中央档案馆编：《建党以来重要文献选编（1921—1949）》第11册，中央文献出版社2011年版，第140页。
③ 1934年1月，中华苏维埃共和国临时中央政府曾将这个调查报告的油印单行本发给参加第二次全国苏维埃代表大会的代表。单行本的题目是《乡苏工作的模范（二）——才溪乡》。在正文前面毛泽东注有："才溪乡（1933年11月26日）卓兴华上才溪主席，任职半年。阙绍光上才溪文书，任职半年。王得清下才溪代表，任职半年。下面的材料是从三个同志的口头报告收集的。"《毛泽东文集》第1卷，人民出版社1993年版，第342页。通过认真阅读这个小册子，参加的代表学习了才溪乡苏工作的经验，为会后回到各地苏区开展群众动员提供了直接经验。
④ 吴重庆：《革命的底层动员》，《读书》2001年第1期。
⑤ 学者何友良认为，"地方领导群体"主要指奉派返乡和原在乡领导革命的当地籍贯的领导人。同时，他也指出，在事实上农村革命的中层领导群体中，还有一小部分外地籍贯领导者。参见何友良《农村革命展开中的地方领导群体》，《近代史研究》2009年第2期。

起,成为党发动群众领导群众的得力干部。闽西成了谭震林的"第二故乡",谭震林成了"外来干部地方化"的典范。① 方志敏同志回忆自己的革命经历:"在吉安一带两个月的工作中,我才算真实地实习了群众工作,我学得了怎样去宣传、组织、领导群众斗争的方法。"② 这些从事地方基层工作的党员干部在乡村的革命动员,为乡村带来一个革命的乡村,由此形成中共政治动员"在一个高度分散的乡土社会基础上,产生出政党和领袖权威为中心的动员型政治"③ 特征。

(三) 初步发挥中国共产党巡视制度的组织辐射力

中国共产党巡视制度在苏区各地的初步运用,进一步弥补着地方基层党员干部数量不足和文化水平欠缺的状况,也推动着政治动员能及时上传下达的工作效率的提高。

1928年10月中央通告《巡视条例》。党的巡视条例的颁布,为加强组织领导提供重要依据。巡视条例对为何要建立巡视制度、各地巡视员人员构成、组织关系、巡视时间、权力范围、主要职责任务做了详尽规定。

为什么要进行党内巡视?因为地域广大,人员分散,中央文件无法及时下达。同时中央对很多地方的工作常常无法详知。"巡视制度是保证上级党部正确指导的主要方法"。"为了解下级党部的生活和群众工作的实际,使上级指导能正确而且合于实际,能密切的传到下级党部,那么只有经常的派人巡视才有可能。"④ 党的六大之后,中央文件明确指出,党内巡视,是"为使上级党部之一切策略、工作计划和指导能正确的被下级党部(直至支部)接受和执行;为直接帮助下级党部确定正确的政治、组织、工作的路线和一切工作的方法;为彻底的改造党的组织"⑤。总而言之,党内巡视首先是要将党的各种决议彻底传达到下级以至每一

---

① 《谭震林传》编纂委员会:《谭震林传》,浙江人民出版社1992年版,第125页。
② 方志敏:《方志敏全集》,人民出版社2012年版,第32页。
③ 徐勇:《现代化进程的节点与政治转型》,《探索与争鸣》2013年第3期。
④ 中共中央文献研究室、中央档案馆编:《建党以来重要文献选编(1921—1949)》第5册,中央文献出版社2011年版,第677页。
⑤ 同上书,第652页。

个同志的脑中。

除了完成文件传达任务，党组织对巡视员提出了极高的要求，希望他们能"帮助这一区域最高党部确定全般的政治任务和各种工作路线、工作方法，以至于指导机关的日常工作方式都须加以注意"，并且要求"对巡视区域内之政治、经济、社会及党务的各种材料须注意详细收集，于巡视结束后向派出他之党部作有系统的报告和讨论"，有时还要"附带的指导青年团工作，并考察青年团的情况报告上级团部"①。

在中央通过巡视条例中，不仅规定了各级别的巡视员，而且还较为具体地规定了在各地设立的巡视员人数。如1928年颁布的《中央通告第五号——巡视条例》规定："中央、省委、县委、特委都须设专门巡视员。……中央须有巡视员五人以上，广东、湖南、湖北、江苏六人以上，江西、河南、直隶、山东、浙江、四川四人，其他各省三人，至少二人，特委县委两人至四人"②。到1929年，中央派遣巡视员到苏区各地，"……派马×到赣南，张××（前秘书长）到赣西，肖××到九江。……中央所派潘××，已介绍到湘赣边特，最近决定一道到九江。原来决定各处的巡视，都有专门工作会议的组织，但因人力分配和环境问题，只有一两处开了简单的会议，余均用谈话的方式"③。

中央苏区时期，中央一级和省一级收到的有关地方苏区的大量工作报告和情况介绍多是由下派的巡视干部总结和汇报上来的。④ 从巡视汇报结果来看，有情况好的也有坏的，总体上好的还是占了上风，尤其表现在对最基层乡苏的巡视。

---

① 中共中央文献研究室、中央档案馆编：《建党以来重要文献选编（1921—1949）》第5册，中央文献出版社2011年版，第653—654页。
② 同上书，第652页。
③ 江西省档案馆等编：《中央革命根据地史料选编》上册，江西人民出版社1982年版，第544页。
④ 如从上海来到中央苏区的欧阳钦同志向中央专门写了一万多字的《中央苏维埃区域报告》（1931年9月3日）。又如，《巡视员谢运康给中共福建省委的报告——关于金汉鼎入闽与我们的应付方策等情况和问题》（1929年10月25）、《张怀万巡视赣西南报告——赣西南的政治、经济、驻军及地方武装情况。群众运动及青年团的工作。党的会议内容及组织的改造。军事及组织的报告》（1930年4月5日）等。见江西省档案馆等编《中央革命根据地史料选编》上册目录第2—4页。

中国共产党巡视制度在苏区的实践，从形式上看，基本上比较简单，没有深入的调查，犹如走马灯，一般也就难以发现地方上存在的深入问题，至于提出相应的对策就更谈不上了。但是，由于巡视员能及时把苏区各地的工作情况向上级和中央汇报，拉近了地方与中央的距离，便于中央了解地方工作，使地方领导同志容易找到有家的感觉，不易脱离上级组织领导。

中央苏区政治动员，不仅逐步健全党和政府的各级组织机构，同时也历练出治党治军治国的各级干部。就巡视制度而言，高素质的巡视员大多是从革命斗争实践中走出来的，他们革命经验的逐步丰富、思想的逐步成熟和政治能力的提高，为党培养了更多的后备干部。在土地革命战争的阶段，正如毛泽东所言："党的组织不但重新发展了，而且得到了巩固……大批干部重新在党内涌出，而且变成了党的中心骨干。党开辟了人民政权的道路，因此也就学会了治国安民的艺术。党创造了坚强的武装部队，因此也就学会了战争的艺术。"[①] 伟大的共和国预演从这里开始。

三 群众利益：中央苏区政治动员的力量驱动

群众是被动员起来的，前提要有激励的动因。中央苏区时期中国共产党的政治动员展现了群众政治社会化的过程。政治动员是对群众进行政治社会化的一种手段、一种方法。政治社会化一般包括两个相互依存的方面：个体通过学习和实践获得有关政治体系的知识、价值、规则和规范后，逐步内化为具有政治认知、政治情感、政治态度和政治倾向的社会政治人；社会将主流的政治认知、政治情感、政治态度和政治倾向以适当的途径传授给新一代社会成员。个体在主动融入社会之前，这种政治社会化是被动的，因而政治动员成为群众社会化的主要手段。

（一）关心群众生活及利益

有学者认为，"用固有的利益观来解读公民所处社会阶层与其政治参与之间的联系，完全是一种'以社会为中心的参与论'观，即人们参与

[①] 《毛泽东选集》第2卷，人民出版社1991年版，第611页。

政治是由于他们具有特定的社会角色或拥有特定的资源。这种'以社会为中心的参与论'基本上忽视了政党或社团在个人政治参与中的功能。事实上，公民常规的政治参与行为在很多时候是政党或社会团体成功动员的结果……只有将影响政治参与的个人因素与具体的社会背景联系起来加以考察，对影响政治参与各变量进行动态分析，才能科学地认识政治参与现象。"① 中央苏区时期的政治动员是在缺乏现代政治规范的情况下进行的，体现出多因素交织在一起影响的利益驱动。用这种利益观解释当然更为恰当。

利益，是中国共产党发动群众起来的助推器；思想，则成为中国共产党调动群众情绪的助燃剂。政治动员需要物质利益和情感思想相互结合。"提高红军战士的社会地位到最光荣的标准，给予红军战士一切可能与必要的精神上与物质上的待遇。"② "以战斗的精神发动工农劳苦群众，以群众的斗争力量来实际的解决目前的食盐问题。"③ 群众被动员起来，前提是要有激励的动因。明确告诉群众，为解决苏区群众的食盐困难必须起来斗争。他们所需要的正是苏区党组织要给予的，给予的前提条件需要群众加入粉碎敌人第五次"围剿"的政治动员中，共同完成扩大红军等任务。

有学者甚至认为，"真实的利益，即政治利益和经济利益是社会行为的第一推动力。但是，观念上的利益为真实的利益增添双翅，赋予这些真实利益以精神含义，并证明它们的合理性"④。利益和思想作为两种性质不同的东西在政治动员中协调起来。"每当人们朝气蓬勃地追逐利益时，意识形态也就随之被发展起来，并赋予这些利益以意义，巩固这些利益、证明这些利益。"⑤ 显然，缺乏利益为基础的思想是虚假的，无法

---

① 梁丽萍：《政治社会学》，中央编译出版社2009年版，第189页。
② 江西省档案馆等编：《中央革命根据地史料选编》下册，江西人民出版社1982年版，第303页。
③ 同上书，第600页。
④ [美]罗德里克·马丁：《权力社会学》，陈金岚、陶远华译，河北人民出版社1992年版，第256页。
⑤ 同上。

武装群众；而没有思想指导的利益是软弱的，不能产生持久的力量。

苏区群众的各种利益要求是对苏区社会的真实反映。广大底层贫雇农群体从土地中获得直接的生存利益，劳动妇女从政治斗争中获得自身解放的权利，工商阶层从商业贸易中获得经济利益等，都直接体现了这种物质利益要求。物质利益的要求凸显苏维埃革命的张力。因而解决群众的困难，关心群众生活，才能说服群众，动员群众。虽然从制度层面上苏区实行了土地法和劳动法，但在实际生活中，"像食盐布疋（匹）的缺乏，苏区生产品的不能出口，都使群众生活恶化……在群众日常的生活中还有许许多多群众需要解决的问题，如像耕牛，工具，肥料，水利，种子等"①。领导群众工作的艺术在于面向群众，关心群众的吃穿用行。为改善群众的日常生活而斗争，处处为他们的现实利益做艰苦工作，最容易取得群众对党的追随，对党产生信仰，完成政治动员需要分解的各种任务。

更为重要的是，当物质利益需要以思想情感的外在形式表现出来，能成为革命行动的巨大源泉，且具有持久性。美国政治学家阿普特指出，"当个人认同一个团体而形成的存在感的放大，导致了非常复杂的团结感。对这种情感的鼓励构成了政治的一个重要部分。这就是为什么政治生活不仅仅是物质目的的满足"②。人确实是需要情感归属的。中央苏区妇女政治动员，通过挖掘性别差异内含的积极动力因素，在苏区劳动妇女身上表现更为主要的是她们获得的内在强烈精神需要，当这种思想得到释放，就外化为比男子更为积极的革命行动。

（二）依靠群众

马克思恩格斯曾指出："历史活动是群众的事业，随着历史活动的深入，必将是群众队伍的扩大。"③ 群众是历史的创造者、发展者。毛泽东在中央苏区斗争中也深刻总结经验："真正的铜墙铁壁是什么？是群众，

---

① 中央党史研究室张闻天选集传记组编：《张闻天文集》（一），中共党史出版社 2012 年修订版，第 265 页。

② [美] 戴维·E. 阿普特：《现代化的政治》，陈尧译，上海人民出版社 2011 年版，第 204 页。

③ 《马克思恩格斯全集》第 2 卷，人民出版社 1957 年版，第 104 页。

是千百万真心实意地拥护革命的群众。"① 从历史唯物主义的视野重视和依靠群众而获得前进的基础和前进的力量，是马克思主义政党具有的独特眼光和思想智慧。

依靠群众，是中央苏区中国共产党政治动员的前进基础。作为中国共产党的初步成长时期，中央苏区政治动员是在没有完备的政治体制、政治规范的情况下开展的，是一种处于特殊时期、特定区域的"战时状态"政治动员。在这种战时状态下，中国共产党在政权建设、经济建设、教育文化发展等各方面下了大力气。中央苏区广大群众，尤其是那些缺少文化知识的贫苦农民、劳动妇女等群体基本是逐步自觉自愿地接受政治化的过程。在这一政治化参与过程中，广大群众通过了解政治形势，接受政治教育，参加政治组织，在直接进行政治斗争中，懂得了什么是阶级、什么是斗争、什么是政权、什么是政治等复杂的问题。

"没有真正的革命群众工作，不刻苦耐劳的去组织和领导各种群众的组织，特别是赤色工会、雇农工会、贫农团"，"直到现在，有些群众还不知道苏维埃是什么。那么，这是非常危险的"②。要使党与群体团体之间建立密切关系，需要党员干部的智慧和能力，深入到这些群团组织中。因而抓住有利的条件，结合农村日常生活特点，以组织的力量实现革命的运动。比如顺应农村生产需要，党组织适时提出"在春耕运动中要实际的以支部的领导来动员群众，反对命令主义、形式主义，要用革命竞赛的方法来推动鼓励群众"③。参加农村的生产劳动，成为其中一员，比任何口号更具鼓动性。依靠群众，党组织的任务与目标才能从革命的中心区域走入更偏远的区域；依靠群众，革命的火种才能在偏远山区点燃形成燎原之势。

信丰苏区作为新开辟的区域，党领导当地群众斗争已有三年之久。虽然斗争非常勇敢，斗争热度也异常之高，但群众对革命的认识和表现千差万别。如"有一个八十岁的老婆婆送米汤来慰劳红军，她已将米汤

---

① 《毛泽东选集》第1卷，人民出版社1991年版，第139页。
② 福建省档案馆、广东省档案馆编：《闽粤赣边区革命历史档案汇编》第1辑，内部刊印1986年版，第17页。
③ 同上书，第14页。

交给一个白军负伤士兵吃着,她仔细看该吃米汤的人头戴白军帽时,她说'你是改组派(指白军),我的米汤不给你吃',双手夺回米汤碗转交给红军士兵"。信丰群众对阶级"敌人"认识异常深刻和仇恨,与爱戴红军形成鲜明对比。信丰县苏领导群众工作的僵化导致多地出现错误,如群众"缴得枪弹向政府要钱。子弹壳两百钱,步枪大洋四元"①。白军受伤了没有群众愿意抬担架,到医院送米汤不给受伤的白军士兵喝。完全以阶级立场划分敌我,不能引导群众真正认识政权是他们自己利益的体现,出现"雇农分好田,贫农分中田,中农分坏田,富农不分田"的错误观念也就毫不奇怪。

"不朽、认同、意义、目的是个人内在的需要,教会宗教和政治宗教均可以满足这些需要。通过满足这些需要,有时在同一领域,有时在不同领域,它们赋予了人们一种目的感(即使是面对死亡时),并可以促进团结和合作。"② 个人对政治动员的认识、评价、态度等主观心理因素,在很大程度上影响甚至决定他的政治态度和政治参与行为。

四 多样方式:中央苏区政治动员的深入渗透

中央苏区政治动员曾产生出这样一种效果:"一张传单的效力,要胜过十万枪炮的射击。"③ 今天看来,传单的这种效力似乎有些夸大,但表明中国共产党高度重视政治宣传和教育工作,在政治动员方面是下了不少力气的。多种动员方式的创造,扩展了政治动员工作的深度和广度。

(一) 宣传鼓动旗帜鲜明,突出政治动员的强大号召力

宣传鼓动是政治动员的首要任务。中央苏区时期,中央及省一级组织进行政治动员,首先表现在发布的大量决议案、布告、通告、命令、号召、宣言、告书、信、决定、指示、通电、报告等。这些任务的下达一般较为笼统,这就对负责具体工作的下级组织和人员提出了更高要求。既要他们有非常高超的贯彻上级指示的理解能力,又要有能结合地方实

---

① 耀山:《工农通讯——信丰苏区概况》,《红色中华》1932年3月23日,第6—7版。
② [美]戴维·E. 阿普特:《现代化的政治》,陈尧译,上海人民出版社2011年版,第222页。
③ 转引自中共湘赣省委常委会《宣传鼓动工作决议》,1932年6月19日。

际，提出更为具体应对之策的贯彻方法。

进行政治动员，必须要向群众讲清楚形势，使其明白面临的重要任务是什么。用今天的话来说，就是要做到信息公开、彻底、清楚。中央苏区时期，群众接收各种信息的途径非常有限，基本靠各级有关部门的信息传达。中共通过《红色中华》《青年实话》《红星报》《斗争》等苏区主要报刊进行广泛的政治动员。

《红色中华》是中央苏区政府的机关报，在反"围剿"战争动员和苏区建设中，起到了组织者、宣传者的作用。据负责《红色中华》日常工作的任质斌回忆："《红色中华》报在组织稿件和版面安排上"，"增多了苏区内部重要活动的指导"；"增多了基层群众活动的报道"；"增多了由报社出面发出的号召，如节约粮食、认购公债、扩大红军、优待红军家属、组织赤卫军、少先队、熬制硝盐、发展游击战争等"。"时常在报纸版面的醒目地位刊登一些木刻的大字标语口号和图画……有时还增出'党的生活'版，'苏维埃建设'版，文艺版等。"① 所有这些举措，对于当时战争动员和苏区建设起了极大的推动作用。

标语、歌曲、戏剧等多种形式，成为思想政治教育的重要而有效载体，在特殊环境下进行的空间熏染，虽不像群众运动那样轰轰烈烈，那样来势凶猛，但显然，从意义持存力上来说，可以更为长久浸润在群众的内心。

(二) 进行思想政治教育，体现政治动员的细微关怀之处

思想政治教育是政治动员的个别方式。深入细致地做群众的思想工作是政治动员的一个重要内容。战争紧迫时，思想动员尤为关键。做群众的思想政治工作，同群众打成一片，一定要做到三条：同群众生活在一块，劳动在一块，吃苦在一块。绝对不能打骂群众。红军从成立之初，就是这样做的。据贺子珍回忆："在古田会议以前，红军中存在一些旧军队的作风，如打骂士兵等，但很少听说有打骂群众的。"② 红军的来源成分复杂，原有的旧军队习气和军阀作风在部队中一时难改。对待群众不

---

① 余伯流、凌步机：《中央苏区史》，江西人民出版社 2001 年版，第 814—815 页。
② 王行娟：《贺子珍的路》，作家出版社内部发行 1985 年版，第 152 页。

打骂，以情感认同和社会心理认同获得的群众精神力量支持，体现了中国共产党政治动员的细微关怀之处。

为确保政治动员任务能够迅速落实，中央苏区政府颁布并执行优待红军及红军家属的法令。当制度成为前提保障，良好的方法就成为解决问题的关键。因此，在政治动员中，除了通过制裁那些破坏扩大红军以及领导开小差的人进行威慑外，更为重要的是必须废弃强迫命令，进行宣传说服，做深入细致的思想教育。思想教育方法多种多样。只有结合苏区广大群众生活与利益问题的解决，才能使政治动员产生良好结果。例如，通过政府来提高红军战士的社会地位，让红军享受到"最光荣的标准，给予红军战士一切可能与必要的精神上与物质上的待遇"①，这是扩红中最基本的制度和具体措施保障。对群众进行宣传鼓动之时，必须注意群众的经济生活，从解决实际困难入手，给予及时帮助，使他们感受到实实在在的利益，动员效果才能进一步巩固。

（三）召开群众大会，扩展政治动员的空间领域

在频繁的战争中，政治动员以大规模的群众运动方式表现出来。在苏区腹地，召开群众大会，是争取群众、发动群众、进行政治动员过程的集中展现。

群众大会是群众的革命节日，"苏区民众参加群众大会并认同在群众大会中所感知的群体意识，革命观念和马克思主义理论就通过群众大会渗透到农民的日常生活之中"②。他们在这里找到了属于自己的情感归属和身份认同。法国思想家奥祖夫指出，"革命节日在寻找一个无遮无挡又可辨识的空间，使它唤起的情感能够有规律地散播开来，因此它选择地点时所看重的是抽象的适用性，而不是历史厚重性或审美独特性"③。借助纪念节日和纪念仪式，开展各类群众活动，中共调动着群众进行革命斗争和政治参与的热情。如果说纪念节日是一种简单的操作，这完全是

---

① 江西省档案馆等编：《中央革命根据地史料选编》下册，江西人民出版社1982年版，第303页。

② 庞振宇：《群众工作的"仪式"：苏区群众大会研究》，《江西师范大学学报》（哲学社会科学版）2014年第3期。

③ ［法］莫娜·奥祖夫：《革命节日》，刘北成译，商务印书馆2012年版，第190—191页。

因为它没有使参加者信服而赋予它以活力。积极性是革命节日承载出的活力。只有让人民的创意能够自由放肆地表达出来,才是"真正"的节日。"人们能够以最大的才华、最大的智慧来庆祝这种人类的解放。他们摆脱了多少年来的重负,好像插上了翅膀。"① 群众愿意进入到这种氛围中。

中国共产党善于利用革命纪念节来召开群众大会,在大会中把群众动员起来。纪念活动成为中共政治动员的重要契机。《红色中华》报专门开辟了红角专栏,围绕"宁暴一周年""广暴一周年""红五月纪念节""八一建军纪念节""十月革命纪念节",刊登各种短篇文字如文艺小品(讽刺、警句、小诗等)、某种事件或名词的说明以及如何识字等内容。通过多种形式的纪念活动,中国共产党对党史资源的再利用,能够有效进行理论诠释和政治动员。

(四) 创建乡村俱乐部,延伸政治动员的基层渗透

利用红色俱乐部进行政治动员,极大地提高了群众参与的积极性。在中央苏区腹地的城市和乡村,俱乐部都很普遍,组织机构与管理体系也非常健全。俱乐部以每一级政府(乡、县、省、中央)机关、群众团体、工厂、学校、医院、合作社为单位组建。最初在乡村俱乐部设讲演股、游艺股、文化股,到1934年增设了组织股和展览股,从机构设置和工作任务上逐步实现了规范化。

由于中国共产党与各级苏维埃非常重视俱乐部的建设,乡村俱乐部发展很快。1932年,苏区俱乐部已经成为政治动员和民众文化活动的中心。1934年4月,中央教育人民委员部正式颁布《俱乐部纲要》,《俱乐部纲要》规定:俱乐部的最高执行机关为俱乐部管理委员会,下设政治研究委员会、科学研究委员会、墙报委员会、读报委员会、体育委员会等职能机构。

乡村俱乐部的组织机构完善,包括演讲、文化、游艺、戏剧等具体部门,各部门分工明确,任务清晰。演讲股的内容包括宣传时事政治、组织晚会、演讲练习和演讲比赛等。游艺股开展体育游戏竞赛、音乐、唱

---

① [法] 莫娜·奥祖夫:《革命节日》,刘北成译,商务印书馆2012年版,第51页。

歌和登台表演等活动。文化股编辑墙报、组织投稿人、布置俱乐部图书室。读报组负责通过宣传引导当地群众读报，为他们宣读各种报纸，甚至进行逐字逐句的解释，以及组织识字班、夜校等，逐步消灭文盲。① 从展览布局、陈列方式到标语口号等外观来看，俱乐部的政治性突出。以闽浙赣苏区横峰县霞坊乡俱乐部为例，两边墙壁上贴着"打倒土豪劣绅，打倒贪官污吏!""除军阀，杀贪官，土劣要灭尽!""中国共产党万岁!""中华苏维埃万岁!""中国工农红军万岁!"等标语，大门两边有一副对联，左为"来来来，来团结，来革命!"，右为"去去去，去努力，去进攻!"②。显然，俱乐部的标语与口号带有明显生硬的政治宣传色彩。

俱乐部在政治动员中结合乡村文化娱乐活动，也调动着群众的参与热情。1930年2月22日闽西苏区《红旗》刊载了一篇描写群众在俱乐部生活的文章："每晚有人做政治报告，有人讲故事、说笑话、演新剧、唱歌呼口号。此外，还有各种各样的乐器。全乡老幼男女每晚相聚一堂，欢呼高歌，真是十分热闹。"③ 俱乐部是召集群众开会的场所，群众进行文化娱乐的聚集地，更是各种思想传播的信息场。每当各地文件、报纸、杂志下发后，相关人员都要在俱乐部宣讲、学习、交流、讨论。在缺少文化基础设施的乡村，俱乐部似磁铁般吸引、聚集着民众，成为中共政治动员有力的途径和场所。当然，俱乐部在发挥政治动员功能的同时，也起到部分改造乡村社会的功能。

第二节　苏维埃革命模式下的政治动员策略反思

察古知今是从事理论研究工作者的传统，寻找历史的脉络和规律，

---

① 江西省教育学会：《苏区教育资料选编》(1929—1934)，江西人民出版社内部发行1981年版，第197—199页。
② 转引自时珍《红色俱乐部寓教于乐遍布江西苏区》，《江西晨报》2013年10月23日C05版。
③ 转引自庞振宇《论苏区文化建设中的乡村俱乐部运动》，《江西社会科学》2012年第1期。

是用来思考当下，启迪未来。从中国共产党成立开始领导革命算起，革命有成功经验，也有教训总结。但是，在土地革命之前的这段历史时期，革命"成功"的一面往往被忽视了。史学专家王奇生指出，在中国共产党领导革命早期经验时，"如果换一角度观察，一个成立仅五六年的政党，在两三年间，能够发动如此规模宏大的农民运动，堪称是一大奇迹。而探寻奇迹的内在机制，比追究革命'失败'的责任，可能更具有历史学的意义"[①]。中央苏区苏维埃革命是大革命的进一步发展，当时间向后延续之时，类似熟悉的历史仍然存在。

当政治动员构成中国共产党日常工作的组成部分时，其浓缩的经验、准则和秩序，就成为"解开现实政治之谜的密码"，因为"它不仅包含着历史事件的道德价值，而且更重要的是包含着历史的必然性"[②]。但是，我们必须面对的历史事实是：中央苏区是"中共成长壮大的时代，但远不是中共掌握政权的时代，超常的能量，也无法突破可以做、可能做、不可做的界限"[③]。中央苏区政治动员明显带有地域性暴力革命特征，缺乏规范性的政治制度约束。这种动员利用权力策略，往往将理想主义与现实主义结合，将政治性与道德性相互渗透。赣南闽西的山区历史以地方故事的发展脉络为我们理解革命动员和"革命吸纳"的历史经验与历史教训提供一种地区性的独特路径。

一 命令式手段反思：强制动员与被动吸纳的矛盾

从组织关系学来看，上级与下级永远处于一种矛盾状态。中央苏区时期，中共作为命令的传达者，在接受共产国际的指导下，以双重身份执行着政治动员任务。作为下级，它要受制于共产国际；作为上级，它成为发布一切命令的中枢神经。因此，共产国际、中国共产党、苏区广大群众之间的关系矛盾，成为理解苏维埃革命模式下政治动员策略得失

[①] 王奇生主编：《新史学（第7卷）：20世纪中国革命的再阐释》，中华书局2013年版，第65页。

[②] 俞可平：《政治与政治学》，社会科学文献出版社2005年版，第155页。

[③] 黄道炫：《张力与限界：中央苏区的革命（1933—1934）》，社会科学文献出版社2011年版，第5页。

的关键。

(一) 共产国际"外来指示"与中共独立自主探索革命之间的平衡

阶级路线斗争贯穿于中国革命史发展的始终。中央苏区时期正处于这个过程的起始阶段。受当时条件影响,共产国际组织外来"指示"与中国共产党独立自主探索革命之间产生矛盾,中国共产党在坚持国际路线、立三路线、王明路线,还是实事求是路线中艰难抉择,由此常常给执行上级任务的各级地方干部和在实践斗争中灵活处理现实问题的苏区基层干部带来错误的批判,甚至有时还可能要付出生命的代价。中共在反对教条主义的路线中,艰难探寻一条"从斗争中创造新局面的思想路线"[1]。

受外来因素影响,共产国际外来指示成了最高命令。尤其在中共高层党内出现意见不一致时,就给处于中央苏区领导实际工作的党员干部带来了极大的麻烦,是坚持国际路线,还是坚持立三路线,曾一度成为一种根本的政治立场问题。

今天看来,这两种路线都是错误的。年幼的中国共产党长时期纠结于路线斗争,往往忽视了对其他工作的加强与领导。中共中央曾就苏区中央局的工作作出过尖锐的批评,"苏区最严重错误是缺乏明确的阶级路线与充分的群众工作"。"中央过去路线错误,是造成苏区错误的主要来源,但苏区只在中央局扩大会后,才向国家路线转变。二全会、汀州会议、吉安大会都在执行立三路线,三中全会后,中央局是调和路线,及扩大会后也有某些富农路线的错误。"[2] 在政治动员中,站在阶级的立场上肃清红军和政府中党部中的反革命分子,本来也是很有必要的,但对很多问题不问青红皂白,缺乏深刻而全面的认识,导致出现很多的错误行为。这种路线错误在闽西的突出表现就是错误对待傅柏翠事件。

对傅柏翠[3]问题,把他定性为反革命分子,主张以最严厉的手段来镇压。来自共产国际的指示对处理傅柏翠起了推波助澜的作用。"来自闽西

---

[1] 《毛泽东选集》第1卷,人民出版社1991年版,第116页。
[2] 中共江西省委党史研究室等编:《中央革命根据地历史资料文库·党的系统》第3册,中央文献出版社、江西人民出版社2011年版,第1816页。
[3] 傅柏翠是福建闽西的农民领袖,地主的儿子,领导闽西群众斗争的地方干部。

的消息。护送布雷利斯基（任弼时）和科穆纳尔（王稼祥）的信使已经返回。"① 信使讲了这样的情况："由于在农业和经济问题上的错误政策，傅柏翠和其他反革命分子得到了进行反对我们的工作的极好机会。"② "在乡村贫农中作口头宣传时，傅柏翠的人使用了这样的口号：'你们为苏维埃政权奋斗了三年。现在你们没吃没穿。这是给你们的钱，拿去吧，给自己买点吃的穿的。'他们把钱散发给穷人。显然，这些钱是从国民党那里得到的。"③ 事实上，傅柏翠是拿了国民党的钱，去为共产党做事，因为原本就是为共产党为贫困农民谋利的傅柏翠也一直没有改变自己革命的立场。

但是，中共中央在共产国际的指示下，对傅柏翠问题发出了错误的指示："一方面你们要派人到傅柏翠欺骗下的群众中来揭发傅柏翠的罪恶，使他欺骗下的群众分化过来，同时军事方面必须要设法解除了傅柏翠的武装，恢复北四区的根据地。"④ 路线出了错误，在错误行动后造成的结果是"我们在那里的影响很小。不仅党的工作，而且全军的工作在那里都是秘密进行的"，"我们没有在那里进行任何政治工作和群众工作。苏维埃政权很脆弱"⑤，革命的影响越来越弱。周恩来也痛心地总结说："共产国际对中国党的指导在中期是有很大错误的。中国党在这个时期犯了那么多错误，使中国革命受到了那么大的损失，我们中国人当然要负责，但与共产国际有很大的关系。"⑥ 在共产国际权威领导之下，处理中共与共产国际代表之间的关系总是显得很微妙。因此，共产国际的指示一度成为中共行动的方向标。

以下派苏区干部为例。1931年六届四中全会后，在共产国际和斯大

---

① 中共江西省委党史研究室等编：《中央革命根据地历史资料文库·党的系统》第3册，中央文献出版社、江西人民出版社2011年版，第1532页。
② 同上书，第1533页。
③ 同上书，第1533—1534页。
④ 中共中央文献研究室、中央档案馆编：《建党以来重要文献选编（1921—1949）》第8册，中央文献出版社2011年版，第325页。
⑤ 中共江西省委党史研究室等编：《中央革命根据地历史资料文库·党的系统》第3册，中央文献出版社、江西人民出版社2011年版，第1534页。
⑥ 《周恩来选集》下卷，人民出版社1984年版，第310—311页。

林的建议下,中共中央下派大量干部到各地苏区,担任苏区中央局和省一级的领导职务。据有关史料《中共中央给共产国际的组织报告》记载:"中央的确费了很大的力量来注意苏区问题,在这方面的确有很大的成功,特别是建立中央局和分局的领导以及改造其他区域党的工作,中央为此曾前后派了三四百干部到苏区去。"① 这么多的干部到了苏区,一方面是好事,但另一方面也造成成事不足败事有余的后果。中央苏区局的成立,成为中国共产党在中央苏区时期组织建设的一件大事。但领导苏维埃的组织问题一直没有完全解决好。据周恩来在《共产国际和中国共产党》一文中回忆,"向各地派'钦差大臣',从三中全会就开始了。当时,共产国际说中共中央不重视苏区,所以中央就往苏区派了不少人,使苏区受到了影响"②。党内高层干部下派直接影响到中央苏区政治动员的主体结构。这些外来人因思想水平、素质高低、能力强弱在党内认识有关政治动员、革命参与与革命吸纳等问题上往往意见不一,争议不断。思想上僵化的,教条式地处理问题;思想上活络的,遇到问题灵活变通。截然不同的两种方式显然给解决中央苏区政治动员遇到的各种问题带来不同的影响。

(二) 党的基层组织内部上级与下级动员关系之间的纠葛

当中共中央把共产国际的最高指示下达到党内时,中共基层组织内部上级与下级之间的矛盾纠葛也直接表现出来。党内教条地理解和运用马克思主义,对那些领导政治动员的地方干部进行"无情打击",犯了严重教条主义错误。如对谭震林、毛泽覃、蔡协民、古柏等同志的批判,极大地伤害了他们的感情和革命热情,有时甚至是对他们生命的威胁。

《红色中华》曾刊载了一篇批判谭震林的长文,说他把中国古典小说《三国志》中的思想用到军事斗争中,是一种"诸葛亮式机会主义的战略和战术","是复古的,是封建的,是障碍我们军事技术进步最大的阻力,亦即是退却逃跑路线的实质",还说他"屈指一算,心血来潮,汪陈出

---

① 中共中央文献研究室、中央档案馆编:《建党以来重要文献选编 (1921—1949)》第9册,中央文献出版社2011年版,第110页。
② 《周恩来选集》下卷,人民出版社1984年版,第309页。

洋，两广战争爆发，白军不会进攻，或者是分付人马在桃溪小关濯田洪山埋伏，诱敌深入"，是典型的"游击主义"①。这篇围绕和学习提高军事技术的文章，教条搬用马列主义，对谭震林军事指导思想和根据实际灵活工作的方法进行了错误批评。

更有甚者，把毛泽覃对《三国志》的爱好和爱看《申报》的学习习惯也上纲上线，进行思想批判，说他是"江西罗明路线的创造者"，是错误的，形成了"悲观动摇的机会主义路线"②。这些上纲上线的针对性批判极大地伤害了地方领导者的革命感情。今天看来，恰恰是这一批地方领导的中坚力量，将中国传统文化与中国革命相结合，进行了马克思主义中国化艰辛探索的过程。

邓子恢后来回忆1930年闽西革命斗争时指出，中央执行立三路线后，党内对许多现实问题是认识不清的。"当时对'中立富农'这个政策仍不明确，认识模糊，因此，当时在反富农政策上过左，而在干部政策上对地富出生的知识分子又警惕性不够，随便任用。如当时的林一株被任为闽西苏维埃政府的秘书长就是很不妥当的。"③ 1933年12月15日，中共中央局还专门发出《关于扩大红军突击运动给各突击队长和各省委县委指示信》，将担任会昌突击队长的古柏指责为所谓"标本官僚主义"。

古柏，赣粤边地方党的杰出领导人。有人批评他坐在会昌县苏发号施令，不清楚各区的实际情形怎样，所以成为了一个动摇的机会主义者。陆定一，因为在瑞金县黄柏区集中一切力量抓野营演习而没有顾及扩红的突击工作，也被说成了一个偷懒的机会主义动摇者。梁广，到石城工作后，发现石城的干部工作不积极，吃饭的时候在机关，做工作的时候找不到人，就说了句石城各区的主席都是消极的，也被认为是一个动摇的机会主义者。④ 不问青红皂白，不了解事实真相，乱给有基层工作经验的干部扣帽子，极大挫伤了他们革命的积极性。

蔡协民是闽西早期地方党的领导人。他和谭震林、江华、曾志等一

---

① 欧阳钦：《为学习和提高军事技术而斗争》，《红色中华》1933年7月29日第5版。
② 毅：《毛泽覃同志的三国志热》，《红色中华》1933年7月8日第6版。
③ 邓子恢：《邓子恢自述》，人民出版社2007年版，第13页。
④ 《在突击运动中机会主义者的动摇》，《红色中华》1933年12月20日第1版。

批人都曾因所谓的"右倾机会主义"而受到打击。但他没有他们幸运，没有等来革命胜利的那一天。1932年，由于所谓的"右倾机会主义"，蔡协民被撤销福州市委书记职务，调到厦门任巡视员，参加基层组织工作，后又陆续被派到安溪做兵运工作。1934年在厦门益安医院从事中共外围组织互济会工作，被捕枪杀。蔡协民的职务虽越降越低，但工作却越做越细。蔡协民无论从事党的何种工作都非常努力，但直至牺牲之时，仍得不到组织上的认可，以致相当长一段时期他的名字，慢慢被时间的长河湮没。但历史不会忘记他。1952年12月，毛泽东亲笔在蔡协民的遗像上题写"蔡协民烈士遗像"7字，表达了对烈士的深切怀念。1986年，蔡协民烈士纪念碑在湖南省华容县建立。"鲜血终于可以为他作证。"① 作为后人，我们不能忘记这位烈士。

(三) 党的巡视员僵化执行上级指示与灵活处理地方实际问题的分歧

中国共产党巡视制度作为连接中央与省委、省委与地方的桥梁纽带，及时传达中央任务，拉近与地方党的关系与距离，但在实际的巡视工作中存在不少问题，如巡视员的选拔比较随意，了解问题带有表面化，巡视人员到地方后工作效率也较低，有时反而成为干扰地方工作的阻力。

此外，由于路途遥远和信息封闭，再加上国民党的严厉封锁，中央对苏区各地方党的情况非常缺乏了解。"苏区党的情形，除湘鄂西比较清楚一些外，其余都不甚清楚。"有时，地方党的工作报告送到中央已经过去很长一段时间，及时了解地方党和苏维埃的具体工作情况并作出指示，成为非常困难的事情。有时，因中央文件内容下达得过于宏观，又非常笼统，常常造成地方党组织模糊理解文件，甚至作出错误判断。1932年《中共中央给共产国际的组织报告》总结各地出现这样那样的情况，主要是"中央过去没有直接派人去巡视……万一干部缺乏，即派能力较差的同志专门去调查亦可"②。原来，早在六届四中全会以后，中国共产党就接受了共产国际的建议和主张，派出大量党员干部到苏区各地巡视。

---

① 黄道炫：《鲜血为他作证——不应被遗忘的一位烈士》，《同舟共济》2012年第8期。
② 中共中央文献研究室、中央档案馆编：《建党以来重要文献选编（1921—1949）》第9册，中央文献出版社2011年版，第109页。

由于巡视制度本身建立时间短，加上派出的巡视员工作能力和素质参差不齐，无法有效地与地方建立沟通渠道，更不能做到及时联系中央。相对封闭的地域环境和落后的交通信息传递方式，使得上级下达命令与下级执行命令之间根本无法密切配合。只要一方出现问题，矛盾就凸显出来。从总体上而言，中央苏区出现的钦差大臣满天飞现象，就政治动员来说，大多表现为比较教条化地执行上级指示，不能灵活处理地方出现的实际问题，留下深刻的教训。

（四）强迫式政治吸纳与底层群众消极参与的观念落差

自上而下的政治动员方式与被动型政治参与之间，由于动员主体高高在上，缺乏与动员客体之间的深入沟通与交流，使得政治动员客体因惧怕而产生距离甚至矛盾。尤其在宣传鼓动方面，内容单一，方法生硬，缺乏深入细致耐心的思想教育，因而群众在动员起来之后很容易失去参与激情。

进行政治动员，首先要向群众讲清楚形势，使其明白面临的重要任务是什么。用今天的话来说，就是要做到信息公开、彻底、清楚。做好宣传鼓动工作是政治动员的首要方式。在中央苏区，群众接收各种信息的途径非常有限，基本靠各级有关部门的文件等信息传达。中央甚至省一级的任务一般是较为笼统的，这就要求负责宣传教育工作的具体部门的同志有着非常高超的能力，又能结合地方特点，提出具体的应对指导之策。但是事实上，负责宣传教育鼓动的干部人员，却恰恰缺乏这种能力。或者，党内根本就缺乏这样大量的干部。1933年2月4日，杨尚昆在《斗争》第2期发表《转变我们的宣传鼓动工作》一文，明确指出了苏区宣传鼓动工作中存在的主要问题："宣传鼓动工作的组织系统都还未确立……负责宣传工作的同志，每天所忙的也只是写宣言，发宣传大纲，写标语……宣传品多是说教式的刻板文章……各级党部大都是一成不变地照例喊喊，群众是否懂得，发生了什么影响，这是根本不管的。"[①] 下级为了完成上级布置的任务，不管群众有什么想法，接不接受，往往直

---

① 中共中央党史研究室编：《杨尚昆年谱（1907—1998）》上卷，中共党史出版社2007年版，第66—67页。

接就采用强迫、命令或者欺骗的方式,以快速完成任务。这样,政治动员任务紧迫、完成目标高与苏区广大群众教育水平极低、思想观念落后、执行起来慢之间产生了矛盾。

在中央苏区后期,为完成扩红任务,曾经发生过"为了要支部同志报名当红军,支部书记将支部同志整晚关在会场上不放的这种奇怪事情"①。各地苏维埃采取非常粗暴的手段,骂人也是常有的事情,甚至有时进行身体强迫。假如谁开了一次小差,不问缘由马上绑起来。完全采用强迫命令方法动员,结果必是群众的上山,群众的反抗。

这种较为普遍存在的强迫动员,造成群众心理上强烈的厌战情绪。尤其是在具体问题上没有深入耐心地说服教育,更增加了群众的反感。如在宁化县,"石碧区个别乡召开扩红动员大会时,群众进入会场后,即把门关上,开会动员后让群众'报名',不肯报名的人,便不准他离开会场。方田区军事部长把不去当红军的群众,派人用梭标解到区苏去"②。强制动员的后果是群众产生反抗和对立情绪。身在曹营心在汉,一旦有机会,群众就会选择逃跑。

虽然苏区文化教育工作在政治动员中取得了很大的成就,各地开办了各种俱乐部、壁报、夜校等,比从前有许多提高,但存在的问题也不容忽视。据统计,在闽浙赣苏区的上饶、横峰、贵溪、德兴四县举办的识字班总计"三百五十七班,参加识字人数共有三千六百六十四名(省苏机关在外),但这恐怕只是有名无实的空数目,已在积极整顿","工农补习夜校最大缺点,就是有始无终,没有能按期毕业,成绩不佳"③。俱乐部,"数目虽有这多,但都没有什么实际工作,至多不过是打打锣鼓而已"。至于农村壁报,"也只是有名无实,工作都做得不好"④。"因为缺乏对于代表会这个新的政治制度的宣传和教育。封建时代独裁专断的恶习惯深中于群众乃至一般党员的头脑中,一时扫除不净,遇事贪图便利,

---

① 洛甫:《关于新的领导方式(三)》,《斗争》1933 年 8 月 5 日第 20 期第 9 版。
② 李胜标:《宁化落后的原因在哪里?》,《红色中华》1934 年 9 月 26 日第 1 版。
③ 方志敏:《方志敏全集》,人民出版社 2012 年版,第 385 页。
④ 同上书,第 386 页。

不喜欢麻烦的民主制度。"① 工农兵代表会组织在群众中名不副实,没有发挥出民主的力量。这些问题警醒着我们党,要实现文化教育领域的深层次变革,非一朝一夕就能顺利完成。只有做出千百倍艰辛努力,新生事物才能向前发展。

所以,当依靠命令式政治动员获得轰轰烈烈革命热情褪去光鲜外衣之时,清冷的革命场景只剩下空空的组织外壳,高高在上的动员发布者自然也就成为了孤家寡人。底层群众没有从苏维埃政权中获得他们内心的真正之需,这个刚刚建立起来的制度也就与他们渐行渐远。

二 表面化效果反思:过度动员与缓慢回应的矛盾

在中央苏区战时形势紧急环境下,中国共产党强迫性、命令式、频繁性的政治动员特点与各地苏区广大群众心理接受过程的缓慢性、特殊性之间产生矛盾与对抗。这种矛盾的长期积累,给广大工农群众和地方苏维埃本身带来极大心理反感和厌倦感,甚至出现反抗行为。

战争环境的紧迫,首先使得各种突击动员带有极大的强迫性,群众内心产生很浓烈的厌战悲观情绪。从总体上来看,中央苏区政治动员呈现出两个不同的阶段特征。在1934年之前的一段时期,中国共产党进行政治动员的方式方法运用还比较恰当,能从苏区社会的客观实际出发,照顾到广大苏区群众的利益和思想,采用耐心说服教育为主的方法;到后期,尤其是1933年底以后的很长一段时间,随着战事更为紧迫,命令、强迫式的动员成为主要方式,这在很大程度上伤害了苏区群众的感情和利益,因而开小差的群众特别多,甚至反水的人也不少。

(一) 革命风险与代价的心理承受力低

革命与利益相关,也与风险相伴。有学者指出,"经过暴动动员起来的农民群众,在革命展开过程中继续承担着相当的风险与代价"②。这种情况在新区和赤白交界的地区尤为明显。部队行军打仗,牺牲是常有的事情。除了人员伤亡,很多后勤物资需要地方的大力支持,牵扯的网也

---

① 《毛泽东选集》第1卷,人民出版社1991年版,第72页。
② 何友良:《农村革命展开中的地方领导群体》,《近代史研究》2009年第2期。

就越拉越大。尤其是部队刚到新区，群众对部队缺乏了解或有思想顾虑，就会有很多不配合的行为出现。

《红色中华》刊载的一篇文章介绍红军部队到会昌城的情况也反映了这种问题。"接连行了几天军的我师，……到达了赤色的会昌城。疲劳行军的士兵，忙忙碌碌借门板打铺，和借需用的物品来用，可是那些物主的小商人和贫民，红色战士与之借十样的东西，就有五六样不肯；或者答覆（复）没有。一些红色战士，向他解释红军坚决执行的三大纪律和八项注意，始终表示不愿意的样子。因此：一般的负责人与士兵拿出吃苦耐劳的精神，不勉强借，就睡在地上过夜。（多数是借了门板和物件）这证明他们没有坚决的发动阶级斗争使群众对红军有深刻的认识热烈的来拥护和帮助红军，再者：赤色半年多的会昌城到现在还不通用工农银行的纸币，不又证明执行通用工农银行纸币的宣传十分的做得不够！"[①]会昌是接近赣粤两省的边区新区地带，革命影响不深。发生这样的事情，说明群众并不是不愿意帮助红军，而是多因群众自身也有难处或思想上仍有风险顾虑。他们处在考虑自己利益和革命风险的心理权衡中，往往左右动摇着。

地方党的工作者并没有意识到群众承受着风险，相反，他们认为，"这并不是赤色会昌的小商人和贫农对红军少认识和少帮助，及不愿意通用工农银行的纸币。这完全是政府与群众团体平日的群众工作没有深入，没有在一切斗争中使群众对于苏维埃和红军有深刻的认识"[②]。不做深入细致的群众动员，不了解群众的疾苦和内心，群众是拒红军于千里之外。

一次次战争的紧迫，极大地摧垮了苏区群众顾及小家的观念。农民认为自身利益受损，这种损失不仅表现在物质方面，更多更重要地体现在文化心理精神层面。如受伤的战士娶不到老婆，一些农民非常害怕老婆追求婚姻自由而离婚等。他们承受革命风险的心理能力显然较低。以苏区婚姻为例，男子大多最初是反对婚姻自由的。因为许多"男子出门一年未归者，女子得自由嫁人等，惹起不少的纠纷。尤其是受伤的红军

---

① 陈子球：《会昌城的群众工作》，《红色中华》1932年6月16日第8版。
② 同上。

士兵大起讨老婆不到的恐慌","少年先锋队本有女队员,因为爱潮高涨,闹出多少风流故事"①。好在党对这些问题纠正得及时,中央苏维埃政府颁布婚姻条例后,又通过引导和教育,逐步消除了农民士兵的这种心理恐慌。

在外来红军力量波及乡村传统,影响到要彻底推翻本土社会秩序之时,革命动员往往也会遭到当地宗族和家族势力的阻拦。此前由于许多地方革命往往是由地方知识分子带动的,而地方知识分子的家族往往又是当地大土地的所有者。这样,在地方就出现地方势力与革命对抗性的矛盾。底层群众在心理上害怕与原有村落人际关系打破,给个人安全带来极大的危害。

如在江西东固,"共产党内部和它所开展的土地革命中,在思想上和行动上都还有封建主义的明显残余。毛泽东、朱德和他们的参谋人员所碰到的事更为复杂,因为当时强大的敌军正在集结起来,对红军虎视眈眈,所以不敢坚持限令东固地区的共产党领导人要依照其所献身的党的纲领和政策办事。因为在这种情况下,如果坚持的话,很可能会发生激烈的内部斗争。红军因此只好等待革命的酵母逐渐在东固群众中间发生作用"②。鲁莽行事不会有好结果。暂时的妥协是为了更长远的目标考虑。江西东固的"这些'知识分子'……为革命做了一切,只有一样,就是没有把自己的田地分给佃农们。作为曾经给过小恩小惠的地主,又是本乡本土的人,他们也得到农民和他们自己的佃农的支持"③。假如这种乡村的内部矛盾一旦被激化,就可能由党内的思想认识问题上升为政治路线上的生死斗争。谁都不愿意这样鲁莽行事,但是,后来中央苏区发生的"富田事件"却作了最清楚的历史注解。

随着革命动员的继续深入,乡村血缘纽带从纠葛中被逐步打破,人际关系网逐步按阶级成分重新确立起来,这样,个体所担心的革命风险

---

① 江西省档案馆等编:《中央革命根据地史料选编》上册,江西人民出版社1982年版,第193页。

② [美]艾格妮丝·史沫特莱:《伟大的道路》,梅念译,东方出版社2005年版,第287页。

③ 同上书,第286页。

逐步下降。在这个过程中,现代民族国家意识开始注入到落后、分散且自治力很强的南方乡村。从这个角度而言,中国苏维埃革命的政治动员为现代国家意识渗透到落后的乡村提供一种生长路径。

(二) 战争恐慌感的产生与逐步增长

有战争就有死亡。在恶魔般的"敌人"面前,随时爆发的流血斗争,带给群众极度的恐慌感。"因为斗争有几次受了打击,有许多人害怕斗争,敌人来了,便起了恐慌。"① 避害求生是普通个体的心理本能,更何况"因为他们曾受了豪绅地主及过去混入革命队伍反水变靖匪反革命份(分)子极残毒的屠杀和摧残,同时又被豪绅地主富农,有组织的来缓和及欺骗群众斗争,以及暗中作有力的压止群众斗争,一切群众团体均未建立,……削弱了群众斗争情绪"②。悲观情绪一旦笼罩着个体心理,集体凝聚起的力量即刻荡然无存。

接连不断的战争环境,上级命令和指示一个接着一个,时刻考验着基层党组织和群众的心理。他们的情绪是千变万化的。如何才能消除恐慌情绪,做好宣传鼓动工作？1931年1月3日,福建省委向闽西特委及各县党团县委发出的指示,明确提出"要明白敌人向闽西进攻的阴谋和计划""应该了解群众斗争的情绪和斗争力量""应该马上动员群众起来答复敌人的进攻"及"我们的作战计划我们(的)战略与战术"。针对敌人不断的进攻在苏区有可能造成的悲观情绪,又提出了"形势的转变与斗争的前途"③,为消除党内的恐慌情绪做着必要的准备。

所以,提高斗争情绪非常重要。"敌人意象同强烈感知到的威胁和非常强烈的情感与情绪联系在一起。""同敌人联系在一起的情绪包括愤怒、挫折、羡慕、嫉妒、恐惧、不信任和可能不情愿的尊重……人们对于一个敌人的反应往往是对立的和敌视的。人们同敌人进行竞争,并且试图

---

① 江西省档案馆等编:《中央革命根据地史料选编》中册,江西人民出版社1982年版,第272—273页。
② 如凝:《怎样去转变安远龙佈(布)区的工作》,《红色中华》1932年6月16日第6版。
③ 江西省档案馆等编:《中央革命根据地史料选编》中册,江西人民出版社1982年版,第269—279页。

阻止敌人得到任何东西。"① 进行政治动员，要让群众明白斗争双方的力量，即双方优势所在，以消除战争恐慌。

安远县龙布区是赣南一个较重要的军事地域，但远离中央苏区腹地，红军打完仗就走，基本没有深入发动群众，群众工作存在严重问题：群众的情绪陷于一种异常消沉的状态中，整天悲观失望；苏维埃被异己分子所操纵，区乡办事人员的成分，大部分是流氓富农，……有些少数工农分子，亦受他们的包圈和欺骗，分田则富农豪绅分了好田，中农分中田，贫农雇农分坏田，甚至有假分田的，借口打土豪，实际上是打中农贫农，强迫群众挑担，政府下命令女子剪发，政府的经费被过去主席拿了一百四十多元下腰包，地方武装更是一塌糊涂；反动派的活动——豪绅地主富农，拉拢了一部分中农，公开地组织"改组运动委员会"，利用这一组织来进行反革命的活动，公开造谣欺骗群众，把持政权，将地方武装游击队抓在手里。② 整个苏维埃工作呈现一种病态，一种混乱，给了反动派活动的机会。

恐惧源于无知，无知导致绝望，绝望之后只剩下麻木。当战争无休止地进行，"敌人"又把持着基本生存条件并肆意进行破坏，处于偏远地区得不到任何真实情况的群众对现实产生悲观低落情绪就显得非常自然。要消灭这种悲观失望的情绪，地方苏维埃政权力量必须渗入到群众眼中脑中，告知敌我详细情况，进行教育宣传，增强斗争的信心。在恶魔般的"敌人"面前必须取得军事胜利，提高斗争情绪，从而阻止"敌人"与我方竞争，得到任何东西。如此，才能从剔除心理恐怖中将安远县龙布区这样落后的边远苏区建立为真正的工农苏维埃机关。

（三）心理倦怠的产生与外在抗拒

人性的自我保护成为政治动员的最大障碍。倦怠是环境场域压迫的产物。在中共强大的政治动员体系中，来自各级组织和周围群体的环境压迫，使部分群众在行为选择上缺乏应有的自主和自觉。虽然他们也被

---

① ［美］马莎·L. 科塔姆等：《政治心理学》，胡勇、陈刚译，中国人民大学出版社2013年版，第81页。

② 如凝：《怎样去转变安远龙佈（布）区的工作》，《红色中华》1932年6月16日第6版。

吸纳进苏维埃革命的阵营，但这种缺乏内心主动和积极性的被动参与行为，掩藏着极大的危险。一旦有风吹草动，心理倦怠的外在行为就立马显现。轻者表现为革命不积极，消极怠慢；重者就以开小差、逃跑来抗拒，甚至出现更严重的反水。

军事斗争的持续性和长期性，日益消耗着苏区群众的生活积累。短期内多次命令群众参加扩大红军，购买公债和筹粮筹款，致使苏区群众生活水平急剧下降，他们对政治动员缺乏热情，产生烦感。党和苏维埃政府紧急状态下无法顾及底层群众的心理微观细节，命令式号召强迫群众接受产生的心理差距是如此严重，以致部分群众悲观绝望，拒绝帮助红军。

中央苏区政治动员，缺乏现代政治制度约束，"战时状态"的情境力量几乎超越一切。这种情境或者说战争环境的力量如果凌驾于政治动员主体的价值和信念之上，群众产生不道德的或不配合的行为也就理所当然。正如所有的个体都是有特性的，当情境的力量碰上性情的力量，本能的心理抵抗有可能会突然爆发出来。当政治动员主体强大张力与客体内在心理接受缓慢的弹力产生矛盾时，恐惧、悲观、倦怠等性情，就在政治动员中以"开小差""逃跑"等外在抗争行为表现出来。为了消减两种因素产生的不利后果，中国共产党只有创造出更好的情境（外部原因），并适时转化群众的不良性情（内部原因），主动将两者结合，使政治动员主体和客体都成为理性的主体，才能逐步削减这种矛盾。

宣传与鼓动方法只有适合当时战争环境与群众心理，客观研究群众情绪，才能制定出正确的群众动员策略。尤其在群众刚刚开始表示畏缩的时候，绝不能拿大话吓唬群众，而要多从群众现实生活和痛苦中考虑问题，站在他们的角度说话。《红色中华》刊登的一篇文章《一个机会主义的动员——从少共国际师去扩大工人师》，这样批判道："瑞金黄柏区胡岭乡，职工会委员长曹雄标同志，在扩大工人师的工作中，该同志不耐心的深入到下层群众中去宣传当红军的光荣，使每个劳动者了解当红军是革命群众应有的责任，而县部少队长去该乡动员了群众四五十名加入少共国际师时，曹同志利用这个机会，用一种骗人的手腕，愚弄的办法，对少共国际师新来的战士说：'少共国际师伙食只吃一角五，工人师吃一角八，这有草鞋手巾发，你们去当工人师的红军好咧？'"① 这种仅仅以物质利益方式引诱人，试图进行扩大红军工作的方法，随着战时紧迫环境的加剧，物资的短缺，就会成为政治动员的一种障碍，因为这是在诱惑群众。物质利益的诱导可以成为一种动员方式，但如果仅仅停留在表层，或者还常有欺骗性质，往往适得其反。

三 目标负荷反思：整体设计与局部灵活处理的矛盾

中央苏区政治动员作为一种特殊时期的权力策略运作方式，在缺乏完备政治制度作为前提保障条件下，为了完成战争环境下的紧急任务，必须以取得斗争胜利为目标才能进一步开展政治动员。来自中央顶层和上级的任务设计者首先成为动员的端口，他们发布命令、布置任务、进行全局性安排，下层和地方只能成为任务的执行者。这样的动员机制，赋予的目标宏观单一，显然对党的地方工作者缺乏具体详细的指导。缺乏经验的地方苏维埃也就无法将上级的各种命令和指示分解到基层，特别是那些更为微观的底层。这样，上层强大的权威政治组织体系逐级遮蔽了政治动员命令者和执行者之间本该有的灵活性和协调性。信息只允许向下垂直传递，不能向上反馈或反馈少而又少，难以适应乡村社会文化传统下底层民众的方方面面的要求。由此，政治动员目标负荷过于简单宏大，造成完成重大紧急任务与日常规定任务之间的矛盾，更无法顾及一些特殊群体的日常微观利益诉求。

（一）政治动员落实紧急任务与常规任务的矛盾难以协调

发生在中央苏区的五次反"围剿"军事斗争，任务紧、责任大，常常需要各种战备物资和人力的紧急部署。当长期军事斗争成为一种生活常态时，惯性的力量反而把原有的常态任务置之一边，如日常生产被忽视，日常教育被打断，日常习惯被打乱，引发苏区群众日常生活难以为继。尽管在战争间隙，中国共产党和各级苏区政府做了一定程度的努力，但苏区群众的生活和经济发展起伏非常大，远没有获得革命本该达到的具体目标。

---

① 姜启化：《又一个机会主义的动员》，《红色中华》1933年8月13日第6版。

从查阅的《中央革命根据地史料选编》这套文献来看，涉及中央级和各省级发布的各类文件，军事方面（60件）和政治方面（49件）的最多，共109件；其次是政权建设方面的，有38件；再次是涉及组织问题的，有21件；最少的是经济和文化等方面的，只有17件。即使把涉及土地问题的文件（29件）算在一起，也难以超越军事和政治方面的，更何况土地问题也不纯粹是个经济问题。由于军事任务紧急，围绕军事目标部署并取得斗争胜利必须成为最大的政治，动员全员参军参战也就理所当然。

从文件的具体内容来看，涉及军事任务部署的文件其实很多也内在包含着经济文化发展等方面的客观要求，如江西省苏发布《通告财字第2号——筹集现金准备给养节省经费，争取阶级决战最后胜利》（1930年11月20日），要"征收累进税"，"征剩余粮食，准备油盐等供给红军及机关人员"①，说明经济对战争取得胜利的重要物质保障作用，但非常遗憾的是，在顾及群众利益和民众日常生活需求方面，中央苏区政治动员难以全方位驾驭。保证基本的吃穿住等这些本应最现实的生活需求却没有被作为政治动员的常规任务加以重视和落实。最"现实主义"的群众看不到生活有所起色之时，生活的希望与热情也会随之被浇灭。

从文件内容落实的整体情况而言，中央苏区教育工作一直落后于苏区政权其他各部门工作。地方苏维埃干部在思想上极不重视教育，如会昌教育部就主张："我们要帮助战争，不要做教育工作"，"几百万的青年、儿童、成年要求读本，一直到今天没有大批的印刷"。② 瞿秋白在生命的最后时刻曾坦言：因为军事任务紧迫，"一时尚不易顾及教育工作"，"去年③计划设立职业中学多处，尚未实现"④。各地列宁小学教学内容非

---

① 江西省档案馆等编：《中央革命根据地史料选编》中册，江西人民出版社1982年版，第543页。
② 王健民：《中国共产党史稿：第二篇江西时期》，台北：汉京文化事业有限公司1988年版，第413页。
③ 指1934年。
④ 王健民：《中国共产党史稿：第二篇江西时期》，台北：汉京文化事业有限公司1988年版，第414页。

常粗浅，还来不及深入，亟须通过列宁师范学校培养学生，可是各地仍然极为缺乏。战争环境下，在经费、人员、场所等都极为匮乏的现实条件下，苏区各项教育工作还不能从制度上获得根本保证。

（二）政治动员难以在微观层面实现苏维埃政权与性别对立的完全融合

作为一种苏维埃国家发生系统中的政治行为，中央苏区政治动员必须依靠权力进行动员。当服从成为人们生死存亡唯一选择之时，不管男人还是女人，都必须为此付出行动，甚至是生命的代价。动员并没有由此给女性特殊待遇，相反，她们与男人同样接受着战争的考验——生活的考验，死亡的考验。而且，在某种程度上，动员起来的苏区妇女还承受着成年男子的"另眼相待"——阻止她们。中央苏区政治动员难以顾及性别差异，性别差异被明显遮蔽，无法实现苏维埃政权与性别对立之间的完全融合。苏区男子与妇女之间的两性差异，在政治动员权威体制下的认知和表现各异。

1. 来自他者的权力阻碍

就阶级立场而言，底层苏区男子和女子都应构成中央苏区政治动员的绝对主力对象。但从性别意识上来说，男子对动员起来的妇女解放行为往往带有明显的性别歧视。妇女拥有的外出行动自由、婚姻选择自由、参政选举自由时时受到他们的阻碍。这种性别歧视首先从家庭爆发。

"宁化县淮阳区凤凰山乡，有一个劳动妇女加入了共产青年团。有一天晚上参加了支部大会，回家后她的丈夫就捉到这个妇女同志打了一顿，并不要这个妇女同志回家。以后这个妇女曾到乡苏要求，要与他的丈夫离婚。该乡主席不肯同他登记。并且还是叫这个妇女回家去。"① 这个乡苏主席站在男性社会主导的立场，完全忽视妇女工作，不但没有把妇女的痛苦解除，而且增加妇女的痛苦，当然是错误的。传统乡村文化表现出来的在家庭中丈夫对妻子的权威仍无法撼动。消除男性对妇女争取权益的认识误解，比动员女性革命，无疑要艰难得多。来自他者的阻拦，成为中央苏区政治动员在性别领域无法与苏维埃政权融合的第一道障碍。

---

① 饶佳荣：《反对忽视劳动妇女利益》，《红色中华》1933年8月13日第6版。

家庭中的性别对立无法在基层苏维埃政权中获得最后的制度保障，性别对立产生的隔阂在短期内就无法与阶级立场融合起来。中央苏区政治动员必然以性别差异的方式走向阶级对抗。1932年在福建南阳区召集的一次主席联席会议上，对妇女竟然作出如下的规定："（一）舂米的工人，男女做同样工作，男子的工资每天四毫，女子的工资每天二毫。（二）妇女一律要剪发，若不剪发田地都没收，并且政府出佈（布）告。"[①] 在苏维埃政权下的主席联席会议作出这样的决定，让福建苏区广大劳动妇女感到莫名其妙！主席联席会议不讨论如何保障妇女权利，反而定出这样压迫妇女的条件，并且公开地破坏苏维埃政权对妇女保障的法令。这是福建南阳区苏维埃轻视妇女、压迫妇女的表现，封建文化的旧势力和旧习惯势力仍然强大。

2. 主体自身获得的认同

在政治动员中存在的性别差异矛盾在家庭中无法融合时，女性走出去，到公共领域寻求她们的自由与解放在中央苏区获得可能。因为苏维埃国家最高层面的制度设计不仅为她们提供了合法保障，而且从全国各地来到中央苏区的文化知识女性又为她们提供了榜样和直接帮助。中央苏区涌现出一批杰出的女革命者，起了带头作用。她们有知识，有想法，勇于担当，在中国苏区历史发展中为妇女开辟了获得自由与解放的空间。

为了消除性别差异，树立苏区妇女的性别意识和主体意识，中央苏区时期涌现出很多的杰出女性，她们往往成为带动底层妇女起来革命的模范。在生产劳动中，蔡畅带头下田耕犁，破除了女子不能摸犁耙下田的封建迷信。有了女性带头人，妇女被组织带动起来，出现像长冈乡妇女耕田队长李玉英这样的苏区著名女犁耙能手，受到苏维埃中央政府的嘉奖；在节省运动中，从白区来的许多妇女如邓颖超、彭儒、阿金等和其他男性领导人一样，为节省财物主动不要公家粮食和公家发的新衣服……当苏区女性把自己作为苏维埃国家的女性公民看待之时，她们在政治动员中的所作所为包括她们的服从，就在主体的差异与认同中获得统一。

---

① 月林：《压迫妇女的南阳区联席会议》，《红色中华》1932年6月23日第8版。

苏维埃作为外来移植的产物，考验着尚处于年幼阶段的中国共产党。为了在南方农村寻求更大的生存与发展空间，中国共产党依靠强大的政治动员能力，努力在反教条主义过程中艰难探寻"从斗争中创造新局面"[①]。苏维埃革命血的代价和深刻的教训换来中央苏区政治动员的主要经验：创建先进理论使之成为中央苏区政治动员的行动指南；发挥强大组织资源在中央苏区政治动员中的关键作用；树立依靠群众、不断壮大群众基础的政治利益动员观；创造多种方式，扩展政治动员的深度、广度。但是，自上而下的命令式手段、由外至内的表面化效果、宏观又单一的目标负荷，消减着中央苏区政治动员的功效，带给中国共产党深刻教训。此后，政治动员作为一种前进动力，在中国共产党独立自主探索革命的历史过程中，地位更加提升。

[①] 《毛泽东选集》第1卷，人民出版社1991年版，第116页。

结语

作为一种社会推动力量的政治动员

政治动员是中国共产党进行革命的一种方式、一种动力。习近平总书记指出:"历史是最好的教科书。对我们共产党人来说,中国革命历史是最好的营养剂。多重温这些伟大历史,心中就会增加很多正能量。"① 实现每个人的幸福与自由是中国共产党不懈奋斗的宗旨。20世纪30年代中国绝大多数人是没有自由的,甚至连最基本的生存都难以保证。中央苏区时期中共领导土地革命成为苏区群众获取自由的一个重要历史阶段。1936年毛泽东总结认为,中国共产党"在十五年的长岁月中,在全国人民面前,表示了自己是人民的朋友,每一天都是为了保护人民的利益,为了人民的自由解放,站在革命战争的最前线"②。追寻自由,成为革命视域下中共政治动员的价值指向。作为一种前进力量,中共政治动员通过发挥强大组织力量、树立前行价值目标、协调矛盾、广泛吸纳和凝聚共识,始终推动着中国社会向前发展。

一 发挥强大组织力量

要把相关利益群体转化为一个社会运动的动员能力,中共强大的组织力量起了关键作用,并从各种资源利用中获得成功经验。中央苏区政治动员是在特殊战争状态下产生的,经历井冈山斗争的艰苦岁月,连续五次反"围剿"的军事斗争,时间紧,任务艰巨,为了保存有生力量和

---

① 李斌:《党面临的"赶考"远未结束——习近平总书记再访西柏坡侧记》,《人民日报》2013年7月14日第01版。
② 《毛泽东选集》第1卷,人民出版社1991年版,第184页。

一定的依托地域，短期内需要获得大量的人力物力财力作后盾。这样的政治动员考验初创时期的中国共产党。没有组织的计划推进，寸步难行。"唯闽西赣南一区内之由发动群众到公开割据，这一计划里决须确立，无论如何，不能放弃，因为这是前进的基础。"① 这样的政治动员又常常以强制性面目出现。没有相应政治规范要求，缺乏现代政治制度约束的政治动员，却极大地把中国共产党的组织资源优势发挥出来，为中国共产党历练出大批优秀干部。同时，"通过落后的经济支持战争，开展频繁的战争保护资源，使其形成一个循环，并竭尽全力保持其良性运行"②，就此成为中国共产党发挥强大组织力量获取资源、开发资源、利用资源的成功经验。

二 树立前行价值目标

中央苏区政治动员发生于 20 世纪二三十年代的赣闽粤交界的山区。偏远的山区，远离中心城市和国民党的中心地带，一方面给中国共产党革命带来有利的发展空间，赢得生存之地；另一方面这样的空间地带也给中国共产党的政治动员带来非常不利的条件。如物资相对匮乏、语言交流困难、文化教育落后等。地方方言是横亘在政治动员前面的一个重大障碍。在广大的苏区腹地，隔村不同语的现象随处可见。在山区生活的广大群众文化教育水平极低，底层群众几乎都是文盲。言语交流困难和文化教育落后的双重矛盾，制约着中国共产党革命的政治与文化价值。"政治思想……需要言说和表达。"③ 中国共产党通过政治动员，开展识字运动，创编各种课（教）本，创办各类学校，普及基本文化教育知识，吸纳底层群众的革命参与。流动的课（教）本以无声的语言，一直在表达，一直在言说，为中共政治动员提供强大又通俗的物质载体，既克服地方方言对政治动员带来的不利影响，又为苏区广大群众从精神上消灭

---

① 毛泽东：《以红四军前委名义致福建省委并转中央的报告》，1929 年 3 月 20 日。资料来源：东固革命根据地博物馆。
② 吴晓荣：《中央苏区时期的经济封锁与反封锁》，《中国井冈山干部学院学报》2014 年第 2 期。
③ ［美］汉娜·阿伦特：《论革命》，陈周旺译，译林出版社 2011 年版，第 8 页。

赤贫提供智慧渠道，把苏区群众道德水平提到历史应有的高度。以课（教）本等为载体的政治动员方式，承载中共追寻自由与解放目标，凸显革命战争话语下的政治价值观。

三　协调矛盾，掌握动员艺术

中央苏区政治动员尚处于初创时期。作为共产国际的一个支部，中国共产党政治动员各种部署深受共产国际的影响。这种外来"指导与帮助"多方面扶持着处于年幼阶段的中国共产党，但同时也捆绑着需要独立行事的中国共产党。在艰难的革命探索中，政治动员与经济、军事、文化、外交等其他工作产生很大的矛盾，但中共在革命实践中逐步学会了驾驭矛盾、协调矛盾。这在中央苏区处理政治动员与军事、经济和文化教育方面尤为明显。如在经费援助方面逐步摆脱对苏联的深度依赖，"苏区和红军的联络线在苏联军事工作人员小组的指导下建立起来之后，苏区与中央之间的联络开始变得畅通起来，结果中共中央很快就从红军那里得到了几十万银元"[①]。在苏区艰苦的条件下做到经济上自立，这是中国共产党足以自豪的地方，这为中共自觉地探索政治独立提供了重要物质前提。随之而来的抗日战争和解放战争，进一步证明了两种力量相互依赖的彼此共存。对政治动员中外来"指导"与自身探索的矛盾协调，推动着中国共产党不仅逐步掌握了军事艺术，而且逐步掌握了领导人民政权的艺术。

四　广泛吸纳，调动参与热情

利益驱动和精神激励相结合的自上而下与自下而上相结合的政治动员方式，充分调动了群众的革命参与热情。"无论在何处，思想要征服世界，思想就需要真实利益的杠杆作用，尽管最终思想将或多或少地对原来的利益目标作适当减少。"[②] 中国共产党利用思想和利益两种武器，撬

---

① 杨奎松：《读史求实：中国现代史读史札记》，浙江大学出版社2011年版，第102页。
② ［美］罗德里克·马丁：《权力社会学》，陈金岚、陶远华译，河北人民出版社1992年版，第256页。

动着苏区群众的思想与行为,并使之在统治和服从的关系中相互作用。

从总体上看,中央苏区政治动员是一种自上而下与自下而上相结合的政治动员方式,通过宣传鼓动,发动群众起来革命。广大苏区群众的积极性被调动起来。当然,被动员起来的群众,仍缺乏主动的投入和热情。这种处于被动型参与政治动员的群众,在遇到更大规模的、持久性战争时,内心产生出抵制性心理也就成为历史的必然。这种抵制,在一定程度上也成为影响第五次反"围剿"失败,苏维埃运动在中央苏区逐步消退的客观原因。"事实上,当大多数农民第一次接触到共产党有关阶级斗争的词汇时,他们一定感到陌生和奇怪。"① 在中国共产党政治动员下,农民参与革命的心理和认识有一个积极变化的过程。老红军彭富九谈到自己这种思想认识的变化,说道:"当年大家都凭着朴素的感情,对美好未来的憧憬,对党的信任而努力工作,像'武装保卫苏联'、'肃清AB团'、'清洗改组派'等这类口号的来龙去脉,多数人是搞不清楚的"②。若干年后的历史回顾是对自己参与革命最真实的解读,也是自身提升思想认识高度的反思。思想家 C. 赖特·米尔斯认为,在阶级行动发生之前,个人必须具备以下条件:"对自己阶级利益的一个理性的认识和确定;认为其他阶级的利益非法并加以排斥;以及为实现个人利益,认识到并准备运用集体的政治手段来达到集体的政治目的"③。当苏区广大群众已经能够从思想观念上认识到自己或阶级的利益之时,他们就因利益和信念而紧紧地团结在苏维埃旗帜之下。

五 凝聚力量,形成共识

中央苏区政治动员,在有限的地域范围内争取了各种力量和势力,逐步壮大了自身生存的力量。作为一种策略,政治动员有效利用矛盾,

---

① [美]罗德里克·麦克法夸尔、费正清主编:《剑桥中华人民共和国史(1966—1982)》(下),上海人民出版社1992年版,第707页。
② 彭富九:《回忆苏区儿童团》,引自李树泉主编《中国共产党口述史料丛书》第4卷,中共党史出版社2013年版,第70页。
③ 转引自[美]曼瑟尔·奥尔森《集体行动的逻辑》,陈郁、郭宇锋、李崇新译,格致出版社、上海三联书店、上海人民出版社2011年版,第127页。

化解矛盾，团结了一切可以团结的力量。有限地域范围内的政治动员策略，为统一战线理论的形成提供直接现实经验。正如1939年毛泽东总结中国革命的胜利经验时指出："统一战线问题，武装斗争问题，党的建设问题，是我们党在中国革命中的三个基本问题。正确地理解了这三个问题及其相互关系，就等于正确地领导了全部中国革命。"① 统一战线成为中共克敌制胜三大法宝之首，为化解敌我力量悬殊的不利局面提供了理论和实践的智慧。中央苏区政治动员为统一战线理论提供了重要的实践策略经验。

中央苏区政治动员的历史经验与历史教训，作为一笔宝贵精神财富仍然值得借鉴。历史和事实多次证明，"动员型政治"② 在中国革命、建设和改革年代始终推动着社会的进步和发展。今天，在依法治国理念与实践中，规范政治条件下的国家治理需要政治动员在方法和机制上进一步创新，以显示中国共产党强大的政治优势和政治传统。当中国共产党提出实现中华民族伟大复兴之路的中国梦时，显然这个伟大目标的实现，需要动员各方力量，凝聚最大共识，发挥出政治动员在新的历史条件下的重大作用。

---

① 《毛泽东选集》第2卷，人民出版社1991年版，第605—606页。
② 徐勇：《现代化进程的节点与政治转型》，《探索与争鸣》2013年第3期。

参考文献

一 档案文献

[1] 中共中央文献研究室、中央档案馆编：《建党以来重要文献选编（1921—1949）》4—14册，中央文献出版社2011年版。

[2] 中央档案馆、江西省档案馆编：《江西革命历史文件汇集》（1929—1934），内部刊物1987—1992年版。

[3] 中央档案馆编：《中共中央文件选集》第3册，中共中央党校出版社1989年版。

[4] 中共中央党史研究室第一研究部：《共产国际、联共（布）与中国革命档案资料丛书》7—12册，中央文献出版社2002年版。

[5] 中共中央党史研究室第一研究部：《共产国际、联共（布）与中国革命档案资料丛书》13—17册，中共党史出版社2007年版。

[6]《红色中华》，人民出版社1982年影印本。

[7]《中国共产党早期刊物汇编》第7、8册，全国图书馆文献缩微复制中心2005年影印本。

[8] 江西省档案馆等编：《中央革命根据地史料选编》上、中、下册，江西人民出版社1982年版。

[9] 中共江西省委党史研究室等编：《中央革命根据地历史资料文库·党的系统》1—5册，中央文献出版社、江西人民出版社2011年版。

[10] 中共江西省委党史研究室等编：《中央革命根据地历史资料文库·政权系统》6—8册，中央文献出版社、江西人民出版社2013

年版。

[11] 中共江西省委党史资料征集委员会、中共江西省委党史研究室编：《江西党史资料》4—11 册，内部刊印 1987、1988、1989 年版。

[12] 中央档案馆、广东省档案馆编：《广东革命历史文件汇集（中共东江特委文件）1929（2）》，内部刊物 1983 年版。

[13] 福建省档案馆、广东省档案馆编：《闽粤赣边区革命历史档案汇编》第 1 辑，档案出版社 1987 年版。

[14] 江西省档案馆编：《井冈山斗争史料选编》，中央文献出版社 2010 年版。

[15] 井冈山革命博物馆等编：《井冈山革命根据地》，中共党史资料出版社 1987 年版。

[16] 江西省档案馆编：《井冈山革命根据地史料选编》，江西人民出版社 1986 年版。

[17] 湖南省、湖北省、江西省档案馆等编：《湘鄂赣革命根据地文献资料》第 1 辑，人民出版社 1985 年版。

[18] 中共福建省委党史研究室等编：《闽浙皖赣革命根据地》，中共党史出版社 1991 年版。

[19] 江西省档案馆编：《闽浙赣革命根据地史料选编》，江西人民出版社 1987 年版。

[20] 中共海丰、陆丰县委党史研究室等编：《海陆丰革命根据地》，中共党史出版社 1991 年版。

[21] 古田会议纪念馆编：《闽西革命史文献资料（1933 年 1 月—1934 年 12 月）》第 8 辑，内部刊物 2006 年版。

[22] 中共龙岩地委党史资料征集研究委员会编：《闽西革命根据地史》，华夏出版社 1987 年版。

[23] 龙岩地区文化局等编：《闽西革命史论文资料》，内部刊物 1981 年版。

[24] 中共中央宣传部办公厅、中央档案馆编研部编：《中国共产党宣传工作文献选编：1915—1992》，学习出版社 1996 年版。

[25] 赣州市文化局编：《红色印记：赣南苏区标语漫画选》，文物出版社

2006年版。
[26] 江西省文化厅革命史料征集工作委员会、福建省文化厅革命史料征集工作委员会编：《中央苏区革命文化史料汇编》，江西人民出版社1994年版。
[27] 江西省教育学会编：《苏区教育资料选编：1929—1934》，江西人民出版社内部发行1981年版。
[28] 赣南师范学院、江西省教育科学研究所编：《江西苏区教育资料汇编（1927—1937）》全八册，内部刊物1985年版。
[29] 陈元晖等编：《老解放区教育资料》（一），教育科学出版社1981年版。
[30] 皇甫束玉等编：《中国革命根据地教育纪事（1927.8—1949.9）》，教育科学出版社1989年版。
[31] 中华全国妇女联合会编：《中国妇女运动史》，春秋出版社1989年版。
[32] 江西省妇女联合会、江西省档案馆编：《江西苏区妇女运动史料选编》，江西人民出版社1982年版。
[33] 《江西省人民政府办公厅转发国务院办公厅关于印发支持赣南等原中央苏区振兴发展重点工作部门分工方案的通知》，赣府厅字〔2012〕176号，2012年10月26日。
[34] 中央文献研究室：《十八大以来重要文献选编》（上），中央文献出版社2014年版。

二 文集、选集、回忆录等

[1] 《马克思恩格斯全集》第2卷，人民出版社1957年版。
[2] 《马克思恩格斯选集》1—4卷，人民出版社2012年版。
[3] 《列宁全集》第2、10、21卷，人民出版社1984年、1987年、1990年版。
[4] 《列宁选集》1—4卷，人民出版社1995年版。
[5] 《毛泽东选集》1—4卷，人民出版社1991年版。
[6] 《毛泽东文集》第1、5卷，人民出版社1993年、1996年版。

[7]《毛泽东军事文集》第1卷,军事科学出版社、中央文献出版社1993年版。

[8] 中共中央文献研究室、中国井冈山干部学院编:《毛泽东中央革命根据地斗争时期调查文集》,中央文献出版社2010年版。

[9] 朱德:《朱德军事文选》,解放军出版社1997年版。

[10] 中共中央文献研究室编:《朱德年谱(新编本)》(1886—1976)上册,中央文献出版社2006年版。

[11]《周恩来选集》上、下卷,人民出版社1980年、1984年版。

[12] 中共中央党史研究室编:《杨尚昆年谱:1907—1998》上卷,中共党史出版社2007年版。

[13] 中央党史研究室张闻天选集传记组编:《张闻天文集》第1卷,中共党史出版社1995年第1版、2012年修订版。

[14] 任弼时:《任弼时选集》,人民出版社1987年版。

[15] 瞿秋白:《瞿秋白文集·政治理论篇》第7卷,人民出版社1991年版。

[16] 王稼祥:《王稼祥选集》,人民出版社1989年版。

[17] 方志敏:《方志敏全集》,人民出版社2012年版。

[18] 阮啸仙:《阮啸仙文集》,广东人民出版社1984年版。

[19] 陈毅、肖华等:《回忆中央苏区》,江西人民出版社1981年版。

[20] 何长工:《何长工回忆录》,解放军出版社1987年版。

[21] 杨成武:《杨成武回忆录》,解放军出版社1987年版。

[22] 梁必业:《梁必业将军自述》,辽宁人民出版社1997年版。

[23] 曾志:《一个革命幸存者——曾志回忆录》,广东人民出版社1999年版。

[24] 彭德怀:《彭德怀自述》,人民出版社1981年版。

[25] 陈丕显:《赣南三年游击战争》,人民出版社1982年版。

[26] 萧克:《萧克回忆录》,解放军出版社1997年版。

[27] 邓子恢:《邓子恢自述》,人民出版社2007年版。

[28] 杨尚奎:《艰苦的岁月——杨尚奎革命回忆录》,江西人民出版社1987年版。

［29］《谭震林传》编纂委员会：《谭震林传》，浙江人民出版社1992年版。
［30］耿飚：《耿飚回忆录》，解放军出版社1991年版。
［31］中共中央文献研究室编：《回忆任弼时》，中央文献出版社2014年版。
［32］中共江西省委党史资料征集委员会编：《中国共产党江西历史大事记》，新华出版社1999年版。
［33］王行娟：《贺子珍的路》，作家出版社内部发行1985年版。
［34］舒云：《林彪画传》，香港：明镜出版社2009年版。
［35］李树泉主编：《中国共产党口述史料丛书》第4卷，中共党史出版社2013年版。
［36］谭政等：《星火燎原》第2册，解放军出版社1997年版。
［37］习近平：《习近平谈治国理政》，外文出版社2014年版。

三 专著

［1］余伯流、何友良：《中国苏区史》上、下册，江西人民出版社2011年版。
［2］余伯流、凌步机：《中央苏区史》，江西人民出版社2001年版。
［3］余伯流：《中央苏区经济史》，江西人民出版社1995年版。
［4］何友良：《苏区制度、社会和民众研究》，社会科学文献出版社2012年版。
［5］何友良：《中国苏维埃区域社会变动史》，当代中国出版社1996年版。
［6］黄道炫：《张力与限界：中央苏区的革命（1933—1934）》，社会科学文献出版社2011年版。
［7］凌步机、田延光：《中央苏区军事史》，中国社会科学出版社2009年版。
［8］舒龙、谢一彪：《中央苏区贸易史》，中国社会科学出版社2009年版。
［9］刘勉玉：《中央苏区三年游击战争史》，江西人民出版社1993年版。

[10] 陈德军：《乡村社会中的革命——以赣东北根据地为研究中心（1924—1934）》，上海大学出版社2004年版。

[11] 黄琨：《从暴动到乡村割据：1927—1929——中国共产党革命根据地是怎样建立起来的》，上海社会科学院出版社2006年版。

[12] 杨会清：《中国苏维埃运动中的动员模式研究（1927—1937）》，江西人民出版社2008年版。

[13] 张宏卿：《农民性格与中共的乡村动员模式：以中央苏区为中心的考察》，中国社会科学出版社2012年版。

[14] 王旭宽：《政治动员与政治参与——以井冈山斗争时期为例》，中央编译出版社2012年版。

[15] 钟日兴：《红旗下的乡村：中央苏区政权建设与乡村社会动员》，中国社会科学出版社2009年版。

[16] 何朝银：《革命与血缘、地缘：由纠葛到消解：以江西石城为个案》，中国社会科学出版社2009年版。

[17] 苏多寿、刘勉玉主编：《曾山传》，江西人民出版社1999年版。

[18] 刘健安：《湘赣苏维埃主席谭余保——几乎误杀陈毅的人》，警官教育出版社1994年版。

[19] 戴向青、罗惠兰：《AB团与富田事变始末》，河南人民出版社1994年版。

[20] 张洋主编：《红军漫画——〈红星〉报、〈红色中华〉报漫画选》，解放军出版社2009年版。

[21] 梅黎明主编：《伟大的预演：中华苏维埃共和国历史》，中国发展出版社2014年版。

[22] 张启安编著：《共和国的摇篮——中华苏维埃共和国》，陕西人民出版社2003年版。

[23] 张孝芳：《革命与动员：建构"共意"的视角》，社会科学文献出版社2011年版。

[24] 徐彬：《前进中的动力——中国共产党政治动员研究（1921—1966）》，新华出版社2007年版。

[25] 徐彬：《抗日战争时期中国共产党政治动员研究》，中国社会科学出

版社 2013 年版。

［26］王奇生：《革命与反革命：社会文化视野下的民国政治》，社会科学文献出版社 2010 年版。

［27］王奇生主编：《新史学（第 7 卷）：20 世纪中国革命的再阐释》，中华书局 2013 年版。

［28］杨奎松：《读史求实：中国现代史读史札记》，浙江大学出版社 2011 年版。

［29］赵鼎新：《社会与政治运动讲义》，社会科学文献出版社 2012 年版。

［30］俞可平：《政治与政治学》，社会科学文献出版社 2005 年版。

［31］段鹏：《政治传播：历史、发展与外延》，中国传媒大学出版社 2011 年版。

［32］梁丽萍：《政治社会学》，中央编译出版社 2009 年版。

［33］关海庭主编：《中国近现代政治发展史》，北京大学出版社 2005 年版。

［34］牛大勇、臧运祜主编：《中外学者纵论 20 世纪的中国——新观点与新材料》，江西人民出版社 2003 年版。

［35］孙江主编：《事件·记忆·叙述》，浙江人民出版社 2004 年版。

［36］王宏维主编：《女性学导论》，广东人民出版社 2012 年版。

［37］张念：《性别政治与国家：论中国妇女解放》，商务印书馆 2014 年版。

［38］李国强：《中央苏区教育史》，江西教育出版社 2001 年版。

［39］陈桂生：《徐特立研究：从人师到人民教育家》，华东师范大学出版社 2012 年版。

［40］台湾地区比较教育学会：《各国教科书比较研究》，台北：台湾书店 1989 年版。

［41］王健民：《中国共产党史稿：第二篇江西时期》，台北：汉京文化事业有限公司 1988 年版。

［42］黄金麟：《政体与身体：苏维埃的革命与身体（1928—1937）》，台北：联经出版事业股份有限公司 2005 年版。

［43］［美］安东尼·奥罗姆：《政治社会学导论（第 4 版）》，张华青、

何俊志、孙嘉明等译，上海人民出版社 2006 年版。

[44]［美］马莎·L. 科塔姆等：《政治心理学》，胡勇、陈刚译，中国人民大学出版社 2013 年版。

[45]［美］戴维·P. 霍顿：《政治心理学：情境、个人与案例》，尹继武、林民旺译，中央编译出版社 2013 年版。

[46]［美］埃德加·斯诺：《西行漫记》，董乐山译，解放军文艺出版社 2002 年版。

[47]［美］塞缪尔·亨廷顿：《变化社会中的政治秩序》，王冠华、刘为等译，上海人民出版社 2008 年版。

[48]［法］古斯塔夫·勒庞：《乌合之众——大众心理研究》，冯克利译，中央编译出版社 2005 年版。

[49]［法］古斯塔夫·勒庞：《革命心理学》，佟德志、刘训练译，吉林人民出版社 2011 年版。

[50]［美］J. 米格代尔：《农民、政治与革命——第三世界政治与社会变革的压力》，李玉琪、袁宁译，中央编译出版社 1996 年版。

[51]［美］詹姆斯·R. 汤森、布兰特利·沃马克：《中国政治》，顾速、董方译，江苏人民出版社 2010 年版。

[52]［美］汉娜·阿伦特：《论革命》，陈周旺译，译林出版社 2011 年版。

[53]［法］莫娜·奥祖夫：《革命节日》，刘北成译，商务印书馆 2012 年版。

[54]［德］奥托·布劳恩：《中国纪事（1932—1939）》，李逵六等译，现代史料编刊社 1980 年版。

[55]［美］韩丁：《翻身——中国一个村庄的革命纪实》，韩倞等译，北京出版社 1980 年版。

[56]［美］艾格妮丝·史沫特莱：《伟大的道路——朱德的生平和时代》，梅念译，东方出版社 2005 年版。

[57]［美］丹尼斯·朗：《权力论》，陆震纶、郑明哲译，中国社会科学出版社 2001 年版。

[58]［美］罗德里克·马丁：《权力社会学》，陈金岚、陶远华译，河北

人民出版社1992年版。

[59]［美］戴维·E.阿普特：《现代化的政治》，陈尧译，上海人民出版社2011年版。

[60]［澳］亨利·理查森等：《女人的声音》，郭洪涛译，广西师范大学出版社2003年版。

[61]［英］玛丽·沃斯通克拉夫特：《女权辩护——关于政治和道德问题的批评》，王瑛译，中央编译出版社2006年版。

[62]［美］曼瑟尔·奥尔森：《集体行动的逻辑》，陈郁、郭宇锋、李崇新译，格致出版社、上海三联书店、上海人民出版社2011年版。

[63]［法］爱弥儿·涂尔干：《宗教生活的基本形式》，渠东、汲喆译，上海人民出版社1999年版。

[64]［古希腊］亚里士多德：《政治学》，吴寿彭译，商务印书馆1996年版。

[65]［英］维尔：《美国政治》，王合、陈国清、杨铁钧译，商务印书馆1981年版。

[66]［美］费正清等编：《剑桥中华人民共和国史（1966—1982）》下册，上海人民出版社1992年版。

四 期刊报纸

[1]"中国苏区史"学科组：《"中国苏区史"重点学科的创设与学科建设——江西省社会科学院重点学科"中国苏区史"述略》，《江西社会科学》2005年第5期。

[2]王才友：《50年来的江西苏区史研究》，《近代史研究》2010年第6期。

[3]杨小明：《中国共产党政治动员问题研究述评》，《云南行政学院学报》2014年第2期。

[4]关海庭：《中国共产党的政治动员述论》，《中共党史资料》2009年第2期。

[5]黄道炫：《一九二〇——一九四〇年代中国东南地区的土地占有——兼谈地主、农民与土地革命》，《历史研究》2005年第1期。

［6］黄道炫：《逃跑与回流：苏区群众对中共施政方针的回应》，《社会科学研究》2005年第6期。

［7］黄道炫：《革命的张力与历史的弹性：苏区史研究的再解读》，《赣南师范学院学报》2012年第2期。

［8］杨念群等：《理论与方法：历史学与社会科学的关系及其他》，《历史研究》2004年第4期。

［9］刘一皋：《社会动员形式的历史反观》，《战略与管理》1999年第4期。

［10］李斌：《政治动员及其历史嬗变：权力技术的视角》，《南京社会科学》2009年第11期。

［11］李德成、郭常顺：《近十年社会动员问题研究综述》，《华东理工大学学报》（社会科学版）2011年第6期。

［12］关海庭：《中国共产党的政治动员述论》，《中共党史资料》2009年第2期。

［13］余伯流：《共产国际与中国苏维埃运动的"移植"及演进》，《江西社会科学》2010年第7期。

［14］余伯流：《中国共产党苏区局部执政的历史经验与启示》，《江西社会科学》2011年第6期。

［15］万振凡：《〈红色中华〉与苏区社会》，《江西师范大学学报》（哲学社会科学版）2012年第6期。

［16］何友良：《革命源起：农村革命中的早期领导群体》，《江西社会科学》2007年第3期。

［17］何友良：《农村革命展开中的地方领导群体》，《近代史研究》2009年第2期。

［18］李金铮：《农民何以支持与参加中共革命？》，《近代史研究》2012年第4期。

［19］吴重庆：《革命的底层动员》，《读书》2001年第1期。

［20］吴重庆：《中国革命中的阶级分析、底层收益与社会再造——基于对毛泽东在中央苏区的农村调查报告的分析》，《现代哲学》2013年第6期。

［21］温锐：《苏维埃时期中共工商业政策的再探讨——兼论敌人、朋友、同盟者的转换与劳动者、公民、主人的定位》，《中共党史研究》2005年第4期。

［22］杨青：《土地革命战争时期党的私营工商业政策与革命根据地的私营工商业》，《中共党史研究》2005年第5期。

［23］田永秀：《从"没收资本"到"利用资本"——土地革命时期中共资本政策析论》，《西南交通大学学报》（社会科学版）2013年第2期。

［24］杨丽琼：《财富与剥削在苏维埃革命划分阶级中的演变及启示——以中央苏区为例》，《中共党史研究》2011年第11期。

［25］吴晓荣：《中央苏区时期的经济封锁与反封锁》，《中国井冈山干部学院学报》2014年第2期。

［26］王宏维：《论他者与他者的哲学——兼评女性主义对主体与主体性哲学的批判》，《江西社会科学》2004年第4期。

［27］宋少鹏：《苏区妇女运动中的性别与阶级》，《妇女研究论丛》2012年第1期。

［28］汤水清：《乡村妇女在苏维埃革命中的差异性选择——以中央苏区为中心的考察》，《中共党史研究》2012年第11期。

［29］刘笑言：《中央苏区农民政治动员中的性别与权力》，《当代世界社会主义问题研究》2014年第2期。

［30］何斌、游海华：《苏区农民动员的机制与策略分析——以"九打吉安"为例》，《农业考古》2011年第1期。

［31］游海华、张兆金：《关于创新苏区史研究的几点看法》，《江西师范大学学报》（哲学社会科学版）2013年第4期。

［32］曾耀荣：《废除债务运动：中共乡村政治动员的重要发动器——以中央苏区为例》，《农业考古》2012年第3期。

［33］石仲泉：《中央苏区与苏区精神》，《中共党史研究》2006年第1期。

［34］庞振宇：《中央苏区县究竟有多少？》，《沧桑》2013年第3期。

［35］庞振宇：《群众工作的"仪式"：苏区群众大会研究》，《江西师范

大学学报》(哲学社会科学版) 2014 年第 3 期。
[36] 张兴亮:《早期马克思主义中国化语境中的"苏维埃":话语演变及其反思》,《毛泽东思想研究》2011 年第 2 期。
[37] 凌步机:《共产国际与中央苏区五次反"围剿"》,《中国井冈山干部学院学报》2014 年第 1 期。
[38] 王连花:《中央革命根据地的动员组织系统》,《重庆社会科学》2014 年第 5 期。
[39] 王连花:《中央苏区时期的革命动员及政府补偿》,《中国井冈山干部学院学报》2014 年第 3 期。
[40] 路阳:《政治动员、群众运动与中国国家建构——毛泽东时代中共政治动员述析》,《中共杭州市委党校学报》2013 年第 2 期。
[41] 李斌:《政治动员与社会革命背景下的现代国家构建——基于中国经验的研究》,《浙江社会科学》2010 年第 4 期。
[42] 陈金龙:《毛泽东与纪念活动的政治功能表达》,《现代哲学》2009 年第 1 期。
[43] 林伟京:《强化党的组织整合与政治动员》,《理论前沿》2007 年第 13 期。
[44] 胡国胜:《政治符号:概念、特征与功能》,《深圳大学学报》(人文社会科学版) 2013 年第 2 期。
[45] 徐勇:《现代化进程的节点与政治转型》,《探索与争鸣》2013 年第 3 期。
[46] 钟昌火:《论中央苏区时期政治动员的特点》,《中共福建省委党校学报》2011 年第 6 期。
[47] 王阿寿:《〈石叟资料〉中的三篇毛泽东文稿》,《党史研究与教学》2014 年第 3 期。
[48] 张玉龙、丁群:《中央苏区政权形态的特点》,《江西师范大学学报》(哲学社会科学版) 2014 年第 5 期。
[49] 杨会清:《试析中华苏维埃共和国的政治教育运动》,《求实》2007 年第 8 期。
[50] 石鸥、吴驰:《中国革命根据地教科书的政治宣传效应》,《教育学

报》2011年第3期。

[51] 石鸥、刘学利：《教科书文本内容的构成》，《教育学术月刊》2013年第5期。

[52] 吴小鸥、葛越：《从星星之火到燎原之势——革命根据地教科书发展概览》，《湘南学院学报》2010年第6期。

[53] 夏为民、谢启恩、曾泳峰：《毛泽东亲改课本》，《上海教育》2006年第Z1期。

[54] 曾维才：《工农兵三字经》，《老友》2012年第3期。

[55] 王美芝：《"红校训育部翻印"的〈宣传教育与干部问题〉考证》，《党的文献》2016年第2期。

[56] 杨奎松：《也谈"去政治化"问题——对汪晖的新"历史观"的质疑》，《东方早报》2014年1月19日第004版。

[57] 《党面临的"赶考"远未结束——习近平总书记再访西柏坡侧记》，《人民日报》2013年7月14日第01版。

[58] 胡锦涛：《在纪念中央革命根据地暨中华苏维埃共和国临时中央政府成立七十周年座谈会上的重要讲话》，《新华每日电讯》2001年10月25日第004版。

[59] 习近平：《在纪念中央革命根据地创建暨中华苏维埃共和国成立80周年座谈会上的讲话》，《人民日报》2011年11月5日第03版。

[60] 《赣闽粤原中央苏区振兴发展规划》，《赣南日报》2014年3月29日第001版。

[61] ［美］裴宜理：《重访中国革命：以情感的模式》，李寇南、何翔译，《观察与交流》2010年第60期。

[62] Karl Deutsch, "Social Mobilization and Political Development", *The American Political Science Review*, September 1961, Vol. 55, pp. 493–514.

[63] Yu Liu, "Maoist Discourse and the Mobilization of Emotions in Revolutionary China", *Modern China*, May 2010, Vol. 363, pp. 329–362.

[64] Ole Bruun, "Social Movements, Competing Rationalities and Trigger Events: The Complexity of Chinese Popular Mobilizations", *Anthropo-*

logical Theory, September 2013, Vol. 133, pp. 240 – 266.

五 学位论文

[1] 李根寿：《中央苏区时期马克思主义中国化研究》，博士学位论文，南昌大学，2011年。

[2] 叶福林：《东固革命根据地专题研究》，博士学位论文，华东师范大学，2010年。

[3] 付义朝：《〈红色中华〉研究（1931—1934）》，博士学位论文，华中师范大学，2011年。

[4] 王才友：《"赤"、"白"之间：赣西地区的中共革命、"围剿"与地方因应》，博士学位论文，复旦大学，2011年。

[5] 胡军华：《异军与正道——以中央苏区妇女解放运动为考察》，博士学位论文，华东师范大学，2014年。

[6] 陈洁：《苏区小学教材研究》，硕士学位论文，江西师范大学，2011年。

六 采访资料

受访人：王佐之孙王生茂（65岁，井冈山革命博物馆工作，现已退休）；地点：江西省井冈山红盛宾馆；时间：2013年12月23日上午。

附　　录

逃跑的两面性
(《红星》报第21期第1版)

图一

资料来源：张洋主编：《红军漫画——〈红星〉报、〈红色中华〉报漫画选》，解放军出版社2009年版，第6页。

爱护你的武器犹如爱护你的眼珠一样
(《红星》报第26期第3版)

图二

资料来源：张洋主编：《红军漫画——〈红星〉报、〈红色中华〉报漫画选》，解放军出版社2009年版，第10页。

附　录　317

同志！警觉些！也要看看后面的敌人呵！！！
（《红星》报第29期第1版）

图三

资料来源：张洋主编：《红军漫画——〈红星〉报、〈红色中华〉报漫画选》，解放军出版社2009年版，第11页。

光荣的"拿么温"(第一)正等着节省战线的英雄!
(《红星》报第38期第6版)

图四

资料来源:张洋主编:《红军漫画——〈红星〉报、〈红色中华〉报漫画选》,解放军出版社2009年版,第15页。

收集子弹壳
(《红星》报第40期第4版)

图五

资料来源:张洋主编:《红军漫画——〈红星〉报、〈红色中华〉报漫画选》,解放军出版社2009年版,第17页。

江西工农革命军第三师第七纵队第一周学术计划对照表

	一	二	三	四	五	六	七	附记
江西工农革命军第三师第七纵队第一周学术计划对照表	1 跑步　2 步法　3 枪法	1 站射姿势　2 跑射姿势	1 跑步　2 变换队形	1 步法　2 枪法	1 跑步　2 交换队形又交换方向	柔软体操	复习	民国十七年又二月二十七日指挥官梁人杰 订
	政治	政治	政治	政治	步哨特别守则	政治	政治	
	散兵射击	尖兵动作	散兵线之运动	站射姿势	配置排哨	散兵线之射击及运动	复习	

图六

资料来源：中共江西省委党史资料征集委员会、中共江西省委党史研究室编：《江西党史资料·东固革命根据地专辑》第 10 辑，内部刊印 1989 年版，第 35 页。

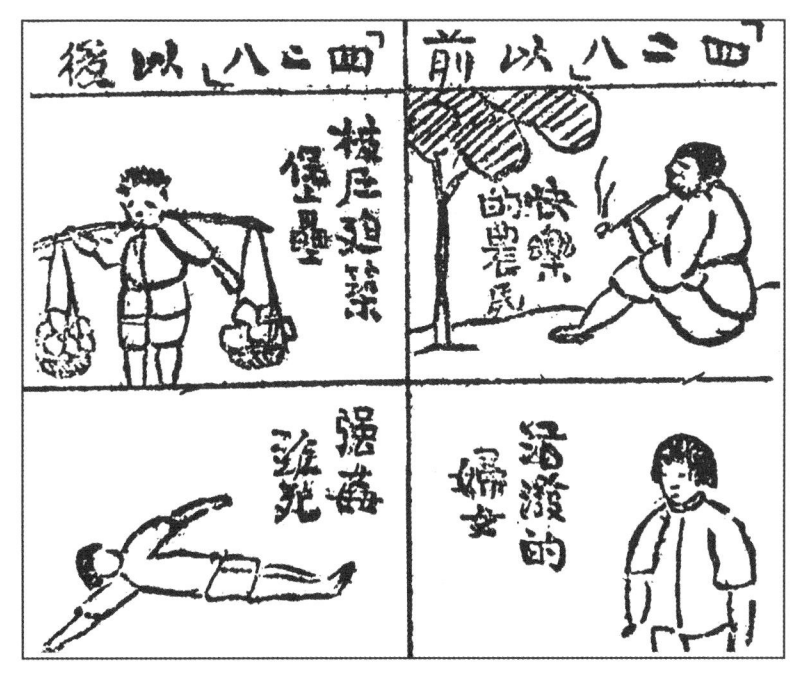

广昌的今昔（一）
（《红星》报第42期第4版）

图七

资料来源：张洋主编：《红军漫画——〈红星〉报、〈红色中华〉报漫画选》，解放军出版社2009年版，第19页。

广昌的今昔（二）
（《红星》报第42期第4版）

图八

资料来源：张洋主编：《红军漫画——〈红星〉报、〈红色中华〉报漫画选》，解放军出版社2009年版，第20页。

广昌的今昔（三）
(《红星》报第42期第4版)

图九

资料来源：张洋主编：《红军漫画——〈红星〉报、〈红色中华〉报漫画选》，解放军出版社2009年版，第21页。

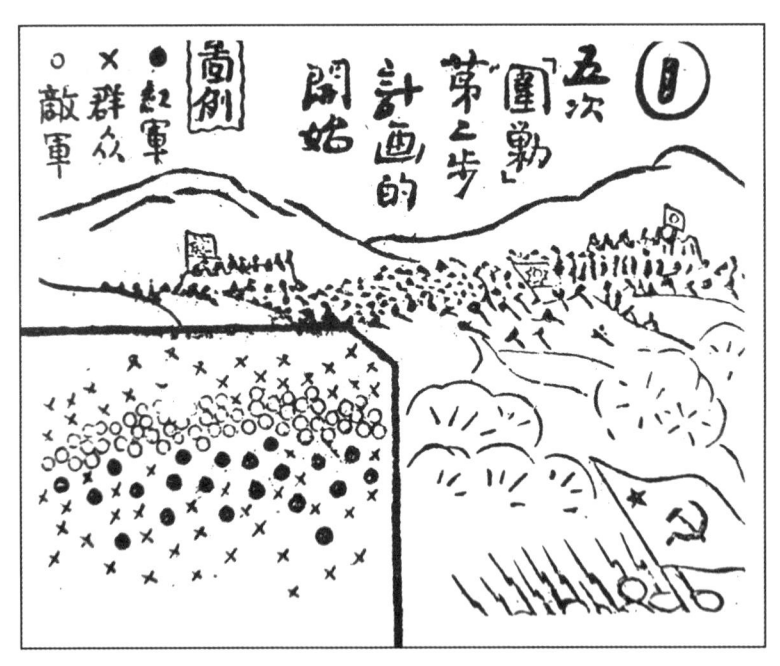

五次"围剿" 第二步计划的开始
(《红星》报第48期第6版)

图十

资料来源：张洋主编：《红军漫画——〈红星〉报、〈红色中华〉报漫画选》，解放军出版社2009年版，第23页。

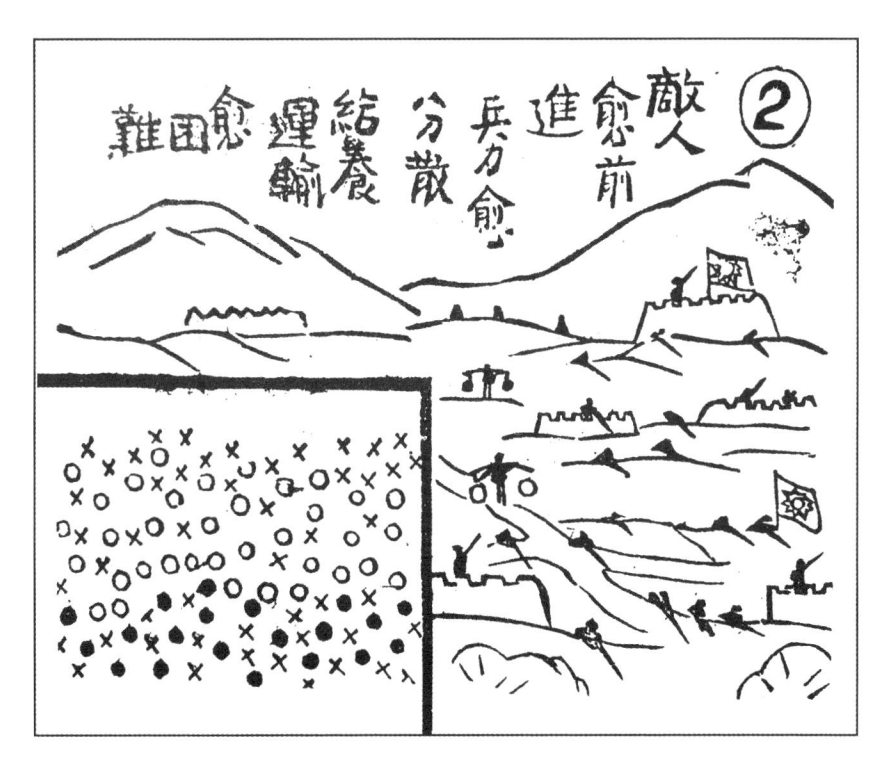

敌人愈前进，兵力愈分散，给养运输愈困难
(《红星》报第48期第6版)

图十一

资料来源：张洋主编：《红军漫画——〈红星〉报、〈红色中华〉报漫画选》，解放军出版社2009年版，第24页。

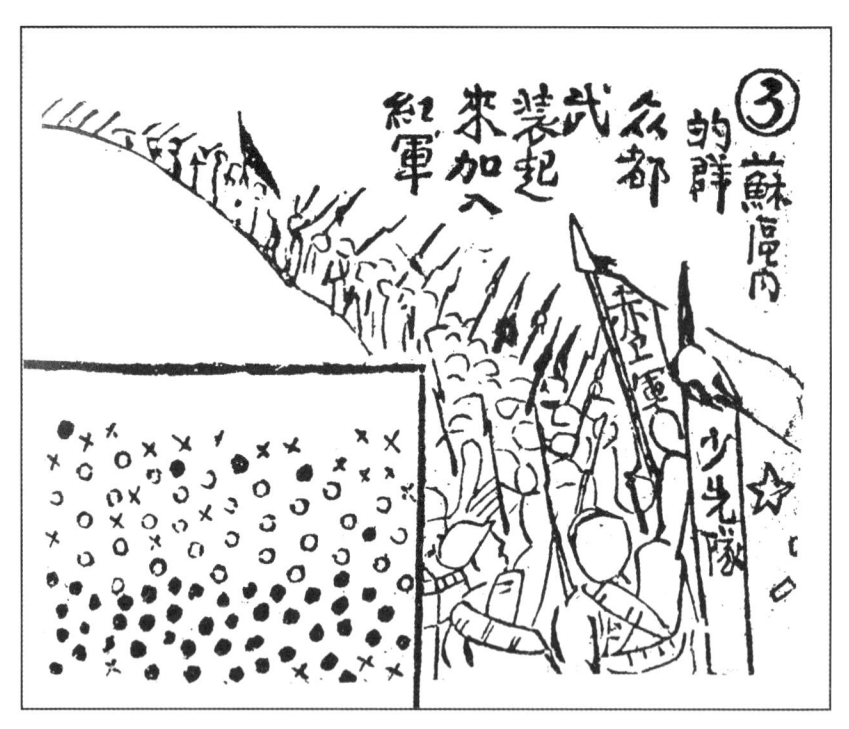

苏区内的群众都武装起来加入红军
(《红星》报第48期第6版)

图十二

资料来源：张洋主编：《红军漫画——〈红星〉报、〈红色中华〉报漫画选》，解放军出版社2009年版，第25页。

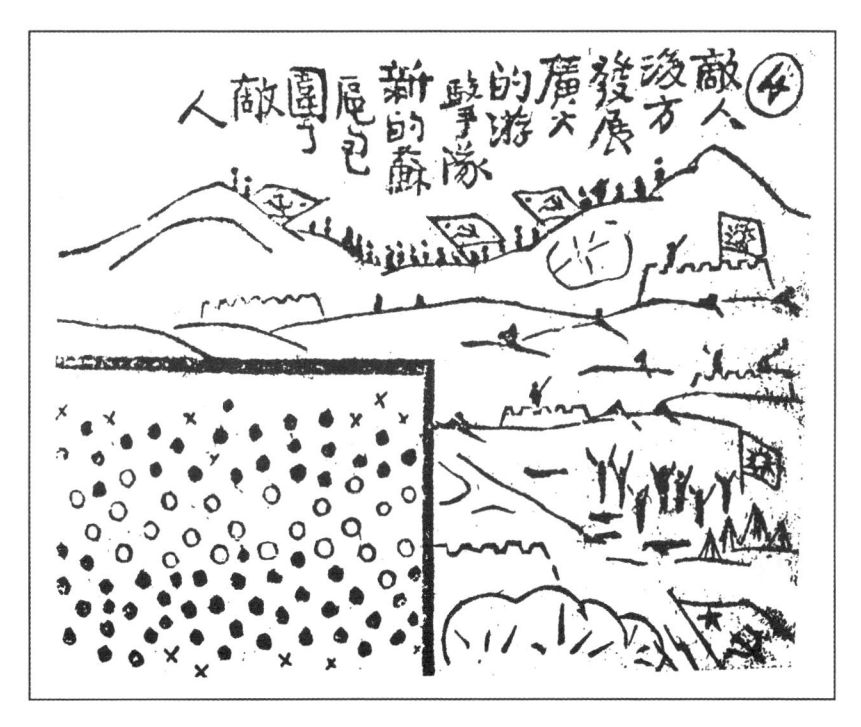

敌人后方发展广大的游击队，新的苏区包围了敌人
(《红星》报第48期第6版)

图十三

资料来源：张洋主编：《红军漫画——〈红星〉报、〈红色中华〉报漫画选》，解放军出版社2009年版，第26页。

苏维埃政权系统简明图表

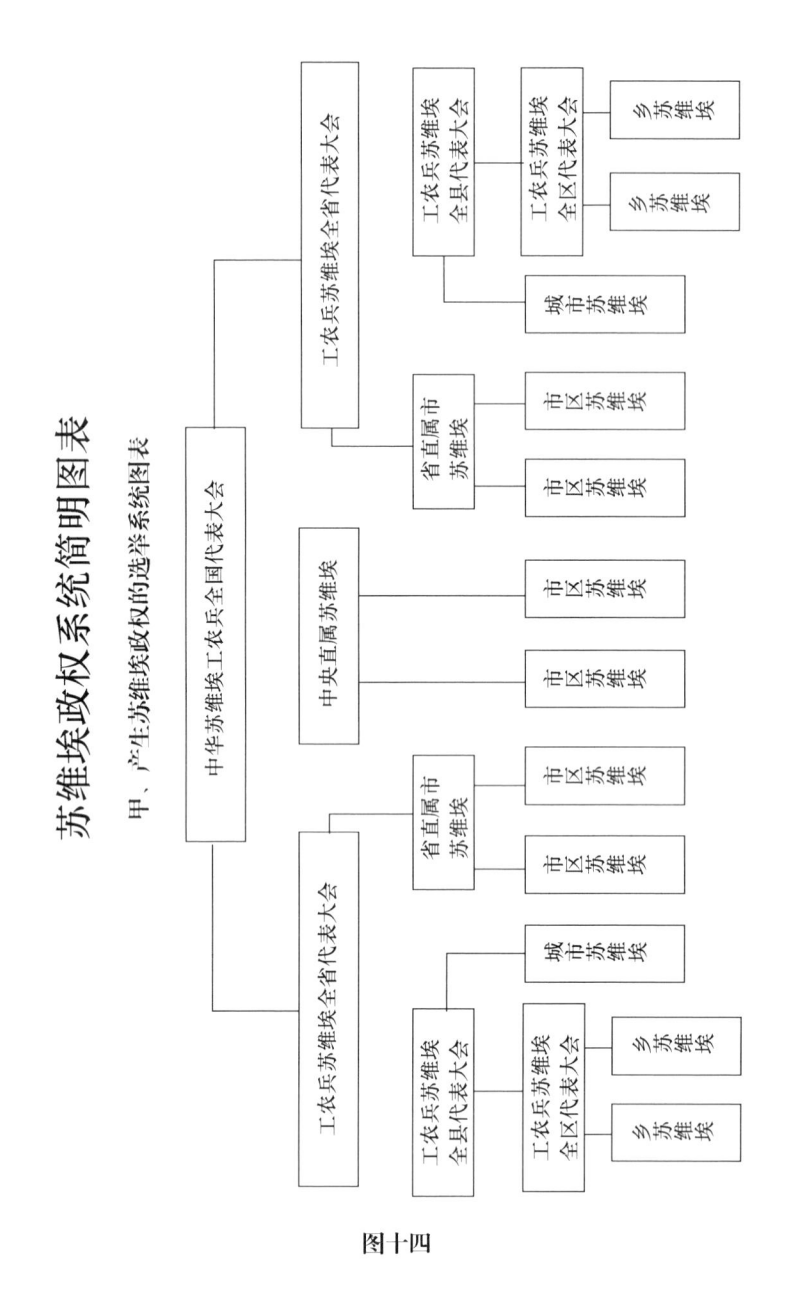

甲、产生苏维埃政权的选举系统图表

图十四

资料来源：江西省档案馆等编：《中央革命根据地史料选编》下册，江西人民出版社1982年版，第197页。

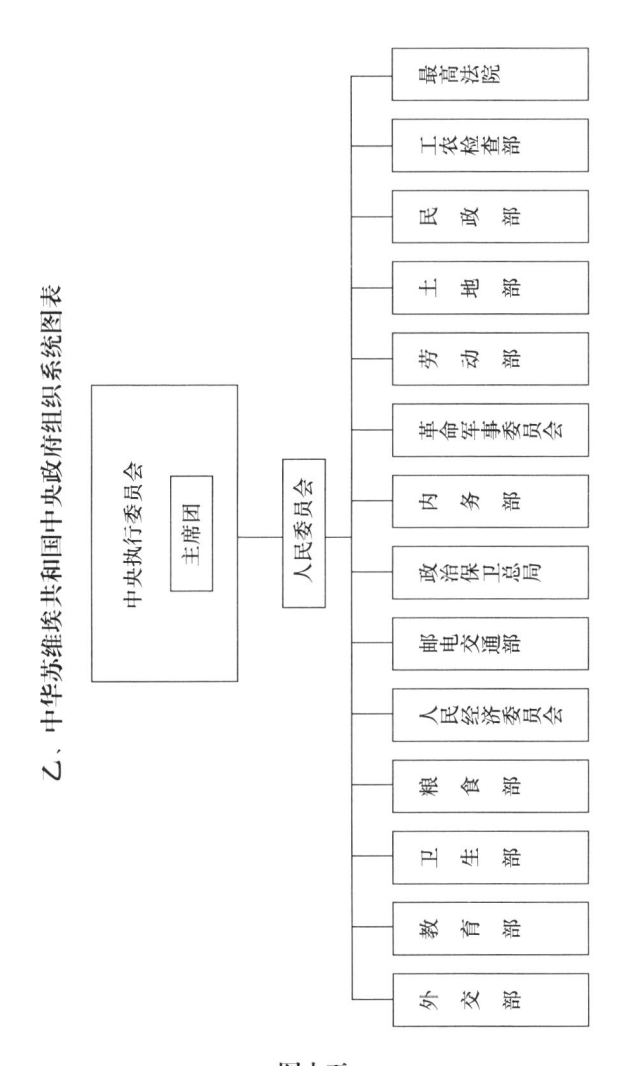

乙、中华苏维埃共和国中央政府组织系统图表

中央执行委员会 — 主席团 — 人民委员会
- 最高法院
- 工农检查部
- 民政部
- 土地部
- 劳动部
- 革命军事委员会
- 内务部
- 政治保卫总局
- 邮电交通部
- 人民经济委员会
- 粮食部
- 卫生部
- 教育部
- 外交部

图十五

资料来源：江西省档案馆等编：《中央革命根据地史料选编》下册，江西人民出版社1982年版，第198页。

丙、省执行委员会的组织系统图表

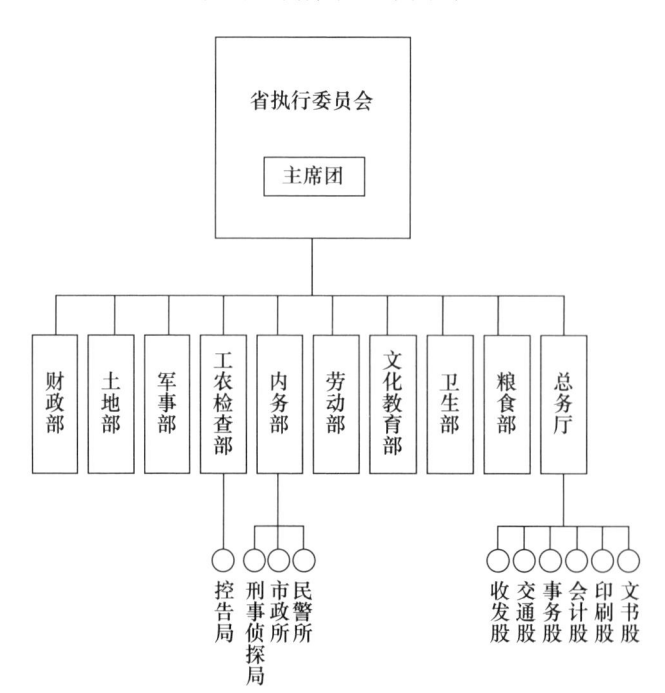

```
                    省执行委员会
                      主席团
    ┌────┬────┬────┬────┼────┬────┬────┬────┬────┐
   财政  土地  军事  工农  内务  劳动  文化  卫生  粮食  总务
    部    部    部   检查   部    部   教育   部    部    厅
                     部                部
                      │    │ │                ┌──┬──┬──┬──┬──┐
                      ○    ○ ○ ○              ○  ○  ○  ○  ○  ○
                     控   刑 市 民             收  交 事 会 印 文
                     告   事 政 警             发  通 务 计 刷 书
                     局   侦 所 所             股  股 股 股 股 股
                          探
                          局
```

图十六

资料来源：江西省档案馆等编：《中央革命根据地史料选编》下册，江西人民出版社1982年版，第199页。

丁、城市苏维埃组织系统表

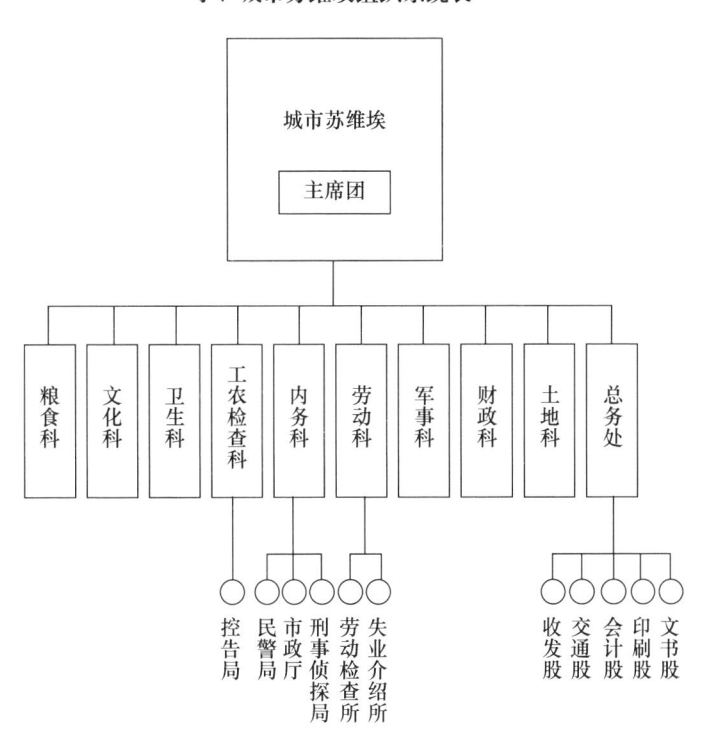

```
                城市苏维埃
                  主席团
    ┌──┬──┬──┬──┬──┬──┬──┬──┬──┐
  粮 文 卫 工 内 劳 军 财 土 总
  食 化 生 农 务 动 事 政 地 务
  科 科 科 检 科 科 科 科 科 处
          查
          科
          │  │  │        │
          ○  ○○○○      ○○○○○
          控 民市刑失    收交会印文
          告 警政事业    发通计刷书
          局 局厅侦介    股股股股股
                探绍
                局所
                劳
                动
                检
                查
                所
```

图十七

资料来源：江西省档案馆等编：《中央革命根据地史料选编》下册，江西人民出版社1982年版，第200页。

后　　记

　　本书是在我的博士论文基础上修改完成的。不惑之年仍然固执于博士学业的征途，对我而言，应是人生中最为艰苦也最为难忘的事情。至今每每念及此事，仍然唏嘘不已。

　　2018年1月29日，我在微信朋友圈看到圈友原创一文《读着博士去退休》，哈哈，还有比我更好学的。马上给他留言：我，一位中年妇女，40多岁，去外地读博士，经历了啥是传说中的读博过程……我祝福他！同时，在内心也感谢着自己！

　　感谢导师王宏维教授。7年前，是导师您接纳了我，给了我再次学习的机会。谆谆教导，至今历历在目；孜孜不倦，引导我逐步走出学术的沙漠。作为一名备受景仰的学术大师，您在哲学思维方式和论文写作技巧方面给予我太多太多的帮助……无论是平时小论文修改，还是博士论文的选题、构思、撰写、修改、文字润色，您都悉心教导，使我每每茅塞顿开，收获颇多。至今，老师回复的每一封邮件和每一条短信，我都一字未删，希望珍藏着能日后伴我好好品味，作为对艰难博士求学时光的美好回忆。在华南师范大学求学的日子，每当同门或其他同学谈及如何惧怕见到导师您时，我听后总是在心里默默回应，严师才能出高徒嘛！虽然我成不了导师的高徒，但已经看到导师桃李满天下。为我的导师骄傲！衷心祝福您：学术生命之树常青！

　　感谢陈金龙教授。您在马克思主义中国化领域的开拓性学术造诣和极为平易近人的生活品格，给学生留下极为深刻的印象。尤其感谢您在资料收集、论文构思过程中给予学生的热情帮助和耐心细致的邮件回复。

至今还记得您亲自送来厚厚十几册《建党以来重要文献选编》的情景，遇到您这样的老师真是幸运！

感谢刘卓红教授、尹树广教授、魏则胜教授、霍新宾教授、刘海春教授、刘同舫教授、傅玉能教授、陈岸涛教授、郑永廷教授。在华南师范大学、中山大学求知的学术殿堂，导师们渊深的学术背景，侃侃而谈的学术对话，执着坚毅的学术追求，让我这个学术井底之蛙眼界大开。高山仰止，景行行止，虽不能至，然心向往之。

感谢本书引用、参考及借鉴研究成果的国内外专家学者。感谢我的硕士同窗张青兰和阮春玲，在我最需要帮助的时候，你们伸出无私的双手免除我在南昌、广州两地往返奔波的路途疲劳。感谢华南师范大学12级博士徐锐、何建娥、陈晓梅、黄成华、李晓陪、郭展义、单丹丹、魏银立、史孔仕、吴自涛、徐太军、张莉、王鸿英，一起陪伴走过的求学之路。美好的日子总是那样短暂，我会永远记住你们称呼我邓姐的那段日子。

由衷感谢江西师范大学马克思主义学院在本书出版上的大力支助，以及中国社会科学出版社的刘艳编辑，他们为本书的出版付出了大量的心血。感谢江西师范大学图书馆周芝萍副馆长、刘艳老师及马克思主义学院张宏卿博士、蒋贤斌博士在本书修改期间给予的热情帮助！

感谢我的家人！在上有老下有小的艰难生活中，能走出家门并顺利完成学业，没有你们的默默付出，根本无法想象。强大亲情免除我所有后顾之忧。一地鸡毛的生活在慈祥的父母和能干的姐姐手中一步一步理顺。在我撰写博士论文和修改本书期间，爱人陶风华体贴备至，忙完公务接着忙家务，原来牵手的日子就是这样平凡温暖的方式；女儿陶子帅能干又调皮，但是青春期的孩子"砰"的一声关上房门的背影有时真的让我很无奈！谨以此书献给我的家人。

华南师范大学的紫荆在记忆中总是盛开得无比灿烂。江西师范大学的紫藤正爬满校园越来越繁茂。学习工作生活在这里，是一件无比幸福的事情。

邓美英

2018年春于南昌江西师范大学青山湖校区